DESCONSTRUINDO PAULO FREIRE
2ª EDIÇÃO

DESCONSTRUINDO PAULO FREIRE
2ª EDIÇÃO

THOMAS GIULLIANO
FERREIRA DOS SANTOS

Desconstruindo Paulo Freire
2ª edição
Thomas Giulliano Ferreira dos Santos
© História Expressa, 2020

Todos os direitos reservados. Nenhuma parte desta edição pode ser utilizada ou reproduzida – em qualquer meio ou forma, seja mecânico ou eletrônico, fotocópia, gravação etc. -, nem apropriada ou estocada em sistema de banco de dados, sem a expressa autorização da editora.

Editor:
Thomas Giulliano Ferreira dos Santos

Diagramação e Capa:
Gabriel Carvalho

Revisão:
Vanessa Peixoto Reis Fernandes (textos da 1ª edição)
Guilherme Ferreira Araújo (textos da 2ª edição)

Diretor executivo e de vendas:
André Colombo Pimenta e Luiza Caleffi Neis

Dados internacionais de Catalogação na Publicação

Desconstruindo Paulo Freire / Thomas Giulliano Ferreira dos Santos. – 2. ed. – Porto Alegre: História Expressa, 2020.

ISBN: 978-65-88627-00-6

Índices para catalogo sistemático:
1. Educação brasileira. 2. Desconstrução. 3. Patrono. 4. Brasil.

Todos os direitos desta edição estão reservados à:
História Expressa
Porto Alegre/RS - Brasil

SUMÁRIO

Thomas Giulliano Ferreira dos Santos
1. Paulo Freire: o patrono do pau oco 17
2. Esboço para um estudo da emoção nos textos de Paulo Freire 60
3. Ser citado não representa por si só algum mérito intelectual 67
4. Cartas a Cristina - Reflexões Sobre Minha Vida e Minha Práxis: Resenha crítica 74
5. Pedagogia da Indignação: uma resenha sem delírios 81
6. A versão moderada de Paulo Freire 96
7. Gênero e Paulo Freire 110
8. O diletantismo especulativo de Walter Kohan ataca a inteligência 126

Daniel Fernandes
9. Paulo Freire, o Anti-Sócrates 159

Clístenes Hafner Fernandes
10. A educação clássica é a opressão da ignorância 184

Rafael Nogueira
11. Apontamentos sobre a educação bancária: Um estudo sobre a originalidade, a aplicabilidade, a veracidade e a atualidade do conceito de educação bancária de Paulo Freire 201

Roque Callage Neto
12. Paulo Freire: uma teoria e metodologia em educação e sua eventual relação com o construtivismo 250

Percival Puggina
13. O mundo político de Paulo Freire 289

Padre Cléber Eduardo dos Santos Dias
14. Paulo Freire: educação popular, religião e teologia da libertação de inspiração marxista 336

Apêndice
1. Antologia do Oprimido 389
2. Apêndice da 1ª edição 410

Há palavras que são pronunciadas com a simples intenção de agir sobre os outros homens e de produzir algum efeito: o que sucede também quando se escreve. Elas não têm valor: as únicas palavras que contam são as pronunciadas tendo em vista a verdade e não o resultado.

(Louis Lavelle)

Como ler este livro?[1]

Como coordenador da obra, optei por desenvolvê-la em conformidade com os diferentes caminhos adotados por cada um de nossos autores. Em outras palavras, preservei ao máximo os estilos construtivos. A razão disso, mais do que manter porções de naturalidade, foi procurar estabelecer diálogos motivados pelos choques que diferentes autores são capazes de promover acerca de um objeto comum.

Mesmo que uma vida humana seja formada por uma complexa quantidade de somas, confio que o recorte escolhido seja capaz de abastecer uma demanda intelectual reprimida, oferecendo meios capazes de originar reflexões acerca das proposições selecionadas. Nitidamente, os autores comungam de concepções equivalentes, todavia, entre as possibilidades que este livro fornece, você tem um trabalho que congrega muito mais que encadeamentos teóricos. Dessa forma, peço que se imagine participante de um colóquio marcado por parcelas de ineditismos, algumas repetições, mas, sobretudo, definido como uma investigação intelectual razoável sobre um mote inevitável de nossos dias.

Não desejo aborrecê-los com mais delongas. Assim sendo, concluo essas orientações exprimindo que considero esse o jeito apropriado de se expor as naturezas de Paulo Freire. Mais do que promover controvérsias, tentei viabilizar um frutífero processo dialético.

Desejo um bom estudo.

Thomas Giulliano

Agosto de 2017

---

[1]. Publicado em: SANTOS, Thomas Giulliano Ferreira dos. *Desconstruindo Paulo Freire*. 1. ed. Porto Alegre: História Expressa, 2017.

Nota do editor: Há neste livro textos que ignoram a nova ortografia de 2009. Os critérios para adoção ou não desse acordo são específicos de cada artigo.

Prefácio para a segunda edição

Há três anos era lançado o "Desconstruindo Paulo Freire". Após esse tempo, considerei necessário acrescentar novos textos nessa discussão teórica em torno do pedagogo mais conhecido de nosso país. Sintetizo essa necessidade como uma inquietação intelectual de querer materializar em um livro as novas pesquisas que realizei acerca da pedagogia de Paulo Freire.

Na época em que pela primeira vez me deparei com os escritos de Paulo Freire, ainda não tinha o entendimento de sua repercussão. Ao longo desses anos de estudos, entendi que muitos que o criticam estão certos, mesmo desconhecendo o porquê. Gradativamente, percebi, leitura a leitura, que Paulo Freire é a personificação de que o nosso contemporâneo vive uma realidade paralela dos sentidos. Também descobri que as análises acerca da pedagogia freireana descoladas de uma massa amestrada ocupam a condição de demanda intelectualmente reprimida. Pertence a Paulo Freire o título de mentira selecionada que entrou para os anais permanentes das verdades tupiniquins. Em nosso estado de barbárie social, passou a ser tratado como a síntese de uma pluralidade, homem que congrega um conjunto de virtudes singulares, sinônimo de objeto inimputável, intelectual travestido de paladino das massas.

Apesar de Paulo Freire ser um autor entediante, ao longo dos últimos meses, entendi que seria insuficiente deixar à disposição dos leitores apenas a versão de estréia do "Desconstruindo Paulo Freire".

Esta nova edição mantém as versões de todos os seus textos inaugurais. Esse método é motivado pela crença historiográfica de que eles são evidências de um tempo com história e representação próprias. Uma vez que o passado existe enquanto realidade temporal, não me agrada mutilar qualquer fonte histórica em busca de uma pretensa evolução investigativa. Prefiro escrever um novo texto a ter que alterar o material passado, independentemente de o escrito ter mais doses de erros ou acertos, pois, pensem comigo, tanto uma retratação quanto um aperfeiçoamento geram um novo texto. Percebam que caso eu mudasse o artigo "O patrono do pau oco", ou qualquer outro escrito, perderíamos um texto original. Teríamos novos textos, melhores ou piores, mas não seriam os mesmos. Seus períodos de composição passariam a ser suplantados em busca de melhorias que comportam alguns limites. Palavras seriam substituídas, complementos teóricos desenvolvidos. Não considero isso justo com o que realizei editorialmente. Prefiro preservar até as páginas que explicitam a minha inquietude em desconstruir o patrono da educação de meu país logo em minha estréia editorial. Com esse entendimento, os esforços para a composição dos textos originais foram preservados. Como diz o historiador francês Paul Veyne: "O cão que é atropelado neste dia não é aquele que foi atropelado na véspera".

No fim das contas, tentei aprimorar os questionamentos sobre o método de Paulo Freire e a sua forma de conscientizar o aluno. Acredito que consegui.

Sobre o título[1]

A palavra desconstruir é sinônimo de desfazer, desmanchar, desmontar, destroçar. Nesse emaranhado de sinônimos, escolhê-la como a nossa "palavra geradora" foi uma tentativa de dar mais que um tom irônico ao título deste trabalho. Como a proposta do livro é concentrar-se no mundo educativo de Paulo Freire, mesmo que você venha a considerar o nosso título como uma espécie de tutela intelectual, compreendo essa escolha como um sinal sensível de mergulho no mundo cognitivo das veleidades de nosso objeto, sem respaldar a sua generalizada e corrente aplicação.

---

1. Publicado em: SANTOS, Thomas Giulliano Ferreira dos. *Desconstruindo Paulo Freire*. 1. ed. Porto Alegre: História Expressa, 2017.

Paulo Freire: o patrono do pau oco* 1

Thomas Giulliano Ferreira dos Santos **

> O último dos apóstolos pode vir a ser o primeiro
> de todos, como São Paulo, em serviços e em proselitismo.
>
> Joaquim Nabuco ***

Não escrevo à direita. Escrevo em busca de bens que ultrapassem o limite das conotações políticas – elas que mais atrapalham do que ajudam, como bem ensina o filósofo espanhol Ortega y Gasset na sua espinhosa frase: "Ser de esquerda, como ser de direita, é uma das infinitas maneiras que o homem pode eleger para ser um imbecil: ambas são,

---

Nota do autor: Nos primórdios deste capítulo, pensava em escrevê-lo dividido em dois sentidos. Ocorre que, à medida que as palavras foram surgindo, optei por articular essa divisão, facilitando, ao menos para o meu entendimento, a possibilidade de cognição de nossos leitores.

Parafraseando a definição mais disseminada nos convívios sociais de nosso país, santo do pau oco é uma expressão popular utilizada para designar pessoas mentirosas, cuja origem mítica é derivada de aspectos falseados historicamente. Inspirado nessa descrição, compus esse título, ora crítico, ora popular, visto que analiso a vida e a obra de uma das maiores esfinges nacionais.

* Publicado em: SANTOS, Thomas Giulliano Ferreira dos. *Desconstruindo Paulo Freire*. 1. ed. Porto Alegre: História Expressa, 2017. Texto original publicado na 1ª edição do Desconstruindo Paulo Freire.

** Pós-graduado em Literatura Brasileira pela PUCRS, pós-graduado em História e Cultura Afro-brasileira e Indígena pela UNINTER, graduado em História (licenciatura) pela PUCRS, coordenador do livro Desconstruindo Paulo Freire, autor do livro Desconstruindo (ainda mais) Paulo Freire, mantenedor do site historiaexpressa.com.br, professor dos cursos: O homem e a montanha: um estudo sobre a historiografia de João Camilo de Oliveira Torres, Em torno de Nabuco, Gilberto Freyre: vida, forma e cor e o Brasil segundo Machado de Assis, consultor historiográfico das séries Brasil - A Última Cruzada e Pátria Educadora, produzidas pela Brasil Paralelo.

*** NABUCO, Joaquim. *Minha Formação*. Rio de Janeiro: Coleção Clássicos Jackson, s.d., p. 248.

de fato, formas da hemiplegia moral". Componho as minhas sílabas sem querer soar alheio aos dramas que Raymundo Faoro descreveu tão bem, todavia, não aspiro a assemelhar-me a um militante político. Sou autor não de um panfleto, mas de um capítulo que analisa assuntos prévios à política, localizados no mais obscuro subsolo ideológico de nosso país. Refiro-me às salas de aula.

Meus objetivos textuais são modestos, equilibrados no atual estado de calamidade cognitiva em que se encontra o Brasil, dado que, em condições normais, provavelmente, jamais veríamos um trepidante jovem amante da disciplina de Heródoto refutar um patrono da educação, contudo, desgraçadamente, o nosso contemporâneo teórico vulgariza o nosso passado, fazendo com que a normalidade cognitiva seja algo inabitual do vigente mundo das ideias. Aqui em nosso solo, não sou o primeiro e espero não ser o último a tratar sobre este tema. Pôr *sub judice* o atual protetor simbólico de nossos professores não é sinal de genialidade ou de alguma habilidade paranormal, no entanto, evidencia apenas que temos questões a tratar. Dentre as tantas, convido-os a fazer uma atenta leitura deste capítulo, sinônimo de um pretensioso mergulho especulativo na realidade pedagógica de Paulo Freire.

Os leitores mais familiarizados com o mundo da pedagogia universitária brasileira reconhecerão que os métodos de Paulo Freire e os seus influxos são apontados como o que há de mais moderno na relação professor-aluno. Nesse caso, aplica-se o conceito na qualidade de adjetivo, em outras palavras, é o entendimento de que o ato de ser atual constitui, em si mesmo, critério de valor – premissa de uma atitude preconceituosa que impede que se perceba no antigo o que nele há de perene. Além da hostilidade ao passado, essa concepção de modernidade forma uma tropa organizada que não concebe a discussão de suas convicções, opondo-se, a priori, a tudo que ponha em desmerecimento, ou fira, mesmo de leve, as suas considerações de verdade, contrastando com a concepção de civilização – que é, antes de tudo, empenho de convivência. Sobre uma das (tantas) formas de não se empenhar no convívio humano, escreveu o filósofo Mário Ferreira dos Santos:

> Quando um grupo de homens afins, que aceitam uma determinada doutrina ou crença, fecham-se sistematicamente em grupos, e negam-se a participar mais intimamente com outros grupos semelhantes, e não toleram o diálogo amigo com os opositores, organizando-se, ainda, de modo fechado e autoritário, reagindo com energia aos que lhes fazem até mínimas restrições, esse grupo se secciona, se separa, cria um abismo entre ele e o restante, forma uma seita. A seita é o tribalismo nas ideias. Os mesmos defeitos do tribalismo são transferidos para ela. Não é o sangue nem a raça que os aproxima, mas a crença, a doutrina; às vezes a mera opinião. A seita é um resquício bárbaro que ainda sobrevive em nós, pois o culto e o civilizado palestra, mantém contato, discute, é humilde. É sobretudo humilde.[1]

Em oposição à parte relevante de nossas universidades, não considero Paulo Freire moderno. Muito menos, os seus influenciados. Sua pedagogia é mais uma tentativa, supostamente científica, de tentar resolver o problema da concupiscência do homem, mantendo a deficiência marxista de ser uma contradição, pois, se as tendências humanas são tão más (coisa essa com que concordo em partes), como se explica que as propostas intelectuais de Paulo Freire e as de seus discípulos sejam boas? Sem querer levá-los para os labirintos das digressões, afinado com os ensinamentos de Julien Benda, faço o reparo que não basta para o intelectual aceitar morrer pelo que julga ser a sua verdade. Sobre o mesmo tema, escreveu o Padre A.D. Sertillanges: "É preciso entregar-se de todo o coração para que a verdade se entregue. A verdade só está a

---

1. SANTOS, Mario Ferreira dos. *Invasão vertical dos bárbaros*. São Paulo: É Realizações, p. 82.

serviço de seus escravos",[2] e, da mesma forma, localizamos esse princípio no Evangelho: "Pois, que aproveitará ao homem ganhar o mundo inteiro, se perder a sua alma?" (Mc 8, 36). Comungando desses argumentos, conceituo Paulo Freire como um medíocre defensor de suas causas, pois, além de ignorar os valores universais, escolheu defender causas que vilipendiam a dignidade humana.

Quase que encerrando a minha introdução, elucido que mais do que falar sobre as apologias às tiranias comunistas que se multiplicam nos textos de Freire – ainda que eu, particularmente, as considere motivos suficientes para romper com qualquer simetria pedagógica com o nosso (hoje) patrono –, esboço que o desenvolvimento da composição que se segue é o de um mergulho às premissas da inaplicabilidade do marxismo – visto que, sem esse conhecimento prévio, vocês não absorverão, adequadamente, as deficiências intelectuais de Freire. Após essa rápida imersão, discorrerei sobre as afinidades intelectuais de Paulo Freire com o pensamento marxista, suas apologias às opressões comunistas que (até este momento) ainda assombram os nossos dias e, por último, discutirei algumas das fragilidades teóricas de seu reputado sistema didático.

Finalmente, convido-os para o primeiro de nossos mergulhos, rumo às grandes proporções de nosso *iceberg* intelectual.

Os problemas do marxismo como fundamento teórico à aplicação pedagógica

Sem desenvolver uma explicação concisa sobre o universo teórico de Karl Marx, perpassando os seus rudimentos

---

2. SERTILLANGES, A.-D. *A Vida Intelectual: seu espírito, suas condições, seus métodos*. São Paulo: É Realizações, 2015, p. 22.

e os seus limites, torna-se impossível compreender o pensamento pedagógico de Paulo Freire e o vínculo teorético que ele estabelece com as orientações marxistas. Desse modo, começo exibindo o fato de que a gênese das doutrinas sociais se divide, principalmente, em dois grupos: os que pretendem expressar unicamente os fatos, respaldando-se no que é ou no que foi; e os que têm, ao contrário, como seu objeto central, o desejo de modificar o que existe. É neste segundo grupo, absolutamente racionalista, que situo o marxismo – sempre apresentado como uma vociferação contra os dramas efêmeros. Enriqueço o meu argumento com as frases de Michael Oakeshott:

> Ele [racionalista] agora está apto a apontar o dedo para a humanidade, acusando-a de uma suposta falta de experiência para gerir os momentos mais críticos da vida. Caso ele fosse mais autocrítico, começaria a se perguntar como a raça humana conseguiu sobreviver até hoje sem a sua habilidade.[3]

> Contudo, pelo menos no que diz respeito à ideia de autoridade, nada nesse campo de estudo se compara com o trabalho de Marx e Engels. A política europeia sem esses autores ainda assim teria se coberto toda pela avalanche racionalista, mas sem dúvida nenhuma que tais autores são os mais destacados artífices da política racionalista.[4]

Percebam que, mais do que uma filosofia, a teoria de Marx é um clamor por reformas – conforme este explicou na sua obra *O 18 Brumário de Luís Bonaparte*: "O proletariado não deve assumir o velho aparato estatal, mas desmantelá-lo". Essa característica faz com que ainda seja natural a sua leitura em nossa atualidade, pois um discurso voltado às massas e seus supostos problemas estruturais a todo momento encontrará abrigo auditivo. Em consonância, escreveu Raymond Aron:

---

3. OAKESHOTT, Michael. *Conservadorismo*. Veneza, Itália: Editora Âyine, 2016, p. 19-20.

4. *Ibid.*, p. 67.

Uma qualidade da obra de Marx é que ela pode ser explicada em cinco minutos, cinco horas, cinco anos ou meio século. Ela se resume, na verdade, à simplificação do texto em cerca de meia hora, permitindo eventualmente àquele que não sabe nada da história do Marxismo ouvir com ironia aquele que dedicou sua vida a estudá-lo.[5]

A única forma possível, caros leitores, de o marxismo ser aplicado é através da dominação, justificada no campo teórico pela substituição de uma antiga dominação social por outras, pois os homens não estão preparados para fazer a sua história - já que são incapazes do livre exercício de escolher as próprias circunstâncias. Essa incapacidade funda-se no entendimento de que a atividade concreta do homem (a prática econômica) é o elemento essencial da evolução do mundo, condicionando tudo o mais, inclusive toda a realidade espiritual - entendida em conformidade com o argumento do neoidealismo de esquerda, o qual enxerga na religião uma alienação da essência humana.

Por acreditar que a liberdade é um valor a ser criado - que se tornará realidade depois que o homem for libertado de suas alienações sociais -, todo o pensamento humano torna-se dependente de uma realidade econômica. A título de exemplo, Marx transfere a religião à categoria de um produto ideológico da atividade humana, deduzindo-a portadora de uma natureza doutrinária, carregada de enganos que perturbam as convicções, dificultando a consciência de classe, estando (em especial, o catolicismo) em oposição a esse processo. Citando caso análogo, a filosofia marxista formula uma tese metafísica e, ao mesmo tempo, não se dá conta disso, a ponto de negar a sua possibilidade. Ainda nesse assunto, atentem que o pensamento de Marx pode ser dividido em realismo e utopismo. Realismo por trabalhar com temas essencialmente materiais, e utopismo

---

5. ARON, Raymond. *O Marxismo de Marx*. São Paulo: Arx, 2005, prefácio da obra.

pela sua visão otimista no tocante a certa classe da humanidade – utopia esta que nutre uma mística muito singular de religião, no sentido mais impuro da palavra.

A mistificação, usando o próprio fundamento da dialética marxista, consiste em retirar do real seu caráter próprio, conferindo-lhe abstrações; ou, em outros termos, é a substituição do mundo real por um mundo imaginário, logo, o mal não está vinculado a uma concepção inerente à natureza humana, mas a uma organização social e econômica defeituosa. Esse pensamento religioso de Marx, semelhante ao livro do Êxodo, é perceptível, pois o marxismo se mostra assim à medida da condição do proletário; ele o desperta para a esperança, criando a certeza da realização de um futuro melhor. Promessa que não é de um filósofo, mas de um deus redentor, capaz de criar uma nova versão de homem, o ideal, seu modelo de Adão, o restaurador da natureza decaída.

Tenho sincera cortesia com quem descobre em *O Capital* uma teoria da evolução do capitalismo bastante diferente da que é esboçada no *Manifesto Comunista*, resumida na síntese de que o papel do proletariado seria menos determinante que as modificações das estruturas econômicas e as contradições econômicas. Ressalva feita, mesmo assim, pode-se dizer que a obra de Karl Marx, em seu conjunto, gravita em torno desses dois títulos, que expõem argumentos para justificar o silogismo de que só é produtivo (não apenas no sentido econômico) o trabalho do operário, em razão de sua desvinculação com a acumulação capitalista. Aos apressados defensores de Marx, antes que fiquem dizendo que encontramos nas obras uma oposição entre um Marx jovem e um Marx adulto, externo a ressalva de que a trama que percorre essas obras é planejada com os mesmos fulcros: uma redução de todos os tipos de burgueses e operários, unicamente, aos de tipos marxianos, assentados em um fundamento de que a moral, na fase triunfante da revolução, tem um caráter de justificação. Se você não percebeu essa congruência, releia com mais cuidado o autor alemão.

Aliás, no prefácio de O *Capital*, há a rejeição à ideia de "formular receitas para as tabernas do futuro", alegação que, em um primeiro momento, pode representar uma invalidade do que estou começando a discutir por aqui, porém, essa é só mais uma ambiguidade dos textos de Marx, pois ele tenta, no fim do mesmo livro, determinar a consistência do reino da liberdade para a qual acredita se orientar toda a atividade humana. Vejam: "O reino da liberdade começa onde acaba o trabalho determinado pela necessidade e os fins exteriores [...]". E prossegue: "É além de tal reino (aqui o reino da necessidade) que começa o desenvolvimento das potências do homem que é fim em si mesmo, verdadeiro reino da liberdade que não pode florescer senão apoiado neste reino da necessidade". Ao buscar proferir soluções para diferentes teses em nome da humanidade, Marx endossa a frase do supracitado Ortega y Gasset:

> Esse costume de falar à humanidade, que é a forma mais sublime e, portanto, mais desprezível da demagogia, foi adotado em 1750 por intelectuais transviados, ignorantes de seus próprios limites, e que sendo, por seu ofício, os homens do dizer, do logos, usaram dele sem respeito nem precauções, sem se darem conta de que a palavra é um sacramento de administração muito delicada. [6]

Não é complexo de se perceber que no marxismo, em razão de o florescimento social ser a emancipação alcançada através da negação do direito à propriedade privada, o homem deixa de ser criador e passa a ser massa, espécime de "anti-indivíduo", cuja única marca é a sua semelhança com seus

---

6. ORTEGA Y GASSET, José. *A rebelião das massas*. Trad. Felipe Denardi. Campinas, SP: Vide Editorial, 2016, p. 41

companheiros de classe de salvação. Dessa maneira, a partir do que vimos até aqui, pode-se definir o comunismo como um humanismo mediatizado pela supressão da propriedade privada, em outras palavras, o rompimento da ordem social atual pela classe eleita, proletários, que, resumindo a explicação Marx, é a classe que dissolve todas as classes. Ao excluir as outras classes sociais da história, fixando-se em apenas dois tipos, *burguês* e *proletário* – que são, em partes, construções sociológicas aceitáveis para explicar a situação social na Europa no começo da era industrial, mas insuficientes quando aplicadas a outras épocas ou outros países –, o marxismo, em suas mais diversas interpretações, apresenta-se como uma doutrina social insuficiente, mas que, mesmo assim, propõe guiar a classe de homens eleitos à construção da cidade nova e harmoniosa, uma vez que o conflito social somente poderá cessar quando a classe escolhida transformar a existência humana.

A ideia de que a batalha de classes fora reduzida em apenas dois exércitos, proletários e burgueses, exige uma definição sobre cada uma dessas ordens, por isso, sucintamente, elucido que a burguesia é a classe daqueles que detêm os meios de produção, e os proletários, por sua vez, são aqueles que não os detêm. A teoria marxista sustenta que essa duplicidade social é a causa primeira da necessidade da luta de classes. Nas palavras de Karl Marx, "chamamos comunismo o movimento real que suprime o estado de coisas atual". Aludo que é no meio dessa ambiguidade social que o conceito de mais-valia se constitui – esse, caso você não saiba o que seja, explico, de maneira concisa, que se trata do momento em que as parcelas mais significativas de capitais estão concentradas nas mãos dos membros da classe dominante, propiciando a base do lucro no sistema capitalista.

O pensamento esmiuçado até aqui não é plenamente histórico nem rigorosamente teórico. Uma investigação intelectual, mesmo sumária, permite contestar vigorosamente a fórmula abrupta e sem matizes de Marx – já que ela não é suficiente para caracterizar as variedades de conflitos através dos tempos históricos. Esse é o núcleo lógico da concepção marxista que, com acerto, buscou refletir sobre a importância do fator econômico na história, porém, cometendo o desacerto (grosseiro) de maximizar uma forma de explicação humana, arbitrária e insustentável para os diferentes tempos, interpretando todo o legado humano como uma superestrutura da economia. Pensem comigo, segundo o marxismo, a cultura, a religião, a filosofia e a vida inteira do homem se explicariam pelo componente econômico dela, que, embora tangível, é parcial.

Não creio na determinação absoluta da história. Ao contrário, penso que toda a vida é um composto de puros instantes, cada um, relativamente, indeterminado em relação ao anterior, de modo que nele a realidade vacila. Se o determinismo significasse a única forma de interlocução coletiva, como explicar a circunstância social burguesa de Marx? Compreendam o paradoxo desse sistema "todo-poderoso": interpretam-se as ideias como nada além de produtos correlatos às ordens sociais, consequentemente, se a coesão predominar, o comunismo deve ser percebido como uma ideia inteiramente burguesa, isto quer dizer, segundo o marxismo, uma extensão da dominação social. Nosso filósofo furunculoso confirma, com a sua própria vida, que a história inteira não pode ter apenas um caminho. O destino histórico nunca está fixado, precisamente porque todo ato humano é uma escolha entre possibilidades. Tal como escreveu Raymond Aron, "A pluralidade das dimensões abertas à compreensão não estipula o fracasso do conhecimento, e sim a riqueza da realidade".[7]

---

7. ARON, Raymond. *O ópio dos intelectuais*. São Paulo: Três Estrelas, 2016, p. 152.

Por que os proletários foram escolhidos como portadores de uma missão única, se nem todos guardam a sensação de serem explorados ou oprimidos? Se as vontades humanas sempre se renovam e se diferenciam, como acreditar em uma homogeneidade social? Por que a reconciliação de todos os homens deveria vir da vitória de uma só classe? As perguntas, meramente retóricas, procuram explicitar a visão apocalíptica de profeta judeu encontrada no pensamento de Marx – que (como comentado) concebeu uma falsa redenção, demarcada sob a aparência de pesquisa severamente erudita. Quanto a isso, orientou o aludido Raymond Aron: "Os operários não acreditam espontaneamente que foram eleitos para a salvação da humanidade. Muito mais forte neles é o desejo de uma ascensão em direção à burguesia".[8] À proporção de que raríssimos são santos, convém expor que, na qualidade de homens, muitos se mostram bem fracos diante das torpezas de que os grandes dão exemplo, alçando-as como virtudes. Por conseguinte, o comunismo não irá mudar a natureza humana. Há seres excepcionais, e não coletividade excepcional. Os homens continuarão a ser tão egoístas após a revolução quanto eram antes dela, desse modo, captemos a máxima de Michel de Montaigne: "Cada homem traz em si a forma inteira da condição humana". No interior desse universo apresentado, interpelo os marxistas com a dúvida: é possível que alguém seja capaz de definir os interesses permanentes dos trabalhadores? Ora, só sobre esses fatos discutidos, temos pautas suficientes para despertar alguma suspeita de que teorizar sobre a harmonia coletiva, além de fácil, filosoficamente é um tratado superficial. Difícil é fazer isso com propriedade. Ao reduzir a questão social à questão operária, percebemos o quanto é mirabolante essa ideia de solucionar todos os problemas

---

8. *Ibid.*, p. 99.

humanos sem compreender os vaivéns da história – composto por vias do bem e do mal.

Justificar o socialismo por suas intenções (que parecem sempre generosas) é falacioso. Este, na medida em que ignora o egoísmo, desconsidera um mal crônico de nossa humanidade. Se perguntarmos em quais condições poderíamos extirpá-lo, não poderemos menosprezar que nos colocaríamos fora das condições do real, e que chegaríamos apenas a um idílio agradável à imaginação, mas que não poderia introduzir-se ao campo dos fatos. Marx é a personificação teórica do mundo de *O admirável mundo novo* – romance de Aldous Huxley – analogia que faz sentido, pois, mesmo sabendo que essa regeneração é irreal, experimentou o fascínio de representar uma imagem do mundo reabilitado à sombra de variadas combinações sociais em que parte da humanidade passou a ser considerada material de experiência.

Com o que avaliei até este parágrafo, acho tangível perguntar: uma teoria durável pode ser fundada em afirmações contrárias aos fatos e ao bom senso? Justiça seja feita, a análise marxista permitiu desmistificar certo número de dogmas, trazendo à luz mecanismos históricos, econômicos e sociais que permaneciam até então nas sombras. Apesar disso, essa desmistificação em nada corrobora com a dedução teórica de igualdade proposta pelo comunismo. Sua tese distributiva consiste em um atentado ao bom senso. Ao eleger a distribuição como um meio de felicidade, Marx diverge de uma porção de intelectuais. Reparem na apreciação de Émile Durkheim: "Os homens só podem ser felizes por meio da virtude. Trata-se, portanto, de saber quais são os obstáculos que impedem a virtude de reinar, para suprimi-los".[9] Para Santo Tomás de Aquino, "A igualdade, enfim, é o justo meio entre o excesso e a falta". Concomitante às declarações, assinalo que o burguês não

---

9. DURKHEIM, Émile. *O socialismo*. São Paulo: EDIPRO, 2016.

pode ser visto como a totalidade da injustiça. No máximo - e apenas em casos oportunos -, cabe a máxima tomista: "Injusto não porque detenha toda a maldade, mas por possuir uma maldade em particular".

Declarar antissocial tudo o que é propriedade exclusiva ressoa como reivindicação de uma influência para certos mecanismos que, justamente, apenas as ideias têm. Propriedade coletiva ou sistema de pleno emprego devem ser julgados pela sua eficácia, e não pela inspiração moral de seus defensores. Entender que o único meio de tornar a cobiça impossível seja suprimir a propriedade dos bens, a meu ver, ignora a força irresistível da bondade - esta, uma miragem remota de todos os não proletários. Encerro o parágrafo com a citação do sempre necessário Gilberto Freyre:

> Outro ponto em que o marxismo foi tão simplistamente modernista em arte política quanto o cubismo nas artes plásticas foi em esperar que, abolida nas sociedades ou, pelo menos, reduzida, a hierarquia que se exprime em classes - espécie de equivalente, na plástica social, da perspectiva na pintura - e aclamado o proletário 'classe única' - 'classe única' bem alimentada, bem vestida, bem abrigada - cessariam todos os motivos de luta entre os homens, como se das novas condições de vida não surgissem novos motivos de insatisfação. De inquietação, de luta.[10]

Passou (e muito!) do tempo de se compreender que os efeitos correspondem às causas e que as intenções do socialismo, quaisquer que sejam, não são inocentes. Considerar suas aberrações apenas acidentes lamentáveis atesta mais do que desconhecimento filosófico e uma não admissão do conceito de verdade estável, mas alguma predisposição ao embuste. É como embusteiro que posiciono o nosso (ainda) patrono da educação brasileira. Sem isentar Marx, Paulo Freire

---
10. FREYRE, Gilberto. *Vida, forma e cor*. São Paulo: É Realizações, 2010, p. 117.

viu os resultados das tentativas de aplicação de uma fórmula ininteligível, mesmo assim, escolheu esse itinerário intelectual.

Até aqui, busquei estampar a inaplicabilidade do marxismo como recurso de pensamento; portanto, Paulo Freire está sendo desconstruído – em razão de ser ele uma das dilatações dos conceitos marxianos, responsável direto pelas interpretações, à brasileira, de que a educação é, em si mesma, um processo antidemocrático, criadora de distinções, produtora de desigualdades, autora de traumas à vida dos alunos. Sobre isso, escreveu Dom Lourenço de Almeida Prado: "Se um aluno não consegue aprender matemática e língua, mande-o trabalhar com barro e chame a bobagem que ele fizer de arte e criatividade".[11] E ainda:

> A educação para a liberdade tem que ser menos dirigida [...] O princípio básico da nova educação é que o retardado e o não aplicado não se sintam inferiores ao inteligente e ao aplicado. Isso seria antidemocrático [...]. Substitui-se, no plano, a palavra liberdade, que é a lucidez interior que permite a escolha, pela palavra crítica, que seria a capacidade de discernir e de julgar, mas que, na verdade, como se pretende que a escola conduza o aluno a ser um comprometido atuante em campo político predeterminado, isto é, induzindo a pensar o que o professor pensa, acaba sendo um puro enquadramento acrítico. Toda a educação que mereça esse nome é um apoio à conquista da liberdade, por isso adjetivar educação com a palavra libertadora (que seria uma redundância) é indicação de que se escolheu para o aluno a 'liberdade' que lhe convém.[12]

Antes de apresentar as afinidades especulativas entre Marx e Freire, volto a dizer: tudo é possível na história. Tanto o progresso triunfal e indefinido quanto a regressão periódica. A causa disso é a vida individual, substância em todo o tempo imponderável; sendo assim, a maior compatibilidade teórica

---

11. PRADO, Lourenço de Almeida. *Educação: ajudar a pensar, sim; conscientizar, não*. Rio de Janeiro: Agir, 1991, p. 339.

12. *Ibid.*, p. 380.

entre eles é a de rejeitar o universo de possibilidades que envolvem cada ser humano. Todavia, convido-os para um mergulho lacônico nas razões que fazem de Paulo Freire um autor marxista.

Paulo Freire pode ser considerado um autor marxista?

> Há um século e meio, Marx e Engels gritavam em favor da união das classes trabalhadoras do mundo contra sua espoliação. Agora, necessária e urgente se fazem a união e a rebelião das gentes contra a ameaça que nos atinge, a da negação de nós mesmos como seres humanos, submetidos à fereza da ética do mercado.[13]
>
> Paulo Freire

Depois das mortes de Marx e de Engels, dilacerou-se a herança dos fundadores do marxismo. Nesse contexto, aparecem variadas formas de metodizar suas reflexões, originando as querelas quanto à maneira de interpretá-los, buscando sustentar um pensamento que se mantenha como uma tréplica ao capitalismo. Vamos a algumas:

Trotskismo

Julga que a revolução proletária deve ser permanente – esta, a única vereda para alcançar a maioria global. Pela permanência e por sua necessidade de ampliação, Trotsky pensava que só a ditadura do proletariado tem significado; por isso, ela seria capaz de movimentar-se como revolução permanente. Ademais, diferente de Stalin e Bukharin, compreendia que a revolução socialista teria de começar no

---

13. FREIRE, Paulo. *Pedagogia da autonomia*. 51. ed. Rio de Janeiro: Paz e Terra, p. 125.

terreno nacional e terminar na arena mundial, uma vez que sem esse progressismo não há freios quanto à personificação do comunismo, conforme lemos na sentença: "A renúncia à atitude internacional conduz inevitavelmente ao messianismo nacional".[14]

Leninismo

Acredita no amadurecimento das condições econômicas, isso quer dizer, confia na crença de uma revolução econômica através do esgotamento do sistema vigente. Quanto à ditadura do proletariado, Lenin assentia à necessidade não só de sua execução como de sua violência. Reparem nas suas frases: "No período de transição do capitalismo ao comunismo, a repressão é ainda necessária, mas é já a repressão de uma minoria de exploradores por uma maioria de explorados";[15] "O aparelho especial, a máquina especial de repressão, o Estado, é ainda necessário".[16]

Pela necessidade de desenvolver o trabalho teórico em ligação com o avanço do movimento operário, e de dar uma educação política às massas, o bolchevique insistia na importância do envolvimento de intelectuais partidarizados (armados com a doutrina marxista) à elaboração da doutrina revolucionária, aperfeiçoada pela união das massas que despertaram à vida e à luta social. Na concepção de Lenin, aparece um movimento de ruptura com o marxismo – já que a consciência se estabelecerá através do partido de tipo bolchevique, e não da classe operária. Essa modificação,

---

14. TROTSKY, Leon. *A revolução permanente*. São Paulo: Kairós Livraria Editora Ltda., p. 140.
15. LENIN, Vladimir. *O Estado e a revolução*. São Paulo: Expressão Popular, 2007, p. 128.
16. *Ibid.*, p. 128.

caros leitores, abriu caminho à burocracia do horror, pois justificava a necessidade do terror na luta em oposição aos contrarrevolucionários, permitindo ao partido assimilar a uma traição toda oposição ideológica ou política.

Stalinismo

É a ampliação do terror proposto pelo leninismo, estendendo-o aos membros do partido, visto que – para não se enganar em política – é necessário seguir uma doutrina proletária intransigente, sem harmonizar as classes e os interesses do proletariado com os da burguesia. Stalin, confiante na necessidade de arquitetar revolucionários e não reformistas, organizou as funções da ditadura do proletariado unindo-a em duas incumbências: defesa da propriedade socialista e ensino das massas. Embasado na concepção dos contrários (a luta entre o antigo e o novo, entre o que nasce e o que morre etc.), o genocida considerava a luta de classes um fenômeno natural, indispensável para o desenvolvimento humano – desta sorte, alimenta o parecer de que é preciso expor, em plena luz coletiva, as contradições do regime capitalista para não abafar a luta de classes redentora.

Há outros numerosos pareceres que poderiam ser comentados, mas não é essa a minha proposta. Reconheço que desempenham papéis relevantes, na dialética pós-Marx, os estudos de Mao Tsé-Tung sobre o caráter específico da contradição entre os tipos de proletários, de Lukács (para não acharem que só falo de ditadores) sobre a ética comunista como uma imposição à ação, e o de Marcuse, a respeito da inevitabilidade da "suspensão extrema do direito de liberdade de expressão e de assembleia livre". Indubitavelmente, apanhei poucos argumentos dos motes intelectuais nomeados, contudo, o que colhi é suficiente para a ponderação de que o marxismo se proliferou nos campos da teoria e da prática. Assim, na vasta árvore genealógica de descendentes intelectuais de Marx, encontramos Paulo Freire – que, como outros, diz-se inspirado em um magistério que transcende Marx, no entanto, por causa do mesmo estopim criador, isso é sempre uma meia verdade.

Os conceitos marxianos permanecem na posteridade marxista, mudam-se apenas as explicações sobre as incongruências que os novos nexos das realidades vão impondo. Interpreto como um engano a expressão de que há descontinuidade por causa de uma cizânia parcial sobre uma proposição secundária. Até mesmo pela influência do marxismo nas interpretações e acontecimentos atuais, sua continuidade é uma investida, em sua dimensão, explicável. Sintetizo o que estou escrevendo descortinando o cenário com a sequente amostra dialética:

Em conformidade com o marxismo, a religião é sinal de contradição. Por sua vez, intelectuais marxistas – tendo em Ernst Bloch o que considero ser o seu exemplo mais proeminente – buscaram argumentar sobre uma possível conciliação entre o socialismo e o catolicismo. Por essa expansão das observações de Marx, podemos entender Bloch como um não marxista? Minha resposta é que não. O suíço foi um marxista que vislumbrou meios de converter a sua crença metafísica (lembrem-se de que o marxismo é metafísico sem saber que é) em realizações. Sei que vocês podem estar pensando que isso é óbvio, contudo, para um bom contingente de nossa academia, não é bem assim. Não digo que todos os marxistas sejam semelhantes. Unicamente, quero que atentem para o manancial teórico comum, sinal de encadeamento constante, bem como informou Henri Chambre: "Nem todos os socialistas que se inspiram em Marx aceitam suas análises, mas apenas suas conclusões". Desconhecer essa liquidez é não conhecê-lo, já que ocorrem, ao longo de quase dois séculos, contínuas adaptações do marxismo aos ecletismos de esquerda – leia-se, em nossos dias, bandeiras feministas, homossexualistas, cotistas.

Sobre isso, escreveu o professor Frederick Crews:

> Há uma ideia, tomada de empréstimo do éthos marxista, de que o discurso analítico e teórico deve ser julgado primeiramente pelo radicalismo de sua posição. As escolas de pensamento assim favorecidas têm exigências profundamente divergentes, mas, mesmo assim, todas elas se posicionam contra as instruções e práticas ocidentais supostamente repressivas. Ao lidar com dada pintura, dado romance ou dada construção arquitetônica, especialmente se datados da era capitalista, eles não têm a intenção primeira de mostrar o caráter da obra ou a sua ideia predominante. O objetivo é, ao contrário, subjugar a obra por meio de uma desmistificação agressiva – por exemplo, expondo os seus determinantes socioeconômicos e implicações ideológicas, examinando-a exaustivamente em busca de qualquer sinal encorajador de subversão e, então, julgando o resultado em comparação com um ideal de liberdade total.[17]

Constatem que Marx pluraliza os métodos de conquista da massa eleita ao escrever: "Um povo resolvido a conquistar sua independência não pode satisfazer-se com métodos convencionais. Mobilização em massa, guerra revolucionária, destacamentos de guerrilha, eis os métodos pelos quais uma pequena nação pode superar um adversário poderoso". Desta maneira, rejeitar o caráter simbiótico do marxismo, individualizando-o somente na pessoa de Marx é fazer uma mixórdia especulativa.

No Brasil, Paulo Freire foi um dos mais proeminentes disseminadores do materialismo pedagógico. Seu pensamento não é original. Assim como Marx não inventou a luta de classes (como muitas vezes se acredita), Paulo Freire não criou boa parte da sua descrição de ambiente construtivista. Por isso,

---

17. Frederick Crews, *Skeptical Engagements*. Nova York *Oxford University Press*, 1986, pp. 138-139.

faz-se insuficiente dizer que o pedagogo de vocês seja marxista apenas pelo uso da concepção de Babeuf – apresentada na sua *Défense devant la Haute-Cour*. As similaridades entre eles nascem de um mesmo princípio ontológico. Foram interpretados como profetas. A respeito de "nosso" patrono, objeto direto do capítulo, serve como validação ao que foi comentado o depoimento de Adriano Nogueira, intenso colaborador de Paulo Freire:

> Se pode haver para ele um apelativo, talvez seja o de profeta, na medida em que se fez o intérprete e revelador de um amplo processo de educação que já corria no seio do povo oprimido, mas que procurava se dizer e tomar corpo num discurso.[18]

Porquanto, respaldados por suas certezas de um conhecimento singular sobre os caminhos verdadeiros à vida humana, acreditavam-se emissários de conhecimentos escatológicos, atribuindo, por consequência, papéis de salvadores aos membros de certas classes sociais. Ambos são engenheiros da alma e não escritores – em consequência da compreensão de que o proletário/oprimido é um estado a ser alcançado, percebido mais como adjetivo do que como substantivo. Como Sartre, percebiam que o que faz a unidade do proletariado é a sua relação com a sua luta; sobre isso, escreveu Francis Jeanson: "É recusando a sua alienação que o proletário se torna proletário". E Lenin não pensava diferente ao fazer repousar o processo revolucionário na sua maior parte sobre o fator consciência.

Avalio como sinônimo de infalibilidade o parecer de que as formas da miséria humana são infinitas. Em consequência disso, causa-me enjoo intelectual a convicção desses pensadores. Eles acreditam que conhecem o único caminho para a solução final do problema da sociedade; diante

---

18. FREIRE, Paulo. *Que fazer: teoria e prática em educação popular*. 13. ed. Petrópolis, RJ: Vozes, 2014, p. 11.

disso, você não tem o direito de impedir que essa jornada seja cumprida. Conforme esse pensamento, somente o socialista (pois conhece o meio de redenção social) sabe o sentido daquilo que faz o capitalista, concluindo que este, objetivamente, quer o mal que de fato causa – esta (para os comunistas) uma interpretação que nunca falha. Neste momento do texto, estamos no interior da oficina marxista, produtora de fanáticos que dividem os homens em dois campos de acordo com a atitude que eles têm a respeito da causa sagrada.

Muito mais do que os conceitos de mais-valia e de luta de classes, a submissão do homem ao poder dos que pretendem representá-lo é a premissa marxista mais íntima do parecer intelectual de Paulo Freire. Para ele, faz-se necessária a obediência do homem aos que pretendem representá-lo em uma nova estrutura social, determinada por uma sentença de arquétipo de sujeito ideal. Assunto sobre o qual Mário Ferreira dos Santos já dissertara:

> Negar a liberdade é negar o homem, quem se dedica a estudá-la, e o faz com exação, sabe muito bem que ser livre não implica, necessariamente, ausência total de qualquer determinação. Liberdade não é espontaneidade absoluta, mas apenas a nossa capacidade de poder escolher entre futuros contingentes, preferindo este, preterindo aquele.[19]

A maior cruz à formulação de indivíduos uniformes, tanto em Marx como em Freire, é a chamada classe média. Os autores a compreendiam, por causa da homogeneidade de categorias, como o bastião do conservadorismo mais abjeto, portadora da essência da submissão dos homens aos agentes do poder. Constatem isso na correspondência intelectual das respectivas frases de Marx e Freire, criador e criatura: "Não são, pois, revolucionárias, mas conservadoras; mais ainda,

---

19. SANTOS, Mario Ferreira dos. *Invasão vertical dos bárbaros*. São Paulo: É Realizações, p. 87.

reacionárias, pois pretendem fazer girar para trás a roda da História".[20] "Na sua alienação querem, a todo custo, parecer com o opressor. Imitá-lo. Segui-lo. Isto se verifica, sobretudo, nos oprimidos de 'classe média', cujo anseio é serem iguais ao 'homem ilustre' da chamada classe 'superior'".[21]

Por sua simbiose marxista, a teoria de Freire é impraticável sem a premissa de corrigir a lei de Deus ou da natureza (como vocês queiram). Não é coincidência a contínua crença entre os marxistas de uma transfiguração social ideal por meio da supressão de qualquer imagem de união moral entre as classes – mesmo que não exista a comprovação de existências circunscritas que devam ser batizadas como classes. Em sentido parecido, é como se nunca na história humana houvesse amizade desinteressada, santidade, envolvimentos amorosos. Há um desprezo ao que os homens do passado entendiam como seus fundamentos de vida. Concomitante aos raciocínios analisados, há uma visão espiritual que ignora a ação do transcendente. Essa contradição é acobertada por suas recusas a entender o homem afastado de suas opções concretas; contudo, ao empregarem a definição de operário em um sentido universal, invalidando as singularidades humanas, descortinamos que, em seus pensamentos, proletários e oprimidos são sinônimos de humanos, instrumentos supremos da história. Seus escritos, mais do que um analgésico teórico ou uma vacina social, buscam dividir a sociedade entre humanos e não humanos. Nas palavras de Marx: "Para evitar todos esses inconvenientes, o direito não deveria ser igual, mas desigual" e "O direito jamais pode ser mais elevado do que a estrutura econômica da sociedade e o desenvolvimento cultural correspondente". Trechos como esses esteiam os fundamentos

---

20. MARX, Karl. *Manifesto do partido comunista*. Porto Alegre: L&PM, 2010.

21. FREIRE, Paulo. *Pedagogia do oprimido*. 58. ed. Rio de Janeiro: Paz e Terra, 2014, p. 68.

do tirânico esvaziamento marxista das ações humanas, permanentemente entendidas como permutas econômicas. Raymond Aron, a toda hora um autor essencial, sintetizou didaticamente essa questão: "Capitalismo e socialismo deixam de parecer abstrações. Encarnam-se em partidos, em indivíduos, em burocracias. Missionários ocidentais na China são considerados agentes do imperialismo".[22]

Sem querer brincar de guru afetivo, não nos esqueçamos de que a economia só manda quando não há outro princípio que mande, e que, como instruiu São Josemaría Escrivá, o trabalho modela o homem, não a sociedade.

Paulo Freire e suas apologias políticas

> Fazem-me lembrar dos jovens que encontrei atrás da Cortina de Ferro, que nunca tinham conhecido outra vida senão aquela sob o regime comunista, que pouco conheciam a respeito do mundo do lado de fora, e, mesmo assim, sabiam que seu estilo de vida era anormal e intolerável.[23]
> Theodore Dalrymple

Justiça seja feita, o pedagogo nunca omitiu a sua sede de sangue. Como todo tirano, Paulo Freire conhecia a realidade segundo o seu vocabulário e nunca segundo a história. Suas ações foram uma dedicada tomada de posição, legitimada pelas justificativas de que há diferentes tipos de homens e há um meio legítimo à realização humana na história. Para ele, um campo de concentração era sinônimo de campo de reeducação. Dessa forma, a título de exemplo, a liquidação humana aplicada nos *kulaks* ou a deportação das minorias são episódios necessários para a plena transformação social, proclamada a

---

22. ARON, Raymond. *O ópio dos intelectuais*. São Paulo: Três Estrelas, 2016, p. 147.
23. DALRYMPLE, Theodore. *A vida na sarjeta: o círculo vicioso da miséria moral*. São Paulo: É Realizações, 2014, p. 206.

partir de uma categoria social privilegiada. Procurando ser didático, elaborei este trecho com divisões diretas, e optei pela exposição particular de cada uma dessas apologias em vez de concatená-las em unidade.

Paulo Freire e Lenin

Vladimir Ilyich Ulyanov, mais conhecido como Lenin, filho dileto do marxismo, foi um dos autores mais queridos de Paulo Freire. Isso porque explicou o movimento revolucionário através da necessidade deste ser a contínua lapidação de consciências, isto é, pela insistência, em matéria de administração, facultada para o despertar das massas, educando-as politicamente pela sua própria experiência. Nas palavras de Freire: "E, quanto mais a revolução exija a sua teoria, como salienta Lenin, mais sua liderança tem de estar com as massas, para que possa estar contra o poder opressor".[24]

A tão conhecida afirmação de Lenin, "Sem teoria revolucionária não pode haver movimento revolucionário", significa precisamente que não há revolução com verbalismos, nem tampouco com ativismo, mas com práxis, portanto, com reflexão e ação incidindo sobre as estruturas a serem transformadas.

Em conformidade com o Relatório Khrushchev, famoso manifesto político soviético de Nikita Khrushchev, Freire não respalda o stalinismo. Suponho que, diferentemente da inteligência soviética, nosso autor acreditava que as teorias de Lenin e Stalin fossem contrárias; isto, como já escrito, é um equívoco.

---

24. FREIRE, Paulo. *Pedagogia do oprimido*. 58. ed. Rio de Janeiro: Paz e Terra, 2014, p. 185.

Paulo Freire e Mao Tsé-Tung

O timoneiro chinês é o maior genocida da história da humanidade. Perto dele, Stalin é quase uma santa.[25] Por isso, obrigo-me a perguntar-vos: quem o contempla é o quê? As respostas são múltiplos impropérios, creio.

Temos em Paulo Freire um dos amantes intelectuais mais dedicados de Mao Tsé-Tung. Sua explicação perambulava por uma imprecisa ideia de que a Revolução Cultural Chinesa teria sido uma acertada política de consolidação de consciências. Em suas palavras: "Como entendemos, a 'revolução cultural' é o máximo de esforço de conscientização possível que deve desenvolver o poder revolucionário, com o qual atinja a todos, não importa qual seja a sua tarefa a cumprir";[26] e "Neste sentido é que toda revolução, se autêntica, tem de ser também revolução cultural".[27] E, na nota de rodapé da página 116 do mesmo *Pedagogia do oprimido*, declarou:

> Em uma longa conversação com Malraux, declarou Mao: *Vous savez que je proclame depuis longtemps: nous devons enseigner aux masses avec précision ce que nous avons reçu d'elles avec confusion.* André Malraux, *Anti-memoires*. Paris: Gallimard, 1967, p. 531. Nesta afirmação de Mao está toda uma teoria dialógica de constituição do conteúdo programático da educação, que não pode ser elaborado a partir das finalidades do educador, do que lhe pareça ser o melhor para *seus* educandos.

Julgo ser fadigoso enumerar as maneiras peculiares com que Mao Tsé-Tung bestializou o século XX. Sintetizo todos os absurdos com este excerto da obra *Mao: A história desconhecida*, de Jon Halliday e Jung Chang:

---

25. Nota do autor: Sim, escrevi no feminino de propósito.
26. FREIRE, Paulo. *Pedagogia do oprimido*. Rio de Janeiro: Paz e Terra, 2014, p. 214.
27. *Ibid.*, p. 248.

Mao havia completado seu Grande Expurgo, embora isso não tenha significado o fim da matança. Nos dez anos que decorreram entre o início do expurgo e a morte de Mao em 1976, pelo menos 3 milhões de pessoas sofreram mortes violentas, e os líderes pós-Mao reconheceram que 100 milhões de pessoas, um nono de toda a população, sofreram de uma forma ou outra. As mortes foram patrocinadas pelo Estado. Somente uma pequena porcentagem aconteceu nas mãos dos Guardas Vermelhos. A maioria foi obra direta do regime reconstruído de Mao.[28]

Fidel Castro e Che Guevara segundo as considerações de Paulo Freire

Conforme os textos de Freire, não é nenhum absurdo supor que ele acreditava que um cubano tivesse mais qualidade de vida do que qualquer norte-americano; dado que a sua avaliação do sistema castrista conjuga uma apaixonada apologia política com o mais completo desinteresse pelos sucedidos episódios caribenhos. Testemunhem:

> A liderança de Fidel Castro e de seus companheiros, na época chamados de aventureiros irresponsáveis por muita gente, liderança eminentemente dialógica, se identificou com as massas submetidas a uma brutal violência, a da ditadura de Batista... Exigiu o testemunho corajoso, a valentia de amar o povo e por ele sacrificar-se. Exigiu o testemunho da esperança nunca desfeita de recomeçar após cada desastre, animados pela vitória que, forjada por eles com o povo, não seria apenas deles, mas deles e do povo, ou deles enquanto povo.[29]

Em harmonia com a passagem, escrevo que, como muitos brasileiros das décadas de 60 e 70, Paulo Freire endossou o então novo sistema político instaurado no dia

---

28. CHANG, Jung. *Mao: a história desconhecida*. São Paulo: Companhia das Letras, 2006, p. 670.

29. FREIRE, Paulo. *Pedagogia do oprimido*. Rio de Janeiro: Paz e Terra, 2014, p. 223.

1.º de janeiro de 1959. Enxergavam nele a realização de suas teorias. É possível conter a crítica por essa adesão nesse espaço de tempo; porém, o fato de Paulo Freire, diferentemente de parte considerável daqueles mesmos brasileiros, ter mantido as suas convicções até o seu último suspiro – sendo um aluno bem aplicado de Fidel, ignorando as contrariedades da realidade – atesta o seu desdém em relação às condições humanas, logo, uma contradição de sua essência pedagógica.

Especificamente quanto a Ernesto Guevara de la Serna, conhecido como "Che" Guevara, Paulo Freire foi ainda mais generoso, chegando ao absurdo de tutelar seus crimes:

> Uma ou outra descrição, uma ou outra traição registradas por Guevara no seu *Relatos de la Guerra Revolucionaria*, em que se refere às muitas adesões também eram de ser esperadas... desta maneira, quando Guevara chama a atenção ao revolucionário para a "necessidade de desconfiar sempre – desconfiar do camponês que adere, do guia que indica os caminhos, desconfiar até de sua sombra", não está rompendo a condição fundamental da teoria da ação dialógica. Está sendo, apenas, realista.[30]

Sigo com Freire agora na página 232 do mesmo livro:

> Veja-se como um líder como Guevara, que não subiu a *Sierra* como Fidel e seus companheiros à maneira de um jovem frustrado em busca de aventuras, reconhece que a sua "comunhão com o povo deixou de ser teoria para converter-se em parte definitiva de nosso ser"... Até no seu estilo inconfundível de narrar os momentos da sua e da experiência dos seus companheiros de falar de seus encontros com os camponeses "leais e humildes", numa linguagem às vezes quase evangélica, este homem excepcional revelava uma profunda capacidade de amar e comunicar-se. Daí a força de seu testemunho tão ardente.

---

30. FREIRE, Paulo. *Pedagogia do oprimido*. Rio de Janeiro: Paz e Terra, 2014, p. 223.

Ainda que com divergências entre si, com incorreções frente ao mais ortodoxo marxismo, comungaram Paulo Freire e todos os nomes de ditadores citados, da mesma premissa do marxismo e de outros pensamentos totalitários, aludo à aspiração de remodelar a natureza humana, mesmo ao preço de cobaias indefesas. Por exemplos dessa ordem, que Henry David Thoreau, Dostoiévski e Aldous Huxley ensinaram-nos com as suas conhecidas máximas, citadas respectivamente: "Se a vida vale menos, todas as coisas que fazem parte dela, ou que para ela concorrem, também perdem valor"; "Já se disse que não há nada que o homem suporte com temor maior que a liberdade" e "É preferível o sacrifício de um à corrupção de muitos".

Nenhuma teoria é capaz de pagar pelo caríssimo sangue humano, por melhor que ela seja. Não se esqueçam que a maior violação de Paulo Freire é ter entendido o homem como um punhado de células manipuláveis para a sua gênese de um tipo humano definitivo, capaz de esgotar a realidade, ratificando as palavras de Rousseau:

> Ora, como ele se reconheceu tal, pelo menos em relação a sua residência, deve ser segregado pelo exílio, como infrator do pacto, ou pela morte como inimigo público, pois um inimigo dessa espécie não é uma pessoa moral, é um homem, e é então que o direito de guerra manda matar o vencido.[31]

---

31. ROUSSEAU. *O Contrato Social: ou princípios do direito político*. 2. ed. Editora Escala, p. 55.

Outras fragilidades teóricas de Paulo Freire

> Com efeito, para exercer legitimamente o ofício de intelectual não basta aceitar morrer pelo que se julga ser uma verdade; nem os soldados de Maomé nem os de Adolf Hitler morreram a morte dos intelectuais. Intelectual é somente quem escolhe morrer pelos valores universais.[32]
>
> Julien Benda

É mais do que simplesmente falsa a ideia de que todos podem viver bem sem qualquer distinção sobre um conjunto de valores culturais. Isso não faz sentido. Alertou-nos José Ortega y Gasset: "Contra a ingenuidade igualitária, é preciso ressaltar que a hierarquização é o impulso essencial da socialização. Onde há cinco homens em estado normal, surge automaticamente uma estrutura hierarquizada".[33]

As tentativas humanas – sejam elas só políticas ou só filosóficas – de se fazer predominar pela igualdade as conciliações humanas perpetuamente culminam em autocracia. O pedagogo de vocês situa-se no terreno cromossômico (onde sobram homens) dos simultaneamente políticos e filósofos. Por mais que ele e seus ortodoxos seguidores neguem, Freire quis fazer política com sua pedagogia e interpretou o homem à luz de suas bases filosóficas, apresentando decifrações de incumbência da filosofia. Nesse lamaçal, nasce a validação que Freire dá ao argumento de Marx, de que não é a consciência dos homens que determina o seu ser, mas, ao contrário, é o seu ser social que determina a consciência. Sua consideração de que há diferentes tipos de pessoas respalda-se em frases como esta: "A revolução é biófila,

---

32. BENDA, Julien. *A traição dos intelectuais*. São Paulo: Peixoto Neto, 2007, p. 33.
33. ORTEGA Y GASSET, José. *A rebelião das massas*. Campinas, SP: Vide Editorial, 2016, pp. 326-327.

é criadora de vida, ainda que, para criá-la, seja obrigada a deter vidas que proíbem a vida".[34]

Em um universo virtuoso, Paulo Freire, por sua procedência marxista e por apologias como essa, seria estudado, mas nunca engrandecido com soberbos títulos. Ao fiar-se em uma visão fragmentada de justiça e de verdade, Freire faz valer as palavras de Julien Benda:

> Certamente, esses novos intelectuais declaram não saber o que é a justiça, a verdade e outras "nuvens metafísicas"; dizem que, para eles, o verdadeiro é determinado pelo útil, o justo, pelas circunstâncias. Coisa que já ensinava Cálices [personagem de Platão], mas com a diferença de que ele revoltava os pensadores importantes de sua época.[35]

Estou entre os que consideram a politização das humanidades um rebaixamento profundo de nós mesmos. Isso vai de encontro aos nossos dias, em que é comum encontrarmos uma tendência anti-intelectualista que menospreza – sob a afirmação de que o importante é a obtenção de boa consciência social – a aquisição de conhecimento através das salas de aula, em concordância com os rudimentos intelectuais de Paulo Freire: "Numa sociedade de classes toda educação é classista. E, na ordem classista, educar, no único sentido aceitável, significa conscientizar e lutar contra esta ordem, subvertê-la".[36]

O silogismo de que o professor deve ensinar a pensar não foi estabelecido por Freire, tanto que encontramos em Kant a expressão "a função do professor não é ensinar pensamentos, mas ensinar a pensar". Mais do que demonstrar que não foi o pernambucano que estabeleceu esse silogismo, chamo as suas atenções para o problema lógico no modo como

---

34. FREIRE, Paulo. *Pedagogia do oprimido*, 58. ed. Rio de Janeiro: Paz e Terra, 2014. p. 233.
35. BENDA, Julien. *A traição dos intelectuais*. São Paulo: Peixoto Neto, 2007, p. 153.
36. FREIRE, Paulo. *Educação e Mudança*. 36. ed. São Paulo: Paz e Terra, 2014, p. 13.

ele foi incorporado às práticas pedagógicas de nosso país, pois, quando o professor leciona a respeito de um aprendizado já fechado em sua visão crítica, ele acaba pensando pelo aluno, tornando-o repetidor de juízos preconcebidos. Apronto o parágrafo com as palavras de Fausto Zamboni, extraídas de seu livro *Contra a escola: ensaio sobre literatura, ensino e educação liberal*:

> Não é mais possível sustentar a ilusão de que a educação é um produto do sistema educacional. É preciso procurar, para além das instituições, os principais modelos e educadores ao longo da história para aplainar os caminhos da auto-educação.[37]

O método de Paulo Freire de palavras geradoras explicado, resumidamente, neste trecho "[...] as palavras geradoras, que nunca devem sair de nossa biblioteca. Elas são constituídas pelos vocábulos mais carregados de certa emoção, pelas palavras típicas do povo. Trata-se de vocábulos ligados à sua experiência existencial, da qual a experiência profissional faz parte",[38] acaba por transferir à consciência do discípulo aquilo que se deve pensar, tornando o espaço de sala de aula um local de propaganda política do verbo conscientizar, sobretudo na sua elogiada educação de adultos.

Ensina-nos Dom Lourenço de Almeida Prado:

> Vejam que o uso do verbo conscientizar, como verbo ativo (forma normal seria reflexiva - conscientizar-se, eu me conscientizo, eu tomo consciência), trai a intenção do agente, que não é despertar ou ajudar a tomada de consciência, mas impor um pensamento a ser passivamente acolhido. Não é à toa que esse verbo parece ter surgido em ambiente socialista.[39]

---

37. ZAMBONI, Fausto. *Contra a escola: Ensaio sobre literatura, ensino e Educação Liberal*. Campinas, SP: Vide Editorial, 2016, p. 248.

38. FREIRE, Paulo. op. cit., p. 100.

39. PRADO, Lourenço de Almeida. *Educação: ajudar a pensar, sim: conscientizar, não*. Rio de Janeiro: Agir, 1991, p. 30.

Infelizmente, percebe-se que o trabalho perdeu a sua dignidade. Desprezar os efeitos da alta cultura na vida do operário é singularizá-lo como um tipo inábil para voos mais altos – reduzindo-o a mero instrumento, tirando-lhe a capacidade de conhecer o que está fazendo sob o olhar da nobreza. Novamente, exponho algumas palavras de Dom Lourenço de Almeida Prado:

> Como se vê, a cultura geral é exigida mesmo de um operário qualificado, para que possa trabalhar como gente, alegrando-se de ser construtor de uma catedral e não mero assentador de tijolos, para que possa adaptar-se às novas situações técnicas de trabalho e, finalmente, para que possa, graças à retaguarda cultural, acompanhar.[40]

A absorção da espontaneidade, resultante de uma anulação de tipos humanos, faz-se comum na pedagogia de Paulo Freire. Para provar ainda mais essa afirmação, peço que acompanhem as duas passagens de Paulo Freire sobre as chamadas "leituras de mundo", retiradas da obra *Pedagogia da autonomia*: "Respeitar a leitura de mundo do educando não é também um jogo tático com que o educador ou educadora procura tornar-se simpático ao educando"[41] e "A resistência do professor, por exemplo, em respeitar a 'leitura de mundo' com que o educando chega à escola, obviamente condicionada por sua cultura de classe e revelada em sua linguagem, também de classe, se constitui um obstáculo à sua experiência de conhecimento".[42]

Com esses trechos, pretendendo ser didático, lanço as perguntas: que visão de mundo deve ser respeitada? Que origem

---

40. *Ibid.*, p. 122.
41. FREIRE, Paulo. *Pedagogia da autonomia*. 51. ed. Rio de Janeiro: Paz e Terra, 2015, p. 120.
42. *Ibid.*, p. 119.

social é capaz de desenvolver saberes? Como tratar o aluno que tenha uma visão socialmente interpretada como de "direita"?

Bem, segundo o pensamento pedagógico de Freire, a visão de mundo a ser respeitada é a do não desumanizado, que são os homens que aniquilaram as suas formas de convivência social, adequando-se aos moldes que mutilaram os seus repertórios individuais. O "libertador" julgava ser alguém capaz de, no campo educacional, instalar meios definidores de um único repertório, fundado sob a égide de uma hipotética educação popular capaz de impor um método de conhecimento por cima da inteligência deles. Mais do que resolver o problema da pobreza, Paulo Freire desejava combater uma visão de mundo adversária. Enfatizava que o seu maior inconveniente social eram as oposições que fugiam do sectarismo de esquerda. Em suas palavras: "Há crianças que, mesmo sendo filhas de família das periferias da cidade, são crianças cujas preferências são burguesas" e "Enquanto o sectário de direita, fechando-se em 'sua' verdade, não faz mais do que o que lhe é próprio, o homem de esquerda que se *sectariza* e também se encerra é a negação de si mesmo".[43] Assim, respondendo à indagação levantada frases atrás, o aluno de "direita" – que é, em sua visão, leia-se, obediente aos pais, valorizador de uma alta cultura, aspirante aos bons cargos profissionais, em suma, um indivíduo esperançoso – é um leproso social, incapaz de um convívio comunitário. Como elenquei os pais e a alta cultura no conjunto de modelos antipáticos ao pensamento de Freire, transcrevo o que o pretenso alfabetizador pensava sobre essas questões.

---

43. Id., *Pedagogia do Oprimido*. 58. ed. Rio de Janeiro: Paz e Terra, 2014, p. 36.

Relação pais e filhos

Paulo Freire interpreta as famílias pelo mesmo viés de Marx, conforme vocês podem comparar nas declarações a seguir:

> Sobre que fundamento repousa a família burguesa de nossa época? Sobre o capital, sobre o ganho individual. A família, na sua plenitude, só existe para a burguesia; mas encontra seu complemento na supressão forçada da família para o proletário e na prostituição pública. A família burguesa desvanece-se naturalmente com o desvanecer de seu complemento necessário e uma e outra desaparecerão com o desaparecimento do capital. As declarações burguesas sobre a família e a educação, sobre os doces laços que unem a criança aos pais, tornam-se cada vez mais repugnantes à medida que a grande indústria destrói todo laço de família para o proletário e transforma as crianças em simples objetos de comércio, em simples instrumentos de trabalho.[44]

> As relações pais-filhos, nos lares, refletem, de modo geral, as condições objetivo-culturais da totalidade de que participam. E, se estas são condições autoritárias, rígidas, dominadoras, penetram os lares, que incrementam o clima da opressão.[45]

> Características da consciência ingênua: 2 - Há também uma tendência a considerar que o passado foi melhor. Por exemplo: os pais que se queixam da conduta de seus filhos, comparando-a ao que faziam quando jovens.[46]

> Não podem nem devem omitir-se, mas precisam saber e assumir que o futuro é de seus filhos e não seu. É preferível, para mim, reforçar o direito que têm à liberdade de decidir, mesmo correndo o risco de não acertar, a seguir a decisão dos pais. É decidindo que se aprende a decidir... A posição da mãe ou do

---

44. Karl Marx, *Manifesto do partido comunista*. Disponível em: https://www.marxists.org/portugues/riazanov/ano/casamento/cap04.htm
45. FREIRE, Paulo. *Pedagogia do oprimido*. 58. ed. Rio de Janeiro: Paz e Terra, 2014, p. 208.
46. Id., *Educação e Mudança*. 36. ed. São Paulo: Paz e Terra, 2014, p. 52.

pai [...] assessor ou assessora do filho ou da filha [...] jamais tenta impor sua vontade ou se abespinha porque seu ponto de vista não foi aceito.[47]

Acrescento às citações a informação de que foi chamado de proletário o homem que tinha na sua prole o seu único bem que lhe restava. Com essa rápida descrição, é possível observar que nem a etimologia da palavra *proletário* o pedagogo-modelo demonstrou conhecer. Ao querer retirar a prole do domínio educacional dos pais, manipulando-a, ele desrespeitou a única riqueza de muitos homens.

Alta Cultura

"Todo este mundo histórico-cultural, produto da práxis humana, se volta sobre o homem, condicionando-o".[48] "O que é mudança cultural? [...] Cultural, no sentido que aqui nos interessa, é tanto um instrumento primitivo de caça, de guerra, como o é a linguagem ou a obra de Picasso".[49]

> Quanto mais podiam ouvir Beethoven, qualquer restrição a tudo isto, em nome do direito de todos, lhes parece uma profunda violência a seu direito de pessoa. Direito de pessoa que, na situação anterior, não respeitavam nos milhões de pessoas que sofriam e morriam de fome, de dor, de tristeza, de desesperança".[50]

As civilizações antigas também não escapam dos censuradores olhos de Freire. Coerente com os seus princípios, posso dizer que Atenas estava minada pela escravatura, por isso, falar de Aristóteles é um meio de repercutir a escravidão negra no Brasil e o (tão ideologicamente utilizado) racismo. No

---

47. Id., *Pedagogia da autonomia*. 51. ed. Rio de Janeiro: Paz e Terra, 2015, p. 103.
48. FREIRE, Paulo. *Educação e mudança*. São Paulo: Paz e Terra, 2014, p. 60.
49. *Ibid.*, p. 75.
50. FREIRE, Paulo. *Pedagogia do oprimido*. Rio de Janeiro: Paz e Terra, 2014, p. 62.

linguajar de Freire, isso é fazer o saber da história se tornar uma possibilidade, fugindo de sua determinação.

Paulo Freire caracteriza de uma única forma as experiências humanas. Seu fundamento empobrece em tal grau as existências que torna Beethoven símbolo de opressão, desumanizando-o. Quanto ao compositor, considerado um dos pilares da música ocidental, fico com a elucidação do frade Alfonso Quintás:

> Beethoven estava plenamente consciente de seu excepcional valor como músico e exigia ser tratado com o devido respeito, mas ao mesmo tempo era profundamente humilde e grato, pois via sua genialidade como fruto de seu vínculo às raízes últimas do real, ao Criador".[51]

Parafraseando Roger Kimball, aponto que, ao contrário do que pensam os adeptos do multiculturalismo radical, a civilização ocidental, longe de ser uma ideologia limitada, é um amplo registro da conquista humana, abarcando tudo, desde a filosofia de Agostinho até as palavras de Dante, Machado de Assis, Borges, Newton e Orwell. Presumo que se os baluartes da cultura ocidental fossem Marx, Freud e Foucault, Paulo Freire e os seus semelhantes a preservariam, ou seja, o que interessa a eles não é o combate ao conceito de cânone, mas o que deve ser preservado. Estou em harmonia com os intelectuais que entendem que o ato de não manifestar juízos de valor é, na melhor das hipóteses, indiferença com os talentos alheios e, na pior das hipóteses, uma forma intencional de injustiça. Muitos já escreveram sobre isso, destaco as frases de Theodore Dalrymple (pseudônimo de Anthony Daniels) e do já citado Roger Kimball, exibidas nesta ordem:

---

51. QUINTÁS, Alfonso López. *O conhecimento dos valores: introdução metodológica*. São Paulo: É Realizações, 2016, p. 65.

> A ideia de que é possível fundamentar uma sociedade sem nenhum pressuposto cultural ou filosófico, ou alternativamente que todos os pressupostos sejam tidos como iguais de modo que não se faça nenhuma escolha, é absurda. Os imigrantes enriquecem – e enriqueceram – nossa cultura, mas o fazem por adição, e não por subtração ou divisão.[52]

> Nenhum comentador sério acredita – ou disse – que o cânone é um catálogo sacrossanto de livros, que nunca possa ser alterado ou ter-lhe algo acrescentado. Mas isso não é negar que existe um corpo de textos da tradição ocidental que deve ser o centro de uma formação em humanidades, trabalhos que personificam o que Roger Shattuck, um dos nossos pesquisadores capitais de literatura francesa moderna, chamou de "versões aceitas de grandeza" [leia-se, as escalas dos relevos caracteristicamente humanos].[53]

Se alguém estiver de má vontade, pode interpretar que estou defendendo uma escola ao melhor estilo O *Ateneu*.[54] Não se trata disso. Posso garantir que julgo o excesso de rigor esterilizante. Aprendi com Mortimer Jerome Adler que o valor não pode ser colocado coercitivamente, mas através do chamamento à liberdade criadora de cada ser humano. Nas palavras do frade mercedário Alfonso López Quintás:

> Reconhecer um valor é sempre um ato pessoal, mas não meramente subjetivo, e sim dual. Aceitar e assumir um valor é um ato mais complexo e rico que simplesmente emitir uma opinião arbitrária. Significa adotar uma atitude de disponibilidade para com determinado valor, buscá-lo com amor, sintonizar-se com ele, ajustar-se ativamente às suas exigências.[55]

---

52. DALRYMPLE, Theodore. *A vida na sarjeta: o círculo vicioso da miséria moral*. São Paulo: É Realizações, 2014, p. 57.

53. KIMBALL, Roger. *Radicais nas universidades: Como a política corrompeu o ensino superior nos EUA*. São Paulo: Peixoto Neto, 2009, p. 264.

54. POMPEIA, Raul. *O Ateneu*. 4. ed. São Paulo: Martin Claret, 2013.

55. QUINTÁS, Alfonso López. *O conhecimento dos valores: introdução metodológica*. São Paulo: É Realizações, 2016, p. 68.

Desse modo, a alta cultura será preservada e transmitida, sem ter necessidade de sujeitar-se às vertentes de homens como Derrida e Freire – esses crentes de que a maneira real de resgatar as humanidades é submetendo-as à crítica radical, transformando o cânone em uma imensa terra plana, sem as suas diferentes elevações naturais.

Refuto qualquer tentativa de redefinição das humanidades como uma pregação política ressentida, seja do lado que for. De nada servirá deixar de lado o projeto predominantemente esquerdista de nossa atualidade escolar para introduzir uma nova tentativa de lobotomia, centrada em concepções excessivamente tecnocráticas. No totalitarismo dos dois casos, fica-se na utopia do homem "liberado" em um espectro de obscurecimento da mente, deformando o critério correto do conhecimento do bem e das consequências do mal.

É a verdade que liberta, nunca a política, principalmente a que torna a pobreza uma explicação *sui generis* para os diversificados tipos de comportamentos humanos ou a suprema limitadora da humanidade. Se esses determinismos estivessem certos, não veríamos o menino pobre nascido no Morro do Livramento tornar-se o nosso formidável Machado de Assis – insigne representante dos bons efeitos que o mergulho nas grandes obras do cânone é capaz de promover.

Certo é que o tipo vigente de professor-pedagogo, embebido por todos os argumentos descritos até aqui, consequentemente, perde o objetivo de trabalhar qualquer conteúdo de forma metodicamente composta. Os que tentam desenvolver qualitativamente as suas aulas acabam transformados em alguma figura ridícula, espécimes (na pior acepção do termo) de *Don Quijote de la Mancha*. Não é nenhum absurdo perceber que o nosso contemporâneo escolar define o bom professor com base em duvidosos parâmetros, reduzindo-o muitas vezes ao papel de mero orientador, esse sinônimo de incentivador da sociabilidade dos alunos ou praticante do linguajar hermético (que nada ensina) do *pedagogês* – prova disso é que, miseravelmente, tornou-se comum encontrarmos alunos que não absorveram nada proeminente durante seus longos anos de imersão escolar, mas que, contudo, assimilaram os jargões do politicamente correto e de uma controversa cartilha de direitos. Sem exagero, nessa pedagogia que pretende orientar pensamentos, o rigor intelectual é a sua coisa menos difundida. Seu pretenso propósito é a libertação humana, mas a sua natural consequência é a de fabricar espécimes de mimados sociais ou imaculados oprimidos. Nesse sentido, o libertino (devoto de seus impulsos pré-racionais) passa a ser entendido como o tipo ideal de homem livre, pois preserva a sua "autenticidade" de aluno que alega ter comportamentos inegociáveis, desconhece que o indivíduo de cada coletividade já não vive só nesta, mas é parte, ainda que indireta, de outras coletividades.

Robert Musil, escritor austríaco, no começo do século passado, já alertava-nos sobre isso:

> Esses privilégios de um "Nós" que se tornou maiúsculo dão exatamente a impressão de que a crescente civilização e a domesticação do indivíduo são compensadas por um crescimento proporcional da "descivilização" das nações, dos Estados e das alianças ideológicas; e obviamente nisso se revela um distúrbio afetivo, um distúrbio do equilíbrio afetivo, que na verdade precede à oposição entre Eu e Nós e também a qualquer avaliação moral.[56]

Identifiquem que nas nossas "escolas de espírito crítico", adentra-se exclusivamente na crítica admitida da realidade, evidência de que temos uma engenharia social e não uma educação. Os pedagogos adeptos da manipulação

---

56. MUSIL, Robert. *Sobre a estupidez*. Belo Horizonte: Editora Âyiné, 2016, pp. 30-31.

pedagógica de Paulo Freire não enxergam crianças em suas salas de aula. Visualizam, em suas faces infantis, representações de classes. Ao desconsiderar a existência de uma multiplicidade de significados de seus antônimos exaustivamente repetidos, injustiça e justiça, Paulo Freire adota uma atitude reducionista, desconhecendo as diversas facetas da realidade. Essa incapacidade no ato de captar os nexos profundos das múltiplas facetas do homem faz de seu pensamento muitas coisas, mas não filosofia. Como uma proposição lógica, qualquer pedagogia de massa engendra-se em uma irresponsabilidade crescente de massificar as pessoas – esse o erro mais óbvio de Freire e de seus pares marxistas.

Ressalto que está na consequência de uma boa escola ser formadora de uma elite. Ela, em sua composição primeira, ocupa-se em melhorar as suas criaturas, não só no sentido intelectual, mas na conduta moral. Por infelicidade de nossos dias, há algumas décadas, a escola brasileira, em sua quase totalidade, tornou-se um tipo oposto a tudo isso. Não é a proposta discutir aqui esse tipo de monstrengo que a escola virou, mas salientar que parte disso se deve ao símbolo e método que escolheram.

Após a nossa (um pouco mais que sintética) travessia intelectual, avulto um fugaz distanciamento entre Paulo Freire e Marx. O pedagogo brasileiro, tanto em sua biografia quanto em sua bibliografia, deixa claro que defende uma participação do Estado na educação, aproximando-se, nesse caso, mais de Hitler que de Marx. Explico: o nazista defendia uma massificação do Estado em todos os níveis, enquanto o comunista pregava uma ruptura entre o Estado e a educação. Mais do que polemizar, faço essa alusão porque penso que é o caso de afastamento mais saliente que o nosso autor tem de seu mestre.

Afiançando o que foi dito, peço que observem as passagens:

> Somente quem, pela educação e pela escola, aprende a conhecer as grandes alturas, econômicas e, sobretudo, políticas da própria Pátria, pode adquirir e adquirirá, certamente, aquele orgulho íntimo de pertencer a um tal povo.[57]

> É preciso rejeitar peremptoriamente uma "educação popular a cargo do Estado". Uma coisa é determinar, mediante uma lei geral, os recursos das escolas primárias, a qualificação do pessoal docente, os currículos, etc., e fiscalizar, por intermédio de inspetores públicos, a execução dessas prescrições legais, como acontece nos Estados Unidos. Outra coisa completamente diferente é fazer do Estado o educador do povo! É o Estado que necessita receber do povo uma educação maciça.[58]

Se, depois de tudo o que foi escrito, vocês optarem por uma ação de ruptura com o mundo escolar, fundamentados no julgamento de que mandar um filho à escola é sinal de estupidez, saibam, antecipadamente, que vocês têm a minha mais sincera solidariedade, e recebam os meus parabéns, pois entenderam corretamente a proposta de minhas sílabas.

---

57. HITLER, Adolf. *Mein Kampf*, pp. 23-24. Disponível em: http://sanderlei.com.br/PDF/Adolf-Hitler/Adolf-Hitler-Mein-Kampf-PT.pdf

58. MARX, Karl. *Manifesto do partido comunista: Comentários à margem do programa do Partido Operário Alemão*. Porto Alegre: L&PM, 2010, p. 127.

Conclusão

> Fazer sapatos ou fazer livros não caracteriza cultura. Há livros de procedência inculta, e o sapateiro, apesar da observação de Apeles, pode muitas vezes ir além dos sapatos.[59]
>
> Dom Lourenço de Almeida Prado

Mais do que destacar que cada indivíduo é um ponto de vista essencial, quero expressar que há beleza e doçura nos locais em que Paulo Freire enxergou apenas amargura. O fracasso na sociedade pode ser o caminho para os mais elevados sucessos. Fundamentado pelo aglomerado de informações contidas neste texto, recomendo, principalmente aos adeptos de Paulo Freire que estão bisbilhotando este exemplar, que deixem essa concepção pedagógica gregária. Se me permitem, sentencio que, neste nosso caso, não compensa o conforto de pensar como quase todos pensam. Não se esqueçam de que tanto vocês quanto seus alunos são mais do que só um composto biológico. Vocês são biografias carregadas de sentidos – esses despertados quando fora da osmose de classe – aspecto que interpreta a felicidade dos homens por seus triunfos dentro de um sistema econômico.

Nosso patrono do pau oco concebe a liberdade como se ela não consistisse, precisamente, para o espírito, parafraseando Dom Lourenço de Almeida Prado, na faculdade de conceber vários possíveis e de optar por um deles, ou seja, na liberdade da escolha. Para ele, só o seu sistema conduz à liberdade, uma vez que o homem, com um tempo e uma educação apropriada, não mais conceberá outro regime, e, portanto, desconhecerá o sentimento de oposição, moção autointitulada geradora de "mente crítica", mas que, percebam, propõe como formação crítica a domesticação do aluno,

---

59. PRADO, Lourenço de Almeida. Educação para a democracia. Rio de Janeiro: Nova Fronteira, 1984, p. 67.

conduzido à memorização dessa fórmula, que o professor lhe inculca, criando servos presumidamente livres, mas, em essência, melancólicos.

Patrono é sinônimo de: padroeiro, protetor, defensor. No nosso caso, não encontramos em nosso modelo escolhido qualquer uma dessas virtudes. Temos o símbolo politicamente esculpido, porém, intimamente oco.

Decidam, depois de todo o nosso percurso textual, nobres leitores, se querem esse homem como patrono da educação brasileira (Lei n.º 12.612 de 2012).[60] Ponderem se é esse o modelo que a terra de Nabuco merece. Aos que já são pais, cuidem de seus filhos, não entreguem as suas mais preciosas propriedades imprudentemente. Relembro-os de que a traição dos intelectuais é a recusa dos valores universais, subjugando o espiritual pelo temporal. Aristóteles define como péssimo o sujeito que utiliza o mal não apenas contra si, mas contra os amigos; pensem nesse ensinamento antes de aderirem ao cosmos inconsistente de Paulo Freire.

Meus últimos dizeres são os de que a condição necessária para uma boa pedagogia é o domínio intelectual da disciplina ensinada. Com isso, sempre haverá simplicidade intelectual, elegância expositiva, traços de um verdadeiro pedagogo, capaz de elevar os homens aos mais altos valores, libertando-os de suas situações de massa. Creio, leitores, que essa seja a verdadeira caridade, consistida, sobretudo, na distribuição gratuita de bens eternos, sinal que não encontro em nosso patrono do pau oco.

---

60. Disponível em: http://www.planalto.gov.br/ccivil_03/_Ato2011-2014/2012/Lei/L12612.htm

Esboço para um estudo da emoção nos textos de Paulo Freire 2

Os textos de Paulo Freire têm como uma de suas características o baixo número de citações. Dentre os poucos autores que seus livros referenciam, Jean-Paul Sartre foi um dos mais lembrados.

O autor de *A náusea* tinha três premissas para interpretar a realidade:

- As nossas ideias são produtos de experiências da vida real;
- A existência precede a essência;
- O homem é livre para projetar a própria vida.

A partir desses pontos, o filósofo francês teorizava sobre o conhecimento intuitivo e a experiência reflexiva. Foram nesses arcos teóricos que Paulo Freire leu os seus escritos. O pedagogo brasileiro compreendia que a teoria do filósofo francês era um meio para analisar o papel social de um pensador politicamente ativo.

Apesar de divergências ontológicas pontuais, Paulo Freire e Sartre consideravam o homem um ente inteiramente empírico. Assim, para ambos, a ideia de homem não poderá ser outra coisa senão a soma dos fatos constatados que a experiência permite unir. Na pedagogia freireana, a definição de consciência transformadora é similar a hipótese sartriana de que as ciências da natureza buscam compreender as condições de possibilidade de certos fenômenos gerais. O homem conscientizado de Paulo

Freire é aquele que compreende a sua realidade existencial como um produto das relações dialéticas entre a vida humana e os aparelhos de poder.

Enquanto teórico social, o pedagogo brasileiro não desenvolveu livros com uma estruturada apresentação de fontes históricas. Seu mais destacado objetivo era o de elaborar um texto em que a emoção fosse o meio para expressar a validade de seu projeto de conscientização, esta que pode ser definida, sumariamente, como o nexo entre a sua leitura da realidade social com a totalidade sintética do homem como agente transformador. É natural que essa escolha pouco técnica produza um inacabado conceito de homem, e, justamente por essa determinação defectível, escolhi formular uma análise do uso da emoção nos seus textos a partir da abordagem fenomenológica que Sartre apresentou sobre a teoria das emoções.

O opúsculo *Esboço para uma teoria das emoções* compila desde críticas às pretensões da psicologia de ser positiva a endossos de certos aspectos atinentes à emoção avançados pela psicologia. Desse modo, é necessário ter cautela com a maneira de classificar o estudo de Sartre. Como bem resumiu o aqui parafraseado Marcelo Galletti Ferretti, em seu estudo *O estatuto do corpo em Esquisse d'une théorie des émotions*[1] a repreensão de Sartre incide não sobre o que a psicologia faz, mas sobre o que ela crê dever fazer sob a pressão do cientificismo. Vê-se, à medida que a argumentação de Sartre se desenvolve, que não se trata de reprovar a psicologia *in toto*, mas de conjurar o cientificismo que a seduz. Além dessa ressalva, percebe-se que Sartre adota certos aspectos atinentes à emoção avançados

---

1. FERRETTI, Marcelo Galletti. *O estatuto do corpo em esquisse d'une théorie des émotions, de Jean-Paul Sartre*. Publicado em TRANS/FORM/AÇÃO: Revista de Filosofia - Unesp Marília. Disponível em https://www.scielo.br/scielo.php?script=sci_arttext&pid=S0101-31732013000300008&lng=pt&tlng=pt. Acesso em: 10 de set. 2020.

pela psicologia, incorporando-os em sua própria teoria das emoções. Para Sartre, é imperativo o resgate do sentido de um fenômeno da consciência como o da emoção. Buscar o sentido da emoção significa buscar a relação singular que se estabelece entre o sujeito e o mundo. É perscrutar aquilo que vai além das alterações somáticas verificáveis na emoção. Para salientar a centralidade da dimensão do sentido, Sartre compreendeu que a fenomenologia daria um novo aporte teórico para a psicologia. Assim, a emoção é entendida como uma maneira de apreender o mundo.

Dentro das propostas intelectivas de Paulo Freire, sua conduta emocional não é de modo algum uma desordem. Trata-se de um sistema que harmoniza meios e fins, desenvolvido por um autor emocionado com o seu objeto emocionante, onde os meios aparecem como potencialidades que reclamam a existência de único caminho possível para chegar ao objetivo. Em obras como *A Pedagogia da Esperança*, encontra-se a ideia de que o mundo é o espaço que reflete de modo não posicional essa conscientização. Essa consciência emocional é o ato para fornecer a consciência do mundo. A consciência emocional suscitada por Paulo Freire defende, em primeiro lugar, a promoção da compreensão do desafio que é o "estar" em um mundo habitado por homens que não refletem teticamente[2] as consciências de sua alienação ou unidade moralmente corruptora.

A falta de dados nos livros de Paulo Freire ocorre com naturalidade. Segundo a sua lógica, uma soma de referenciais técnicos seria um formalismo desnecessário que dificultaria a popularização de uma das principais finalidades de seus manifestos pedagógicos: fazer com que o mundo se revele

---

2. Na terminologia fenomenológica, o advérbio "teticamente" pode ser definido como aquilo que pressupõe a existência da consciência ou do que se afirma como ela.

não só como um atual estado de coisas, mas como um porvir que precisa ser alcançado a partir da percepção de que só as qualidades conferidas pela emoção são capazes de gerar uma nova consciência. Essa conscientização não se limita a projetar significações afetivas no mundo que nos cerca, mas se expande como teorização do mundo que se almeja construir. Para os leitores mais fanatizados de Paulo Freire, a autonomia freireana é o argumento purificador que invalida o rigor técnico. Nesse mundo pedagógico, há um determinismo interpsicológico que visa substituir o fundo unitário do mundo socialmente horrível por outro que superará as superestruturas de opressão.

A emoção freireana não é um acidente; ela diz respeito a um modo de existência a ser obtido. Sendo a emoção um fenômeno também de crença, enquanto crentes, os freireanos não se limitam a projetar ou validar as significações afetivas no mundo descrito por Paulo Freire. Encaixam-se na delimitação de homens que através de seu estado de consciência compõem um único grupo de fenômenos psicológicos. Para Sartre, a emoção é o que ela significa; algo que nem sempre tem uma qualidade pura ou indizível. Nessa sua definição, toda conduta irrefletida não é uma conduta inconsciente, ela é consciente dela mesma não teticamente. Sartre insiste que é na finalidade de uma atitude emocional que reside o seu verdadeiro sentido e, por conseguinte, sua essência. Para Paulo Freire, ela é o meio que apresenta o seu significante social. Essa caracterização é o que possibilita entender em que medida a emoção é um meio para a sua transformação do mundo. Se para Sartre, a emoção é a instauração de outro mundo frente à impossibilidade de agir no mundo material, para o pedagogo brasileiro ela é o modo de agir na realidade. Aquilo que para Sartre era um modo de apreensão condicionado por uma mudança súbita de intenção que cria um mundo próprio, no qual vigoram processos diferentes dos que vigem nesse mundo material, para Paulo Freire a emoção é o modo de gerar consciência no processo existencial. Em Paulo Freire a emoção é colocada e não deslocada. Sendo assim, segundo as premissas de Sartre, podemos dizer que Paulo Freire instrumentaliza o processo da transformação humana promovido pela emoção. Para ser bem compreendido, seu texto deve ser analisado sob a acepção de emocionalmente mágico de Sartre:

> Sartre passa a entender a emoção como uma reação, um modo de agir da consciência, em situação diante do mundo. A emoção deixa de ser um fato psicológico para ser uma resposta ativa ou passiva a uma situação concreta como uma maneira de negação mágica dos objetos no mundo. Dito de outra forma, a essência da emoção é ser um fenômeno da consciência, por meio de uma conduta irrefletida, que transforma o mundo em mundo mágico na tentativa de suprimir aquele objeto de dificuldade extrema.[3]

O mundo mágico pensado por Sartre na sua Teoria das Emoções coincide com a idealização estabelecida por Paulo Freire, segundo a qual o parâmetro de realidade e irrealidade se movimenta como uma magia dada pela emoção. Para compreender os textos de Paulo Freire segundo a perspectiva desejada por ele, o leitor, nesse nível mágico não efetivo, deve deixar a sua consciência ser conduzida pela espontaneidade do texto. A consciência é ensinada a apreender o que o autor ordena e crê. A falta de dados técnicos, de rigor na aplicação da linguagem, a apologia a genocídios e um método pedagógico incerto não necessitam de conferência, visto que seus leitores mais cativos já foram arrastados ao mundo mágico da emoção do autor, que, a despeito de todos os torturadores que cultuou, só queria ser lembrado como o homem que amou as plantas e os animais.

---

3. FERREIRA, Luis Thúlio. *Esboço de uma teoria das emoções: uma crítica e uma nova compreensão à psicologia das emoções, em Jean-Paul Sartre*. Publicado em Sapere Audis – Períodicos Puc Minas (MG). Disponível em: http://periodicos.pucminas.br/index.php/SapereAude/article/view/17932/14175. Acesso em: 10 de set. 2020.

Não culpemos em demasia Paulo Freire, afinal de contas são os seus leitores cativos que se colocam nesse estado de total ausência de rigor técnico. Transformaram-se em uma massa de bovinos emocionados, onde soluções grosseiras e menos adaptadas são suficientes. Se na emoção a consciência se degrada e transforma bruscamente o mundo em que vivemos num mundo mágico, percebe-se que talvez ela bem explique o porquê do nível tão baixo das exigências intelectuais e morais que Paulo Freire recebe.

Ser citado não representa por si só algum mérito intelectual 3

> Ah, como uma cabeça banal se parece com outra! Elas realmente foram todas moldadas na mesma forma! A cada uma delas ocorre a mesma ideia na mesma ocasião, e nada além disso!
>
> Arthur Schopenhauer

Apesar de meu primeiro livro ter sido lançado há mais de três anos, não considerei encerrada a minha tarefa de analisar a bibliografia freireana. A despeito de seu estilo complicado de construir frases sem escrúpulos, continuo relendo Paulo Freire, e, inevitavelmente, encontro novas áreas nas quais ele pode ser desconstruído. A escolhida para este texto é a pouco questionada afirmação de que ele é o autor brasileiro mais traduzido de nossa história.

Os freireanos mais ortodoxos afirmam que seu mentor venceu o tempo e a geografia. Para eles, os problemas estilísticos e a prolixidade de Paulo Freire continuam a atrair milhares de leitores. Não duvido desses números. Seria atípico encontrar um autor tratado como leitura obrigatória na maior parte das universidades brasileiras mal posicionado justamente no ranking brasileiro de venda de livros. No campo de sua expansão internacional, deve-se levar em conta o fato de o pedagogo ter sido bem assessorado por grandes corporações – com os destaques para o Conselho Mundial de Igrejas e a UNESCO. O (ainda) Patrono da Educação passou longe de ser um intelectual descoberto exclusivamente pelo brio da inteligência. Foi muito mais um autor que contou com destacadas mediações internacionais.

Por justiça historiográfica, não posso deixar de pontuar que nem com toda essa mediação seu nome conseguiu uma vaga na lista de pensadores fundamentais de muitas instituições que o estudam. Cambridge, que os freireanos adoram destacar como um espaço que estuda Paulo Freire, sequer o incluiu na sua lista de teóricos indispensáveis. O autor da *Pedagogia da Autonomia* foi oprimido até nos rodapés do *Dicionário de Filosofia de Cambridge*.[1] Antes que os apressados defensores de Paulo Freire digam que a lista é restrita a filósofos, digo que não é. Nela há intelectuais multidisciplinares, inclusive alguns pares teóricos de Paulo Freire. De forma análoga a isso, há uma questão que merece ser considerada:

Ser citado não representa por si só algum mérito intelectual. Toda citação tem que ser examinada antes de ser incluída em uma lista de endosso. Reflita a respeito do número de citações nas quais Adolf Hitler aparece. Sei que pode parecer uma comparação intelectualmente desproporcional, mas não é. A minha comparação não trata dos dois tipos humanos; é antes um argumento de que um autor pode ser citado por diferentes motivações, e é diante dessa premissa que examino o elogio corriqueiro de que "Paulo Freire é o brasileiro mais citado no mundo". Se por algum momento você já ousou cometer o pensamento-crime de questionar o valor pedagógico de Paulo Freire, acho muito improvável que nunca tenha escutado essa alegação. Agora pense se você ouviu um número proporcional de análises detalhadas dessas evocadas citações.

De minha parte, sou mais honesto que esses fanáticos. Examinei muitas citações internacionais de Paulo Freire. Sou plenamente capaz de indicar de memória algumas dezenas que o elogiam. Também sei que nem só de elogio internacional vive esse imperador das citações. Igualmente, nunca publiquei

---

1. AUDI, Robert (direção). Tradução de João Paixão Netto. *Dicionário de Filosofia de Cambridge*. São Paulo: Paulus, 2006.

alguma tradução. Não posso avaliar a qualidade internacional de seus livros, mas posso propor mais algumas reflexões sobre essa presença universal de Paulo Freire.

O livro mais traduzido de Paulo Freire é *Pedagogia do Oprimido*. Em suas páginas há a tese de que a revolução pode tirar as vidas que proíbem a vida. Para os tarados da tradução quantitativa, isso pouca importa. No fim das contas, para eles, defender o genocídio não tem relevância quando o comparamos com o título de ser o brasileiro mais traduzido na história.

Você já parou para refletir que quem no mundo se interessar em compreender o Brasil, muito provavelmente, acabará se deparando com algum livro de Paulo Freire? Imaginemos que os estrangeiros interpretem o Brasil através destas sílabas:

> As coisas mudam e nós também. Estou certo, nesta altura, de que devo advertir leitoras e leitores que já me leram reflexões sobre o exílio, num ou noutro livro meu, de não estar agora desdizendo-me.[2]

> Ou, em outras palavras, que a universidade diga o seu contexto para que possa desdizê-lo. Dizer o contexto é assumir-se como expressão sua; desdizê-lo é condição para nele intervir, para promovê-lo. Por isso ninguém desdiz sem antes ou simultaneamente dizer.[3]

Todo futuro tradutor de Paulo Freire precisa saber que o seu texto foi feito para uma categoria especial de leitores, homens e mulheres que pouco se importam com a demolição da nossa língua. Consequentemente, obrigar-se-á a certa parcimônia com os excessos teóricos do pedagogo. Qualquer tradutor minimamente sensato perceberá que há falta de base analítica por parte de Paulo Freire, a tal nível que ofusca

---

2. FREIRE, Paulo. *Cartas a Cristina: reflexões sobre minha vida e minha práxis*. São Paulo: Paz e Terra, 2015. p. 27.

3. *Ibid.*, p. 211

a prolixidade de suas divagações. Encontrará erros crassos de pesquisas. Por exemplo, na *Pedagogia da Indignação*, há a afirmação de que o mundo, ao final do século XX, tinha um bilhão de desempregados, número este que não se comprova em qualquer pesquisinha sobre o tema. Transformar esse estuprador da língua portuguesa em um intelectual mundial é um esforço que exige de qualquer tradutor uma intensa coleção de esclarecimentos, advertências, notas, réplicas, distorções e posfácios.

Muito mais que imaginar os obstáculos intelectuais da tradução dos neologismos de *Cartas a Cristina*, desejo questionar os fundamentos teóricos de quem valida o trabalho intelectual de Paulo Freire apenas pela quantidade de suas traduções. Sei que o esforço de muitos freireanos é o de apenas corresponder a uma expectativa de apresentação. Contudo, uma vez que validam qualquer tradução, será que eles sabem definir o que é uma tradução e quais os requisitos necessários para ser um bom tradutor? Ou ainda, as diferenças entre as traduções de tipo intralingual, interlingual e intersemiótica? Na condição de leitor de Paulo Rónai, desejo mostrar que o ofício de tradutor é tão complexo que jamais pode ser utilizado de um modo fundamentalista.

Inicialmente, ser traduzido não transforma um escritor ruim na sua língua materna em um bom escritor na língua alheia. Tradução não é sinônimo de osmose verbal, menos ainda de milagre da sintaxe. Antes de tudo, quem se vale do argumento quantitativo necessita de uma maior noção sobre o fato de que nem sempre o pensamento original de um autor é preservado em uma tradução. Talvez, aqui entre nós, para um autor prolixo como Paulo Freire essa capacidade de redefinição seja a causa de sua popularidade.

Os casos que tratam da forma como as obras brasileiras foram traduzidas para o mundo são tão complexos, que o comentário de Paulo Rónai serve como boa provocação:

> Às vezes, a alteração deixa-nos intrigados. Vidas Secas parece bem expressivo: entretanto o editor alemão, sem consulta ao tradutor Willy Keller, mudou-o em Nach Eden Istweit ("O caminho é longo até o Éden"), conferindo indevidamente ao livro de Graciliano um sabor protestante, faulkneriano ou steinbeckiano. Mas outro título do mesmo autor, S. Bernardo, permaneceu tal qual na língua alemã, embora nada signifique para o leitor alemão ou talvez até o confunda, levando-o a pensar no desfiladeiro de S. Bernardo, entre a Suíça e a Itália. (Já o tradutor húngaro sentiu a necessidade de dar uma idéia do conteúdo, ao adotar Farkasember, "Lobisomem").[4]

Tradução é algo tão intrincado que há ótimas traduções de Shakespeare empreendidas por quem não falava uma palavra sequer de inglês. Ao mesmo tempo, uma pessoa que não tenha domínio sintático de sua própria língua nunca será uma boa tradutora. De acordo com a concepção da linguagem exposta por Schopenhauer, todas as traduções são necessariamente imperfeitas: "os autores gregos e latinos, as traduções alemãs são um substituto tão bom quanto a chicória é para o café";[5] ao passo que, para Otto Maria Carpeaux, a tradução é algo decisivo para a criação de um capital cultural. Essas duas posições em relação ao que significa o valor de uma tradução demonstram que houve, ao longo dos séculos, um intenso debate entre os que atacam e os que defendem a função de tradutor. Muitos autores elencaram as complexidades que esse ofício tem – talvez a primeira seja o fato de a maioria das pessoas pensarem que se trata de uma atividade puramente mecânica. Nesse debate, há o

---

4. RÓNAI, Paulo. *A tradução vivida*. Rio de Janeiro: Educom, 1976, p. 51.
5. SCHOPENHAUER, Arthur. *A arte de escrever*. Disponível em: http://www.afoiceeomartelo.com.br/posfsa/Autores/Schopenhauer,%20Arthur/A%20Arte%20de%20Escrever%20-%20Arthur%20Schopenhauer.pdf. Acesso em 10 de set. 2020.

papel representado pelas editoras, que muitas vezes colaboram para que essa ideia de uma tradução mecanicista permaneça – afinal, algumas estão mais interessadas em aliar menor prazo e menor preço. Ensina-nos Paulo Rónai que o papel do tradutor torna-se singularmente mais importante quando ele perde o que tinha de mecânico, transformando a tradução em uma atividade reflexiva.

Isoladamente, as palavras de Paulo Freire não possuem sentido; seu sentido está sempre dentro de um contexto. Muitas de suas locuções são intraduzíveis ao pé da letra. Enquanto escritor, o autor de *Educação e Mudança* exigia compreensão ideológica e a evidente premeditação de todo um movimento pedagogicamente bem planejado. Os tradutores freireanos devem ter a posse razoável do idioma-fonte e uma boa dose de senso comum. Essas noções implicam uma maior aderência às palavras da língua-fonte, consequentemente, graças à estilística de Paulo Freire, isto promove uma desobediência em relação aos usos e às estruturas da língua-alvo. Se toda tradução é como um filtro colocado entre o autor e o leitor, observaremos, texto a texto, qual foi o escolhido, pois uma tradução pode ser excessivamente sociolinguística ou intersemiótica. Imagino que você nunca tenha visto algum defensor de Paulo Freire inserir as famigeradas traduções em alguma dessas categorias. Esse samba de uma nota só desconhece essas especificidades. Seu argumento sustenta-se quase exclusivamente na ideia de que a mensagem de Paulo Freire é exprimida em outras línguas porque os seus temas eram universais. Em parte, há razão para esse argumento, tendo em vista que muitas de suas palavras-chaves, tais como genocídio, revolução, analfabetismo, pobreza e colonialismo latino-americano são de fáceis representações. Porém, mesmo com essa facilidade, ao dizer que a tradução em si representa uma elevação pedagógica, espera-se que o argumentador saiba dizer o porquê dessa certeza, que consiga desenvolver argumentos razoáveis sobre como o pensamento social de seu autor é traduzido e que contribua para robustecer o estudo das traduções de Paulo Freire, inserindo-as em categorias específicas onde o significante e o significado sejam definidos no signo linguístico. Traduzir adequadamente um autor como Paulo Freire é romper com um padrão automático e instantâneo que seus textos recebem. Parafraseando Diderot, que todos esses papéis deixem de ser o pasto dos ignorantes, o expediente daqueles que pretendem julgar sem ler o flagelo daqueles que trabalham.

# Cartas a Cristina - Reflexões Sobre Minha Vida e Minha Práxis: Resenha crítica*

> Sanidade mental não é uma coisa estatística.
> George Orwell, 1984

Qualquer resenha crítica de uma obra deve ser tanto prólogo (sublinhar conseqüências), narração (ater-se ao conteúdo exclusivo do texto) e epílogo (por indicar antecedentes). Guarnecida da pretensão intelectual de pormenorizar o texto analisado, pode-se dizer que tenta capturar a natureza da experiência textual e compará-la com as certezas de um entendimento de tradição real. Produzir uma transcrição, em si, seria simples. Bastaria deslocar para o papel o monólogo incansável que ocupa a obra *Cartas a Cristina - Reflexões Sobre Minha Vida e Minha Práxis;*[1] contudo, não é fácil resenhar as suas páginas e, a partir delas, respeitando o ponto de vista que Paulo Freire manifestou a respeito de sua quase autobiografia, iluminar os leitores deste capítulo.

Ciente de que uma das principais funções do debate intelectual é a de investigar temas inconvenientes, e de que a luz do público na maior parte dos casos obscurece tudo, arquei com a responsabilidade e levantei o tapete que escondia a trivialidade sem sentido de nosso Patrono da Educação. Acolitei a sua recomendação: "Perguntar é assumir a posição curiosa de

---

* Publicado em: SANTOS, Thomas Giulliano Ferreira dos. Desconstruindo (ainda mais) Paulo Freire. 1. ed. Porto Alegre: História Expressa, 2019.

1. FREIRE, Paulo. *Cartas a Cristina: reflexões sobre minha vida e minha práxis.* São Paulo: Paz e Terra, 2015.

quem busca. Não há conhecimento fora da indagação. Fora do espanto".[2] E, após anos de estudos sobre as suas subjetividades – emissárias de uma biografia nada enigmática, misteriosa ou grandiosa –, busquei recuperá-las para a vida histórica, superando qualquer monólogo hermético. O pedagogo gostava de contar os seus sucessos para (a partir deles) esclarecer os seus conceitos e as suas categorias. Escrito durante alguns períodos de recolhimento, *Cartas a Cristina - Reflexões Sobre Minha Vida e Minha Práxis* consiste em devotas efusões, "exames de consciência" e mais um punhado de textos (interminavelmente repetitivos) sobre o seu "progresso humano". Esse seu estilo narrativo reside na leitura de alguém que almejava transformar as prosaicas realizações de sua vida em tarefas de Prometeu, derrotas gloriosas, episódios épicos e trágicos.

A sua peça de demagogia travestida de cartas trocadas, aparentemente desvinculada da "superestrutura", tem um endereço excessivamente prático. Evita fomentar, dentro do possível, quaisquer raciocínios de ordem filosófica. Limita-se a exprimir uma alegoria de plebe faminta pelas paixões revolucionárias, visando o modelo freireano de práxis pedagógica. Esses relatos pessoais, descontando qualquer experiência íntima, quando inquiridos em uma realidade objetiva fora de sua mente, carecem de argumentos rigorosos. Segundo Paulo Freire, a história consiste na certeza de que os professores não fizeram mais do que reiterar (de várias maneiras) as opressões do mundo e nas suas duas pseudoidéias que regulam o pedestal de sua mitologia:

– No seu materialismo intuitivo, isto é, a não concepção de um mundo material formado por indivíduos encarados isoladamente na sociedade burguesa;

---

2. *Ibid.*, p. 271.

– Na convicção de que a história é o processo pelo qual, transformando as condições econômicas de sua existência pelo trabalho, o homem transforma a si mesmo.

Quem quer que se dedique a escrever (honestamente) sobre a produção intelectual de Paulo Freire deve ter estômago forte. Descontando todo o cinismo e a propaganda, o sujeito foi sempre um livro aberto para quem o quisesse ler. Homem que em alguma medida se considerava sagrado, convicto de que tinha a explicação de como instituir de uma vez por todas a sociedade perfeita, mesmo que a sua aplicação exigisse doses de genocídio e progressismo. Através de suas opiniões dogmáticas, romantizadas por uma suposta condição de pernambucano que atravessou e esteve nas maiores catástrofes políticas do Brasil, superando-as de maneira ilibada, como outros tantos autores, escolheu no gênero da autobiografia uma de suas maneiras de almejar a perenidade histórica. Embora encontre uma considerável concordância particular com seus leitores, a obra se escora exclusivamente na credibilidade de que seu autor dispõe e na sua confusa relação entre subjetivismo e objetivismo. A questão chave para qualquer avaliação de *Cartas a Cristina - Reflexões Sobre Minha Vida e Minha Práxis* é a seguinte: se as premissas estão erradas, tudo o que delas se segue também está errado, e é por isso que um bom ideólogo precisa impedir que suas idéias sejam discutidas em espaços externos aos seus domínios. Suas mais de 400 páginas retêm premissas intelectualmente equivocadas. Símbolos proeminentes de uma esquerda tupiniquim culturalmente triunfante no pós-ditadura militar, foram desenvolvidas com uma fórmula literária metódica na escassez de referências documentais, de modo que, por páginas e páginas, lê-se mais sobre como fazer "o bem e evitar o mal" do que propriamente sobre a vida de Paulo Freire. Em seu cosmo de intelectual dirigente da sociedade, desconsiderava que a observação empírica deve, em cada caso isolado, proporcionar na prática e sem qualquer mistificação apenas uma das possibilidades de explicação do que seria a estrutura social. Com tais particularidades metodológicas misturadas com a utopia de mundo ideal, passa a ser justificável a sua postura de dizer mentiras deliberadas e ao mesmo tempo acreditar genuinamente nelas.

Paulo Freire não foi um gênio da pedagogia ou da política, sequer um gênio do mal. Esta verdade, tão logo enunciada, imediatamente se transforma numa opinião reduzida a um tema de discurso. Meus detratores não acreditam, mas li sem qualquer resultado prévio cada uma das sílabas do livro mais autobiográfico de Paulo Freire. A estes respondo que sou apenas o homem que concluiu, após analisar cada uma dessas cartas supostamente trocadas entre o pedagogo e a sua sobrinha, que elas não passam de uma imagem propagandística de um homem que não suportava certos tipos de sistemas e pessoas. O hábito de atribuir ao acusado o ódio sentido pelo acusador não faz parte desta análise bibliográfica. Não obstante, reconheço que esta resenha faz afirmações qualificadas como inconvenientes por aqueles engajados em uma luta de vida e morte na defesa de seu mundo intelectualmente lacrado. Por estarem demasiadamente do lado de seu imaginado futuro, esses adeptos da premissa do "fosso de credibilidade" temem que o seu universo racional seja aberto, proporcionando um espaço de aparições no qual podem mostrar, por atos e palavras, pelo melhor e pelo pior, a consciência da tensão existencial, que é a experiência decisiva que o ideólogo precisa afastar para impor seu estado de alienação a todos os demais. Essa regra simples torna fácil a crítica à arte e à composição. Permite que enganadores incompetentes ignorem os embasamentos duramente conquistados de seus contemporâneos, rotulando-as de mero pastiche.

Aos poucos iniciados em teoria historiográfica, explico que as disposições que o historiador apresenta ao captar o fato histórico individual seriam fatores constitutivos da história. Em outras palavras, a narração do que propriamente ocorreu não basta para uma obra fazer-se histórica, porque o relato sobre o ocorrido, sem um trabalho dialogado com os métodos da disciplina de Heródoto, não é historiografia. No máximo, é um preciso relato de um acontecimento passado. Em contrapartida, a historiografia de Paulo Freire pauta-se em esquecer qualquer fato que tenha se tornado inconveniente, e depois, quando ele se tornar de novo necessário, retirá-lo do esquecimento somente pelo período exigido pelas circunstâncias. Desde a antigüidade, o homem possui o dom de comunicar seus pensamentos e sentimentos objetivando-os no mundo e dotando-os de uma forma sólida que ambiciona ser permanente. Biograficamente, de Domenico Scandella a Paulo Freire, o curso histórico de qualquer homem forma um complexo conjunto de somas existenciais, cujas articulações mostram aspectos psicológicos de matizes variados. Em dias de maniqueísmos sociais bem intensificados, sei que para muitos leitores a veracidade narrativa pouco interessa. Estes, apegados aos seus relativos valores morais, esquecem que a história não é um conhecimento de intenções, mas dos fatos livres realmente executados, e que, como realidade, a história é a síntese do conjunto de fatos humanos.

Uma dose de realismo teria relembrado os leitores mais excitados de *Cartas a Cristina - Reflexões Sobre Minha Vida e Minha Práxis* que a vida social é uma amálgama de sociabilidade e individualidade. O sucesso dessas cartas "consoladoras" deve-se apenas ao seu idealismo moral hipócrita, aplicado à sedução de muitos espíritos que submetem os seus intelectos a essa mercadoria barata, capaz de sonegar de seus leitores até as noções mais básicas de qualquer produção de idéias sociais minimamente razoáveis. Ao longo de todas essas cartas se encontram poucas soluções racionais à compreensão dessa prática fantasiada de humanismo, mas que reitera a certeza de que as relações mentais dos homens surgem como refluxo direto do seu comportamento material, ou seja, não levam em conta a linguagem da vida real, segundo a qual os seres humanos são diferentes e qualquer criança pode fracassar em uma coisa e ter êxito em outra.

Pedagogia da Indignação: uma resenha sem delírios* 5

> Antigamente os animais falavam. Hoje escrevem.
>
> Millôr Fernandes

O medievalista francês Georges Duby dizia que o historiador não deve se fechar em sua toca, ainda que exitosa. Na condição de seu leitor, sei que ficar confinado na certeza dos números seria uma sandice. Por mais que os resultados de meu trabalho sejam expressivos, afinal, especificamente em vendas, meus dois livros, *Desconstruindo Paulo Freire* e *Desconstruindo (ainda mais) Paulo Freire*, transformaram-me em um autor best-seller, sei que ainda tateio em busca de um estilo textual. A historiografia prova que não há receita única para o desenvolvimento de uma pesquisa. Aquela que mais me agrada é a de revisitar antigos ensaios e livros à medida que eles progridem. Assim nasceu este texto, que é uma tentativa de ampliar o escopo já desenvolvido no *Desconstruindo Paulo Freire*.

Escolhi fixar a minha resenha na 1ª edição de *A Pedagogia da Indignação*, publicada em 2016 pela Editora Paz e Terra. Aviso que o material com o mesmo título produzido pela Editora Unesp serviu unicamente como bibliografia de apoio. Essa escolha pela edição mais recente se deve à minha crença de que toda pessoa merece o direito de retratação, afinal de contas São Dimas já nos ensinou que nunca é tarde para se arrepender.

---

* Publicado em: https://historiaexpressa.com.br/pedagogia-da-indignacao-uma-resenha-sem-delirios/.

O livro tem como anexo de abertura uma apresentação à edição da Unesp,[1] escrita por Ana Maria Araújo Freire, organizadora de *A Pedagogia da Indignação*, no começo dos anos 2000. Além da mimetização do estilo prolixo de Paulo Freire e do fato de sua autora não pecar por indiferença em relação ao conteúdo dos textos, não há mais nada para se destacar. Quanto ao título do livro, de acordo com a organizadora, foi escolhido por ter "força maior para traduzir o que Paulo pretendeu denunciar quando escreveu os textos que o compõem."[2]

Em relação ao prefácio, assinado por Balduino A. Andreola[3] e chamado de *Carta-Prefácio*, há quatro destaques principais:

- A tentativa de contextualizar que *A Pedagogia da Indignação* se fundamenta em cartas;

- Uma demarcação de que os textos de Paulo Freire são importantes para o estabelecimento dos fundamentos teóricos da teologia da libertação latino-americana;[4]

- A manutenção do espetáculo de hipérboles que caracterizam a maneira de retratar Paulo Freire. Há exemplos para todos os gostos. Observem:

---

1. FREIRE, Paulo. *Pedagogia da indignação: cartas pedagógicas e outros escritos*. 1 e 5. ed. São Paulo: Paz e Terra, 2016 e 2019; FREIRE, Paulo. *Pedagogia da indignação: cartas pedagógicas e outros escritos*. 1. ed. São Paulo: Editora Unesp, 2000.

2. FREIRE, Paulo. *Pedagogia da indignação: cartas pedagógicas e outros escritos*. 5. ed. São Paulo: Paz e Terra, 2019. p. 13.

3. Professor que solicitou à Universidade Federal do Rio Grande do Sul o título de Doutor Honoris Causa para o seu amigo Paulo Freire. Esse título foi concedido em 20/10/1994.

4. Trata-se de ler tua obra e tua trajetória de luta a serviço dos condenados da terra, dos oprimidos do mundo, na perspectiva de tua fé cristão, que não foi a fé de um cristianismo comprometido com o status quo, mas sim na linha de uma teologia da libertação e da laicidade.

[Paulo Freire] Falas do amor ao mundo no contexto do amor à vida, desafiado por tua santa e veemente indignação;[5]

Que bom, Paulo, que não paraste, proclamando até o fim, com o vigor de um pedagogo-profeta, as dimensões ética e política como exigências ontológico-existenciais e históricas da pessoa e da convivência humana e, em particular, da educação.[6]

Paulo, tu estás defendendo o valor da vida na sua universalidade, sob todas as suas formas, com a veemência do Cristo, que expulsou os profanadores do santuário, e com a linguagem poética e mística de Francisco de Assis, eleito o maior personagem do milênio recém-findo.[7]

- Repetição do cinismo sanguinário de Paulo Freire. Balduino A. Andreola elabora uma confusa lista de "mestres da humanidade", em que encontramos grandes nomes da história misturados com personalidades que merecem mais ressalvas que elogios:

Paulo, simpatizo com a idéia de pensar o teu projeto pedagógico-político na constelação do que denomino Pedagogia das grandes convergências. Eu lembro alguns grandes mestres da humanidade que no século findo lutaram e dedicaram suas vidas por um projeto mais humano, fraterno e solidário de mundo. Sem excluir outros, penso nos seguintes: Gandhi, João XXIII, Luther King, Simone Weil, Lebret, Frantz Fanon, Che Guevara, Teresa de Calcutá, Dom Helder, Mounier, Teilhard de Chardin, Nelson Mandela, Roger Garaudy, Dalai Lama, Téovédjré, Betinho, Paramahansa Yogananda, Michel Duclerq, Fritjof Capra, Pierre Weil, Leonardo Boff, Paul Ricoeur e outros.[8]

No que diz respeito à análise das cartas e ensaios que constituem o restante de *A Pedagogia da Indignação*, adotei

---

5. *Ibid.* p. 23.
6. *Ibid.* p. 24.
7. *Ibid.* p. 26.
8. *Ibid.* p. 27.

o sistema de descrever ao máximo o seu conteúdo. Como *A Pedagogia da Indignação* não é um livro homogêneo, por mais que assim tenham tentado desenvolvê-lo, discorrerei em separado sobre cada um de seus textos.

Primeira Carta – Do Espírito deste livro

Trata-se de um texto cujo pano de fundo é a relação entre pais e filhos, mas que não se esgota apenas nesse tema. Nessa carta também encontraremos definições conceituais, apologias políticas e o elenco de dados que não se sustentam em fontes históricas. Tudo isso devidamente narrado em um estilo confuso.

Paulo Freire morreu com a certeza de que também os relacionamentos familiares deveriam se opor à "imobilidade reacionária". Em sua definição, o pai e a mãe devem estimular a liberdade do filho, sempre no sentido de "gestar a sua autonomia":

> Não tenho dúvida de que a minha tarefa primordial de pai, amoroso da liberdade, mas não licencioso, zeloso de minha autoridade, mas não autoritário, não é manejar a opção partidária, religiosa ou profissional de meus filhos 'guiando-os' para este ou aquele partido ou esta ou aquela igreja ou profissão. Pelo contrário, sem omitir-lhes minha opção partidária e religiosa, o que me cabe é testemunhar-lhes minha profunda amorosidade pela liberdade, meu respeito aos limites sem os quais minha liberdade fenece, meu acatamento à sua liberdade em aprendizagem para que eles e elas, amanhã, a usem plenamente no domínio político tanto quanto no da fé.[9]

Colocada essa citação, cabe responder alguns questionamentos:

---

9. *Ibid.*, p. 24.

1) Quem é o reacionário de Paulo Freire?

É o sujeito histórico que se opõe à sua agenda de mudanças: "No campo dos costumes, no do gosto estético de modo geral, das artes plásticas, da música, popular ou não, no campo da moral, sobretudo no da sexualidade, no da linguagem."[10]

2) O que é o indivíduo autônomo para Paulo Freire?

Aquele que foi libertado de sua situação de opressão prévia, transformando-se em um ser revolucionário, engajado na possibilidade de não se esgotar no mundo atual.

3) Dentro do conceito freireano de revolução, quais os seus princípios?

Essencialmente três:

- Uma ruptura do processo histórico anterior, em que cada sujeito deve superar a sua contradição dialética, esta sempre apresentada à luz de conceitos socialmente maniqueístas;

- O emprego em maior ou menor grau da violência;

- O estabelecimento de uma unidade no discurso revolucionário.

Seu texto segue com um elenco de comportamentos fixados como éticos, os quais, ao melhor estilo de tutorial, devem ser adotados por todo educador progressista:

- O professor não pode se limitar ao ensino de sua disciplina;

- A educação progressista deve valorizar a chamada "leitura de mundo";

- Todo aluno deve ser conscientizado no espaço escolar de que ele é agente de uma reinvenção da sociedade;

---

10. *Ibid.*, p. 34.

– A transformação da "estrutura iníqua da sociedade" deve ser um comportamento ético do educador progressista. Em termos mais contemporâneos, trata-se de uma educação com partido, motivada por uma forma em que a ética freireana deve se sobrepor aos limites socialmente construídos de espaço plural em sala de aula.

Seu texto segue com uma defesa de uma democracia regulada. Cabe a nota de que ele não a desenvolve nessa carta. Apenas explicita o seu desejo de regulação:

> Não de uma democracia cujo sonho de Estado, dito liberal, é o Estado que maximiza a liberdade dos fortes para acumular capital em face da pobreza e às vezes da miséria das maiorias, mas de uma democracia de que o Estado, recusando posições licenciosas ou autoritárias e respeitando realmente a liberdade dos cidadãos, não abdica de seu papel regulador das relações sociais. Intervém, portanto, democraticamente, enquanto responsável pelo desenvolvimento da solidariedade social.[11]

Convém agora definirmos a concepção de democracia para Paulo Freire:

Em suma, é o processo que serve para transformar a consciência dos homens, entendidos como seres condicionados pelas circunstâncias sociais. Nessa chave de leitura, muito parafraseada de Jean-Jacques Rousseau, é o ser social que determina a consciência; ou, em outras palavras, o âmago do pensamento social adversário representa o coletivo de desumanizados, portadores de uma visão de mundo que não merece ser respeitada. Na sua leitura sociológica, se o Brasil tem problemas sociais claros, atestados de que não vivemos em um país democrático, estes têm como culpados os liberais e os conservadores, definidos como aniquiladores da convivência social.

---

11. *Ibid.*, p. 54.

Mesmo com essa visão tão pessoal de democracia, Paulo Freire, hipocritamente, afirma nessa carta que "o fundamental é que fiquem claras a legitimidade e a aceitação de posições diferentes em face do mundo".[12] Segundo Paulo Freire: "Escrever bonito é dever de quem escreve, não importa o que e sobre quê",[13] mas, como de costume, não foi possível encontrar tal beleza nesse texto inaugural – e já me adianto para dizer que no livro como um todo. Como exemplos de sua precária capacidade técnica, destaquei duas toleimas:

> Quanto melhor me 'aproximo' do objetivo que procuro conhecer, ao dele me 'distanciar epistemologicamente', tanto mais eficazmente funciono como sujeito cognoscente e melhor, por isso mesmo, me assumo como tal. O que quero dizer é que, como ser humano, não devo nem posso abdicar da possibilidade que veio sendo construída, social e historicamente, em nossa experiência existencial de, intervindo no mundo, inteligi-lo e, em consequência, comunicar o inteligido.[14]

> A educação tem sentido porque mulheres e homens aprenderam que é aprendendo que se fazem e se refazem, porque mulheres e homens se puderam assumir como seres capazes de saber, de saber que sabem, de saber que não sabem. De saber melhor o que já sabem, de saber o que ainda não sabem. A educação tem sentido porque, para serem, mulheres e homens precisam estar sendo. Se mulheres e homens simplesmente fossem não haveria porque falar em educação.[15]

O ensaio se encerra sem o despejo de outros conceitos, mas há um último ponto a ser destacado. Escrito por Ana Maria Araújo Freire, encontramos ao final da carta o registro do único arrependimento de Paulo Freire:

---

12. *Ibid.*, p. 43.
13. FREIRE, Paulo. *Cartas a Cristina: reflexões sobre minha vida e minha práxis*. São Paulo: Paz e Terra, 2015. p. 130.
14. FREIRE, Paulo. *Pedagogia da indignação: cartas pedagógicas e outros escritos*. 5. ed. São Paulo: Paz e Terra, 2019. p. 33.
15. *Ibid.*, p. 44.

O ato de fumar em Paulo Freire foi o único do qual dizia ter-se arrependido. Entendia sempre que fizera tudo na sua vida dentro da ética e das possibilidades históricas - pessoais e sociais -, mas nunca se perdoou por ter fumado.[16]

Neste final de primeira análise, peço licença para perguntar: seria eu o único doente mental capaz de achar que ter sido um intransigente defensor de emissários da tortura é pior que dar umas tragadas em um *Marlboro Red*?

Quanto à segunda carta: Do Direito e do dever de mudar o mundo

Em comparação com o ensaio anterior, trata-se de um texto mais enxuto. A segunda carta tem dois destaques:

– Uma intensa defesa ao MST;

– A repetição dos principais temas elencados no ensaio anterior, desde o dever do educador de não ser neutro até a certeza de que a ética é construída com a transgressão de padrões socialmente estabelecidos. De acordo com Paulo Freire, não há meio termo. Ou você é uma bondosa criatura a favor da sua transformação de mundo ou defende a permanência de injustiças sociais:

> Da educação que, não podendo jamais ser neutra, tanto pode estar a serviço da decisão, da transformação do mundo, da inserção crítica nele, quanto a serviço da imobilização, da permanência possível duas estruturas injustas, da acomodação dos seres humanos à realidade tida como intocável.[17]

Quanto ao restante da carta, diferentemente de Paulo Freire, julguei que seria verborrágico dizer mais do mesmo.

---

16. *Ibid.*, p. 59.
17. *Ibid.*, p. 66 e 67.

Terceira carta: Do Assassinato de Galdino Jesus dos Santos, o índio da tribo Pataxó

A carta se detém principalmente no assassinato de Galdino Jesus Dos Santos. Aos que não conhecem esse triste episódio, trata-se de um crime horrendo, no qual o cacique da tribo Pataxó Hã-hã-Hãe, um dia depois do dia do índio, foi queimado vivo enquanto dormia. Morreu horas depois no Hospital Regional da Asa Norte, com 95% do corpo consumido por queimaduras de 2º e 3º graus. Lembro-me como esse episódio me sensibilizou em 1997. Nessa época eu não tinha sequer uma década de vida e Paulo Freire já estava na ante-sala da morte.

Menos de um mês depois da carbonização, Paulo Freire morreu, mas não sem antes condenar veementemente esse assassinato. Sua compaixão é o que encontramos no terceiro ensaio que compõe *A Pedagogia da Indignação*.

Não posso dizer com plenitude se as suas lágrimas foram de crocodilo, mas posso achar estranho que um homem que elogiava a Revolução Cultural Chinesa tivesse alguma piedade em seu coração. Nada pessoal com o coração de Paulo Freire; só não tenho o costume de acreditar na compaixão de quem morreu definindo Che Guevara da mesma maneira que o apóstolo João definiu Jesus Cristo.

A despeito de ter dito que: "A revolução é biófila, é criadora de vida, ainda que, para criá-la seja obrigada a deter vidas que proíbem a vida"[18], nessa terceira carta que analiso, o autor de *A Pedagogia da Indignação* escreveu:

> É possível que, na infância, esses malvadosos adolescentes tenham brincado, felizes e risonhos, de estrangular pintinhos, de atear fogo no rabo de gatos pachorrentos só para vê-los aos

---
18. FREIRE, Paulo. *Pedagogia do oprimido*, 58. ed. Rio de Janeiro: Paz e Terra, 2014. p. 233.

pulos e ouvir seus miados desesperados, e se tenham também divertido esmigalhando botões de rosa nos jardins públicos com a mesma desenvoltura com que rasgavam, com afiados canivetes, os tampos das mesas de sua escola. E isso tudo com a possível complacência quando não com o estímulo irresponsável de seus pais.[19]

Desculpem-me, mas acho contraditório o uso do vocábulo "malvadosos" por alguém que sonhava com a morte de seus opositores. Tenho a impressão de que em um país sério um pedagogo apaixonado por genocidas poderia até ser estudado, mas não seria tratado como o professor símbolo da nação. Além desse bom-mocismo, o terceiro texto de *A Pedagogia da Indignação* é marcado por este apelo:

> Não é possível refazer este país, democratizá-lo, humanizá-lo, torná-lo sério, com adolescentes brincando de matar gente, ofendendo a vida, destruindo o sonho, inviabilizando o amor.[20]

Aproveitando-me dessa última citação, convido-os para um exercício de lógica bem simples. Topam? Bem, vamos lá: Che Guevara matou pessoas, caso vocês não saibam. Se para Paulo Freire, desculpem-me por ser repetitivo, Che Guevara é um sinônimo de amor e o agente ideal para as transformações sociais, logo, encontramos nele o produto a ser alcançado pela pedagogia freireana. Certo? Então, sigamos com o exercício. Para o autor de *A Pedagogia do Oprimido*, quem inviabiliza o amor não é quem mata inocentes, mas o sujeito que está em divergência com o mundo que o seu "sinônimo de amor" tentou criar, em outras palavras, quem não assassina em nome do socialismo. Você deve estar se perguntando: ele respondeu nesse texto qual seria o fundamento dessa dissociação? Não. Apenas utiliza do cadáver do pobre índio carbonizado para o seu

---

19. FREIRE, Paulo. *Pedagogia da indignação: cartas pedagógicas e outros escritos*. 5. ed. São Paulo: Paz e Terra, 2014, p. 75 e 76.

20. *Ibid.*, p. 77.

fim ideológico. Como este não foi morto com golpes de foice e martelo, incitou a sua piedade.

Depois dessa terceira carta, o livro apresenta uma compilação de alguns escritos dispersos de Paulo Freire. O primeiro trata do Descobrimento da América. A visão do autor pode ser bem resumida em duas citações:

> Não penso nada sobre o 'descobrimento' porque o que houve foi conquista. E sobre a conquista, meu pensamento em definitivo é o da recusa. A presença predatória do colonizador, seu incontido gosto de sobrepor-se, não apenas ao espaço físico mas ao histórico e cultural dos invadidos, seu mandonismo, seu poder avassalador sobre as terras e as gentes, sua incontida ambição de destruir a identidade cultural dos nacionais, considerados inferiores, quase bichos, nada disto pode ser esquecido quando, distanciados no tempo, corremos o risco de 'amaciar' a invasão e vê-la como uma espécie de presente 'civilizatório' do chamado Velho Mundo.[21]

> Eu comemoro não a invasão, mas a rebelião contra a invasão. E se tivesse de falar dos principais ensinamentos que a trágica experiência colonial nos dá, eu diria que o primeiro e mais fundamental deles é o que deve fundar a nossa decisão de recusar a espoliação, a invasão de classe também como invasores ou invadidos. É o ensinamento da inconformidade diante das injustiças, o ensinamento de que somos capazes de decidir, de mudar o mundo, de melhorá-lo. O ensinamento de que os poderes não podem tudo; de que os frágeis podem fazer, na luta por sua libertação, de sua fraqueza a força com a qual vencem a força dos fortes.[22]

Nessa mesma carta, além desses anacronismos históricos e de uma falta de diálogo com uma historiografia mais refinada, há novos elogios a Che Guevara, Augusto César Sandino e outros revolucionários. Não irei cansá-los com repetições sobre o que acho disso. Só pontuei porque não posso ignorá-los. Caso

---

21. *Ibid.*, p. 83 e 84.
22. *Ibid.*, p. 85.

queiram consultar esses elogios, eles estão na página 86 da obra em questão.

O segundo e o terceiro textos anexados têm os respectivos títulos de *Alfabetização e miséria* e *Desafios da educação de adultos ante a nova reestruturação tecnológica*. Ensaios repletos de seus repetidos maniqueísmos sociais, em que todos os liberais possuem reações "impiedosamente fatalistas", mesclados com uma nova defesa, mas com os mesmos termos, para "o direito à raiva", que, trocando em miúdos, é a maneira simplória segundo a qual Paulo Freire sintetizava a práxis marxista. Além desses pontos em comum, encontramos a defesa de uma educação partidária:

> Não posso proibir que os oprimidos com quem trabalho numa favela votem em candidatos reacionários, mas tenho o dever de adverti-los do erro que cometem.[23]

> A alfabetização, por exemplo, numa área de miséria só ganha sentido na dimensão humana se, com ela, se realiza uma espécie de psicanálise histórico-político-social de que vá resultando a extrojeção da culpa indevida. A isto corresponde a expulsão do opressor de dentro do oprimido, enquanto sombra invasora. Sombra que, expulsa pelo oprimido, precisa de ser substituída por sua autonomia e sua responsabilidade.[24]

> Se não devo, trabalhando não importa em que projeto, com educandos, sequer insinuar-lhes que meu Partido é o proprietário da verdade salvadora, não posso, por outro lado, silenciar em face de discursos fatalistas segundo os quais a dor e o sofrimento dos pobres são grandes, mas não há o que fazer porque a realidade é assim mesmo. Não posso puni-los por manifestarem o desejo de votar em candidatos reacionários, mas me sinto no dever ético de adverti-los do erro que cometem.[25]

---

23. *Ibid.*, p. 93.
24. *Ibid.*, p. 96.
25. *Ibid.*, p. 100.

Por isso é que, para mim, um dos conteúdos essenciais de qualquer programa educativo, de sintaxe, de biologia, de física, de matemática, de ciências sociais é o que possibilita a discussão da natureza mutável da realidade natural como da histórica e vê homens e mulheres como seres não apenas capazes de se adaptar ao mundo, mas sobretudo de mudá-lo.[26]

No que se refere especificamente ao segundo texto, *Desafios da educação de adultos ante a nova reestruturação tecnológica*, há em seu desenvolvimento um que outro comentário sobre o método freireano de alfabetização de adultos. Não se iludam; não encontraremos especificidades técnicas de suas "palavras geradoras" ou relatos mais precisos sobre a experiência de Angicos. Nada disso. Encontraremos toleimas, alguns comentários que, pelo desenvolvimento da tecnologia mundial, já estão defasados, e a repetição de que "é atuando no mundo que nós o fazemos" ou de que esse tal amanhã não pode ser uma repetição do tal hoje, nas palavras do autor: "A educação de adultos hoje, como a educação em geral na perspectiva progressista, tanto quanto ontem e por novas razões também, tem de continuar lutando contra as ideologias fatalistas."[27]

A *Pedagogia da Indignação* ainda é composta de mais dois ensaios. O primeiro tem como título *Educação e esperança*. Nele, os mesmos maniqueísmos e demagogias de Paulo Freire:

> A ética se torna inevitável e sua transgressão possível é um desvalor jamais uma virtude. Na verdade, seria incompreensível se a consciência de minha presença no mundo não significasse já a impossibilidade de minha ausência na construção da própria presença.[28]

---

26. *Ibid.*, p. 110.
27. *Ibid.*, p. 118.
28. *Ibid.*, p. 131.

É neste sentido que ambos, o educador progressista como o conservador, precisam de atuar coerentemente. O primeiro, com o seu sonho de transformação do mundo; o segundo, com seu projeto alienante de imobilização da História.[29]

A única novidade que encontramos nesse texto, é a de que o mundo, ao final do século XX, tinha um bilhão de desempregados, número este que não se comprova em qualquer pesquisinha sobre o tema.

Sobre o outro ensaio, o último do livro, chamado de *Denúncia, anúncio, profecia, utopia e sonho*, não há muito o que dizer. Além da constatação de que reaparecem os maniqueísmos de classes e a afirmação de que a desobediência da ética socialmente dominante é o caminho sólido para a realização de seu mundo melhor, vemos a curiosa definição de Paulo Freire para "profeta":

> Pensar o amanhã é assim fazer profecia, mas o profeta não é um velho de barbas longas e brancas, de olhos abertos e vivos, de cajado na mão, pouco preocupado com suas vestes, discursando palavras alucinadas. Pelo contrário, o profeta é o que, fundado no que vive, no que vê, no que escuta, no que percebe, no que intelige, a raiz do exercício de sua curiosidade epistemológica, atento aos sinais que procura compreender, apoiado na leitura do mundo e das palavras, antigas e novas, à base de quanto e de como se expõe, tornando-se assim cada vez mais uma presença no mundo à altura de seu tempo, fala, quase adivinhando, na verdade, intuindo, do que pode ocorrer nesta ou naquela dimensão da experiência histórico-social. Por outro lado, quanto mais se aceleram os avanços tecnológicos e a ciência esclarece as razões de velhos e insondáveis assombros nossos, tanto menor é a província histórica a ser objeto do pensamento profético. Não creio na possibilidade de um Nostradamus atual.[30]

---

29. *Ibid.*, p. 133.
30. *Ibid.*, p. 136.

Por que essa definição é curiosa?

Pelo fato de definir-se como profeta, ainda que negue. O profeta freireano é aquele que anuncia tudo o que ele escreveu. Pelo menos, segundo a minha interpretação, isso é uma das provas de que no seu intelecto havia a certeza de que ele era um ser iluminado, uma espécie de São Francisco dos Guevarianos.

A versão moderada de Paulo Freire 6

Para o professor titular da Faculdade de Educação da Universidade de São Paulo e diretor do Instituto Paulo Freire, Moacir Gadotti, é necessário ter rigor "para se falar tecnicamente de Paulo Freire". Concordo.

Em meio a certa consonância com um dos mais célebres freireanos, escolhi escrever mais uma resenha de um livro de Paulo Freire. O selecionado foi *Política e educação*,[1] livro composto por doze ensaios escritos ao longo de 1992.

O livro é prefaciado por Venício A. De Lima - sociólogo e jornalista, autor de *Comunicação e Cultura, as ideias de Paulo Freire*. Para os parâmetros freireanos, seu prefácio é bom. Venício acerta quando diz que os ensaios têm uma nota reflexiva comum, no caso o sentido freireano de educação.

A primeira reflexão de Paulo Freire tem o título de *Primeiras palavras*. Apartada dos outros onze textos, foi escrita em abril de 1993 e, essencialmente, serve como uma apresentação da coletânea. Marcada por certa reinterpretação ideológica de Aristóteles, suas linhas esboçam a constante de todo o livro: a política é a causa final da educação, e, sem ela, o homem é incapaz de cumprir a própria "vocação para o ser mais" - formulação de Paulo Freire para definir o estágio mais desenvolvido da natureza humana. O texto também busca marcar a convicção histórica de seu autor:

---

1. FREIRE, Paulo. Organização de Ana Maria Araújo Freire. *Política e educação*. 4. Ed. São Paulo: Paz e Terra, 2018.

Me acho, criticamente em paz com minha opção política, em interação com minha prática pedagógica. Posição não dogmática, mas serena, firme, de quem se encontra em permanente estado de busca, aberto à mudança, na medida mesma em que, de há muito, deixou de estar demasiado certo de suas certezas.²

Nesse texto de abertura ainda encontramos algumas de suas linhas conceituais para quatro de seus princípios teóricos:

– O conhecimento só existe como o resultado de uma produção social;

– Desumanizar-se é o que ele define como a distorção de sua proposta vocacional;

– A sua visão pedagógica é discutida como a sentença fundamental na reinvenção social do mundo;

– Por último, conforme o seu ideário, a liberdade do aluno só ocorre com a reorganização de sua capacidade crítica.

O segundo texto tem a seguinte pretensão:

> Numa primeira aproximação ao tema direi algo sobre educação, que se alongará à compreensão de sua prática enquanto necessariamente permanente. Em seguida, estudarei a sua relação com a cidade até surpreender esta como educadora também e não só como o contexto em que a educação se pode dar, formal e informalmente.³

Como era de seu costume, Paulo Freire nos presenteia com um despejo de incoerências:

> Às vezes, sinto um certo descompasso em certas Cidades entre a quantidade de marcos que falam ou que proclamam envaidecidamente feitos de guerra e os que falam da paz, da doçura de viver. Não que esteja defendendo a ocultação dos fatos belicosos que escondem ou explicitam malvadezas, perversidades incríveis de que temos sido capazes nos

---
2. *Ibid.*, p. 13.
3. *Ibid.*, p. 23.

descompassos de nossa história. Mostrá-los às gerações mais jovens é também tarefa educativa das Cidades. Mas mostrá-los nem sempre como quem deles se orgulha.[4]

Um desses sonhos por que lutar, sonho possível mas cuja concretização demanda coerência, valor, tenacidade, senso de justiça, força para brigar, de todas e de todos os que a ele se entreguem é o sonho por um mundo menos feio, em que as desigualdades diminuam, em que as discriminações de raça, de sexo, de classe sejam sinais de vergonha e não de afirmação orgulhosa ou de lamentação puramente cavilosa.[5]

Em busca de uma compreensão psicológica do aglomerado humano que respalda o método pedagógico de Paulo Freire, infelizmente, terei que ser repetitivo. Como é possível que tratemos como nosso Patrono da Educação alguém que falava de paz, doçura e de "mundo menos feio", mas que, paralelamente, defendia campos de concentração que convertiam suas vítimas em lixo humano?

O ensaio ainda fundamenta a crítica de que contrapor o (ainda) Patrono da Educação é escavar escombros de um estilo textual anômalo e repleto de cinismos. Examinem os três exemplos que selecionei:

> Pelo fato de, ao longo da história, ter incorporado à sua natureza não apenas saber que vivia mas saber que sabia e, assim, saber que podia saber mais. A educação e a formação permanente se fundam aí.[6]

> Porque nos tornamos capazes de dizer o mundo, na medida em que o transformávamos, em que o reinventávamos, que terminamos por nos tornar ensinantes e aprendizes. Sujeitos de uma prática que se veio tornando política, gnosiológica, estética e ética.[7]

---

4. *Ibid.*, p. 30.
5. *Ibid.*, p. 31.
6. *Ibid.*, p. 25.
7. *Ibid.*, p. 24 e 25.

Experimentando continuamente a tensão de estar sendo para poder ser e o ser humano, enquanto histórico, um ser finito, limitado, inconcluso, mas consciente de sua inconclusão.[8]

Em sua exposição sobre o papel social da cidade na educação dos alunos, ele a define como um sinal da "condição de ser histórico-social"[9] para o cumprimento da "vocação para o ser mais".[10]

O terceiro texto, *Educação de adultos hoje. Algumas reflexões*, pouco expõe sobre a concepção freireana de alfabetização de adultos. Segundo o autor, o capítulo analisa o tema de maneira ampliada, centrando-se na pedagogia "realmente popular". Aos que esperam que as experiências de alfabetização empregadas por Paulo Freire sejam abordadas, afinal pertencem ao arquétipo mais elaborado na sua construção como o ícone da pedagogia brasileira, aviso que isso é pouco comentado. Em um país com elevados índices de analfabetismo, a princípio, o tema de discussão parece ser bom. Porém, foi trabalhado apenas como um chamado "à sensibilidade [...] dos educadores e educadoras".[11]

O tema da alfabetização de adultos é relevante. Representa, em um primeiro momento, alguma inquietude socialmente válida. Contudo, mais do que denunciar o problema da pobreza ou da falência do serviço de alfabetização nacional, Paulo Freire utilizava o ensino de adultos e crianças como o meio para combater uma visão de mundo adversária. Para Paulo Freire, o adulto alfabetizado é aquele que recebeu uma educação voltada para a formação política.

---

8. *Ibid.*, p. 23.
9. *Ibid.*, p. 23.
10. *Ibid.*, p. 14 e 15.
11. *Ibid.*, p. 33.

A chamada "orientação pedagógica para os educadores populares" é definida como "o processo permanente de refletir a militância: refletir, portanto, a sua capacidade de mobilizar em direção a objetivos próprios".[12] Ao passo que a função pedagógica de "educador freireano de corte progressista" apresentada no texto pode ser sistematizada em duas citações:

> Educação Popular, de corte progressista, democrático, superando o que chamei, na Pedagogia do oprimido, "educação bancária", tenta o esforço necessário de ter no educando um sujeito cognoscente, que, por isso mesmo, se assume como um sujeito em busca de, e não como a pura incidência da ação do educador.[13]

> Uma das tarefas fundamentais da educação popular de corte progressista, a de inserir os grupos populares no movimento de superação do saber de senso comum pelo conhecimento mais crítico, mais além do 'penso que é'.[14]

Com a sua premissa de que o "bom futuro" é construído com base nas mudanças políticas de caráter progressista, seu texto não passa de repetições de temas ou sentimentalidades que ele já apresentou em outros livros ou nos dois textos anteriores.

Meu último destaque ao texto é direcionado para a sua conclusão de que "o futuro é construído". Quando desnudada, esta definição significa que a pedagogia de Paulo Freire deve ser a única cláusula para qualquer educador que queira melhorar o seu meio social. O educador freireano deve ter a certeza de que a consciência dos homens não os determina. Estes têm as suas biografias determinadas pelo ser social. Em outras palavras, o âmago da pedagogia de Paulo Freire é a compreensão de que o espaço de sala de aula representa o local de libertação coletiva

---

12. *Ibid.*, p. 34.
13. *Ibid.*, p. 34.
14. *Ibid.*, p. 35.

do homem desumanizado, isto é, o portador de uma visão de mundo que não merece ser respeitada.

O seu próximo texto é o *Anotações sobre unidade na diversidade*. Nele, além de alguns comentários em defesa da Teologia da Libertação, o autor afirma que só dialoga com a diversidade permitida. Persuadido de que a ação humana é historicamente condicionada, o pedagogo brasileiro invalidava o pecado original. A seu modo, Paulo Freire realmente se enxergava como um profeta restaurador da ordem espiritual, alguém capacitado para realizar a superação do pecado pela imanência da história.

Como de costume, também nesse texto encontramos algumas frases dissonantes, despejadas como se o seu autor nunca tivesse justificado genocídios mundo a fora:

> Que ética é essa que só vale quando a ser aplicada em favor de mim? Que estranha maneira é essa de fazer História, de ensinar Democracia, espancando os diferentes para, em nome da Democracia, continuar gozando da liberdade de espancar.[15]

O texto ainda tem algumas denúncias a certos preconceitos, dentre estes o racismo. Concordo com a necessidade desse manifesto. Inclusive aproveito a deixa para uma perguntinha retórica: como ele conseguia denunciar o racismo e paralelamente definir um notório racista como o sinônimo do amor? De minha parte, diferentemente do racista útil de Paulo Freire, não acho que os negros sejam naturalmente indolentes, frívolos e gastadores de dinheiro.

Não pode existir uma prática educativa neutra, descomprometida, apolítica. Eis a premissa do texto *Educação e qualidade*. Em suas páginas, o autor repele as análises mais profundas de sua teoria. Texto estrategicamente insuflado por exíguas críticas aos comportamentos de "sectários de

---
15. *Ibid.*, p. 40.

esquerda", sustenta-se no cânone freireano como uma das "provas irrefutáveis de sua equidade analítica". Mesmo com uma visão tão pessoal e ideológica de democracia, Paulo Freire, hipocritamente, afirma nesse ensaio que "o fundamental é que fiquem claras a legitimidade e a aceitação de posições diferentes em face do mundo". Justiça seja feita, o autor não se apresentou tal qual um homem ideologicamente neutro, mas como o sujeito que supostamente é capaz de criticar o comportamento de seus pares. Porém, sabe-se que, frente a tudo que defendeu, esses comentários contabilizam muito pouco para qualquer demonstração de sua razoabilidade.

O texto segue com um maniqueísmo monótono. Seu elenco de diferenciações teóricas ou políticas é apenas óbvio. Espera-se de um dos autores mais citados no mundo que ele exerça alguma análise. Como Viktor, personagem interpretado por Tom Hanks em *O Terminal*, espera-se.

Para os padrões freireanos, o texto *Alfabetização como elemento de formação da cidadania* é menos repetitivo e apresenta alguma ordenação temática. Em tópicos, organizei as principais conceituações apresentadas:

– O educador progressista compreende o significado de cidadão como o indivíduo no gozo dos direitos civis e políticos de um Estado. Dessa maneira, a pedagogia freireana é a que gera "nos alfabetizandos a assunção da cidadania". A metodologia freireana é voltada para que os professores assumam a "politicidade da educação";

– O verdadeiro educador deve compreender o espaço escolar como um terreno ocupado por antagonismos de classes;

– A prática pedagógica está sempre submetida a certos limites: "A prática que é social e histórica, mesmo que tenha uma dimensão individual, se dá num certo contexto tempo-espacial e não na intimidade das cabeças das gentes".[16]

- Toda educação popular deve levar em conta:

> a necessidade fundamental que tem o educador popular de compreender as formas de resistência das classes populares, suas festas, suas danças, seus folguedos, suas lendas, suas devoções, seus medos, sua semântica, sua sintaxe, sua religiosidade. Não me parece possível organizar programas de ação político-pedagógica sem levar seriamente em conta as resistências das classes populares;[17]

- Ler e escrever não são suficientes para perfilar a plenitude da cidadania. Um dos obstáculos à prática pedagógica está na conjugação entre esquemas teóricos e a realidade social dos indivíduos;

- Todo professor deve ter como tarefa a denúncia social. O conteúdo deve ser ensinado como um meio para "desvelar o mundo da opressão";

A despeito de o autor ser um notório mentiroso, o sexto texto de *Política e educação* aborda o "dever de não mentir, ao criticar". Ensaio redundante, em que o (ainda) Patrono da Educação Brasileira despeja uma quantidade exagerada de palavras para dizer simplesmente que a mentira não pode ser usada como um artifício retórico.

A próxima redação freireana aborda a *Educação e participação comunitária* através da pergunta: "O que entendemos por prática educativa é neoliberal, pós-modernamente conservadora ou se, pelo contrário, é pós-modernamente progressista?"

Tomar o educando como objeto da prática é a finalidade do capítulo. Com o entendimento de que ensinar é "sobretudo

---

16. *Ibid.*, p. 54.
17. *Ibid.*, p. 57.

tornar possível aos educandos que, epistemologicamente curiosos, vão se apropriando da significação profunda do objeto somente como, apreendendo-o, podem apreendê-lo",[18] Paulo Freire elimina quaisquer formas de organização que não sejam rigorosamente perfiladas com a sua teoria.

Segundo o texto, a prática educativa deve ser capaz de transformar as mentalidades de professores e alunos, convertendo-os em homens e mulheres progressistas. Enquanto ambiente que tem a presença de sujeitos, a sala de aula tem que se dedicar à formação da ética freireana. Nas palavras de Paulo Freire: "É o uso da liberdade que nos leva à necessidade de optar e esta à impossibilidade de ser neutros".[19] Vocês notaram bem o "não permitir" da citação anterior? Como é de praxe, o pedagogo de visão maniqueísta, a despeito de seus cultos políticos e de suas próprias sentenças, durante o mesmo texto labiríntico diz exatamente o contrário: "a intolerância é sectária, acrítica, castradora. O intolerante se sente dono da verdade, que é dele". Seu texto ainda apresenta certa crítica à centralização burocrática das escolas brasileiras:

> O que quero deixar claro é que um maior nível de participação democrática dos alunos, dos professores, das professoras, das mães, dos pais, da comunidade local, de uma escola que, sendo pública, pretenda ir tornando-se popular, demanda estruturas leves, disponíveis à mudança, descentralizadas, que viabilizem, com rapidez e eficiência, a ação governamental. As estruturas pesadas, de poder centralizado, em que soluções que precisam de celeridade, as arrastam de setor a setor, à espera de um parecer aqui, de outro acolá, se identificam e servem a administrações autoritárias, elitistas e, sobretudo, tradicionais, de gosto colonial.[20]

---

18. *Ibid.*, p. 83.
19. *Ibid.*, p. 82.
20. *Ibid.*, p. 88.

A autonomia da escola não implica dever o Estado fugir a seu dever de oferecer educação de qualidade e em quantidade suficiente para atender a demanda social.[21]

Sua crítica não avança. Restringe-se ao que as citações elencaram.

O ensaio *Ninguém nasce feito: é experimentando-nos no mundo que nós nos fazemos* é o texto que pretende ser o mais confessional de Paulo Freire. Suas páginas apresentam alguns fragmentos biográficos definidos como os mais importantes de sua formação humana, além do elenco de alguns de seus autores de formação e de sua tese sobre o papel revolucionário da gramática: "Sem negar a gramática, é preciso realmente superar a sua compreensão colonial segundo a qual ela é uma espécie de cabo de eito de nossa atividade intelectual".[22]

O título do texto seguinte é *Educação e responsabilidade*. Suas páginas apenas repetem fragmentos de textos já apresentados em *Política e educação*. Reuni quatro citações que resumem o capítulo:

> O antagonismo não se dá entre a prática educativa para a libertação e a prática educativa para a responsabilidade. O antagonismo se verifica entre a prática educativa, libertadora, rigorosamente responsável e a autoritária, antidemocrática, domesticadora.[23]

> É possível, contudo, que educadoras e educadores, autoritários e progressistas, atuem irresponsavelmente. É possível que não se preparem para ser eficazes, cada um a seu modo; é possível que não sejam coerentes. Aí, a irresponsabilidade está nos sujeitos da prática, não na natureza mesma da prática.[24]

---

21. *Ibid.*, p. 90.
22. *Ibid.*, p. 97.
23. *Ibid.*, p. 106.
24. *Ibid.*, p. 107.

A educação para a libertação, responsável em face da radicalidade do ser humano, tem como imperativo ético a desocultação da verdade. Ético e político.[25]

O estado de objetos em que se acham as massas populares, elas têm de, mobilizando-se e organizando-se na luta contra a espoliação, se tornar sujeitos da transformação política da sociedade.[26]

O enunciado de seu texto *Escola Pública e educação popular* propõe aparentemente "uma reflexão em torno da relação entre a educação pública e a educação popular".[27] Logo na abertura do texto, o autor frisa que "não propõe um pensar sobre a educação pública em si mesma nem tampouco sobre a popular, isoladamente, mas sobre cada uma em relação com a outra".[28] Esse capítulo tem sentenças com as quais concordo. Por exemplo, parece-me correto dizer que a história não pode ter uma visão mecanicista ou que toda prática educativa tem limites. Todavia, as conclusões que Freire estabelece diante dessas premissas, como já pontuei por aqui, descartam qualquer aproximação entre as nossas maneiras de pensar a pedagogia. Suas proposições são falsas, pois em diversas ocasiões seus textos caem no mecanicismo. Lembro-os de que o simples ato de um autor escrever "a história não pode ser mecanicista" não o transforma em um defensor das liberdades individuais. Nesse capítulo, Paulo Freire também faz algumas denúncias óbvias sobre a precariedade material de muitas escolas brasileiras. Inquestionavelmente, o Brasil é um país com demandas sociais reprimidas. Em meio a este cenário incontestável, o nosso sistema escolar sempre surge como um dos principais cenários de debates. Na sua lógica, seus comentários servem como

---

25. *Ibid.*, p. 108.
26. *Ibid.*, p. 110.
27. *Ibid.*, p. 113.
28. *Ibid.*, p. 113.

balizas para legitimar a necessidade social de sua pedagogia. Como destaque final desse seu texto, encontramos a repetição de críticas a certo "autoritarismo teórico de esquerda" e ao "elitismo de uma esquerda autoritária". Sem qualquer senso de medida, Pol Pot e outros não tinham espaço nessas denúncias.

Seu livro é concluído com o capítulo *Universidade católica – reflexões em torno de suas tarefas*. Segundo o autor, uma Universidade Católica deve compreender os seres humanos "como seres históricos, finitos, inconclusos, mas conscientes de sua inconclusão, os faz reconhecer homens e mulheres como seres inseridos em permanente na busca que fazem."[29]

O autor desenvolve o seu ensaio de encerramento mantendo o padrão estilístico de todo o seu livro, bem como o de sua produção supostamente intelectual:

> Sublinhar, por exemplo, a boniteza de forma intolerante já é, em si, uma feiura. Como feiura é falar da verdade que se desoculta sem nenhum respeito a quem desoculta diferentemente, quase como quem oculta.[30]

> Sua compreensão dos seres humanos: "'Presença na História', mas uma Presença que não nos proíbe de fazer História. É uma Presença que não nos imobiliza para que se faça a História que nos cabe fazer.[31]

Via de regra, a despeito de tudo o que vocês leram até aqui, Paulo Freire determinava que: "O estético, o ético, o político não podem estar ausentes nem da formação nem da prática científica".[32] Encontramos poucas informações acerca de seus parâmetros para definir quais seriam as tarefas de uma Universidade Católica. Há um espaço para elogios a Gustavo

---
29. *Ibid.*, p. 130.
30. *Ibid.*, p. 137.
31. *Ibid.*, p. 131.
32. *Ibid.*, p. 137.

Gutierrez, Thomas H. Groome, Frei Betto e Leonardo Boff, assim como as mesmas críticas desenvolvidas em seus outros textos "à neutralidade intelectual e didática, à falta de tolerância e à falta de boniteza na forma de criticar".

Seu texto falha nas tentativas de "desocultar verdades e sublinhar bonitezas" e acerta como mais uma tentativa de reforçar que a educação será tão mais plena quanto mais for compromissada com a política.

Em *Política e educação* temos a versão mais moderada de Paulo Freire, a saber, a de um engenheiro da alma humana que não enaltece explicitamente os seus genocidas de estimação. Para os parâmetros freireanos, seu texto também é moderado quanto ao despejo de dados tão estapafúrdios como o seu "um bilhão de desempregados"[33]. Seu livro não transmite um pensamento histórico ou pedagógico. Trata-se apenas de uma instrumentalização revolucionária da natureza humana que evitou replicar a sua frase de que a revolução pode tirar as vidas que proíbam a vida.

---

33. FREIRE, Paulo. *Pedagogia da indignação: cartas pedagógicas e outros escritos*. 5. ed. São Paulo: Paz e Terra, 2019, p. 134.

Gênero e Paulo Freire*   7

> Quase todas as crianças eram horríveis atualmente. O pior de tudo era que, por meio de organizações como a dos Espiões, elas eram transformadas em selvagens incontroláveis de maneira sistemática – e nem assim mostravam a menor inclinação para rebelar-se contra a disciplina do Partido. Pelo contrário, adoravam o Partido e tudo que se relacionasse a ele. As canções, os desfiles, as bandeiras, as marchas, os exercícios com rifles de brinquedo, as palavras de ordem, o culto as Grande Irmão – tudo isso, para elas, era uma espécie de jogo sensacional. Toda a sua ferocidade era voltada para fora, dirigida contra os inimigos do Estado, contra os estrangeiros, os traidores, os sabotadores, os criminosos do pensamento. Chegava a ser natural que as pessoas com mais de trinta anos temessem os próprios filhos. E com razão, pois era raro que uma semana se passasse sem que o Times trouxesse um parágrafo descrevendo como um pequeno bisbilhoteiro – "herói mirim" era a expressão usada com mais freqüência – ouvira às escondidas os pais fazerem algum comentário comprometedor e os denunciara à Polícia das Idéias.
>
> George Orwell, 1984

Seis anos de estudos bastaram para que eu descobrisse que tipo de sorriso se escondia debaixo da barba branca e extensa de Paulo Freire. Ao longo desse tempo, conheci as circunstâncias difíceis em que viveu os seus primeiros anos, os seus casamentos, as suas titulações acadêmicas e os momentos que o destruíram e o distanciaram do mundo. Percebi que o fenômeno Paulo Freire não se esgotava na sua pessoa, que a sua natureza humana era a de um indivíduo totalmente ideológico, insistente de que a verdade só podia existir quando humanizada por um discurso de práxis política, e que o seu sucesso

---

* Publicado em: SANTOS, Thomas Giulliano Ferreira dos. *Desconstruindo (ainda mais) Paulo Freire*. 1. ed. Porto Alegre: História Expressa, 2019.

profissional deve ser situado no quadro geral de uma sociedade arruinada moralmente, no qual figuras que em outros tempos seriam grotescas e marginalizadas podem ascender ao poder público por representarem formidavelmente o povo que as admira.

Passemos apressadamente pela certeza de Leão XIII de que a fraternidade humana só é exequível e praticável entre pessoas desiguais, e que são as diferenças que atraem o amor. Se todos fossem absolutamente iguais, ninguém teria nada a dar a ninguém, ninguém teria nada a receber do próximo. A fraternidade, a caridade, a benevolência, tudo isso perderia sentido. Em nossos dias, Paulo Freire sintetiza o despotismo de uma elite espiritualmente corrupta, em que para a realização de suas idéias são necessários homens que ponham em jogo uma força prática na interrupção de seus entendimentos acerca da desigualdade humana. Decorrem de seus textos, como uma Caixa de Pandora, a compreensão de que a desigualdade é o armazenamento de tudo quanto existe de ruim na humanidade. Além desse erro que sonega a caridade e de seu estilo literário marcado por um dialeto de apedeuta, Paulo Freire demonstra o quanto a atualidade da cultura de nossas letras está soterrada em um triste emaranhado, como bem exemplificou Flavio Gordon:

> Tomemos, por exemplo, os nomes elencados na lista de agradecimentos que Otto Maria Carpeaux fez publicar no prefácio do seu *A Cinza do Purgatório*, de 1942. Estão lá: José Lins do Rego, Carlos Drummond de Andrade, José de Queiroz Lima, San Tiago Dantas, Manuel Bandeira, Aldemar Bahia, Astrojildo Pereira, Brito Broca, Edmundo da Luz Pinto, Eugênio Gomes, Francisco de Assis Brasil, José Cesar Borba, Murilo Mendes, Octavio Tarquínio de Sousa, Osório Borba, Sérgio Buarque de Holanda e Vinicius de Moraes. Nessa lista há intelectuais de todo tipo de orientação política, ideológica ou religiosa – de direita e de esquerda, comunistas e anticomunistas, cristãos e agnósticos. Todos talentosíssimos e todos debatendo e

dialogando francamente (não raro virulentamente) uns com outros, sempre à vista do público. Ninguém se escandalizava com as opiniões alheias. Não havia a menor intenção de silenciá-las.[1]

Além dessas noções sobre a sua incapacidade técnica, o Patrono da Educação Brasileira foi um promotor de traiçoeiros programas de educação sexual, que, valendo-se do temor dos pais em relação à gravidez na adolescência, convencia o seu público de que um debate ideológico sobre a socialização da sexualidade era necessário. Com a finalidade de discorrer sobre o papel e a postura do educador e da escola nos mais diversos ângulos, divulgou uma errônea e viciada maneira de conceber, estimar e praticar a orientação sobre o sexo. Homem que conviveu com os termos de identidade de gênero e orientação sexual, cunhados por John Money, acreditou que o gênero é o modo como nos auto-identificamos, construído socialmente, que pode ser mudado e não tem de ser igual ao sexo biológico. Consoante aos ideólogos de gênero, a sua igualdade sexual significava que todas as diferenças entre homens e mulheres deveriam ser superadas.

> Em tal proceder manipulativo da linguagem, alguns outros termos merecem destaque, além do próprio *gênero*. Podem ser citados, em caráter não exaustivo opção sexual, igualdade sexual, direitos sexuais e reprodutivos, saúde sexual e reprodutiva, planejamento familiar, igualdade e desigualdade de gênero, empoderamento da mulher, patriarcado, sexismo, cidadania, parentalidade, tipos de família, casamento homossexual, sexualidade polimórfica, homofobia, igualdade de gêneros, todos de alta relevância no discurso jurídico.[2]

---

1. GORDON, Flávio. *A corrupção da inteligência: intelectuais e poder no Brasil*. 2. ed. Rio de Janeiro: Record, 2017, p. 121.
2. NERY MARTINS NETO, Felipe *et. al*. *Gênero: ferramenta de desconstrução da identidade*. São Paulo: Katechesis, 2017, p. 128.

A ideologia de gênero, por meio de relativização absoluta da sexualidade, tem por objetivo a completa abolição da família natural. Ouso dizer que todos os adeptos dessa ideologia, sejam estes Paulo Freire ou Judith Butler, desconsideram que o DNA não é construído socialmente. Fundamentam a realidade numa concepção de mundo segundo a qual as desconstruções das idéias de corpo e de sexo binário devem fazer parte das pautas curriculares. Na sua sociedade a ser construída, a escola não pode se omitir diante da relevância dessas questões, constituindo-se local privilegiado para a abordagem de pautas que problematizem, levantem interrogatórios e ampliem os leques de conhecimentos e de opções para que o aluno escolha o seu caminho. De modo análogo a isso, há registros de discussões e de trabalhos em escolas desde a década de 1920 (com diferentes enfoques e ênfases). Por conseguinte, Paulo Freire auxiliou na retomada contemporânea dessa questão conjuntamente com os movimentos sociais que se propunham a repensar o papel da escola e dos conteúdos por ela trabalhados. Em seus trabalhos de orientação intelectual, principalmente o *Sexo se Aprende na Escola*,[3] conclui-se que cabe à escola abordar os diversos pontos de vista, valores e crenças existentes na sociedade para auxiliar o aluno a encontrar um ponto de auto-referência por meio da reflexão. Não substitui nem concorre com a função da família, mas antes a complementa. Se a escola deseja ter uma visão integrada das experiências vividas pelos alunos, buscando desenvolver o prazer pelo conhecimento, é necessário que ela reconheça o papel importante que desempenha na educação para uma sexualidade ligada à vida, à saúde, ao prazer e ao bem-estar.

As escolas, inescapavelmente, deparam-se com as mais complexas situações. Públicas ou privadas, sempre recebem crianças que sofrem influências de muitas outras fontes, em

---

3. SUPLICY, Marta et al. *Sexo se aprende na escola*. 3. ed. São Paulo: Olho d'Água, 2000.

especial da mídia. Diferentemente de Paulo Freire, credencio que seja responsabilidade da família a atuação decisiva na formação sexual de suas crianças. Por mais que eu defenda que a escola jamais deva estar alheia aos complexos contextos de seus alunos, a família precede a sala de aula. Não estou alheio. Sei bem que nem sempre a sexualidade é abordada nas relações familiares e que, muitas vezes, quer pelo silêncio, coação ou fomento de mídias televisivas, que veiculam propagandas, filmes e novelas intensamente erotizados, são os pais as pessoas que, de forma explícita ou implícita, mais alienam os filhos. Torna-se complexo debater o papel da escola quando analisamos a irresponsabilidade em larga escala de muitos pais, estes que sequer comparecem na entrega de boletins ou que nunca leram o Projeto Político Pedagógico da escola. Há ainda os que nem sabem se os filhos estão construindo conceitos e explicações errôneas e fantasiosas sobre a sexualidade. Dessa maneira, fica facilitado o trabalho de ideólogos que, embasados em problemas sociológicos reais (alto índice de gravidez "indesejada" na adolescência, o crescimento da epidemia de AIDS, os casos de abuso sexual e de prostituição infantil) instrumentalizam a escola para um fim progressista, municiados de um discurso firmado na certeza de que se a escola não tratar da questão sexual, em qualquer outro lugar indesejado, estará acontecendo algum tipo de educação sexual; no caso, repressiva, inadequada e deformadora. Fornecer as garantias para que o aluno encontre na sua sala de aula os esclarecimentos sobre as informações que ele venha a receber na rua ou através dos meios de comunicação é um dos principais papéis da escola freireana, esta concebida como um lugar privilegiado, de ajuda em potencial, que deve sempre abrir um espaço de discussão sobre a sexualidade, corrigindo as premissas entendidas como fontes de agressões, balbúrdias e exibicionismos. Percebam o quanto esses papéis atribuídos à escola são maliciosos, visto que, segundo Paulo Freire, todos nós recebemos algum tipo de educação sexual, que, na maioria das vezes, reflete um pensamento dominante, que se restringe à dimensão genital. O papel atribuído à sexualidade na construção do homem social é o de romper com os tratamentos diferenciados de meninos e meninas, inclusive nas expressões diretamente ligadas à sexualidade no decurso de padrões socialmente estabelecidos. Assim como a inteligência, ela será construída a partir das possibilidades individuais e de sua interação com o meio e a cultura, promovendo o seu fim social.

Segundo um trabalho referendado por Paulo Freire, os pais reivindicam a orientação sexual nas escolas, inclusive, conforme uma pesquisa do Instituto DataFolha,[4] realizada em dez capitais brasileiras e divulgada em junho de 1993, que constatou que 86% das pessoas ouvidas eram favoráveis à inclusão de Orientação Sexual nos currículos escolares. Embasado nesses dados – que na minha leitura demonstram a conhecida transferência de responsabilidades paternas –, Paulo Freire instruiu alguns trabalhos de orientação sexual, propondo que a ação da escola fosse a de complementar a educação fornecida pela família. Além disso, integram a sua comprovação social testemunhos como este:

> A reação dos pais foi de extrema receptividade, quase alívio, o que nos fez reiterar freqüentemente que não pretendíamos substituí-los. A escola é um espaço de discussão de valores e atitudes e de obtenção de informações, tendo como princípio a ética do respeito a si mesmo e ao outro.[5]

Nos termos do documento mencionado:

> de modo geral, os pais querem delegar à escola a educação sexual dos filhos. Apenas uma parcela mínima dos responsáveis não quer que seus filhos participem desse trabalho. Um primeiro passo é deixar muito claro o papel da escola em Orientação

---

4. Secretaria de Educação Fundamental. *Parâmetros curriculares nacionais: pluralidade cultural: orientação sexual.* 2. ed. Rio de Janeiro: DP&A, 2000, p. 111.

5. SUPLICY, Marta et al. *Sexo se aprende na escola.* 3. ed. São Paulo: Olho d'Água, 2000, p. 105.

Sexual: criar um espaço para os jovens pensarem, discutirem e informarem-se sobre a sexualidade; reverem seus valores; tirarem dúvidas que geram ansiedade.[6]

O Grupo de Trabalho e Pesquisa em Orientação Sexual (GTPOS) foi convidado em 1989 pelo professor Paulo Freire, então Secretário Municipal de Educação da cidade de São Paulo, para implantar um projeto de Orientação Sexual para adolescentes nas escolas da rede. O seu papel englobava desde um auxílio às contestações aos tipos de comportamento diferenciados para homens e mulheres e o fornecimento de dinâmicas pedagógicas como a "Após o exercício, dialogar sobre a questão: 'usar camisinha é chupar bala com papel?'"[7]. No meio do caminho, sempre fundamentados em problemas reais, como os aludidos avanços da AIDS e da gravidez na adolescência, há as contestações dos valores entendidos como burguesamente tradicionais. Nas palavras do documento:

> Os valores podem e devem ser debatidos. Valores são normas, princípios e crenças que as sociedades formulam para orientar o comportamento de seus integrantes. Os encontros de Orientação Sexual não devem ter como objetivo a mudança de valores dos jovens, pois nesse terreno não existe o certo e o errado. O fundamental é colocar em discussão todos os pontos de vista para que o jovem tenha condições de assumir uma posição de forma mais consciente.[8]

Os professores como orientadores dos questionamentos em torno dos padrões impostos pelas práticas normativas recebem esta orientação:

> A partir da quinta série, além da transversalização já apontada, a Orientação Sexual comporta também uma sistematização e um espaço específico. Da quinta série em diante os alunos apresentam condições de canalizar suas dúvidas ou questões

---

6. *Ibid.*, p. 38.
7. *Ibid.*, p. 88.
8. *Ibid.*, p. 62.

sobre sexualidade para um momento especialmente reservado para tal, com um professor disponível. Isso porque, a partir da puberdade, os alunos também já trazem questões mais polêmicas em sexualidade, já apresentam necessidade e melhores condições de refletir sobre temáticas como aborto, virgindade, homossexualidade, pornografia, prostituição e outras. Se antes os alunos se informavam sobre o aborto, nessas séries surge a discussão sobre as complexas questões que ele envolve. Se antes os alunos recebiam mensagens sobre os valores associados à sexualidade, agora vão discutir, questionar e configurar mais claramente seus próprios valores.[9]

Na esteira da pretensa refutação dos padrões morais da sociedade capitalista, o documento orientado por Paulo Freire, e que embasa os Parâmetros Curriculares Nacionais, além das instrumentalizações mencionadas, promove o aborto: "Questões como 'o que é aborto?', por exemplo, são comuns e deverão ser respondidas e tratadas de forma direta." Os textos que amparam a atual pedagogia brasileira, fundamentados em sofismas de militantes pró-aborto, aduzem que a nossa legislação é muito restritiva ao proibir o aborto e submeter o profissional de saúde que o praticar à prisão e à perda do exercício profissional, e que o fato de o aborto ser supostamente permitido em dois casos de gravidez: a decorrente de estupro comprovado ou quando, numa situação de risco, sua interrupção for necessária para salvar a vida da mãe (com a devida indicação médica), deve suscitar questionamentos sobre a legitimidade de o Estado regular o comportamento dos indivíduos, sua vida íntima e as ações sobre o seu corpo. De acordo com o documento, em 1991, no Brasil, foram induzidos 1.443.350 abortos e cerca de 392 mil mulheres foram hospitalizadas devido a seqüelas do aborto, sendo então a décima causa de internação hospitalar no país. De acordo com os textos endossados por Paulo Freire, o aborto é diferente

---

9. Secretaria de Educação Fundamental. *Parâmetros curriculares nacionais: pluralidade cultural: orientação sexual.* 2. ed. Rio de Janeiro: DP&A, 2000, p. 129.

segundo a classe social de quem o faz e não há como negar que a questão do aborto se insere num grave quadro social, cuja dramaticidade aumenta nas periferias das grandes cidades. Desta maneira, a escola deve instrumentalizar os alunos em busca de uma conscientização sobre o aborto.

O livro *Sexo se Aprende na Escola* não desconsidera que cada professor possui uma expressão própria de sua sexualidade, traduzida em valores, crenças, opiniões e sentimentos particulares. Ignorar isso seria o mesmo que suprimir a sua necessidade textual, em razão de que é escorado nessa pluralidade que o texto pretende ser um guia coletivo, definindo o tipo de tratamento da sexualidade nas séries iniciais, sugerindo jogos, materiais e dinâmicas pedagógicas para o desenvolvimento da consciência crítica e indicando como o professor deve fazer o aluno brincar com o seu corpo para descontrair. Eis alguns exemplos:

> Após a modelagem do corpo [com massa de modelar], o orientador sugere que cada um faça apenas o órgão sexual masculino ou feminino, ou então todas as partes do aparelho reprodutor masculino ou feminino. Vai depender dos objetivos de cada encontro e da sensibilidade do coordenador.[10] (...) Cada aluno deverá refletir sobre quais modificações percebe em seu corpo. Relatar para o colega do lado as mudanças que percebe e como as sente; a dupla conta para o grupo todo as modificações como as sente.[11]

> Acerca da masturbação poderiam ser debatidas as proibições, a vergonha, o desejo, a vontade, a curiosidade do menino e da menina, as partes íntimas do corpo, os órgãos sexuais e sua higiene, o que a sociedade pensa.[12]

---

10. SUPLICY, Marta et al. *Sexo se aprende na escola*. 3. ed. São Paulo: Olho d'Água, 2000, p. 51.
11. *Ibid.*, p. 56.
12. *Ibid.*, p. 21.

Boneca 'Gertrudes' – Secretaria da Saúde do Estado de São Paulo, Zig-Zaids (jogo), Ludi Sex (jogo), Kit de Anticoncepcionais, Modelos para demonstração do Diafragma, Magnel, Álbum seriado: gravidez e anticoncepção e o Nós informamos, você decide.[13]

O professor deve aproveitar para ressaltar o quanto de vergonha e temores há nas piadas, risos e cochichos, quando se conversa sobre sexualidade. É uma oportunidade de verificar a razão desses comportamentos. Observar que, quando não há espaço para se falar abertamente sobre sexo, resta fazê-lo às escondidas, com malícia, ou então calar-se.[14]

Ao mesmo tempo que oferece referências e limites, o professor deve manifestar a compreensão de que as manifestações da sexualidade infantil são prazerosas e fazem parte do desenvolvimento saudável de todo ser humano.[15]

Falar do prazer: a região genital não está restrita à reprodução, mas está em função da sexualidade como um todo.[16]

Podem ser utilizadas as peças soltas do aparelho reprodutor masculino e feminino, que serão encaixadas pelos alunos no desenho do corpo, como se fosse um quebra-cabeça.[17]

Devido a sua importância, alguns temas deverão ser necessariamente tratados, mesmo que não tenham sido escolhidos: corpos, doenças, sexualmente transmissíveis/AIDS, gênero e anticoncepção na adolescência.[18]

Como é possível que Paulo Freire nunca tenha sido aplicado no Brasil se até uma de suas dinâmicas mais festejadas

---

13. *Ibid.*, p. 115.
14. *Ibid.*, p. 25.
15. Secretaria de Educação Fundamental. *Parâmetros curriculares nacionais: pluralidade cultural: orientação sexual.* 2. ed. Rio de Janeiro: DP&A, 2000, p. 154
16. SUPLICY, Marta et al. *Sexo se aprende na escola.* 3. ed. São Paulo: Olho d'Água, 2000, p. 53.
17. *Ibid.*, p. 56.
18. *Ibid.*, p. 21.

a respeito da educação sexual infantil se encontra em nossos Parâmetros Curriculares Nacionais?

> Nas atividades relacionadas com este bloco é importante que nenhum aluno se sinta exposto diante dos demais. Um recurso possível para evitar que isso aconteça é o da criação/adoção de um personagem imaginário pelo grupo de crianças. Por intermédio desse personagem podem-se trabalhar dúvidas, medos, informações e questões das crianças ligadas ao corpo, de forma a ninguém se sentir ameaçado ou invadido em sua intimidade. Com relação à linguagem a ser utilizada para designar partes do corpo, o mais indicado é acolher a linguagem utilizada pelas crianças e apresentar as denominações correspondentes adotadas pela ciência.[19]

Para a compreensão da abordagem proposta no trabalho de Orientação Sexual, deve-se ter em mente a distinção entre os conceitos de organismo e corpo. O organismo se refere ao aparato herdado e constitucional, a infraestrutura biológica dos seres humanos. Já o conceito de corpo diz respeito às possibilidades de apropriação subjetiva de toda experiência na interação com o meio. O que se busca é construir noções, imagens, conceitos e valores a respeito do corpo em que esteja incluída a sexualidade como algo inerente, benéfico e desejável da vida humana. Em razão de que o vínculo entre professores e alunos permite maior consciência de autonomia pessoal e compreensão dos movimentos sociais envolvendo a sexualidade, o formador pode intervir de modo a combater as discriminações e questionar os estereótipos associados ao gênero. A sua missão é a de dar voz ao aluno e não falar para e por ele. Outro ponto a ser considerado para as intervenções dos docentes nas conversas sobre sexualidade em sala de aula é referente aos valores morais, que "devem ser contextualizados sem a emissão de juízos de valor sobre as suas abrangências,

---

19. Secretaria de Educação Fundamental. *Parâmetros curriculares nacionais: pluralidade cultural: orientação sexual.* 2. ed. Rio de Janeiro: DP&A, 2000, p. 98.

e sim contextualizá-las". Tal qual o texto base deste artigo exemplifica:

> Se o professor disser que uma relação sexual é a que acontece entre um homem e uma mulher após o casamento para se ter filhos, estará transmitindo seus valores pessoais (sexo somente após o casamento com o objetivo da procriação). É necessário que o professor possa reconhecer os valores que regem seus próprios comportamentos e orientam sua visão de mundo, assim como reconhecer a legitimidade de valores e comportamentos que orientam sua visão de mundo, assim como reconhecer a legitimidade de valores e comportamentos diversos dos seus. Sua postura deve ser pluralista e democrática, o que cria condições mais favoráveis para o esclarecimento e a informação sem a imposição de valores particulares.[20]

O aspecto mais importante da discussão sobre as relações de gênero que os PCNs e o livro *Sexo se Aprende na Escola* suscitam é que ela possibilita às pessoas se descobrirem como sujeitos de suas vidas, a partir da idéia de que são socialmente determinadas. A categoria de gênero passa, então, a ser o prisma pelo qual se enxerga toda a realidade, nela incluídas as estruturas sociais, políticas e religiosas. Ao usarem a abstração conceitual "gênero", esses autores adotam os paralogismos de que esse tipo de estudo auxilia na reflexão sobre as diferenças sofridas pelas variadas expressões do feminino e do masculino, passando pelas relações de poder e pela desvalorização do trabalho feminino. Utopicamente, pregam que o resultado dessas reflexões pode contribuir para a separação da desigualdade de gênero e, de forma mais ampla, da desigualdade social. Ao conceberem uma sociedade opressora criadora de tal divisão entre homens e mulheres, desconsideram, quando ampliam as fixações sexuais que toda e qualquer espécie de reprodução sexuada apresenta dois sexos definidos, e que todos os animais vivem, eles mesmos, em sistemas de exploração.

---

20. *Ibid.*, p. 153.

Quando visualizamos situações que envolvem um remodelamento da natureza humana, percebemos que mundos incompreensíveis são formados. Travestido com o embuste ético de superar preconceitos, os engenheiros da utopia terrestre negam a existência de uma natureza e de um status ontológico do sujeito e repudiam a gramática substantiva e binária do sexo. Tendo como pano de fundo esse remodelamento, o escritor Aldous Huxley publicou em 1932 o livro *Admirável Mundo Novo*, retrato de um país imaginário em que os humanos são produzidos da mesma forma que as máquinas, de acordo com especificações ditadas pela política oficial. Inteligência, interesses, prazeres e dores são controlados, seja geneticamente, seja mediante condicionamento posterior. Mustapha Mond, na ficção de Aldous Huxley, exalta o mundo que ele controla – um mundo em que todos os obstáculos à felicidade, incluindo a natureza humana, foram removidos, e em que todos os desejos são satisfeitos, uma vez que a atração e as coisas desejadas são feitas conjuntamente. Na atualidade, esse remodelamento está ocorrendo através da subversão daquilo que chamam de sistema heteronormativo, embasado no pressuposto de que a linguagem exerce uma ação modeladora sobre a realidade.

Com mais convergências do que divergências, Judith Butler e Paulo Freire concordam que a linguagem exerce uma ação opressiva na composição da realidade. Em uma lógica heteronormativa, em que o macho domina e a fêmea sucumbe, a mulher seria o contraponto do homem. Utilizam-se dessa certeza para pregar uma necessária redefinição lingüística, de gêneros à norma culta, pois, assim, romper-se-á com esse poder exercido para oprimir as minorias sexuais e sociais. A identidade estável da mulher seria uma falácia da matriz heteronormativa, que naturaliza sexos, gêneros, desejos e práticas sexuais. Este é o objetivo desses teóricos: promover a libertação dos gêneros de suas predisposições que não são fatos sexuais primários do psiquismo, mas efeitos produzidos pela cultura. Ignoram que a realidade é o que é. Atribuem aos substantivos, mesmo aos que não se referem a pessoas, a fundação de uma epistemologia universal que obriga os homens a enxergarem de forma binária, dividindo-os em seres masculinos e femininos. O problema, então, seria primordialmente linguístico.

O apreço do ocidental pela razão vem perdendo espaço para um apreço diverso: o apreço pela vontade. Não ignoro que a sexualidade é um elemento importante para a análise e a compreensão da dinâmica do adolescente. Como ensinou Paulo Freire aos seus alunos mais diletos, da mesma forma que o recém-nascido precisa de cuidados de algum adulto, o adolescente precisa de outros cuidados. Inquestionavelmente, lidar com as transformações psicológicas e biológicas de jovens e adultos sempre será um desafio ao mundo didático de qualquer professor. Contudo, se cabe à escola e aos seus profissionais desempenharem um papel fundamental na resolução desses obstáculos, o seu maior intento não pode estar no fomento da atividade masturbatória ou nas explorações da atração e das fantasias sexuais com pessoas do mesmo sexo ou do sexo oposto, mas no ensino de que a esfera da liberdade é a da responsabilidade, na qual as pessoas pagam por suas liberdades prestando contas de sua utilização.

A função própria da virtude da prudência está em indicar a verdade prática para que as virtudes morais se realizem. Em dias de totalitarismo de valores com aparência de legitimidade, no qual os credos civilizacionais mais caros à ordenação da razão estão *sub judice,* apoiar-se na prudência é estar ordenado pela realidade das coisas, afastando-se do positivismo da vontade e do totalitarismo do querer, fechados à verdade, ensimesmados em seus sonhos imanentistas de um paraíso nesta terra. A prudência apoia-se na realidade das coisas. Desta forma, o indivíduo prudente tem o conhecimento tanto do universal como do particular. Por existir uma enorme gama de possibilidades de fazer o planejamento dos encontros de Orientação Sexual, por mais virtuoso que seja determinado professor, sabe-se que sempre existirá o risco de que ele caia na libertinagem.

Com este meu jeito de homem que não gosta de matar pessoas para divertir meus regimes políticos de predileção, afirmo categoricamente que Paulo Freire era um charlatão intelectual deliberado. Com uma seletiva indignação moral, seus textos pretendiam sustentar uma ideologia que lhe permitisse apoiar a violência contra os tipos humanos que considerava inconvenientes. No seu mundo ideal, qualquer crime contra a alienação social poderia ser permitido. A sua luta por um mundo sem preconceitos de gêneros, ganhou adeptos no Brasil, e hoje está palpável em discursos e documentos federativos. Em conformidade com outros intelectuais de sua casta, Paulo Freire ignorou que no mundo haverá sempre o que reformar e o que conservar. Com a sua alergia ao bom senso, não distinguiu as coisas que devem ser conservadas e as que cumpre reformar. Não há mal em pender um pouco mais para a selvageria, segundo sua índole. Desmereceu a noção que conduz uma das necessidades do mundo: sempre precisaremos de homens que gostem apaixonadamente de guardar, e de homens que gostem apaixonadamente de renovar, ambos equacionados pela ordenação da razão para o bem comum.

O diletantismo especulativo de Walter Kohan ataca a inteligência*

8

Há alguns anos, repito que se fôssemos um país intelectualmente saudável, jamais veríamos um jovem amante da disciplina de Heródoto refutar o Patrono da Educação de seu país. Desgraçadamente, não é essa a nossa realidade. Aqui na terra de Tibiriçá há necessidades pedagógicas de todos os tipos e gostos. Convivemos com problemas que, há décadas, estão confortavelmente instalados, e com outros mais contemporâneos. Há alguns que são socialmente mais concretos e outros mais abstratos. Na mesma proporção, existem os dilemas ideológicos, gestados desde Benjamin Constant, mas que são sempre instrumentalizados pela maquinaria da política brasileira. Como ensinou Guerreiro Ramos em uma frase que parece mais própria de nossos dias do que os de sua composição: "No Brasil de hoje, temos que andar depressa porque o processo histórico desatualiza rapidamente o que sobre ele escrevemos e pensamos". Em um país onde 48% da população sequer tem coleta de esgoto, torna-se, para muitos de seus habitantes, sociologicamente quase supérfluo falar sobre a pedagogia e o valor simbólico de Paulo Freire; contudo, é justamente essa parcela tão vulnerável da população a que mais sofre nas mãos dos promotores dessa teoria sectária. Dissecá-la é uma forma de libertar o brasileiro excluído socialmente, que, muitas vezes, quando em contato com essa pedagogia, ao invés de encontrar no

---

* Publicado em: https://historiaexpressa.com.br/o-diletantismo-especulativo-de-walter-kohan-ataca-a-inteligencia/

espaço escolar uma porta para ampliar o seu imaginário, acaba se deparando com textos e metodologias que convertem assassinos e aventureiros, como Che Guevara e Lenin, em juízes da história.

Ciente de que uma das principais funções do debate intelectual é a de investigar os temas, e de que a luz do público, na maior parte dos casos, obscurece tudo, cometi o "pensamento crime" de investigar os motivos que transformaram Paulo Freire no Patrono da Educação Brasileira. Esse meu percurso intelectual não possui nada de extraordinário. Em minha vida foi sequer inesperado. Apenas escolhi um objeto histórico para analisar. Tornei-me o autor que, deslocado dos lugares comuns, incorreu no pecado de estudar um pensador muitas vezes tratado como inimputável. Inevitavelmente, pela essência de meus estudos, analiso seus principais sucessores. Homens e mulheres que buscam ou buscaram expandir as sílabas de Paulo Freire, demonstrando o suposto préstimo que a sociedade brasileira lhe deve. Nessa categoria de autores encontramos Walter Kohan, autor cuja presença nessa turma se legitima mais por sua cobiça e menos pelo valor de seus textos. Seu mais recente livro *Paulo Freire mais do que nunca: uma biografia filosófica,*[1] devidamente distribuído em cinco capítulos, apresentação, apêndice, notas devidamente explicadas, referências bibliográficas, duas entrevistas – com o devido destaque à que foi realizada com Lutgardes Costa Freire –, empreende apenas uma fileira de pensamentos sinônimos.

Com o meu utópico desejo de elevar o debate em torno de nosso (ainda) Patrono da Educação, superando os homens e mulheres que se servem dessa pauta para explorar a boa fé e o sentimento patriótico de muitos brasileiros, dirijo-me ao grande número daqueles que, distante de igrejinhas, querem compreender quais são os principais problemas desse livro

---

1. KOHAN, Walter. *Paulo Freire, mais do que nunca: uma biografia filosófica*. 1. ed. Belo Horizonte: Vestígio, 2019.

escrito por um dos mais festejados continuadores do legado de Paulo Freire.

Qualquer resenha crítica deve levantar o tapete que esconde a trivialidade dos comentários laudatórios. Uma vez que crítica, esta resenha não busca produzir uma mera transcrição dos elementos que compõem o livro de Walter Kohan. Valorizo o traçado histórico de que Kohan é o primeiro autor "tipicamente freireano" a citar o meu livro de estréia, o *Desconstruindo Paulo Freire*. Porém, a minha valorização se limita a isso. Desprovido de qualquer capacidade crítica, seu texto, quando pretende descrever o meu trabalho, só repete o clássico método freireano do "não li e não gostei". Pulemos o óbvio ululante de que o autor, que se apresenta como um defensor da educação, deveria ter dado o exemplo de uma razoável postura intelectual e, com isso, argumentado com o mínimo de embasamento. Não escrevo estas linhas por revanchismo. Menos ainda por um desejo de monopolizar o debate intelectual ou por querer defender alguma espécie de discurso ideológico. Minhas motivações são puramente intelectuais. Atendi ao chamado do próprio do autor:

> O resultado aqui apresentado talvez não convença os adoradores nem os difamadores de Paulo Freire. É difícil apreciar algo diferente do que se adora ou difama. Minha esperança está colocada em quem quer pensar junto, mesmo - ou sobretudo - em quem pensa diferente. Espero gerar diálogos insuspeitados.[2]

Há nessa citação a primeira grande incoerência apresentada no livro. Demagogicamente, o autor se coloca como alguém que está acima de adoradores e difamadores de Paulo Freire. Algo anômalo quando confrontado com o seu texto apologético. Antes de quaisquer apresentações, o autor se coloca como um pesquisador freireano que não busca "consagrar esta ou aquela corrente, origem ou escola". Todavia, pouco a pouco, ao longo de seus textos, isso não se comprova.

---
2. *Ibid.*, p. 28.

Incorporado ao cânone freireano por muitos acadêmicos brasileiros, Walter Kohan escreveu um livro que, quando pretende ser biográfico, apenas repete um conjunto de fatos já narrados por Ana Maria Araújo Freire, viúva de Paulo Freire, em textos como *Paulo Freire, uma história de vida*.³ Por sua vez, quando a obra busca atender ao seu principal chamado: "filosoficamente pensar, junto com Paulo Freire, a especificidade do valor político de educar", seus problemas se sobressaltam ainda mais. Linha a linha, encontramos em *Paulo Freire mais do que nunca: uma biografia filosófica* asserções atiradas sem os mais básicos rudimentos teóricos. O entusiasmo do autor não se restringiu à defesa dos soldados de João Pedro Agustini Stedile, mas se manifestou em tal grau que chega a compreender Paulo Freire como um "pastor filosófico, com sua bengala guiada pelo cristianismo e pelo marxismo".

A despeito de seu pretenso equilíbrio intelectual, Walter Kohan consagra-se como um dos mais entusiasmados defensores de Paulo Freire. Entusiasmado a ponto de exaltar o envolvimento do Profeta de Jaboatão com o Movimento Sem Terra:

> As marchas dos Sem Terra testemunham uma andarilhagem inventiva, curiosa, crítica, rebelde, inconformada e, ao mesmo tempo, amorosa, amorosamente armada (...) As Marchas dos Trabalhadores Sem Terra, que revelam o ímpeto da vontade amorosa de mudar o mundo. As marchas dos Sem Terra são a expressão de seu amor errante, o amor que vai em busca de seu lugar.⁴

Walter Kohan, ao desconsiderar em sua pretensa discussão técnica a encíclica *Divini Redemptoris* ou as teses marxistas do vínculo entre a religião e a alienação social, ignora o fato de

---

3. FREIRE, Ana Maria Araújo. *Paulo Freire: uma história de vida*. 2. ed. São Paulo: Paz e Terra, 2017.

4. KOHAN, Walter. *Paulo Freire, mais do que nunca: uma biografia filosófica*. 1. ed. Belo Horizonte: Vestígio, 2019, p. 139.

que, enquanto católico, Paulo Freire adotava linhas políticas e sociais que a igreja excomunga e, enquanto marxista, Paulo Freire foi um alienado que propôs uma descabida harmonia metafísica. Com a missão intelectual de examinar em seu livro as circunstâncias mais complexas de Paulo Freire, o autor se deu por satisfeito ao apresentá-lo como a figura humana que transforma dois princípios existenciais inconciliáveis em uma nova vereda transformadora. Independentemente das crenças pessoais de Paulo Freire, se ele validava ou não essa excomunhão ou se ele concordava com a ortodoxia marxista, uma vez que em ambos os casos ele foi dissonante, esses temas deveriam ser discutidos. Menos por Paulo Freire, que poderia ser analisado à luz de suas incoerências, e mais pelo que Walter Kohan almejou discutir em seu livro que nada discute.

Ao longo de seu livro há um sistemático despejo de filosofias atribuídas ao pensamento de Paulo Freire e quase nenhum comentário competente sobre como se desenvolveu a articulação desses autores no sistema educativo que notabilizou Paulo Freire. Observem algumas:

> Assim, são muitos Paulo Freire: marxista (ora ferrenho, ora eclético, ora, ainda, tíbio), teólogo da libertação, existencialista, fenomenológico, pedagogo crítico, escolanovista, personalista.[5]

> Podemos então ver nitidamente, em Paulo Freire, a presença da tradição do antigo herói filosófico, embutida das figuras de Cristo e Marx, o primeiro sob o campo da fé, o segundo, em nome da ciência da sociedade.[6]

> Paulo Freire, numa região periférica de um país periférico como o Brasil, busca cuidar dos oprimidos de que poucos parecem cuidar, com sua fé religiosa cristã e sua fé científica marxista na forma de pensar as relações sociais e políticas.[7]

---
5. *Ibid.*, p. 61.
6. *Ibid.*, p. 78.
7. *Ibid.*, p. 76.

Freire se percebe e se apresenta como um pastor dos pobres e excluídos em nome de Cristo Eu fiquei com Marx na mundaneidade à procura de Cristo na transcendentalidade.[8]

Tendo em vista que o autor apresenta de modo precário o papel do catolicismo na formação de Paulo Freire, apresentarei alguns axiomas para que a discussão saia da verborragia laudatória de Walter Kohan e se localize nos fundamentos específicos do pensamento do (ainda) Patrono da Educação Brasileira.

Ciente de que Karl Marx compreendia o aspecto agregador e normalizador da religião, Paulo Freire julgava que a relação entre a religião e o marxismo não poderia ser simplesmente ignorada ou relegada a um canto obscuro. O autor de *Pedagogia do Oprimido*[9] sabia que estava em oposição ao catolicismo romano, ou seja, entendia-se como um desertor. Justificava esse entendimento com sofismas similares ao de Rosa Luxemburgo: "Como é que a Igreja desempenha o papel de defesa da opressão rica e sangrenta, em vez de ser o refúgio dos explorados?" Consoante ao pensamento da militante polonesa, seu cristianismo interpretou de modo particular a vida dos primeiros cristãos. Afirmou que a institucionalização da Igreja Católica perverteu o pastoreio do clero. De acordo com outros autores que compartilham dessa chave interpretativa, foi com o Concílio de Nicéia que a igreja se separou do povo, e, deste modo, ao longo de séculos, foi se transformando em partícipe da escravização humana. Seu discernimento espiritual encontrava coerência dentro dessa premissa. Era um católico que, fundamentado nessa leitura historicamente equivocada dos primeiros cristãos, associava o desenvolvimento das capacidades de trabalho e o avanço das capacidades de

---

8. *Ibid.*, p. 76.
9. FREIRE, Paulo. *Pedagogia do oprimido*. São Paulo: Paz e Terra, 2013.

consumo ao declínio do homem. Em outros termos, é como se os cristãos dos séculos I e II não tivessem as consequências do pecado original para lutar. Viviam em pleno comunismo, em plena ordem estruturada em uma noção de que o consumo de produtos era realizado com bens já acabados. Tal qual esse entendimento interpretativo, as primeiras comunidades cristãs retratam um povo com ausência de mais-valia, transfigurando-se em um dos raros exemplos históricos em que houve uma completa igualdade material entre os homens. Essa realização era restrita às comunidades, pois, segundo as interpretações marxistas mais clássicas sobre esse período, em nível social, não ocorreriam mudanças drásticas, em razão de que era impossível iniciar o trabalho comunal porque a produção baseava-se em escravos. Ao seu modo, Paulo Freire realmente via-se como um profeta restaurador da ordem espiritual, alguém capacitado para realizar "com a sua missão educadora" as suas interpretações dos ideais cristãos na Terra.

Essa suposta missão redentora é incoerente em pelo menos duas impressões:

Como Católica, por ignorar a história do catolicismo, a doutrina do pecado original, os fundamentos essenciais à caridade e o fim último da existência;

Como marxista, por evitar o confronto entre essa crença metafísica com uma ordem social alienada, que, dentro da sustentação teórica do marxismo é bem explicada por István Mészáros:

> A alienação da humanidade, no sentido fundamental do termo, significa perda de controle: sua corporificação numa força externa que confronta os indivíduos como um poder hostil e potencialmente destrutivo. Quando Marx analisou a alienação em seus Manuscritos econômicos-filosóficos de 1844, indicou os seus quatro principais aspectos: a alienação dos seres humanos

em relação à natureza; à sua própria atividade produtiva; à sua espécie, como espécie humana; e de uns em relação aos outros. E afirmou enfaticamente que isso não é uma "fatalidade da natureza", mas uma forma de autoalienação. Dito de outra forma, não é o feito de uma força externa todo-poderosa, natural ou metafísica, mas o resultado de um tipo determinado de desenvolvimento histórico, que pode ser positivamente alterado pela intervenção consciente no processo para transcender a autoalienação do trabalho.[10]

Sei que elencar as desgraças do comunismo é tão velho quanto a existência de sua teoria, contudo, dado que os textos de Paulo Freire transbordam de referências a algozes da humanidade e que também esse tema Walter Kohan pouco analisa, julgo pertinente destacar as palavras de Robert Service:

> Regimes comunistas duradouros tiveram muita coisa em comum. Eles eliminaram ou enfraqueceram partidos políticos rivais. Atacaram as religiões, a cultura e a sociedade civil. Esmagaram qualquer expressão de nacionalidade, exceto a que fosse aprovada pelo governo comunista. Aboliram a autonomia do judiciário e a liberdade de imprensa. Centralizaram o poder e enviaram dissidentes para campos de trabalho forçado. Criaram redes de polícia secreta e de informantes. Alegavam que sua doutrina ideológica era infalível e se apresentavam como perfeitos cientistas dos problemas e das necessidades humanas. Isolavam sociedades inteiras para impedir que sofressem a influência estrangeira na política e na cultura. Controlavam a travessia de suas fronteiras com um zelo feroz e tratavam todas as realidades da vida social como algo necessariamente devassável pelas autoridades. Usavam as pessoas como se fossem recursos empregáveis na consecução de seus objetivos.[11]

Encontramos no texto de Walter Kohan uma precária seleção de argumentos e um silêncio às apologias de Paulo

---

10. MÉSZÁROS, István. *A teoria da alienação em Marx*. São Paulo: Boitempo, 2016. Trecho do prefácio.

11. SERVICE, Robert. *Camaradas: uma história do comunismo mundial*. Rio de Janeiro: Bertrand Brasil, 2015. Trecho do prefácio.

Freire a Che Guevara, Fidel Castro, Mao Tsé-Tung. Por parte do autor, não há qualquer comentário sobre os equívocos sociológicos mais crassos que Paulo Freire cometeu. Quando o autor supostamente analisa os erros do autor de *Pedagogia da Autonomia*, inventa apenas comentários a lapsos superficiais, como a suposta linguagem machista que os textos de Paulo Freire tiveram durante parte de sua vida. Faz-se repetir: essa crítica a certo comportamento de Paulo Freire é tão despojada de análise que é como se ele nunca tivesse justificado genocídios mundo a fora, propagando-os como sistemas científicos, humanitários. Ao frisar que o "bonito de Paulo Freire é a sua relação com o que ele percebe como erros, sua capacidade para fazer também desses erros percebidos um motivo para errar no outro sentido do verbo, para vagar, se deslocar, viajar" e que "há poucos autores que tenham relido a si próprios tanto quanto o educador de Pernambuco releu, em particular, a *Pedagogia do Oprimido*", Walter Kohan, mais que ratificar que o (ainda) Patrono da Educação Brasileira nunca encontrou quaisquer equívocos em suas fartas defesas de tiranos ou em suas justificativas para o extermínio de vidas, manifesta assentimento: "Citando Che Guevara, Freire lembra que toda verdadeira revolução nasce do amor e só pode ser um ato amoroso".[12] Historicamente, Paulo Freire viu os resultados das tentativas de aplicações das políticas socialistas, e, não obstante, morreu deslumbrado com a ditadura cubana, como testemunha Sérgio Haddad na obra *O Educador: um perfil de Paulo Freire*:

> A notícia do seu falecimento foi motivo de comoção no Brasil e no exterior, ganhou as páginas dos jornais e um grande espaço nos demais veículos de comunicação. Também causou consternação entre aqueles que o aguardavam para compromissos, depois de muito esforço para conseguir espaço em sua agenda. Uma atividade, em particular, era muito aguardada: retornaria a Cuba entre os dias 2 a 10 de maio para receber das mãos de Fidel

---

12. KOHAN, Walter. *Paulo Freire, mais do que nunca: uma biografia filosófica*. 1. ed. Belo Horizonte: Vestígio, 2019, p. 128.

Castro o título de doutor *honoris causa* pela Universidade de Havana. Seria a sua segunda visita ao país; na primeira, em 1987, dez anos antes, poucos meses depois do falecimento de Elza, ele era ainda muito pouco conhecido na ilha. Durante a passagem pelo país, concedeu uma entrevista à repórter Esther Peréz, da revista Casa, na qual confessou sua emoção em estar em um país em que nenhuma criança estava fora da escola e que ninguém passava fome, um país onde não havia ricos que oprimiam nem miséria que humilhava, como ocorria no Brasil.[13]

Os livros do indicado ao prêmio Nobel da Paz de 1993, incontestavelmente, são sucessos de vendas. Para dar um exemplo, em apenas nove anos de sua publicação, a *Pedagogia da Autonomia* já havia superado os seiscentos mil exemplares vendidos. Por sua vez, a *Pedagogia do Oprimido*, sua principal obra, foi traduzida para mais de vinte idiomas. Nas palavras de Walter Kohan, trata-se de um livro marcado por um "imaginário viajante, que faz partilhar da mesma viagem autores tão dessemelhantes quanto Martin Buber e Mao Tsé-Tung, junto a outros aparentemente também muito distantes entre si, como Hegel e Che Guevara ou Frantz Fanon e Karl Jaspers."[14] Os leitores mais dispostos aos métodos de Paulo Freire consideram que essa amálgama de autores é o acerto mais significativo de *Pedagogia do Oprimido*. Nas palavras de Sergio Haddad, este um freireano de qualidade superior à de nosso autor:

> Em Pedagogia do oprimido, permanecia o humanismo cristão, inspirado em autores como Jacques Maritain, Emmanuel Mounier, Teilhard de Chardin e Alceu Amoroso Lima, mas incorporava, em uma aparente contradição, autores como Marx e Engels, Lênin, Sartre, Marcuse, Frantz Fanon, Lukács, Althusser, em uma clara aproximação com o marxismo, além de

---

13. HADDAD, Sérgio. *O educador: um perfil de Paulo Freire*. São Paulo: Todavia, 2019, p. 216.
14. KOHAN, Walter. *Paulo Freire, mais do que nunca: uma biografia filosófica*. 1. ed. Belo Horizonte: Vestígio, 2019, p. 150.

citações de Fidel Castro, Che Guevara, Camilo Torres e Mao Tsé-Tung, numa alusão aos movimentos revolucionários daqueles anos.[15]

Walter Kohan também a ressalta, porém de maneira menos técnica e mais visguenta:

> Paulo Freire, como veremos no próximo capítulo, chama-se a si mesmo 'menino conectivo', e sua escrita tem também esse caráter de conectividade e conjunção que o faz reunir coisas aparentemente muito dessemelhantes.[16]

Consolidada durante a passagem de Paulo Freire pelo Instituto Chileno para a Reforma Agrária, *Pedagogia do Oprimido* tornou-se a obra mais importante de sua trajetória de pensador brasileiro. Sergio Haddad chega a escrever que já em 1972 "o livro e seu entorno teórico passaram gradativamente a ser hegemônicos nos convites que recebia". Em suas páginas, encontramos os maniqueísmos que caracterizaram parte do pensamento marxista, "opressor" e "oprimido", e as conhecidas sentenças freireanas "ninguém educa ninguém" e "uma educação conscientizadora deveria promover a emergência da consciência dos oprimidos e sua inserção crítica na realidade". Publicada no ano de 1968, ao longo de uma década, *Pedagogia do Oprimido* desfrutou de boas condições para a sua disseminação. A mais patente são as conferências na UNESCO, mas não ficam distantes as mais de 150 viagens internacionais que o pedagogo fez enquanto trabalhou para o Conselho Mundial de Igrejas. Essas viagens tinham como maior propósito propagar o conteúdo de seus livros por todos os continentes. Convenhamos que assim o caminho para ser lido em diferentes países passa a ser bem facilitado.

15. HADDAD, Sérgio. *O educador: um perfil de Paulo Freire*. São Paulo: Todavia, 2019, p. 102.
16. KOHAN, Walter. *Paulo Freire, mais do que nunca: uma biografia filosófica*. 1. ed. Belo Horizonte: Vestígio, 2019, p. 150.

Vinculado ao pensamento dialético do "jovem" Karl Marx, definição cronológica que, segundo Raymond Aron, sintetiza a teoria da História em que o filósofo alemão expõe a sua fundamentação dialética, o seu conceito de alienação e o seu materialismo dialético, Paulo Freire compreendeu a sua vocação de acordo com o princípio marxista exposto na Tese 11 sobre Feuerbach: "Até aqui os filósofos têm interpretado o mundo. A questão é transformá-lo". Dessa maneira, a despeito de ter chamado Che Guevara de sinônimo de amor por concordar com os assassinatos que ele liderou, o autor de *Pedagogia do Oprimido* considerava-se alguém que "gostaria de ser lembrado como um sujeito que amou profundamente o mundo e as pessoas, os bichos, as árvores, as águas, a vida". Paulo Freire dizia ter estranheza com assassinatos:

> Que coisa estranha, brincar de matar índio, de matar gente. Fico a pensar aqui, mergulhado no abismo de uma profunda perplexidade, espantado diante da perversidade intolerável desses moços desgenitificando-se, no ambiente que decresceram em lugar de crescer.[17]

Muito mais do que os conceitos de mais-valia e de luta de classes, a submissão do homem ao poder dos que pretendem representá-lo é a premissa marxista mais íntima do parecer intelectual de Paulo Freire. O (ainda) Patrono da Educação Brasileira foi um marxiano de leitura exígua, que, quando analisava a sua linha de pensamento, sempre se demonstrou incapaz de análises robustas. Seus comentários eram simplistas. Diziam mais sobre um engajamento e menos sobre filosofia.

Walter Kohan, o biógrafo incapaz de encontrar qualquer ambigüidade moral em Paulo Freire, também se equivoca ao inseri-lo dentro da tradição marxiana. Primeiro por considerar que a Tese 11 sobre Feuerbach seja um escrito tardio

---

17. HADDAD, Sérgio. *O educador: um perfil de Paulo Freire*. São Paulo: Todavia, 2019, p. 226.

de Karl Marx. O autor confunde a data de publicação com a de sua escrita. Publicados de maneira póstuma apenas em 1888, esses escritos foram desenvolvidos ainda na fase em que Karl Marx disputava intelectualmente com os chamados "jovens hegelianos", provavelmente no ano de 1845, ano de intensos percursos sociais, que Michael Löwy define como sendo constitutivos para a relação de Karl Marx com as experiências de luta de classes e com os primeiros movimentos socialistas e comunistas europeus. Dessa maneira, em conformidade com os estudiosos mais sérios do pensamento e da biografia de Karl Marx, trata-se de uma obra importante, porém introdutória às teses marxianas, ou quase juvenil. No entanto, o professor Walter Kohan, homem que tentou interpretar o seu biografado dentro de uma tradição intelectual que desconhece, incapaz de investigar os contextos em que seus referenciais teóricos foram produzidos, diz exatamente o contrário, inserindo esse escrito de mocidade de Karl Marx em uma definição oposta:

> Considero que duas dessas tradições têm um caráter especial para pensar a relação de Paulo Freire com a filosofia [...] Uma dessas tradições, a primeira, vem de Karl Marx num aspecto particular: o Marx tardio, com sua crítica à filosofia especulativa. A referência mais evidente é a Tese 11 Sobre Feuerbach.[18]

O pretenso intérprete intelectual de Paulo Freire tem bastante rigor na arte de errar. Suponho que erre por religião. Observem que, ao se colocar como aquele que deseja escrever para "privilegiar um estudo filosófico que, ao mesmo tempo, não deixasse a vida dele de fora", nosso autor, que sequer consegue inserir um texto de Karl Marx em sua cronologia correta, demonstra-se incapaz de alcançar o seu objetivo textual. Essa incapacidade técnica se acentua quando escreve que Paulo Freire e Sócrates tinham semelhanças gritantes porque "ambos

---

18. KOHAN, Walter. *Paulo Freire, mais do que nunca: uma biografia filosófica.* 1. ed. Belo Horizonte: Vestígio, 2019, p. 63.

se vêem como heróis, profetas em missão pastoral". Reduzindo a filosofia e o pensamento de Sócrates às práxis sociais, definiu que Paulo Freire foi um filósofo equiparável ao mestre de Platão, não por suas teorias ou sistemas nos quais ele buscou unicamente sustentar sua prática, nem sequer pela qualidade filosófica de suas teorias ou pensamento, mas pela forma com a qual faz de sua vida um "problema filosófico" e de como transformou o seu viver em uma questão existencial de busca por um mundo "sem opressores".

Nos papéis tão maltratados por Paulo Freire, encontramos tentativas de afirmação em que as inteligências inferiores devem arrastar para o seu nível as superiores, estas inibidas em sua atividade através da intensificação de uma suposta afetividade geral. O pedagogo assimilou que só no comunismo existirá o pleno desenvolvimento da personalidade, graças à propriedade social dos meios de produção. Entendia que a propriedade intelectual priva os demais, oprime-os, e impede a liberdade. O seu bom combate era o de destruir as condições sociais anteriores ao seu Jardim do Éden, dado que uma vez sanado o seu "sofrimento pessoal", o seu ardor de "intelectual dos desprivilegiados" esfriava consideravelmente. A sua estrutura mental, essencialmente discriminatória, salvava apenas certas classes e castas políticas. Paulo Freire foi claramente marxista no sentido de afirmar uma filosofia que não apenas contemple ou compreenda os problemas da educação, mas que procure transformar as práticas educacionais através de um redirecionamento humano. Foi um pedagogo convicto que a escola era o local ideal para corrigir as alienações produzidas pela práxis estrutural. Neste sentido, nunca deixou de apostar na educação politicamente orientada para a "libertação dos oprimidos". Esse método pedagógico é desenvolvido segundo o entendimento de que o homem não é o principal agente de seu progresso individual. A chave de sua pedagogia está no convencimento de que somos condicionados pelo meio cultural. Ao proclamar que a educação não pode ser neutra em si, pois ela tende a formar sempre a humanidade seguindo um sentido da vida, apoiando-se em um feixe de valores e direitos a promover, o escritor interpretava a educação do homem como um adestramento.

Como outrora também feito por outro apologista do freireanismo, Frei Carlos Josaphat, nosso autor compara o pedagogo brasileiro com alguém que está além de sua margem comparativa. Para Walter Kohan, Paulo Freire e a sua filosofia idealista comportam uma dimensão de reflexão e outra de ação, estando próximos de uma concepção de filosofia socrática, na qual a filosofia não é um substantivo, uma teoria, mas um verbo. Desconhecendo os rudimentos mais básicos da filosofia socrática, comparou o auto-exame de Sócrates com o de Paulo Freire, este, conforme já explicado por aqui, incapaz de reconhecer equívocos sociais grosseiros. Testemunhem:

> Assim como Sócrates dedica sua vida a tentar acordar os atenienses do que considera uma existência sem auto-exame, Paulo Freire dedica a sua a tentar tirar os oprimidos dessa condição, buscando, ao mesmo tempo, acordar os opressores de sua condição de opressores.[19]

Afora todos os limites técnicos já apresentados até aqui, o autor extenua até mesmo os seus mais dedicados leitores ao repetir, mais de uma dezena de vezes, que Paulo Freire era um homem encarnado no amor. Imagino ser desnecessário reproduzir essas frases na sua totalidade, mas, com o propósito de aclarar o que analiso, mencionarei alguns exemplos desse engenho enfadonho. Reparem que todas as frases extravasam as mesmas coisas:

---

19. KOHAN, Walter. *Paulo Freire, mais do que nunca: uma biografia filosófica.* 1. ed. Belo Horizonte: Vestígio, 2019, p. 79.

O amor é talvez o valor principal, insubstituível, da vida inteira de Paulo Freire. Lemos e ouvimos isso dele, repetidas vezes, de formas diversas.[20]

Obrigado, Paulo Freire. Obrigado pela sua infinita presença infantil. Obrigado pela sua extraordinária presença num presente que não é de ontem, hoje ou amanhã, mas que é, justamente, o presente do tempo da educação. De uma pergunta. De um sorriso. De um abraço. Obrigado pela indelével presença no mundo, cheia de vida, igualdade, amor, errância e infância.[21]

O amor que Paulo Freire nos inspira é uma espécie de energia conectiva entre as pessoas e o mundo, uma forma de força de luta compartilhada por uma vida mais vida do que a que estamos vivendo.[22]

Não há, praticamente, livro, carta, entrevista de Paulo Freire em que o amor não apareça.[23]

Desse amor de outro tempo, Paulo Freire vivia e morria; por esse amor e por esse tempo será lembrado tanto pelos que o amam quanto pelos que o odeiam.[24]

São inúmeros os gestos amorosos que acompanham a vida de Paulo Freire, testemunhados por educadores e educadoras de todos os cantos do mundo.[25]

Portador de uma compaixão que no discurso almejava a solidariedade com infelizes e miseráveis, mas cuja forma histórica mais pura é a de privilégio de seus prediletos, Paulo Freire foi definido por Walter Kohan como um educador amoroso, dotado de fé e confiança na criação de um mundo em

---

20. *Ibid.*, p. 141.
21. *Ibid.*, p. 220.
22. *Ibid.*, p. 214.
23. *Ibid.*, p. 128.
24. *Ibid.*, p. 142.
25. *Ibid.*, p. 124.

que seja menos difícil amar. Mais do que um mero professor, Paulo Freire é definido como o homem que quis, ao seu modo, transformar os homens, tendo como o seu principal adversário o capitalismo, balizado como "inaceitável por muitas razões; a principal delas é, talvez, a forma como torna impossível amar de verdade". Esse objetivo de formar uma nova humanidade geralmente é vago, utópico e totalitário. Incluído na causa freireana, é o ponto alto da mentalidade do "eu", que vê as outras pessoas como um meio de auto exaltação. Como nos episódios em que justificou genocidas, Paulo Freire acreditou que estava vestindo algum tipo de capa angelical justificadora, irrealidade desumana que define a parte mais substanciosa do propósito historicamente aplicado nos regimes totalitários, dado que justifica a renovação constante da violência. Deste modo, cabe a pergunta: é lícito distorcer os fatos para alcançar um fim prático?

Defino Walter Kohan como um ideólogo, que, como tal, elabora os seus princípios intelectuais conforme certos valores propostos como fins a perseguir. Trata-se de um autor que tem muitas conclusões sem os rudimentos teóricos necessários e que interpreta a cultura como aquela que deve eliminar ou enfraquecer os oponentes de sua doutrina. Para ele, sou uma ameaça que o obriga a tomar consciência de seu papel histórico. Mesmo sem ter condições intelectuais para desmentir os artigos que escrevi a respeito de Paulo Freire, apresenta-se como um autor marcado por contornos textuais que se pretendem quase infalíveis. Na autodeclarada qualidade de defensor da verdade pedagógica, Walter Kohan presenteia seus leitores com inverdades a meu respeito. Tendo em conta o precário apanhado intelectual que compôs, nada mais coerente que fizesse isso. Acusa-me em seu livro de que sou adepto do projeto "Escola sem Partido", que sou "ao mesmo tempo autor, editor, promotor, vendedor e distribuidor de sua obra"[26] e de que tenho

---

26. *Ibid.*, p. 248.

"um desprezo profundo pelo mundo e pelos valores estéticos, éticos e políticos que Paulo Freire afirma e apresenta: os do povo nordestino, a cultura popular, a escrita cuidada, engajada, que expressa essa cultura".[27] Quanto ao primeiro tema, sempre fui contrário ao projeto, ainda que valorize a discussão que ele empreende. É verdade que inclusive participei de uma sessão na Câmara dos Deputados onde o projeto era o assunto principal. Todavia, naquela ocasião falei especificamente sobre a pedagogia de Paulo Freire. Em minhas aulas, admito repetidamente a falência institucional do MEC e da Constituição de 1988, conseqüentemente, não tenho como ser favorável a um projeto que se escora, direta ou indiretamente, nessas duas propriedades políticas. Quanto ao segundo ponto, trata-se de um raro acerto de Walter Kohan. Chama a atenção que, com este inabitual acerto, o autor tenha descrito melhor o meu trabalho que o de Paulo Freire. É com deleite que assumo que exerço ou exerci todas essas funções. Muitas vezes fui o autor que empacotou o seu livro e os levou aos correios. Não vejo qualquer problema quanto a isso. Vejo menos ainda ineditismo. Há muitos exemplos na cultura brasileira de autores e autoras que fizeram bem mais do que esses serviços de auto publicação. Destes, poucos foram em sua estréia best-sellers e muitos escreviam melhor que eu. Dispensarei os exemplos. Quanto ao último ponto, sendo eu um declarado filho do nordeste, considero-o apenas uma medida desesperada do autor em fazer a sua fé em estereótipos valer mais do que os fatos.

O diletantismo especulativo de Walter Kohan ataca a inteligência. Como o de seu mestre, utiliza seres humanos como se fossem recursos naturalmente empregáveis na consecução de seus objetivos. Sua busca não é pela expressão intelectual, mas por esmagar qualquer expressão que o seu ego não aprove. Seu livro, mascarado com um cientificismo barato, é só mais uma tentativa em apresentar uma doutrina ideológica como infalível.

---

27. *Ibid.*, p. 248.

REFERÊNCIAS BIBLIOGRÁFICAS

A. DAHL, Robert. **A moderna análise política.** Rio de Janeiro: Lidador.

ADORNO, Theodor. Trad. Julia Elisabeth Levy et al. **Indústria cultural e sociedade.** São Paulo: Paz e Terra, 2002. (Coleção Leitura; 51)

ALAIN. Tradução de Lília Ledon da Silva. **Considerações sobre a educação seguidas de pedagogia infantil.** São Paulo: É Realizações, 2012.

ALEXANDRIA, Clemente. Trad. Iara Faria e José Eduardo Câmara de Barros Carneiro. **O pedagogo.** Campinas, SP: Ecclesiae, 2014.

AQUINO, Tomás de. Tradução de Tiago Tondinelli. **Da justiça.** Campinas, SP: Vide Editorial, 2012.

ARENDT, Hannah. Trad. Denise Bottmann. **Homens em tempos sombrios.** São Paulo: Companhia das Letras, 2008.

ARENDT, Hannah. Trad. Roberto Raposo. **Origens do totalitarismo.** São Paulo: Companhia das Letras, 2012.

ARISTÓTELES. Tradução de Nestor Silveira Chaves. **A política.** 2. ed. Bauru, SP: EDIPRO, 2009.

_____. Tradução de Edson Bini. **Poética.** São Paulo: EDIPRO, 2011.

ARON, Raymond. Tradução de Jorge Bastos. **O marxismo de Marx.** São Paulo: Arx, 2005.

_____. Tradução de Jorge Bastos. **O ópio dos intelectuais.** São Paulo: Três Estrelas, 2016.

AUDI, Robert (direção). Tradução de João Paixão Netto. **Dicionário de Filosofia de Cambridge**. São Paulo: Paulus, 2006.

BARROS, Daniel. **País mal educado:** por que se aprende tão pouco nas escolas brasileiras?. Rio de Janeiro: Record, 2018.

BASTIAT, Frédéric. Tradução de Eduardo Levy. **A lei:** por que a esquerda não funciona? As bases do pensamento liberal. Barueri, SP: Faro Editorial, 2016.

BENDA, Julien. Tradução de Paulo Neves. **A traição dos intelectuais**. São Paulo: Peixoto Neto, 2007.

BERLIN, Isaiah. Trad. Hélio Pólvora. **Karl Marx**. São Paulo: Siciliano, 1991.

BERNARDIN, Pascal. Tradução de Alexandre Müller Ribeiro. **Maquiavel Pedagogo:** ou o Ministério da Reforma Pedagógica. Campinas: Ecclesiae e Vide Editorial, 2012.

BLOCH, Marc. Tradução de André Telles. **Apologia da História:** ou o ofício de historiador. Rio de Janeiro: Jorge Zahar Ed., 2001.

BOBBIO, Norberto. Trad. Marco Aurélio Nogueira. **Os intelectuais e o poder:** dúvidas e opções dos homens de cultura na sociedade contemporânea. São Paulo: Editora UNESP, 1997.

BOURDIEU, Pierre. **Escritos de Educação**. 16. ed. Petrópolis, RJ: Vozes, 2015.

BRASIL. **LDB:** Lei de Diretrizes e bases da educação nacional: Lei nº 9.394, de 20 de dezembro de 1996. 14. ed. Brasília: Câmara dos Deputados, Edições Câmara, 2017.

BRASIL. **Plano Nacional de Educação 2014-2024**: Lei nº 13.005, de 25 de junho de 2014. 2. ed. Brasília: Câmara dos Deputados, Edições Câmara, 2017.

BUTLER, Judith. Trad. Rogério Bettoni. **A vida psíquica do poder:** teorias da sujeição. Belo Horizonte: Autêntica Editora, 2018.

BURKE, Peter. Tradução de Vera Maria Xavier dos Santos. **Testemunha ocular:** o uso de imagens como evidência histórica. São Paulo: Editora Unesp, 2017.

CAMPOS, Adalgisa Arantes. **Arte sacra no Brasil colonial.** Belo Horizonte: C/Arte, 2011.

CHAMBRE, Henry. Trad. Iacy Ewerton Martins. **Cristianismo e comunismo.** São Paulo: Flamboyant, 1962.

_____. **De Marx a Mao Tse-Tung.** São Paulo: Livraria Duas Cidades, 1963.

CHANG, Jung. Tradução de Pedro Maia Soares. **Mao:** a história desconhecida. São Paulo: Companhia das Letras, 2006.

CRUZ, Juan Cruz. Trad. Fernando Marquezini. **Filosofia da História.** São Paulo: Instituto Brasileiro de Filosofia e Ciência "Raimundo Lúlio", 2007.

DALRYMPLE, Theodore. Tradução de Márcia Xavier de Brito. **A vida na sarjeta:** o círculo vicioso da miséria moral. São Paulo: É Realizações, 2014.

_____. Tradução de André de Leones. **Lixo:** como a sujeira dos outros molda a nossa vida. São Paulo: É Realizações, 2018.

DAWSON, Christopher. Tradução de Maurício G. Righi. **Dinâmicas da história do mundo.** São Paulo: É Realizações, 2010.

DUBY, Georges. Tradução de Clóvis Marques. **A história continua.** Rio de Janeiro: Jorge Zahar Ed., 1993.

DURKHEIM, Émile. Tradução de Sandra Guimarães. **O socialismo.** São Paulo: EDIPRO, 2016.

ENGELS, Friedrich. Trad. Roberto Goldkorn. **Do socialismo utópico ao socialismo científico.** São Paulo: Global Editora.

FERACINE, Luiz. **A sociologia do Marxismo.** São Paulo: Editora Convívio.

FINNIS, John. Trad. Leila Mendes. **Lei natural e direitos naturais.** São Leopoldo, RS: Editora Unisinos, 2007.

FONTOVA, Humberto. Tradução de Rodrigo Simonsen. **Fidel:** o tirano mais amado do mundo. São Paulo: Leya, 2012.

_____. Tradução de Érico Nogueira. **O verdadeiro Che Guevara:** e os idiotas úteis que o idolatram. São Paulo: É Realizações, 2009.

FOUCAULT, Michel. Tradução de Ligia M. Pondé Vassallo. 7.ed. **Vigiar e Punir:** nascimento da prisão. Petrópolis: Vozes, 1987.

FREIRE, Ana Maria de Araújo. **Paulo Freire:** uma história de vida. 2. Ed. Rio de Janeiro: Paz e Terra, 2017.

FREIRE, Paulo. **Cartas a Cristina:** reflexões sobre minha vida e minha práxis. São Paulo: Paz e Terra, 2015.

_____. **Educação e Mudança.** 36. ed. São Paulo: Paz e Terra, 2014.

_____. **Pedagogia da autonomia:** saberes necessários à prática educativa. 51. ed. Rio de Janeiro: Paz e Terra, 2015.

_____. **Pedagogia da esperança:** um reencontro com a pedagogia do oprimido. 17. ed. Rio de Janeiro: Paz e Terra, 2012.

_____. **Pedagogia dos sonhos possíveis.** São Paulo: Paz e Terra, 2014.

_____. **Pedagogia do oprimido.** 58. ed. Rio de Janeiro: Paz e Terra, 2014.

_____. **Professora sim, tia não: cartas a quem ousa ensinar.** 26. Ed. São Paulo: Paz e Terra, 2016.

_____. Organização de Ana Maria Araújo Freire. **Política e educação.** 4. Ed. São Paulo: Paz e Terra, 2018.

_____. Organização e notas de Ana Maria Araújo Freire, Erasto Fortes Mendonça. **Direitos Humanos e educação libertadora:** gestão democrática da educação pública na cidade de São Paulo. Rio de Janeiro: Paz e Terra, 2019.

_____. Organização e notas de Ana Maria Araújo Freire. **Pedagogia do compromisso:** América Latina e Educação Popular. Rio de Janeiro: Paz e Terra, 2018.

_____. Organização e participação de Ana Maria Araújo Freire. **Pedagogia da indignação.** 5. Ed. São Paulo: Paz e Terra, 2019.

FREIRE, Paulo; NOGUEIRA, Adriano. **Que fazer:** teoria e prática em educação popular. 13. ed. Petrópolis, RJ: Vozes, 2014.

FREUD, Sigmund. Trad. Renato Zwick. **Psicologia das massas e análise do eu.** Porto Alegre, RS: L&PM, 2017.

FREYRE, Gilberto. **Em torno de Joaquim Nabuco.** São Paulo: A Girafa, 2010.

_____. **Vida, forma e cor.** São Paulo: É Realizações, 2010.

GOMES, Ana Valeska Amaral (org.). **Plano Nacional de Educação:** olhares sobre o andamento das metas. Brasília: Câmara dos Deputados, Edições Câmara, 2017.

GORDON, Flávio. **A corrupção da inteligência:** intelectuais e poder no Brasil. 2. ed. Rio de Janeiro: Record, 2017.

GRAMSCI, Antonio. Trad. Carlos Nelson Coutinho. **Escritos políticos, vol. 1.** Rio de Janeiro: Civilização Brasileira, 2004.

GRUPPI, Luciano. **Tudo começou com Maquiavel:** as concepções de Estado em Marx, Engels, Lênin e Gramsci. 3. ed. Porto Alegre: L&PM Editores, 1980.

HADDAD, Sérgio. **O educador:** um perfil de Paulo Freire. São Paulo: Todavia, 2019.

HEGEL. **A moralidade e a religião.** Rio de Janeiro: Jorge Zahar Ed., 2002.

HOFFER, Eric. Trad. Sylvia Jatobá. **Fanatismo e movimentos de massa.** Rio de Janeiro: Lidador, 1968.

HOFFER, Eric. Trad. Sylvia Jatobá. **O intelectual e as massas.** Rio de Janeiro: Lidador, 1969.

HOLANDA, Sérgio Buarque de. **Raízes do Brasil.** 27. ed. São Paulo: Companhia das Letras, 2014.

HOOKS, Bell. Tradução de Marcelo Brandão Cipolla. **Ensinando a transgredir:** a educação como prática de liberdade. 2. Ed. São Paulo: Editora WMF Martins Fontes, 2017.

HOPPE, Hans-Hermann. Trad. Bruno Garschagen. **Uma teoria do socialismo e do capitalismo.** São Paulo: Instituto Ludwig von Mises Brasil, 2013.

HUXLEY, Aldous. Tradução de Lino Vallandro. **Admirável mundo novo.** 22. ed. São Paulo: Globo, 2014.

JOHNSON, Paul. Tradução de André Luiz Barros da Silva. **Os intelectuais.** Rio de Janeiro: Imago Ed., 1990.

JOSAPHAT, Carlos. **Tomás de Aquino e Paulo Freire:** pioneiros da inteligência, mestres geniais da educação nas viradas da história. São Paulo: Paulus, 2016.

KIMBALL, Roger. Trad. Daniel Peluci Carrara e Fernanda Messeder Moura. **Radicais nas universidades:** como a política corrompeu o ensino superior nos EUA. São Paulo: Peixoto Neto, 2009.

KOHAN, Walter. **Paulo Freire, mais do que nunca:** uma biografia filosófica. Belo Horizonte: Vestígio, 2019.

KREEFT, Peter. Tradução de Pedro Vianna Cava. **Sócrates encontra Marx.** Campinas, SP: Vide Editorial, 2012.

LAVELLE, Louis. Tradução de Carlos Nougué. **Regras da vida cotidiana.** São Paulo: É Realizações, 2011.

LEFEBVRE, Henri. Trad. William Lagos. **Marxismo.** Porto Alegre, RS: L&PM, 2017.

LENIN. **Esquerdismo, doença infantil do comunismo.** 5. ed. São Paulo: Global Editora.

LIMA, Oliveira. **Formação histórica da nacionalidade brasileira.** Cia Editora Leitura, 1944.

LINDENBERG, Adolpho. **Utopia igualitária:** aviltamento da dignidade humana. São Paulo: Ambientes & Costumes, 2016.

LOBACZEWSKI, Andrew. Tradução de Adelice Godoy. **Ponerologia:** Psicopatas no Poder. Campinas: Vide Editorial, 2014.

LÖWY, Michael (org.). Trad. Claudia Schilling, Luís Carlos Borges. **O Marxismo na América Latina**. 2. ed. São Paulo: Editora Fundação Perseu Abramo, 1999.

LÖWY, Michael. Trad. Myrian Veras Baptista. **Marxismo e teologia da libertação**. São Paulo: Cortez: Autores Associados, 1991.

LÖWY, Michael. **O que é ecossocialismo?**. 2. Ed. São Paulo: Cortez, 2014.

MANACORDA, Mario Alighiero. Tradução Newton Ramos-de-Oliveira. **Marx e a pedagogia moderna**. 3. ed. Campinas, SP: Editora Alínea, 2017

MARÍAS, Julián. Tradução de Claudia Berlinder. **História da Filosofia**. São Paulo: Martins Fontes, 2015.

MARITAIN, Jacques *et al*. **Progresso e progressismo**. Rio de Janeiro: Livraria Agir, 1970. (Cadernos Permanência)

MARITAIN, Jacques. Trad. Inês Fortes de Oliveira. **Rumos da educação**. 2. ed. Rio de Janeiro: Livraria Agir, 1959.

MARK, Lilla. Trad. Clóvis Marques. **A mente naufragada**: sobre o espírito reacionário. Rio de Janeiro: Record, 2018.

MARTINS, José de Souza. **Do PT das lutas sociais ao PT do poder**. São Paulo: Contexto, 2016.

MARX, Karl. Trad. Nélio Schneider. **O 18 de Brumário de Luís Bonaparte**. São Paulo: Boitempo, 2011.

_____. Trad. Olinto Beckerman. **Trabalho assalariado e capital**. São Paulo: Global Editora, 1980.

_____. Trad. Rubens Enderle. **O capital:** crítica da economia política: Livro I: o processo de produção do capital. São Paulo: Boitempo, 2013.

MARX, Karl; ENGELS, Friedrich. Trad. Rubens Enderle et al. **A ideologia alemã.** São Paulo: Boitempo, 2007.

_____. Trad. Sueli Tomazini Barros. **Manifesto do partido comunista.** Porto Alegre: L&PM, 2010.

_____. **Sobre literatura e arte.** São Paulo: Global Editora, 1979.

MEIRELES, Cecília. **Os melhores poemas de Cecília Meireles.** São Paulo: Global, 2002.

MILLER, René Fülöp. Tradução de Prof. Alvaro Franco. **Espirito e Physionomia do Bolchevismo:** Descripção e critica da vida cultural da Russia Sovietica. Porto Alegre: Edição da Livraria do Globo, 1935.

MINISTÉRIO DA EDUCAÇÃO E SAÚDE. **Subsídios para a história da educação brasileira.** Instituto Nacional de Estudos Pedagógicos, boletim nº 18, 1942.

MISES, Ludwig von. Trad. Alexandre S. **Marxismo desmascarado.** Campinas, SP: Vide Editorial, 2015.

_____. Trad. Leandro Augusto Gomes Roque. **O cálculo econômico sob o socialismo.** São Paulo: Instituto Ludwig von Mises Brasil, 2012.

MONTANHESE, Ivo. **O santo que esteve no inferno:** Vida de São Maximiliano Kolbe. Aparecida, SP: Editora Santuário, 2004.

MORE, Thomas. Trad. Márcio Meirelles Gouvêa Júnior. **Utopia.** Belo Horizonte: Autêntica Editora, 2017.

MUSIL, Robert. Tradução de Simone Pereira Gonçalves. **Sobre a estupidez.** Belo Horizonte: Editora Âyiné, 2016.

NERY MARTINS NETO, Felipe *et. al.* **Gênero: ferramenta de desconstrução da identidade.** São Paulo: Katechesis, 2017, p. 128.

NOGARE, Pedro Dalle. **Humanismos e anti-humanismos em conflito:** introdução à antropologia filosófica. São Paulo: Herder, 1972.

OAKESHOTT, Michael. Tradução de Renato Rezende. **Sobre a História e Outros Ensaios.** Rio de Janeiro: Topbooks, 2003.

OLIVEIRA, Plinio Côrrea de. **Revolução e contra-revolução.** São Paulo: Instituto Plinio Côrrea de Oliveira, 2009.

ORTEGA Y GASSET, José. Tradução de Felipe Denardi. **A rebelião das massas.** Campinas, SP: Vide Editorial, 2016.

_____. Tradução de Gilberto de Mello Kujawski. **Meditações do Quixote.** São Paulo: Livro Ibero-Americana Ltda., 1967.

_____. **O homem e a gente.** Rio de Janeiro: Livro Ibero-Americana Ltda., 1960.

_____. **Teoria de Andalucia.** Madrid: Revista de Occidente, 1942.

ORWELL, George. Tradução de Heitor Aquino Ferreira. **A revolução dos bichos:** um conto de fadas. São Paulo: Companhia das Letras, 2007.

_____. Trad. Sérgio Lopes. **Literatura e política:** jornalismo em tempos de guerra. Rio de Janeiro: Jorge Zahar Ed., 2006.

PAIM, Antonio. **Marxismo e descendência.** Campinas: Vide Editorial, 2009.

PENNA, José Osvaldo de Meira. **O espírito das revoluções:** da revolução gloriosa a revolução liberal. Rio de Janeiro: Faculdade da Cidade Ed., 1997.

PILETTI, Claudino. **A razão vital e histórica em Ortega y Gasset.** Porto Alegre: Instituto Estadual do Livro, 1968.

PRADO, Lourenço de Almeida. **Educação para a democracia.** Rio de Janeiro: Nova Fronteira, 1984.

_____. **Educação:** ajudar a pensar, sim: conscientizar, não. Rio de Janeiro: Agir, 1991.

QUINTÁS, Alfonso López. Tradução de Gabriel Perissé. **O conhecimento dos valores:** introdução metodológica. São Paulo: É Realizações, 2016.

RAMOS, Bruna Sola da Silva. **Paulo Freire e a pesquisa em educação.** Porto Alegre: Sulina, 2016.

RAMOS, Guerreiro. **A crise do poder no Brasil.** Rio de Janeiro: Zahar Editores, 1961.

RIBEIRO, Darcy. **Nossa escola é uma calamidade.** Rio de Janeiro: Salamandra, 1984.

RIBEIRO, Maria Luisa Santos. **História da educação brasileira:** a organização escolar. 21. ed. Campinas, SP: Autores Associados, 2011.

ROMANELLI, Otaíza de Oliveira. **História da Educação no Brasil:** (1930/1973). 40. ed. Petrópolis, RJ: Vozes, 2014.

RÓNAI, Paulo. **A tradução vivida.** Rio de Janeiro: Educom, 1976.

ROSSITER, Lyle H. Tradução de Flavio Quintela. **A mente esquerdista:** as causas psicológicas da loucura política. Campinas: Vide Editorial, 2016.

ROTHBARD, Murray Newton. Tradução de Alexandre S. **Esquerda e direita:** perspectivas para a liberdade. Campinas, SP: Vide Editorial, 2016.

ROUSSEAU, Jean-Jacques. Tradução de Ciro Mioranza. **O Contrato Social:** ou princípios do direito político. 2. ed. São Paulo: Editora Escala, s.d.

SANTOS, Mário Ferreira dos. **Análise dialética do marxismo.** São Paulo: É Realizações, 2018.

_____. **Invasão vertical dos bárbaros.** São Paulo: É Realizações, 2012.

SANTOS, Thomas Giulliano Ferreira dos. **Desconstruindo Paulo Freire.** Porto Alegre: História Expressa, 2017.

_____. **Desconstruindo (ainda mais) Paulo Freire.** Porto Alegre: História Expressa, 2019.

SARTRE, Jean-Paul. Tradução de Paulo Neves. **Esboço para uma teoria das emoções.** Porto Alegre: L&PM, 2018.

SCHOPENHAUER, Arthur. Tradução de José Souza de Oliveira. **As dores do mundo:** o amor - a morte - a arte - a moral - a religião - a política - o homem e a sociedade. São Paulo: EDIPRO, 2014.

_____. Tradução de Pedro Süssekind. **A arte de escrever.** Porto Alegre: L&PM, 2019.

SCHUMPETER, Joseph A. Trad. Luiz Antônio Oliveira de Araújo. **Capitalismo, socialismo e democracia.** São Paulo: Editora da Unesp, 2017.

SCHWARTZMAN, Simon. **Tempos de Capanema.** Rio de Janeiro: Paz e Terra; São Paulo: Editora da Universidade de São Paulo, 1984.

SCOLESE, Eduardo. **Pioneiros do MST:** caminhos e descaminhos de homens e mulheres que criaram o movimento. Rio de Janeiro: Record, 2008.

SCRUTON, Roger. Trad. Fábio Faria. **As vantagens do pessimismo:** e o perigo da falsa esperança. São Paulo: É Realizações, 2015.

SECCO, Lincoln. **História do PT:** 1978-2010. Cotia, SP: Ateliê Editorial, 2011.

SECRETÁRIA DE EDUCAÇÃO FUNDAMENTAL. **Parâmetros curriculares nacionais:** pluralidade cultural: orientação sexual. 2. ed. Rio de Janeiro: DP&A, 2000.

SOUZA, Ana Inês (org.). **Paulo Freire:** vida e obra. 3. ed. São Paulo: Expressão Popular, 2015.

SOUSA, José Pedro Galvão. **Iniciação à teoria do Estado.** 2. ed. São Paulo: Ed. Revista dos Tribunais, 1976.

STAL, Isabelle; THOM, Françoise. Tradução de Laura-Amélia A. Vivona. **A escola dos bárbaros.** São Paulo: Editora da Universidade de São Paulo, 1987.

STRECK, Danilo R.; REDIN, Euclides; ZITKOSKI, Jaime José (orgs.). **Dicionário Paulo Freire.** 3. ed. Belo Horizonte: Autêntica Editora, 2017.

SUPLICY, Marta *et al.* **Sexo se aprende na escola.** 3. ed. São Paulo: Olho d'Água, 2000.

TEIXEIRA, Anísio Spinola. **Educação é um direito.** São Paulo: Companhia Editora Nacional, 1967.

THOMAZ, Joaquim. **Anchieta.** Rio de Janeiro: Livraria Guanabara, 1954.

THOREAU, Henry David. Trad. José Geraldo Couto. **A desobediência civil.** São Paulo: Penguin Classics Companhia das Letras, 2012.

TOBIAS, José Antonio. **Educação brasileira:** temas e problemas. São Paulo: Editora Juriscredi Ltda.

VARGAS LLOSA, Mario. Trad. Ivone Benedetti. **A civilização do espetáculo:** uma radiografia do nosso tempo e da nossa cultura. Rio de Janeiro: Objetiva, 2013.

VOEGELIN, Eric. Trad. Elpídio Mário Dantas Fonseca. **Hitler e os alemães.** São Paulo: É Realizações, 2007.

VOEGELIN, Eric. Trad. Maria Inês de Carvalho. **Reflexões autobiográficas.** São Paulo: É Realizações, 2007.

WEBER, Max. Tradução de José Marcos Mariani de Macedo. **A ética protestante e o "espírito" do capitalismo.** São Paulo: Companhia das Letras, 2004.

ZAMBONI, Fausto. **Contra a escola:** Ensaio sobre literatura, ensino e Educação Liberal. Campinas, SP: Vide Editorial, 2016.

Paulo Freire, o Anti-Sócrates 9

Prof. Daniel Fernandes*

Vivemos em uma cultura pateticamente barbarizada. Os níveis de letramento caem assustadoramente e os níveis de ignorância aumentam cada vez mais. Desprezado, o conhecimento do passado desaparece, pois a geração presente mostra indiferença pela sabedoria das eras e seus sábios. Para colocar a questão sem rodeios, vivemos numa época que é caracterizada pelo predomínio da arrogância dos ignorantes, que sabem pouco ou nada, mas que se creem sábios – iludidos pelo que acreditam saber.

Num ambiente cultural saudável, a fama de Paulo Freire como grande educador jamais teria se firmado. Tê-lo em alta conta é estar desprovido daquele senso das proporções que só se adquire pela absorção de um legado cultural milenar. Afinal de contas, quem é Paulo Freire perto de um Sócrates?

---

* Pós-graduado em Filosofia Medieval pela FSBRJ e graduado em História pela UGF. Pesquisador dedicado à história intelectual do Brasil contemporâneo, lida com fontes da imprensa periódica (em especial os jornais das décadas de 1940, 1950 e 1960). Organizou e publicou dois livros: "O Elogio do Conservadorismo", de João Camilo de Oliveira Torres, coletânea inédita de artigos redigidos para a imprensa do ilustre historiador mineiro e "Impressões & Expressões", de José Geraldo Vieira, coletânea, também, inédita de textos de crítica literária, crônicas e contos do consagrado autor. Como coordenador editorial, atuou na reedição do livro "Uma Nova Idade Média", do filósofo russo Berdiaev. Todos eles publicados pela Arcádia Editora. Seu último livro intitula-se "Farol de Sanidade: Pequeno manual da inteligência católica", publicado pela editora Arminho.

A aproximação frequente entre ambos denota, pura e simplesmente, ignorância e desonestidade intelectual.

Diferente de Sócrates, que mostrou sobejamente suas credenciais pedagógicas como o maior fenômeno pedagógico do Ocidente,[1] Paulo Freire é o tipo acabado do pseudo-intelectual militante. Sua fama baseia-se inteiramente no lucro político que a esquerda revolucionária obtém do seu método. Esse método, aliás, não passa de uma coleção de estratagemas para reduzir a educação à doutrinação ideológica. E é a ideia de educação como politização da consciência que o torna um anti-Sócrates. Seu método pedagógico, ao contrário do método socrático, é escravizante: quer conduzir o educando a dizer, ler e escrever o que diz, lê e escreve o professor comprometido politicamente. É inculcar uma ideologia, não é educar. Mesmo reconhecendo não ser o criador do vocábulo conscientização, Freire lhe deu uma significação política. Ele reitera, à sombra do marxismo, o processo de conscientização como tarefa histórica de resistência crítica ao contexto neoliberal, ratificando a natureza política da prática educativa.

Em outras palavras, conscientização, no discurso freireano, implica engajamento político-ideológico.[2] Trata-se de um desenvolvimento crítico da tomada de consciência, que se desdobra na denúncia da realidade tida como "opressiva" e "injusta" e, consequentemente, no anúncio de outra realidade, mais justa e igualitária. Essa nova realidade do amanhã, na visão de Freire, deve ser a utopia do educador de hoje. Não pode ser realista, diz ele, o educador que não é utópico.[3] A utopia é vista por ele como uma ferramenta de ação sobre a realidade, uma

---

1. JAEGER, Werner. *Paideia: A formação do homem grego*. São Paulo: Martins Fontes, p. 512.
2. CINTRA, Benedito Eliseu Leite. *Paulo Freire entre o grego e o semita: educação: filosofia e comunhão*. Porto Alegre: EDIPUCRS, 1998, p. 70.
3. Cf. Paulo Freire. *Conscientização* [livro eletrônico]. São Paulo: Cortez Editora, 2018.

visão de longo prazo, que motiva a pessoa a agir. Uma chave para entender seu conceito de utopia é o poder da imaginação. A utopia é a imaginação do futuro. Por isso, Freire descreveu seu compromisso com a utopia como relação dialética entre denunciar o presente e anunciar o futuro.[4] Sua pedagogia é, portanto, é uma teoria da ação revolucionária. Ele volta o seu olhar para um experimento segundo as possibilidades de uma educação socialista renovada, mas com os cacoetes ideológicos antigos. Sua afirmação da utopia como práxis docente se funda no paradigma da tradição comunista.[5] Em Freire, que ainda pensava como os comunistas da República Velha, pelo menos no plano prático, vigorava a ideia de que a educação necessária era a politização. Para ele, o homem se mostra mais consciente à medida que se mostra mais politizado; ele luta - em conjunto com os demais homens, também "conscientes" - pelos seus ideais, em prol de uma sociedade "mais justa e igualitária".[6] Sua cosmovisão é estritamente revolucionária e utópica. Para Emil Cioran, esta imensa fascinação pelo impossível e esta desenfreada paixão pela utopia são facilmente explicáveis: o homem é um amante da felicidade imaginada. Uma vez que não pudemos não nascer, que a Unidade primordial foi quebrada, que fomos expulsos do paraíso, deveríamos aspirar à serenidade da idade de ouro. Em sua obra "Utopia e História", Cioran diz que, em seu desígnio geral, a utopia é um sonho cosmogônico no plano histórico.[7] Mas há contradição nos termos, diz

---

4. KIRYLO, James D.; BOYD, Drick. *Paulo Freire: His Faith, Spirituality, and Theology.* Rotterdam: Sense Publishers, 2017, p. 44.

5. Ao ser utópico, Freire bebeu nas fontes marxistas que, por sua vez, inspiram-se em fontes de que jorravam ideias e práticas utópicas de pensadores como Charles Fourier, Robert Owen, Saint-Simon e outros. (Cf. Andrea Rodrigues Barbosa Marinho. *Paulo Freire e a conscientização.* São Paulo: Editora Dialogar, 2017, p. 108)

6. GUERRA, Adriana; SOUSA, Ana Maria Borges de. *Um diálogo com Paulo Freire.* Universidade Federal de Santa Catarina, Núcleo de Publicações, Centro de Ciências da Educação, 1998, p. 104.

7. CIORAN, Emil. *Utopia e História.* São Paulo: Rocco, 2011, p. 116.

ele, inerente à esperança de um novo reino: não é possível a uma vitória definitiva no seio do devir, portanto, soluções que prometem o paraíso terrestre são sempre enganosas. Nossos sonhos de um mundo melhor se fundam em uma impossibilidade teórica.

Paulo Freire sabia que, dentro da história, é impossível pensar na instauração de um reino de paz imperturbável. Mas em lugar de sentir-se desapontado e assustado, descobria nela, pelo contrário, motivação para continuar lutando pela transformação revolucionária da sociedade, fundada da ideia de libertação das classes oprimidas. Gênios como Sócrates, Platão e Aristóteles jamais tiveram a pretensão de fazer um mundo melhor, mas limitaram-se a especular sobre a pólis ideal, restringida à cultura grega. Mas mesmo a pólis ideal não tinha um caráter utópico como hoje se julga. Eles não eram, portanto, ideólogos. Ideólogos são pessoas que fingem saber como "fazer um mundo melhor" antes de organizarem o próprio caos interior. A sedução por um "mundo melhor" se baseia no fato de que tal tentação não convida diretamente ao mal. Isso seria algo demasiado grosseiro. Mas pretende mostrar-nos o melhor: abandonar finalmente as ilusões e empregar eficazmente nossas forças para melhorar o mundo. A tentação também se apresenta com a pretensão de verdadeiro realismo.

Na visão freireana, a utopia aparece como o inédito tornado viável[8] pela práxis libertadora e revolucionária. Ele insiste no resgate da importância do sonho, da esperança mundana e da utopia como caminho para a transformação social. Em sua perspectiva, estamos no mundo para transformá-lo, mudá-lo. E não é possível mudá-lo sem um certo sonho ou

---

8. Cf. Verbete "Inédito-viável." In: Danilo R. Streck, Euclides Redin, Jaime José Zitkoski. *Dicionário Paulo Freire [livro eletrônico]*. São Paulo: Autêntica, 2015.

projeto de mundo melhor.⁹ Seu propósito ainda é o mesmo de Marx: a preocupação da consciência social não é descrever a realidade, mas transformá-la. Seu método é um instrumento de luta revolucionária que exige a denúncia de um presente intolerável e o anúncio de um futuro a ser criado, construído politicamente.

A utopia é vista como a possibilidade da construção efetiva de um "mundo novo", é o futuro sonhado no presente, mas, no fundo, é o princípio da esperança mundana nutrido pela insensatez ideológica. A ideologia só procura esclarecer aspectos da realidade que interessam direta ou indiretamente à vontade de transformá-la. Assim, imerso no compromisso com uma educação revolucionária, sua pedagogia é uma pedagogia de luta política. Os radicais devem transformar o mundo, para que as pessoas possam "ser mais" e os utópicos, segundo ele, propiciam o aprofundamento do processo de conscientização.

Não é exagerado afirmar que seu projeto educativo se integra num abrangente processo de reconstrução da utopia socialista. Freire defendia a ideia de que o projeto de uma sociedade emancipada só será efetivado realmente na sociedade socialista, que, apesar das dificuldades de concretizá-la, não deixava de ser, no seu entender, algo "visível" e "palpável". O inédito-viável é sempre a utopia alcançada, a materialização do sonho almejado: uma sociedade socialista organizada ao estilo de Cuba.¹⁰ Segundo ele, ainda havia uma possibilidade extraordinária de continuar sonhando e lutando pela

---

9. FREIRE, Paulo. *Pedagogia da indignação: Cartas pedagógicas e outros escritos [livro eletrônico]*. Rio de Janeiro: Paz e Terra, 2016.

10. GONZÁLEZ, Armando Bandera. *Paulo Freire. Un Pedagogo*. Caracas: Universidad Católica Andrés Bello, 1981, p. 149.

concretização dessa utopia.[11] Che Guevara continuava sendo visto como um legítimo portador da esperança utópica.[12]

Freire admitia que o socialismo é uma utopia que precisa ser sempre renovada pela educação. Entendia a finalidade da educação como a libertação da realidade opressiva e da injustiça social. Por isso, destacava a importância da prática revolucionária e conflitiva como "parteira da consciência crítica".[13] A educação tida como um ato político, aparece sempre associada à ideia de revolução. Não por acaso, ensinava que a conscientização - a formação da consciência crítica (revolucionária) - é uma condição necessária para realizá-la, para que os sujeitos históricos possam assumir o projeto utópico de reinventar a sociedade. Trata-se, portanto, de um projeto político-ideológico. Não se trata de educação verdadeira.

Sua ideia de libertação social como fim da educação situa-se no horizonte de uma visão ideológica da sociedade. Freire está principalmente preocupado com a educação como um instrumento de revolução cultural. Sua teoria da educação é também sua teoria da revolução. Em sua perspectiva, da mesma forma que a consciência não pode ser dissociada da ação, a educação não pode ser separada da dinâmica revolucionária. O aprender aparece subordinado a propósitos políticos e sociais. Seu método pretende criar consciência revolucionária através da educação, formal e informal. O processo de conscientização implica uma submissão à ideologia política do marxismo, expressão por antonomásia do chamado "pensamento crítico". Além disso, sua proposta pedagógica pretende educar para a

---

11. Cf. Verbete "Emancipação". In: Danilo R. Streck, Euclides Redin, Jaime José Zitkoski. *Dicionário Paulo Freire [livro eletrônico]*. São Paulo: Autêntica, 2015.

12. FREIRE, Paulo. *Conscientização [livro eletrônico]*. São Paulo: Cortez Editora, 2018.

13. VANNUCCHI, Aldo. *Paulo Freire ao vivo: gravação de conferências com debates realizadas na Faculdade de Filosofia, Ciências e Letras de Sorocaba (1980-1981)*. São Paulo: Edições Loyola, 1983, p. 116.

revolta, deixando de lado a ideia de que aprender é um ato de submissão, e não de um ato rebeldia.

Paulo Freire parece ignorar que todo verdadeiro aprendizado passa pela submissão do intelecto à verdade, fora da qual ele se desvia do seu objeto próprio. Não foi à toa que seu método criou gerações de analfabetos funcionais; criou almas insubmissas e agressivas na imposição de direitos autoproclamados. Portanto, é uma estupidez compará-lo a Sócrates. Sócrates é mestre *par excelence*, um pedagogo sem par na história da humanidade. Sua filosofia é também e essencialmente educação da consciência, mas em sentido diverso do sentido dado por Paulo Freire. É claro que o filósofo grego tem consciência do significado político da educação, mas num sentido muito mais elevado.

É verdade que um Sócrates cuja educação não fosse política não teria encontrado discípulos na Atenas de sua época. Todavia, em contraponto à pedagogia dos sofistas, a educação proposta por ele trazia uma grande novidade. Se na sofística a educação obedece a interesses meramente práticos e utilitários, com Sócrates esse cuidado ganhou um aspecto ético. Sua grande novidade era buscar na formação da personalidade, no caráter moral, o âmago da vida humana. A ênfase que ele conferia a moral respondia a um contexto de "irresistível decadência". Estava-se numa época de irresistível decadência para Atenas. É nesse contexto que Sócrates levanta uma questão ignorada pelos sofistas: em vez de simplesmente perguntar qual o alcance de um determinado estudo, a pergunta mais importante que ele faz para todos é para que serve esse estudo, diante da meta da existência. Sendo o objetivo da educação a sabedoria, Sócrates enxerga o processo educativo como a feitura do homem sábio, capaz de julgar corretamente as coisas e tomar decisões desde o núcleo e o topo da sua consciência, e não desde suas paixões ou lugares-comuns de seu tempo. Busca muito mais o ideal da sabedoria do que a eficiência prática. A finalidade da educação é fundamentalmente moral e ética. Visava acima de tudo à transformação dos indivíduos, tanto na sua consciência quanto nas suas escolhas éticas; E neste caso, educar significaria incondicionalmente criar, antes de tudo, consciência de si mesmo; implicaria ainda numa atitude profundamento ética: conhecer a própria alma.

Sócrates ensina que, nas primeiras etapas do aprendizado, a primeira coisa que o sujeito deve fazer é abandonar as ilusões que tem sobre si mesmo e partir de uma consciência verídica sobre sua própria situação existencial.[14] Paulo Freire ensina o contrário. Quando ele diz que "a conscientização abre caminho para a expressão das insatisfações sociais",[15] vincula todo aprendizado a sentimentos de inferioridade, agressividade, frustração e revolta. Seu método alimenta o ressentimento e incute a ilusão de que os outros, a vida, o mundo, enfim, tudo deveria ser do jeito que queremos que fosse. Coerente com sua perspectiva de emancipação social, Freire assume que a "consciência crítica" é a consciência de lutar contra a opressão; é o comprometimento com a visão marxista da sociedade; é a percepção de si mesmo como oprimido. A libertação, portanto, se dá pela luta política, que é vista como instrumento da redenção da classe oprimida.

No avesso do pensamento de Sócrates, sua pedagogia é inteiramente voltada para a fabricação de uma consciência postiça, falsa. Já estamos muito longe daquela autoconsciência socrática, base de toda autonomia espiritual do homem, porque seu projeto educativo é, na verdade, uma dialética revolucionária que obstrui a metafísica, impede a autoconsciência e se baseia apenas na concreta materialidade da luta humana. Em Sócrates,

---

14. Cf. Platão, Primeiro Alcibíades. Belém: EDUFPA, 1975.
15. FREIRE, Paulo. *Educação como prática da liberdade* [livro eletrônico]. Rio de Janeiro: Editora Paz e Terra, 2014.

a educação visa a uma maior consciência e abertura para toda a realidade que emana do verdadeiro, do belo e do bem. Ele entendia perfeitamente que a função do mestre é provocar no aluno uma verdadeira conversão existencial, algo mais amplo e profundo, que efetivamente desperte o aluno e faça-o voltar-se para a busca da verdade. Sabia que se a alma for regularmente nutrida por influências que joguem com suas paixões, a força do elemento racional acaba sendo dissolvida, e com ela a faculdade de julgar corretamente as coisas. O propósito de seu modelo educativo é a edificação de um centro de resistência à má conduta na alma, de uma personalidade moral que funcionará de modo autônomo, independente de pressão externa. Se, para Freire, conscientização é a mera internalização de uma ideologia, para Sócrates, não cabe ao educador pré-moldar o futuro de seus estudantes, incitando-os ao engajamento político-ideológico, mas apenas ajudá-los a encontrar e realizar o seu próprio destino, buscando a verdade da existência. Sua proposta educativa consiste na reforma moral da alma, sempre ciente de que a reforma da cidade depende da reforma moral do indivíduo.

Sócrates chega a justificar com a própria divindade de Delfos sua missão estimulante, digamos, de despertador da consciência. Seu magistério despertava os sonhadores, levando-os à autoconsciência. Sua tarefa era de ensinar os homens a conhecer a si mesmos. Basta ler Platão, a Apologia, o Fédon, entre outros diálogos para perceber como ele insiste nessa missão, segundo ele, de origem divina. O filósofo partia sempre do conselho délfico "conhece-te a ti mesmo" e assumia a espetacular postura gnosiológica e ética de que para que alguém pudesse conhecer as coisas, antes, deveria conhecer a si mesmo.[16] Por mais doloroso que seja, esse processo purifica a alma, liberta-a das ilusões fáceis, do julgamento precipitado e

---

16. Cf. Platão. Apologia de Sócrates. Belém: EDUFPA, 2001.

passional da realidade. Implica, sobretudo, o conhecimento das próprias faltas e limitações.

Na visão socrática, essa consciência reflexiva (a vida examinada) consiste numa terapia da alma. Indagando-se, o homem descobre o seu verdadeiro eu, a sua autêntica ipseidade. Esse fato noético tem por consequência a transformação da vida. O que singulariza a "cultura superior" é justamente esse processo de autoconhecimento. Por isso mesmo, na companhia de Paulo Freire, estamos claramente nos antípodas do processo de autoconsciência progressiva elaborado pelo filósofo grego. A conscientização freireana nos aprisiona numa caverna ideológica. Ela nos promete a libertação, mas nos encerra numa prisão mental.

Paulo Freire insistiu incansavelmente na politicidade da educação. Tanto no caso do processo educativo quanto no do ato político, uma das questões fundamentais é a clareza em torno de *a favor de quem* e *do quê*, portanto *contra quem* e *contra o quê*. Sua motivação é nitidamente ideológica. Propondo uma ideologia como via melhor de humanização e libertação, mostra-se apenas submetido mentalmente a ela. Isso acontece porque um indivíduo interpelado pela ideologia será submisso a ela, será sempre um produto da ideologia que professa e porta-voz dela. Os próprios marxistas interpretam a ideologia como racionalização de interesses, podendo ser vista não simplesmente como apenas "expressão" de interesses político-ideológicos, mas como "racionalização" deles. A racionalização é a justificação ideológica de certos atos. Tal racionalização é, com bastante frequência, a mentira inconsciente em que os próprios autores, como Freire, acreditam. Se prestarmos atenção, encontraremos até mesmo a «racionalização da violência» em obras freireanas, que deixam bem claro que a obtenção da liberdade pelos oprimidos jamais se dará por acaso, mas sim em sua práxis e pelo reconhecimento de que, para alcançá-la, é necessário lutar e até fazer uso da violência, se necessário.

Freire não descarta a violência porque afirma não ser possível amor entre antagônicos. Por isso mesmo, admite a existência de uma dimensão revanchista na luta revolucionária. Não vê a violência dos oprimidos como violência, mas como resposta legítima. Relativizava, portanto, a violência. No contexto da luta, a violência é vista como um ato amoroso pelo qual se busca anular a opressão. É a afirmação do ser que já não teme a liberdade e que sabe que esta não é um presente, mas uma conquista.[17] A violência inaugurada pelos opressores, diz ele, somente poderá ser superada pela violência dos oprimidos. Ao buscarem a sua libertação, num primeiro momento, os oprimidos tendem a ser opressores, porque a "estrutura do seu pensar se encontra condicionada pela contradição vivida na situação concreta em que formam a sua consciência".[18]

Avançando nessa perspectiva, Freire afirma enfaticamente que a violência do oprimido pode ser "usada para eliminar a violência mediante a transformação revolucionária da realidade".[19] Reconhece, portanto, que na supressão das contradições entre "opressores e oprimidos", está implícito o desaparecimento dos primeiros como classe que oprime: "A revolução é biófila, é criadora de vida, ainda que, para criá-la, seja obrigada a deter vidas que proíbem a vida."[20] Por outro lado, Sócrates afirma no *Críton* (49 c): "Não se deve responder injustamente à injustiça, nem fazer o mal a ninguém, nem sequer a quem nos faz mal." Jamais retribuir uma injustiça

---

17. CINTRA, Benedito Eliseu Leite. *Paulo Freire entre o grego e o semita: educação: filosofia e comunhão*. Porto Alegre: EDIPUCRS, 1998, p.203.
18. Cf. Verbete "Contradição". Danilo R. Streck, Euclides Redin, Jaime José Zitkoski. *Dicionário Paulo Freire [livro eletrônico]*. São Paulo: Autêntica, 2015.
19. Cf. Verbete "Revolução". Idem.
20. FREIRE, Paulo. *Pedagogia do Oprimido [livro eletrônico]*. Rio de Janeiro: Paz e Terra, 2013.

com outra era um mandamento incondicional que, na visão de Sócrates, não pode ser alterado por nenhuma casuística, por nenhuma atenuação das circunstâncias.[21] É preferível sofrer uma injustiça a cometê-la. Trata-se de uma postura ética que se apresenta como um inarredável imperativo da consciência. Não se pode reparar uma injustiça perpetrando outra, por mais que nossas emoções nos incitem sempre à fria e calculada *vendetta*.

À luz da filosofia de Sócrates-Platão, Paulo Freire tem os traços de uma alma despótica - dominada por uma volúpia preponderante de natureza criminosa, que induz os homens a traduzir em realidade os desejos que eles experimentam nos sonhos. Foi justamente o desaparecimento da busca pelo sentido vertical da existência que deixou o mundo dos sonhos individuais como a única realidade a ser buscada. Para Sócrates, a pólis perece quando se torna o caos de mundos particulares, em que os homens cedem aos sonhos de suas paixões. Ele sabia que a desordem social tem raízes existenciais. Sabia que o problema da melhor ordem é primordialmente um problema de consciência humana e vontade ética, não um problema de política. A resistência à desordem tem de ser espiritual, e não política ou física. Neste sentido, a 'revolução' socrática é um chamado radical para a regeneração espiritual. Sócrates entendia que a desordem da sociedade não podia ser consertada pela descida ao nível da desordem, pelo acréscimo de mais injustiça e violência.

Diferenças significativas separam Freire do filósofo grego. Enquanto se colocava como porta-voz dos oprimidos, Paulo Freire fechava os olhos para o sofrimento daqueles que viviam oprimidos nos regimes comunistas. Se enxergava o stalinismo como antivida, não acreditava que o autoritarismo fizesse parte da natureza do socialismo, e pensava na possibilidade de um socialismo verdadeiramente

---

21. HUISMAN, Denis. *Sócrates*. São Paulo: Loyola, 2006, p. 191.

democrático. Foi incapaz de ver no marxismo uma ideologia negadora da dignidade da pessoa humana. Não o via como uma ideologia imoral, mas como uma sabedoria que lhe esclareceu os evangelhos de Cristo. Freire sempre evitou criticar o autoritarismo e a violência dos governos revolucionários de esquerda. Sua posição era a de criticar de dentro da revolução, nunca de fora. Por isso, reservou-se o direito de, em nome da preservação da esquerda, não a criticar.[22]

O "patrono da educação brasileira" parece ter esquecido que a violência criminosa não é nem cristã nem evangélica. De nenhum modo se justifica o crime como caminho de libertação. Tal violência gera inexoravelmente novas formas de opressão e escravidão, geralmente mais graves do que aquelas das quais se pretende libertar o homem. A responsabilidade dos cristãos (Freire se apresentava como cristão) é promover de todos os modos os meios não violentos para restabelecer a justiça nas relações sócio-políticas e econômicas.

Ao justificar o uso da violência (mesmo que às vezes de modo discreto), Paulo Freire insurge-se contra toda tradição filosófica, que considerava a violência uma característica da tirania. O apelo à violência contém a mais específica negação do logos, do discurso enquanto a forma mais humana de relacionamento entre os homens."[23] Nesse ponto, convém ainda observar que há total incoerência entre sua pedagogia do diálogo e a justificação da violência. Aliás, embora falasse muito em diálogo, pareceu haver pouco espaço em sua opinião para a dolorosa luta entre diferentes visões e pontos de vista opostos.

Toda a sua obra visava reforçar as ideologias de que se alimentava. Ele insistia na tese de que a educação jamais pode ser completamente neutra em relação às ideologias.

---

22. Cf. Paulo Freire. *Pedagogia do compromisso: América Latina e Educação Popular*. Rio de Janeiro: Editora Paz e Terra, 2018.

23. ARENDT, Hannah. *Entre o passado e o futuro*. Editora Perspectiva, 1988, p.50.

Mas isto não é verdade. Ora, as ideologias, equivalentes ao doxa platônico — ou opiniões — servem antes para obscurecer a compreensão da realidade humana. Alimentadas pela "fé metastática" que procura mudar a estrutura da realidade, seja na forma de sonhos utópicos, de revolução ou ciência social "esclarecida", são movidas pela tentação utópica-quiliástica. Para a filosofia socrático-platônica, por exemplo, a pólis justa não pode ser efetivada no mundo real. Ela nos mostra, antes, a impossibilidade (e indesejabilidade) de tais planos e construções.

A revolução socrática é um apelo radical à regeneração da alma e não do mundo. Seu *modus operandi* não é a revolução, a ação violenta ou a doutrinação ideológica, mas a persuasão. A ordem da alma, revelada por Sócrates, tornou-se, de fato, a nova ordem de relações. Para ele, não é a política, mas é a filosofia (ou religião) que determina a ordem e o espírito da civilização. Por outro lado, a revolução educacional freireana, que se revela iniludivelmente agnóstica, propõe como objetivo prioritário e exclusivo a formação de um homem capaz e decidido a se engajar na luta revolucionária. Sócrates, ao invés, confere uma finalidade muito mais elevada ao esforço educacional. A pedagogia de Freire pôs de lado as preocupações tradicionais da humanidade - como verdade, erro, bem, mal, beleza, fealdade, etc. Seu projeto educativo se fixou na noção de um serviço útil à ideologia de esquerda. No bojo de sua pedagogia crítica, a educação se confunde com um programa-plano ideológico. O processo da identificação se realiza pela ideologia e, no âmbito dessa pedagogia, a didática auxilia no processo de politização do futuro professor, de modo que ele possa atuar como porta-voz de posições político-partidárias revolucionárias e, ao mesmo tempo, ser capaz de enquadrar o aluno numa concepção de mundo que pertence ao posicionamento ideológico do professor.

Paulo Freire se desviou da linha da melhor e mais fecunda tradição pedagógica do Ocidente, que tem em Sócrates a sua primeira grande expressão e que se alimentou ao longo dos séculos do rico patrimônio cristão e humanístico. Para ele, o objetivo da educação é colocar na cabeça do aluno que ele deve ser um "sujeito crítico" mesmo sem um domínio razoável da herança cultural ocidental. Crítico da ideia de lista de livros respeitáveis, considerava a educação clássica um instrumento de dominação de classe. Embora não rejeitasse a leitura dos grandes livros, e reconhecesse a necessidade de se ler obras veneráveis, via a ideia de cânone literário como parte de uma tradição elitista que sempre olha para trás. Entendia que o objetivo de um momento educacional era a transformação dos estudantes em leitores "críticos" dos textos e da realidade. Ele admite que os clássicos devem ser lidos, ou considerados parte da literatura fundamental, mas sua leitura só tem valor se leva ao engajamento político e à transformação da realidade social.

Para Freire, a abordagem clássica, segundo a qual o estudo é encarado como a aquisição de formas preestabelecidas de conhecimento e se organiza em torno das grandes obras clássicas,[24] serve primordialmente aos interesses da elite. Em sua visão, aqueles que veneram o passado e acham que o padrão está decaindo dão sempre respostas autoritárias. Portanto, rejeitar a tradição intelectual consagrada é rejeitar o "ato invasor"; é negar a "verdade imposta ao oprimido pela minoria opressora";[25] sua visão é a de que é preciso manter viva a rebeldia; é preciso imunizar o educando contra a recepção de conteúdos oriundos do legado cultural.

---

24. Cf. Paulo Freire. *Alfabetização: leitura do mundo, leitura da palavra*. Rio de Janeiro: Editora Paz e Terra, 2014.

25. VASCONCELOS, Maria Lucia Marcondes Carvalho; BRITO, Regina Helena Pires de. *Conceitos de Educação em Paulo Freire*. Petrópolis, RJ: Vozes, 2006, p. 167.

O ensino clássico é tido como uma espécie de ensino "bancário", que para ele refletia a sociedade opressora. Ao instrumentalizar os grandes livros da Civilização Ocidental e menosprezar as grandes ideias que os informaram, Freire rompe o *continuum* pelo qual a sabedoria das eras é transmitida a cada nova geração. Ao recusar qualquer autoridade além do individualismo do eu crítico, o homem egocêntrico (*homo superbus*) deserda-se de sua própria herança inestimável; ao impor seu *ethos* egocêntrico e ideológico à educação moderna, ele também deserda as gerações futuras. Seu projeto educativo é nada menos que a imposição dogmática de uma ideologia revolucionária, a única filosofia compatível com o *homo superbus*, uma filosofia que caminha de mãos dadas com a implementação do fundamentalismo secular, a ideologia política do homem egocêntrico.

A crítica que Paulo Freire faz à educação que chama de bancária é sofística. O patrimônio da cultura humana é realmente um bem espiritual acumulado, que se transmite de geração em geração.[26] E ele não leva isso em conta. Parece ignorar que o objetivo da educação clássica é formar a pessoa inteira de acordo com valores intrínsecos e atemporais, em vez de formar um povo inteiro para se adequar a um projeto ideológico fracassado, insensato e utópico. A educação clássica responde às verdades universais do homem e não às particularidades específicas de programas político-partidários. Como o próprio nome indica, a educação clássica é focada nos clássicos, isto é, aquelas obras que passaram pelo teste dos tempos e evocam as verdades eternas e transcendentes do mundo e da condição humana. É um tipo de educação preocupada em olhar para trás, em vez de olhar para frente, para que os alunos possam se inspirar na sabedoria das eras e aplicar realidades imutáveis

---

26. Lourenço (D.). *Educação para a democracia: trabalhos de D. Lourenço*. Nova Fronteira, 1984, p. 69.

às suas próprias vidas e perspectivas. É através do velho que o novo é julgado. Nesse encontro com as visões tradicionais, os desenvolvimentos do dia podem ser devidamente avaliados e aproveitados.

Para os antigos, o fim da ação era a conformidade da alma à realidade por causa da sabedoria. Por isso, o modelo clássico de educação se concentra no que todas as pessoas deveriam conhecer, isto é, a verdade das coisas, e não na transformação do mundo segundo um projeto ideológico qualquer. Ela ascende à excelência no cultivo das virtudes, conduzindo ao autoconhecimento e ao conhecimento da realidade que compreende a ordem adequada de todas as coisas. Conhecer a verdade das coisas e pensar bem para viver bem é a excelência pela qual a educação clássica se esforça: a conquista da autoconsciência, do autodomínio e o hábito da virtude. Tal modelo de educação humanista é a verdadeira educação crítica, educação para a liberdade. Freire não entende por educação humanística a formação clássica. Para ele, o humanismo é um compromisso radical com a transformação da sociedade.[27] Por isso, como um verdadeiro sofista, ele relativiza o saber: "Ninguém sabe mais do que ninguém". Considera, portanto, o saber relativo, uma vez que as pessoas, segundo ele, possuem apenas saberes diferentes.

De um modo geral, as teses de Paulo Freire são bastante simplistas, como qualquer ideologia. Ideologias são ideias simples, disfarçadas de ciência ou de filosofia, que pretendem explicar a complexidade do mundo e oferecer soluções para aperfeiçoá-lo. Freire lida apenas com generalidades vagas. A opressão nunca é claramente definida. Se ele se concentra na opressão dos pobres, falha em lidar realisticamente com a opressão, como ela é realmente encontrada em todos os níveis da sociedade. É um erro ver apenas os pobres como oprimidos e

---

27. Cf. Paulo Freire. *Educação e Mudança*. Rio de Janeiro: Editora Paz e Terra, 2014.

todos os outros como opressores. No entanto, considerava essa visão simplista e ideológica como um 'pensamento correto'.

Na *Pedagogia do oprimido*, principalmente a partir do terceiro capítulo, Freire define o "pensar certo" como uma visão de mundo revolucionária. Uma forma de pensar comprometida com a Revolução. Ele compreende o "pensar certo" como o horizonte de uma nova sociedade, que, por sua vez, requer a formação de um novo ser humano através da luta por libertação revolucionária. O 'pensar certo', portanto, é o 'pensar crítico' que deve fundamentar a pedagogia da libertação. Em sua linha de pensamento, os educandos devem ser capazes de realizar uma leitura de mundo que lhes permita compreender e denunciar a realidade opressora e anunciar a sua superação, com a construção de um novo projeto de sociedade e mundo a ser efetivado pela ação política. Freire também compartilhava as concepções de Gramsci de que a revolução não implica somente a destruição positiva do Estado, mas a construção de um novo tipo de Estado, que deve ser organizado antes da conquista do poder, reiterando o "indiscutível papel" que uma "revolução cultural"[28] poderia desempenhar no processo de libertação das classes oprimidas.

Freire também deu atenção ao problema da linguagem. Todo projeto revolucionário procura exercer um certo controle da linguagem, subvertendo-a. Não por acaso, o programa de emancipação defendido por Freire também contempla a reinvenção da linguagem, no intuito de controlá-la. Ademais, como o próprio Althusser já havia destacado, "a filosofia é a luta de classes na teoria", o que pressupõe uma batalha pelas palavras. Por isso, Freire diz que:

---

28. Cf. Verbete "Marx/Marxismo". Danilo R. Streck, Euclides Redin, Jaime José Zitkoski. *Dicionário Paulo Freire [livro eletrônico]*. São Paulo: Autêntica, 2015.

a linguagem é corpo ideológico. Não é possível pensar em linguagem sem ideologia e sem poder. A própria gramática nasce historicamente como uma regulamentação do poderoso, de quem tem poder. Nas culturas machistas, evidentemente que a linguagem se amolda a esse machismo. Numa perspectiva progressista, é absolutamente fundamental que se reinvente também a linguagem, por que não é possível você democratizar uma sociedade deixando de lado um dos aspectos fundamentais do que fazer da sociedade, que é a linguagem humana. A reinvenção da linguagem faz parte da reinvenção do mundo. Então, você pode até começar pela briga da reinvenção da linguagem.[29]

Agora, é preciso relê-lo à luz das palavras de Althusser:

> Certas palavras lutam entre si como inimigas. A batalha filosófica pelas palavras é uma parte da luta política. [A filosofia marxista-leninista] luta pelas "marcas de opinião'. Lênin disse: 'Apenas as pessoas incautas consideram as disputas factuais e a rígida diferenciação entre as marcas de opinião como inoportunas ou supérfluas'.[30]

Nas altas esferas do movimento comunista, a reinvenção da linguagem sempre foi adotada como estratégia prioritária de guerra cultural para a destruição da civilização do Ocidente desde pelo menos a segunda década do século XX, entrando numa etapa de aplicação massiva, em escala mundial, a partir dos anos 60. A desconstrução da linguagem como instrumento-chave na implantação do pensamento totalitário foi uma preocupação de muitos pensadores, como Hannah Arendt, Raymond Aron e George Orwell. Orwell, autor de 1984, achava que a corrupção da linguagem era um dos indícios claros do

---

29. Em entrevista exclusiva, realizada em 1993. Disponível em: https://novaescola.org.br/conteudo/266/paulo-freire-nos-podemos-reinventar-o-mundo

30. Louis Althusser. A filosofia como arma revolucionária, 1968. Disponível em: https://www.marxists.org/portugues/althusser/1968/02/filosofia.htm

advento do totalitarismo: "A Revolução se completará quando a linguagem for perfeita."[31]

Sem dúvida alguma, é sinal de degradação cultural quando a linguagem perde toda referência aos objetos de experiência e se reduz a um conjunto de cacoetes e sinais de reconhecimento grupal. A linguagem do homem revela algo significativo sobre sua natureza e sua relação com o mundo. Ela está tão próxima da natureza do homem que, se sofre uma mudança drástica, o próprio homem experimenta sérias consequências sobre como ele compreende a si mesmo.[32] Todavia, Freire acha inviável compreender o problema da linguagem sem um corte de classe. Para ele,

> não é possível que cheguemos a uma transformação radical da sociedade e continuemos a dizer à massa popular que 'nós cheguemo' está errado. É preciso inventar com ela uma nova sintaxe, uma nova linguagem que implique a permanente superação do antagonismo de classe.[33]

Ora, ao contrário do que afirma Paulo Freire, a gramática não se funda num projeto ideológico mais geral, mas na estrutura da própria realidade. Steven Jonathan Rummelsburg, em *The death of Grammar & the end of education*,[34] explica que a gramática tem relação com a estrutura hierárquica do cosmos. Se compararmos o que os gramáticos tinham como gramática em épocas passadas com o que as pessoas chamam de gramática hoje, ficaremos surpresos com a diferença entre as duas. Por

---

31. Cf. George Orwell. *1984* [Livro eletrônico]. São Paulo: Companhia das Letras, 2019.

32. Cf. Josef Pieper. *Abuse of Language - Abuse of Power*. Ignatius Press, 1992.

33. Conversa com Paulo Freire: Linguagem e Poder. Entrevista concedida a Virgínia Maria de Figueiredo e Silva e Tânia Maria. Perspectiva; r. CED, Florianópolis, 1(4), 47-51. Jan;Dez. 1985, p. 50.

34. Steven Jonathan Rummelsburg. The Death of Grammar & The End of Education. The Imaginative Conservative. April 23rd, 2017. Disponível em: https://theimaginativeconservative.org/2017/04/death-grammar-end-education-steven-jonathan-rummelsburg-timeless.html

exemplo, Dionísio, o Trácio, antigo gramático grego, delineou a estrutura hierárquica da gramática do menor ao maior. Ele começou com a prosódia, seguida de uma compreensão das ferramentas literárias, seguida de considerações de fraseologia reforçada pela etimologia. Na parte superior da gramática, encontramos analogia e metáfora, seguidas pelo aspecto mais elevado da gramática: a arte da exegese. A exegese tem suas raízes etimológicas em uma palavra que significa "exigir"[35]; exigimos de um trabalho escrito o que ele está tentando transmitir mais profundamente, considerando suas origens, as intenções do autor, a validade e o valor de suas afirmações, bem como a abrangência, a amplitude e a profundidade de seu conhecimento. Esta compreensão completa da gramática foi abandonada há muito tempo. Ela foi cortada de suas raízes transcendentes e filosóficas. Sofreu o mesmo destino que a teologia e a filosofia nesta era reducionista.

Concebida por Aristóteles e outros pensadores como ciência auxiliar da lógica, a gramática clássica incorpora conceitos típicos da linguagem filosófica. Com Aristóteles, a gramática aparece fundada no modelo lógico-metafísico da linguagem, armada em torno de uma ontologia dos princípios. É através das categorias lógico-metafísicas que o Estagirita pensa as articulações entre as palavras, as representações e as coisas, e organiza sua gramática. A linguagem é a expressão de tudo o que é. À estrutura da linguagem corresponde a estrutura das coisas. Assim, a gramática da linguagem e a gramática do mundo são a mesma gramática. Gramática é, portanto, ontologia. A gramática tradicional é ontologia aristotélica, e a sua classificação das palavras em "substantivos", "adjetivos", "verbos" etc. corresponde de modo aproximado às categorias aristotélicas da realidade. A linguagem é a linguagem do ser,

---

35. Exegese é a minuciosa interpretação de um texto ou palavra. Cf. Antônio Geraldo da Cunha. *Dicionário etimológico da língua portuguesa*. Lexikon Editora, 2019, p. 279.

diz Aristóteles. Por isso, a gramática deve refletir a estrutura hierárquica do real. O nível mais baixo de preocupação gramatical para os antigos tornou-se o mais elevado na escola moderna. A prosódia passou pela navalha da dissecação a ponto de a alfabetização ter se tornado uma espécie de análise pseudolinguística da palavra escrita. A prosódia geralmente significa a característica definidora da leitura expressiva, que compreende todas as variáveis de tempo, estilo, ênfase e entonação. As preocupações dos antigos gramáticos foram substituídas pelas partes constituintes que sustentam a prosódia, que hoje chamamos de morfologia, sintaxe, semântica, pragmática, fonologia e fonética.

A gramática, como o sapo, está dissecada no laboratório da escola moderna, empiricamente mapeada, mas morta para seus interesses vitais. Uma recuperação da verdadeira natureza da gramática é altamente improvável, mas basta lembrar, aqui, que a gramática tem raízes metafísicas, e que seu arranjo em categorias significa as regras da própria existência, assim como as palavras. Na identificação da gramática com a existência humana, há duas considerações primárias: a do espaço e a do tempo, que se correlacionam com nossas duas categorias de ser e fazer. O ser e o fazer são refletidos pelas categorias do discurso que chamamos de substantivos e verbos. Na totalidade da linguagem, podemos notar que todas as nossas construções linguísticas giram em torno de articular as coisas e o que elas fazem (substantivos e verbos). Assim, entendemos nossas vidas em termos de ser e de fazer, correlacionados ao espaço e ao tempo. Todas as nossas considerações giram em torno do que somos e do que fazemos. É de primordial importância, ao viver nossas vocações, conhecer a natureza do que somos, entender as implicações morais do que fazemos, e como essas duas categorias estão inextricavelmente relacionadas.

Por fim, resta-nos dizer que a prática pedagógica à qual Paulo Freire se entregou desde a juventude tem muito a ver com sua religiosidade politizada. Por isso mesmo, ele procurou combinar temas cristãos e marxistas na sua pedagogia dialógico-dialética. Freire rejeitava, todavia, a visão teológica tradicional do cristianismo, que prioriza a relação vertical, a iniciativa sempre divina de libertação dos homens. Em *O papel educativo das Igrejas na América Latina*, Freire critica duramente a chamada postura tradicional da Igreja Católica pois esta não se desvencilha de "atitudes colonialistas". Missionária no pior sentido da palavra, "conquistadora de almas." Em Freire, isto não é libertação. O desafio cristão para o próprio Freire é tomar a Palavra de Deus como convite para a recriação do mundo.[36]

Na visão freireana, Deus foi mitologizado por nós. A questão da redenção ou salvação remete, para ele, à presença dos cristãos na história. Os homens devem transformar-se em sujeitos de sua salvação e libertação. Em suas palavras, ele ou ela tem que descobrir que a salvação primeiro exige libertação. Libertação e salvação são tomadas como eventos sociais e não individuais. No fundo, o sistema de Freire é antirreligioso e demonstra um rompimento com a fé cristã tradicional.

Seu pensamento foi gestado num contexto revolucionário, experimentado e sistematizado no contexto da Teologia da Libertação. Aliás, o próprio Freire foi o importador do conceito marxista de libertação para a América Latina. Sua influência sobre alguns teólogos da libertação é fácil de detectar. Freire pende muito para os princípios marxistas e está, por isso mesmo, afastado da Doutrina Social da Igreja. Foi o seu referencial marxista que contribuiu em extremo para a sua afirmação de fé, pois, segundo ele mesmo diz, foi Marx quem lhe ensinou a compreender melhor os Evangelhos.[37]

---

36. Cf. Verbere "Cristão/Cristianismo". Danilo R. Streck, Euclides Redin, Jaime José Zitkoski. *Dicionário Paulo Freire [livro eletrônico]*. São Paulo: Autêntica, 2015.

37. Idem.

REFERÊNCIAS BIBLIOGRÁFICAS

ALTHUSSER, Louis. **A filosofia como arma revolucionária**, 1968.

ARENDT, Hannah. **Entre o passado e o futuro**. Editora Perspectiva, 2016.

CINTRA, Benedito Eliseu Leite. **Paulo Freire entre o grego e o semita**: educação: filosofia e comunhão. Porto Alegre: EDIPUCRS, 1998.

CIORAN, Emil. **Utopia e História**. São Paulo: Rocco, 2011.

D. KIRYLO, James; BOYD, Drick. **Paulo Freire**: His Faith, Spirituality, and Theology, Rotterdam: Sense Publishers, 2017.

FREIRE, Paulo. **Alfabetização:** leitura do mundo, leitura da palavra. Rio de Janeiro: Editora Paz e Terra, 2014.

_____. **Conscientização** [livro eletrônico]. São Paulo: Cortez Editora, 2018.

_____. **Educação como prática da liberdade** [livro eletrônico]. Rio de Janeiro: Editora Paz e Terra, 2014.

_____. **Educação e Mudança**. Rio de Janeiro: Editora Paz e Terra, 2014.

_____. **Pedagogia da indignação:** Cartas pedagógicas e outros escritos [livro eletrônico]. Rio de Janeiro: Paz e Terra, 2016.

_____. **Pedagogia do compromisso:** América Latina e Educação Popular. Rio de Janeiro: Editora Paz e Terra, 2018.

_____. **Pedagogia do Oprimido** [livro eletrônico]. Rio de Janeiro: Paz e Terra, 2013. GONZÁLEZ, Armando Bandera. **Paulo Freire.** Un Pedagogo. Caracas: Universidad Católica Andrés Bello, 1981.

GUERRA, Adriana; SOUSA, Ana Maria Borges de. **Um diálogo com Paulo Freire.** Universidade Federal de Santa Catarina, Núcleo de Publicações, Centro de Ciências da Educação, 1998.

VANNUCCHI, Aldo. **Paulo Freire ao vivo:** gravação de conferências com debates realizadas na Faculdade de Filosofia, Ciências e Letras de Sorocaba (1980-1981). São Paulo: Edições Loyola, 1983.

Conversa com Paulo Freire: Linguagem e Poder. Entrevista concedida a Virgínia Maria de Figueiredo e Silva e Tânia Maria. Perspectiva; r. CED, Florianópolis, 1(4), 47-51. Jan;Dez. 1985.

Nova Escola. Paulo Freire: "Nós podemos reinventar o mundo". Disponível em: https://novaescola.org.br/conteudo/266/paulo-freire-nos-podemos-reinventar-o-mundo

Steven Jonathan Rummelsburg. The Death of Grammar & The End of Education. The Imaginative Conservative. April 23rd, 2017. Disponível em: https://theimaginativeconservative.org/2017/04/death-grammar-end-education-steven-jonathan-rummelsburg-timeless.html.

A educação clássica é a opressão da ignorância* 10

Clístenes Hafner Fernandes **

> A alegria não chega apenas no encontro do achado, mas faz parte do processo da busca. E ensinar e aprender não pode dar-se fora da procura, fora da boniteza e da alegria
>
> Paulo Freire, Pedagogia da Autonomia

> Quis miles sine certamine coronabitur? Quis agricola sine labore abundat panibus? Nonne vetus proverbium, radices litterarum esse amaras, fructus autem dulces? Igitur et noster orator in Epistula ad Hebreos idem probat. Omnis quidem disciplina in praesenti non videtur esse gaudii sed moeroris; postea vero pacatissimum fructum exercitatis in ea affert iustitiae.
>
> Alcuinus, De Grammatica***

O tema deste capítulo é a educação clássica no contexto da educação no Brasil, cujo patrono é Paulo Freire. Por mais que o título do livro seja Desconstruindo Paulo Freire, o que quero aqui é pôr algo no terreno que fica baldio depois da demolição; vamos ver, sim, o porquê de não seguirmos certas diretrizes dos órgãos responsáveis pelas instituições educacionais que são profundamente influenciadas por uma só

---

* Publicado em: SANTOS, Thomas Giulliano Ferreira dos. *Desconstruindo Paulo Freire*. 1. ed. Porto Alegre: História Expressa, 2017. Texto original publicado na 1ª edição do Desconstruindo Paulo Freire.

** Professor de Artes Liberais no Instituto Hugo de São Vítor.

*** Tradução: "Qual soldado será coroado sem uma batalha? Qual agricultor terá pão em abundância se não trabalhar? Não diz o velho ditado as raízes das letras serem amargas, mas os frutos doces? Assim sendo, também o nosso orador (São Paulo) comprova o mesmo na epístola aos hebreus. Pois 'nenhuma correção é vista como alegria no presente, mas como sofrimento; no futuro, por sua vez, ela traz um fruto de paz pelo exercício da justiça.'" (Alcuíno de Iorque, Sobre a Arte Gramática)

doutrina em sua quase totalidade, mas queremos antes de tudo propor algo bastante concreto. E essa proposta não tem nada de própria e nenhum mérito deve a mim, mas a toda a cultura ocidental, que há milênios deixa registrados muitos de seus erros e acertos. O que queremos então é olhar para trás e ver o que deu certo. Isso por termos a firme convicção de que é somente assim, com verdadeira educação tradicional, que é possível não termos que, a cada nova geração, descobrir novamente como fazer fogo. As gerações passadas já nos ensinaram tal arte, e podemos gastar nossas mentes com problemas de outra ordem, isto é, de alguma forma ininterrupta, chegou até nós a arte do fogo. Assim é com todo o desenvolvimento cultural, pois nós vivemos em uma cultura específica que só é possível quando temos conhecimentos adquiridos por gerações passadas que, através da linguagem humana, chegaram até nós, que também temos a responsabilidade de não deixar que as próximas gerações sejam privadas das conquistas dos mais antigos.

Não foi só o fogo, foram também os números, as técnicas agrícolas e pastoris, a organização social e, principalmente, a esperança inabalável na vida *post mortem* que através de um instrumento muito humano, a linguagem, faz com que vivamos e gozemos das conquistas passadas. A linguagem possibilita que não só os contemporâneos possam ajudar uns aos outros, mas também permite a comunicação com os antigos. Para atingir maior eficácia nessa transmissão da cultura, a língua surge, desenvolve-se e morre junto com a música e o verso, que são, na verdade, a mesma coisa. Vejam que a língua surge para a transmissão da cultura, sim, da cultura inteira e não somente daquilo que chamamos de *Kultur* com *k* maiúsculo ou alta-cultura. Também as técnicas com as quais devemos fazer fogo e cozinhar os alimentos e a forma com a qual devemos construir casas e confeccionar roupas dependem da língua para seu próprio aprimoramento, pois a máxima "duas cabeças pensam melhor do que uma" é irrevogável. Ao referir-me à língua, faço-o em seu sentido mais amplo; numa língua, está contido todo o conjunto das experiências sonoras e corporais propriamente humanas: além das palavras, a música e a poesia, a história, a oratória, as regras gramaticais também são língua.

Por tudo isso que foi dito e muito mais, a língua sempre ocupou o lugar supremo da educação. Sendo as sociedades letradas ou não, sempre é importante ensinar os mais jovens a falar – para que possam conhecer os costumes e melhor agirem – e a conhecer as realidades materiais – para melhores coisas fazerem. Enfim, é com a língua que nos é possível a transcendência, nos é possível ser não só animal, mas também animal racional. Quero dizer que um ser humano por qualquer problema físico, ou até mesmo mental, não se encaixaria na definição aristotélica de homem? Obviamente, não; isso é coisa para especialistas, mas mesmo assim sabemos que não há ser humano sem língua; por mais que latente, todos são capazes de abstrações verbais; um homem com um vocabulário reduzido não é menos homem que Coelho Neto;[1] é importante usar a língua da melhor forma, mas disso independe a definição de homem.

Hoje, a poesia, a música e muitas outras artes parecem estar só nos âmbitos do entretenimento, no máximo como um diletantismo, mas é por existir uma tradição educacional, que depois chamaremos de clássica, que o homem foi capaz de libertar-se da opressão de sua própria ignorância, ganhando assim autonomia não só do espírito, mas também do corpo através do domínio cada vez maior sobre a matéria. Sem a linguagem, que por questões práticas deve revestir-se de música e verso para melhor proveito da memória, não seria possível

---

1. Henrique Maximiano Coelho Neto foi contemporâneo de Machado de Assis e ficou conhecido por, dentre outras coisas, escrever valendo-se de um vocabulário enorme.

que o homem fizesse coisa alguma e seria sim necessário, a cada nova geração, descobrirmos uma vez mais como fazer fogo.

A quem duvida da praticidade e da eficácia da poesia para questões práticas, sugiro que busque em qualquer livro de culinária a receita de arroz de carreteiro. Tente memorizar todo o texto e, além disso, saiba exatamente o *quod non est*, saiba qual o gênero próximo e a diferença específica do carreteiro para os outros tipos de pratos com arroz. Depois de alguns longos anos, tente preparar um carreteiro com o texto que tiver na memória. Provavelmente, não estará mais lá, pois o texto em prosa, sem o auxílio da melodia que possui o texto em verso, é infinitamente mais difícil de ser decorado, e você não saberá mais como fazer o prato. Ora, pegue o poema de Jayme Caetano Braun intitulado "Arroz de Carreteiro" e o memorize. Não será fácil. Talvez precise de muitos dias para isso, mas, como que por mágica, esse texto virá a sua cabeça durante toda a vida, e daqui a muitos anos, você poderá fazer o arroz como se estivesse com o livro de receitas na mão; você estará livre e autônomo para fazer algo de útil e saboroso. Se é assim com uma simples e rústica receita culinária, quanto mais com questões espirituais como a ética, a política e a religião. Precisamos nos libertar, precisamos de autonomia, precisamos da educação clássica, cujas raízes são amargas, mas os frutos, doces.

A educação dita clássica é a verdadeira educação para a liberdade, pois oprime dolorosamente a ignorância e habilita os alunos à participação ativa na sociedade. Capitalismo *versus* socialismo, patrões *versus* empregados, oprimidos *versus* opressores. O mundo parece ser tão simples se observado por essa ótica. Mas tenhamos cuidado; o mundo é sempre simples se percebido por um só homem ou mesmo por um conjunto de homens que não observam o mundo, mas apenas repetem as conclusões de um único observador. Desde que se tem notícia, existiram homens à procura de observadores que lhes pudessem entregar os resultados de suas observações para se pouparem do árduo trabalho de observarem por si mesmos: sábia decisão. Porém, há os que, apegando-se ao relato de um único observador e levados pela preguiça constituinte de todo animal racional, passam a defender com unhas e dentes qualquer fiapo de opinião minimamente bem apresentada. É o que vemos ter acontecido com o patrono da educação brasileira, e é o que queremos evitar ao propormos neste capítulo o cultivo do que de melhor, mais belo e mais próximo da verdade o homem já conquistou. Propomo-nos a ouvir os relatos e as conclusões do maior número possível de observadores; propomos a educação de sempre; propomos a educação clássica.

Mas não sou eu, um professor de nível médio, quem propõe nada. Não proponho nada porque sei que muitos outros já propuseram, outros com mais talento, mais leituras e mais maturidade do que eu. Vou deixar que esses homens falem. Sejamos democráticos e levemos em consideração a opinião alheia não só de nossos contemporâneos, mas de toda a *res publica litteraria*, aquela comunidade humana que deixou por escrito o que deveríamos conhecer, o que deveríamos fazer e como deveríamos agir; que, consciente da própria existência, criou monumentos. Um monumento é tudo aquilo que nos *monet*, que nos instiga e move ao bem ou ao mal, à beleza ou à feiura, à verdade ou ao erro. Participemos da democracia dos mortos; ouçamos a Tradição.[2]

É buscando ouvir a Tradição que, ao depararmo-nos com a frase de Paulo Freire que está na epígrafe, podemos ver o quão longe pode-se estar de uma verdadeira doutrina pedagógica. Alcuíno de Iorque foi para Carlos Magno e para todo o Sacro

---

2. Grafo Tradição com *t* maiúsculo referindo-me não ao que a Igreja Católica chama de Tradição, nem aos costumes mais simples e sujeitos a mudanças, como há no campo da etiqueta, da moda e do folclore. Com Tradição quero referir-me a todas as grandes conquistas da história humana que, por terem sido devidamente registradas, libertaram-se da lei da morte.

Império Romano Germânico o que Paulo Freire é para nós brasileiros. Na virada do século VIII para o IX, tudo estava por ser feito, e a figura de pai ou mesmo de patrono da educação de todo um império é uma ótima analogia para descrevermos o mestre Albinus, que usava esse pseudônimo para manter-se humilde diante de tudo o que construiu e que ficou conhecido como a Renascença Carolíngia. E notamos a grande diferença nas citações: o primeiro propõe o céu na terra, um aprendizado sem dor, que sabemos ser possível, mas que gera amargas ervas daninhas, o segundo simplesmente observa a realidade e vê que a educação dói, mas gera frutos doces.

"Se a educação sozinha não transforma a sociedade, sem ela tampouco a sociedade muda". (Paulo Freire)

"Ninguém educa ninguém, ninguém educa a si mesmo, os homens se educam entre si, mediatizados pelo mundo". (Paulo Freire)

Podemos concordar com muitas das frases soltas de qualquer autor, até mesmo de Paulo Freire. É impressionante a nossa tendência a abraçarmos uma doutrina por termos lido umas poucas frases. Fora o estilo e o uso de neologismos totalmente desnecessários, não há quem possa discordar de tudo contido numa doutrina qualquer. Essa é uma lição, ou até mesmo um dos princípios, não só da educação clássica, mas também do argumento bíblico (Que digo? A Bíblia só existe pela educação clássica e não o contrário, como alguns podem pensar, mas isso é matéria para outro texto.): *spiritum nolite extinguere, prophetias nolite spernere, omnia autem probate quod bonum est, tenete.*[3]

A educação de sempre é a educação para o trabalho. Falar da educação clássica é falar da educação de sempre, da educação

---

3. Tradução: "Não extingais o espírito, não desprezeis as profecias, examinai tudo, abraçai o que é bom." (I Tessalonicenses 5, 19-21)

que não só, simplesmente, vê e imita tudo aquilo que vem dando certo nos últimos três mil anos, mas também que olha para o que não deu certo e que por isso deve ser repudiado. Pronto! Nada além disso! Mas há de se reconhecer que é algo muito duro. Primeiro, porque três mil anos de cultura, desde Homero e Moisés até os nossos dias, são inabarcáveis por uma pessoa só. Segundo, porque se não houver uma profunda mudança para melhor na personalidade dos alunos e dos professores, a educação clássica é só um passatempo um pouquinho mais erudito do que fazer palavras cruzadas. Terceiro, porque há no mercado formas muito mais fáceis e menos dolorosas de se cumprir a exigência de estudar, afinal, todos temos de estudar em certa época da vida, e não importa o quê.

E por que devemos estudar? "Para podermos trabalhar, conseguir um emprego, fazer um concurso." Normalmente, quem fala sobre educação clássica responde que não, que não é a atividade profissional o fim da verdadeira educação. Mas neste capítulo, vou juntar-me ao coro dos que dizem que sim, que precisamos de educação para podermos trabalhar e trabalhar bem, pois é aí, no trabalho, que tiraremos a prova real da eficácia dos métodos empregados na formação clássica. É no trabalho que empenhamos os anos da vida em que maturidade e gravidade de caráter se servem da força física e da esperança próprias da juventude para mexermos na natureza das coisas. Mesmo que, por uma visão macrocósmica, o homem só seja capaz de ser aquele pardal tentando apagar o fogo de uma casa com o pouco de água que consegue carregar no bico.

Mas há a visão microcósmica, a visão dos grandes homens de ciências, de letras ou de artes, que é o objeto principal da educação clássica, a educação que forma os homens de dentro para fora e permite que aquele que olha para dentro, ao emergir desse mergulho na alma, enxergue o quão importante é moldar e mudar a si mesmo. O trabalho é a oportunidade que temos para mudarmos a nós mesmos.

No princípio era o ócio - poderiam dizer alguns -, era aquela ocupação à qual se dedicava Adão no paraíso, ou a ocupação dos homens de ouro em Hesíodo. Era um tempo quando não havia trabalho - dizem outros -, e a Bíblia vê o trabalho como algo feio, algo a que o homem é condenado após o pecado original. Antes era o ócio, e Adão passava os dias de sua até então imortalidade dedicando-se à poesia, à literatura e à filosofia; dava nome às coisas. Mas dar nome às coisas já não é trabalhar? E ter de ser o senhor da criação não é uma responsabilidade grande demais para ociosos? Sim, e Adão não foi condenado a trabalhar, mas, sim, a suar. E como todos os que estudam os clássicos sabem, qualquer um poderia ter escrito sobre a criação do homem, já que ali não há nada que não possa ser concluído por alguém que olhe para si mesmo. E como ensina o vulgo: o ruim não é o trabalho, mas, sim, ter de trabalhar.

A palavra *escola* quer dizer justamente isso, σχολή, *otium* que se opõe a negócio, *nec otium, negotium*. A escola é originariamente o momento em que eu não trabalho, só estudo... Não, na escola, trabalha-se sem suor! E aqui, chegamos para dizer que o estudo é um trabalho, que a atividade de jardineiro, advogado, pintor, diplomata, bancário, pedreiro, presidente da república, monarca ou qualquer outra não é diferente daquela exercida na escola. Se para alguns é, nós precisamos falar sobre a escola.

Como pode ser que todas as pessoas, sem distinção alguma, devam aprender as mesmas coisas entre os cinco e os 18 anos de idade? Pode ser, sim, pois há uma cultura que deve ser comum a todos os homens livres. Dizendo de outro modo, há uma cultura - um cultivo da alma - que torna os homens livres. Essa liberdade, que passam a possuir todos aqueles que verdadeiramente cultivam a alma, é um grande valor, ou melhor, uma grande virtude que nunca saiu de moda, a diferença é que em cada período histórico o vocábulo *liberdade* foi aplicado a realidades materialmente distintas. Do tirano ao povo, do senhor ao escravo, dos íncolas aos imigrantes, todos encheram a boca para falar de liberdade. Hoje, só Hitler é lembrado pelo *Arbeit macht frei*, provando que até nos piores casos é possível haver concórdia se isolamos os termos.

> Estudem-se não os contemporâneos e aqueles que têm as nossas mesmas tendências, mas os grandes homens do passado, cujas obras adquiriram há séculos um valor sempre igual e igual renome... Estude-se Molière, estude-se Shakespeare, mas, antes de mais nada, os antigos gregos, e sempre os gregos! (Goethe)

Não estudamos os antigos porque eram melhores do que nós. Surgiu na Alemanha uma ideia paradisíaca sobre o homem grego. Winkelmann, um iluminista historiador da arte, desenhara a Grécia Antiga como uma espécie de Jardim do Éden ou, para ficarmos na mesma cosmovisão, uma espécie de Campos Elíseos. Mas o erro histórico e antropológico de enxergar a perfeição em um tempo passado é recorrente nos espíritos que por vontade própria ou necessidade espacial e temporal estão fora da solução do problema judaico-cristão. Talvez tenha sido aí que começamos a encarar os estudos de línguas mortas e de textos antigos como deleite e passatempo. Antes disso, era o que tínhamos para fazer. Precisávamos ser capazes de conversar uns com os outros; não só com os contemporâneos, mas também com todos os que tiveram algo de importante a dizer. Precisávamos ser capazes de oprimir nossa ignorância para que ela nos libertasse. Ninguém possui a ignorância, é ela que nos possui. *Inscitia nos tenet*. A partir de então, quando pensávamos estar voltando-nos para as origens mais profundas de nossa civilização, criamos a falsa ilusão de um céu na terra que teria existido no Peloponeso, invertendo completamente a finalidade transcendental e libertadora da educação clássica, que passou a igualar-se a idas a museus.

A educação clássica não é um museu. Certa vez, assisti a um filme dirigido por Woody Allen chamado "Meia-Noite em Paris". É interessante ver que certos movimentos da alma criativa se repetem sempre e parecem não se resolver nunca. No filme, o personagem principal está na Paris de nossos dias e sofre daquela saudade de um tempo que não viveu, que é típica dos escritores; ele gostaria que a cidade tivesse se conservado ou até permanecido nos anos vinte. Por mágica, o protagonista acaba tendo a oportunidade de voltar no tempo e viver algumas horas na sua década amada, e conhece uma jovem que por sua vez sofre de saudade da Belle Époque. Os dois têm a oportunidade de voltar no tempo e viver também algumas horas em Paris no século XIX. Só que ali, sofre-se de saudade do iluminismo. Enfim, o filme, de cuja qualidade não posso dizer nenhuma palavra por não entender nada de cinema, convida-nos a esquecermo-nos do passado, pelo menos de um passado em que haja uma perfeição ideal.

Tudo isso para dizer que a educação clássica não é um museu como muitas vezes é não só vista, mas até mesmo idealizada, por alguns. Ninguém tem de aprender latim para conservar certas citações de autores célebres em um canto da memória. A língua oficial da república literária ajuda-nos a viver com liberdade e com autonomia, pois temos para onde recorrer para dirimir nossas dúvidas.

O primeiro passo para uma educação clássica é o domínio da linguagem em todas as suas quatro habilidades, ou *four skills*, como dizem os de língua inglesa. Por dois mil anos, essa língua a ser dominada foi o latim, e eu acho cedo demais para pensarmos que já deixou de ser. A educação clássica, a educação para o trabalho em todas as suas dimensões, para a liberdade e para a autonomia passa inevitavelmente pelo aprendizado da língua latina. É isso que quero dizer neste capítulo, pois o fim do ensino do latim marca o início da decadência da educação clássica.

> O uso do latim como língua escrita, posto que não se identifique de todo com a causa [...] da cultura greco-latina e mediterrânea, é, contudo, o indício mais seguro de uma comunicação vital entre o mundo antigo e o moderno. Quando cessar esse uso, cessará também, necessariamente, o aporte contínuo de ideias que nos vêm da antiguidade. Pode ser que a nossa civilização moderna não tenha mais necessidade disso. Mas eu não diria que essa sua nova independência contribuirá para torná-la melhor. (Giovanni Battista Pighi)

A Gramática ou Literatura ou, simplesmente *Litterae*, letras, frequentemente foi simbolizada por uma palmatória. Talvez não usemos mais palmatórias em nossos alunos, mas o símbolo continua muito válido como bem nos lembra mestre Alcuíno. Isso porque nada é mais doloroso para o intelecto do que aprender. Ao dedicarmo-nos ao domínio de uma fonética diferente daquela que ouvimos desde a gestação no seio materno, à aquisição de vocabulário, às regras de sintaxe e ao aprimoramento do estilo através de incessantes leituras, podemos ver o quanto aprender qualquer coisa dói. Dói porque nossos olhos estão acostumados à escuridão.

Por que é mais importante estudar latim e grego do que línguas modernas? Não há como ler bem textos antigos em traduções para o português! Ou inglês, ou espanhol, ou francês, ou italiano. Em alemão, teria sido possível se essa língua tivesse tomado um rumo diferente ao longo de sua história, mas isso é questão para artigo focado mais em filologia e menos em pedagogia. Dou-vos um exemplo simples propondo o seguinte exercício:

Leia este verso da Sequência de Corpus Christi, *Lauda Sion*, de Santo Tomás de Aquino: *Noctem lux eliminat*

Sempre que lemos uma frase, uma série daquilo que o filósofo chamou de fantasmas aparece em nossa imaginação na mesma ordem em que os vocábulos estão dispostos. Na frase *noctem lux eliminat*, temos *noite* e *luz*. Tente imaginar essas duas realidades, porém em ordens diferentes: imagine a noite. Agora, imagine a luz. Por fim, faça o contrário, imagine a luz e depois a noite.

A questão é: Santo Tomás quis que, quando lêssemos esse verso, pensássemos na noite antes de pensarmos na luz. Assim, o verbo *eliminat* é praticamente desnecessário. Quando traduzimos para o português, o melhor que temos é *A luz elimina a noite*. A luz vem antes, e aí temos um problema, pois o autor não quis que nós víssemos o fantasma da noite antes do da luz. Mas e a voz passiva? Como diz o nome, é passiva. Se disser *A noite é eliminada pela luz*, está suavizando o sujeito, que em gramática não se chama mais sujeito, e sim agente da passiva, e acabamos dando maior valor à noite do que à luz.

A luz, no verso de Santo Tomás, é Cristo, e a noite é o pecado. O que é mais importante, o pecado ou Cristo? Certamente, Cristo! Mas por que devemos ler (e imaginar) o pecado primeiro? Muito simples: o pecado antecede a Cristo tanto historicamente quanto espiritualmente. Assim, não só na eucaristia, que vem eliminar a escuridão do pecado, como também nos demais sacramentos, em que Cristo sempre se faz presente, primeiro tens o pecado, depois vem Cristo e o elimina.

Podemos entender isso lendo a frase em português? Sim, claro, pois é uma frase curta e fácil, que trata de uma realidade simples como o próprio cristianismo. Mas os textos antigos são sempre assim, e se não puser os fantasmas na ordem certa, talvez acabe por não entender o texto.

Portanto, a posição das palavras diz muito sobre o conteúdo de uma frase, e numa língua sem declinações de substantivos e adjetivos, não temos todos os recursos para que o leitor ou ouvinte crie os fantasmas na ordem que queremos e de que precisamos. Em português, foram precisos diversos parágrafos para explicar um verso que deveria ser entendido à primeira vista; em latim, o próprio verso é autoexplicativo. É preciso, portanto, ler no original, coisa muito elementar e evidente até poucos anos, até o dia em que passamos a encarar a cultura ocidental como um museu e deixamos de estudar a língua que era o principal veículo de nosso culto.

Uma língua é uma língua. O latim é uma língua. Existem métodos bons e ruins para ensinar línguas. Quanto mais o método se esquece de que o latim é uma língua, pior fica. A Gramática Latina de Napoleão Mendes de Almeida, por exemplo, é um grande livro, mas, como o nome diz, serve para que aprendamos gramática, e não língua.

Se perguntássemos a Erasmo de Rotterdam, um dos maiores prosadores do latim em épocas em que este já era uma língua morta, o que é um *adjunto adnominal restritivo*, ele não saberia responder. E um *genitivo*? Sim, isso sim. Mas isso ele aprendeu depois de entender bem a diferença entre *filius Deus* e *filius Dei*. E ninguém tentou ensinar tal diferença explicando o que era um genitivo e muito menos um adjunto adnominal restritivo.

Nem só de latim vive o homem, alguns frequentemente me dizem, e é verdade, mas é o latim o instrumento da liberdade e da autonomia. Foi assim durante séculos e é cedo demais para afirmarmos que deixou de ser o caminho mais seguro. Mesmo que depois de termos oprimido nossa ignorância pelas longas horas de exercícios de morfologia, sintaxe e estilo nunca peguemos num livro latino, teremos infinitamente mais facilidade para o aprendizado de outras línguas que venham a ser diretamente mais úteis, teremos aprendido a estudar e a aprender, teremos sofrido sob a palmatória da gramática e nos tornado autônomos e livres para seguir qualquer caminho dentro da sociedade, independentemente da classe social, raça, nacionalidade ou credo; pertenceremos à república das letras e teremos o direito e o dever de participar da verdadeira democracia, aquela que ouve a todos, até os mortos; participaremos da Tradição.

Um dia deixamos de ter uma língua comum com interlocutores de todas as épocas e, a partir daí, também por não termos essa matéria que é uma verdadeira palmatória espiritual se bem ensinada, o caminho estava aberto para que usurpassem o vocabulário e, através de métodos alternativos, pudessem inverter os valores da educação realmente voltada para a autonomia e a liberdade.

Sim, liberdade, pois não foram só homens virtuosos a sair dos bancos escolares clássicos. Se a educação tivesse sido opressora, não no sentido real da palavra, mas no sentido *freireano*, os franciscanos não teriam Ockham, nem os jesuítas – verdadeiros patronos da educação no Brasil – teriam Diderot, Rousseau ou até Descartes.

Não é possível *pensar em transformar o mundo sem sonho, sem utopia, sem projeto. (...) Os sonhos são projetos pelos quais se luta* (Freire). Não é mesmo possível, sr. Freire, mas o nosso sonho, a nossa utopia, o nosso projeto é muito mais antigo e valoroso do que os seus. Nosso sonho é o de São José; pega sua esposa e seu filho e vai para o Egito, pega tudo o que merece ser conservado e garante a sua sobrevivência. Nossa utopia é a de São Tomás Moro, nosso projeto é o de Sócrates.

> A libertação, por isto, é um parto. E um parto doloroso. O homem que nasce deste parto é um homem novo que só é viável na e pela superação da contradição opressores-oprimidos, que é

a libertação de todos. (...) A superação da contradição é o parto que traz ao mundo este homem novo, não mais opressor; não mais oprimido, mas homem, libertando-se. (Paulo Freire)

Sim, a educação é um parto, como diria não Paulo Freire, mas Sócrates, e só há parto depois da gestação. O ventre não oprime, ele guarda, nutre, protege, assim como a educação clássica guarda tudo o que pode ser guardado e faz com que a civilização se desenvolva desde o estado embrionário; nutre pela assimilação dos alimentos que necessariamente precisam nutrir primeiro a mãe; protege contra tudo o que possa prejudicar o processo longo e obstinado de parir. Após o parto, a civilização ainda não está livre. Tudo pode acontecer! A criança precisa de anos de ensinamentos para que aprenda simplesmente a fazer aquilo que no ventre acontecia de forma natural. Terá que aprender a guardar para conhecer, a nutrir-se para agir e a proteger-se se quiser fazer qualquer coisa.

Quando que deixamos de acreditar que o importante na escola é aprender a ler, a escrever e a contar? Acho que a grande maioria das pessoas nunca deixou. Quem deixou foram os pedagogos discípulos do mestre Freire. Se não é isso, o que deve ser a educação? Sempre houve discordâncias entre os pedagogos sobre como e por que ensinar leitura, escrita e matemática, mas não me parece ter havido, antes de Freire, alguém que propusesse a quase abolição dessas matérias. Como fazer para alcançarmos a tal liberdade? Como fazer para que cresçamos em autonomia se para tudo precisamos de um professor que nos ensine, pois não temos a habilidade necessária para ir a qualquer biblioteca, tomarmos um volume sobre determinado assunto e aprendermos sozinhos o que nos é necessário? Que liberdade? Que autonomia? Discutamos, sim, o método de ensinar e encontremos o mais eficaz para cada sociedade e para cada tempo, mas não nos iludamos serem possíveis a liberdade e a autonomia onde não há, através do suor seco das horas de ditados, cópias, leituras, recitações, memorizações e cálculos de cabeça, verdadeira opressão da ignorância.

Enfim, a educação clássica é a pedagogia do oprimido pela ignorância que busca a autonomia para que, por suas próprias pernas, possa buscar o que é bom, belo e verdadeiro; possa trabalhar, contemplar a realidade e ter cada vez mais certeza de que está no caminho certo, caminho sem fim, mas certo. E quando esse oprimido se sentir inseguro ao lutar bravamente contra a ignorância, pela sua libertação, terá a certeza de que não está sozinho; alguém antes dele deve ter deixado uma canção sobre como fazer fogo.

Apontamentos sobre a educação bancária 11

Um estudo sobre a originalidade, a aplicabilidade, a veracidade e a atualidade do conceito de educação bancária de Paulo Freire*

Rafael Nogueira**

Introdução

Muito divulgado, mas pouco examinado, o conceito de *educação bancária* de Paulo Freire tornou-se um mantra entre estudantes de licenciatura, professores e educadores em geral. E é justamente a sua fama que nos obriga a estudá-lo. Se, por um lado, muitos de seus recentes críticos não o estudam bem, por outro, seus partidários também o defendem sem bem compreendê-lo. Então, tomei para mim a tarefa de lançar novas luzes sobre o assunto, sem louvores nem ataques preconcebidos, sem, tampouco, pretender esgotá-lo.

Como o assunto e o autor sobre os quais escrevo são famosos, mas eu não, quebrarei as regras de polidez e começarei, narcisicamente, falando de mim mesmo, a título de apresentação e começo de conversa. Mais importante ainda do que me apresentar, é mostrar como o tema de que falo se apresentou a mim pela primeira vez; como percebi que ele era interpretado por professores, amigos e colegas de profissão (e depois, por grandes vultos da educação brasileira); por que o

---

* Publicado em: SANTOS, Thomas Giulliano Ferreira dos. Desconstruindo Paulo Freire. 1. ed. Porto Alegre: História Expressa, 2017.

** Bacharel e Licenciado em Filosofia, e Bacharel em Direito, pela Universidade Católica de Santos.

considerei importante a ponto de dedicar-lhe um estudo; que método empreguei para realizar a investigação e a análise; e em que partes menores fatiei a minha exposição.

A seguir daí, já teremos saído da introdução.

Apresentação

Sem titulação acadêmica suficiente que me dê automática fé pública para falar da *educação bancária* em Paulo Freire, cumpre-me mostrar que tenho algum traquejo com livros técnicos da área da educação, além de práticas de observação e experimentação. Paulo Freire também não tinha formação na área que o celebrizou. Mas seus estudos e sua história de vida justificam a atenção que recebeu. Como, em seus livros, Freire tratou do que acontecia em salas de aula, e do que deveria acontecer, na falta de melhores credenciais, deixo aqui um brevíssimo relato dos meus estudos e da minha história de vida.

Sou professor desde 2004, quando ganhei o título de licenciado em Filosofia. Procurei fazer estágios em escolas, uma pública e uma privada – para diversificar –, que me permitissem também exercer a regência.

Como Paulo Freire, também estudei Direito, e não exerci a profissão. Nos dois casos, a vocação falou mais alto. Ele se formou em Direito na Universidade Federal de Pernambuco, mas decidiu-se pelo ensino de língua portuguesa, atividade que o celebrizou por causa do seu êxito em educar pobres analfabetos, sobretudo, em 1963 quando, segundo alguns registros, alfabetizou 300 cortadores de cana em 45 dias.

Trabalhei assessorando a Academia Santista de Letras, enquanto estagiava na área jurídica. Tornei-me professor de grupos de estudo que eu mesmo fundei, com o fim de organizar um clube do livro, para leitura e análise de obras consideradas clássicas (no sentido em que Mortimer J. Adler empregava o termo) e que funcionasse também como um círculo de amigos estudiosos interessados em filosofia, ética, política, direito, literatura, história do Brasil e educação.

Ao mesmo tempo, tornei-me tutor de ensino à distância[1] em uma universidade de Santos, onde concluí uma pós-graduação em Educação. Tratei dos atendimentos pedagógicos dos cursos de Licenciatura em Filosofia, Ciências Sociais e História. Pouco depois, assumi os cargos de professor de Filosofia, Sociologia e História, para o Ensino Fundamental II e o Ensino Médio, em uma escola particular (na qual atuei como coordenador pedagógico por um ano), e também numa pública.

Conhecido por prestar eficaz auxílio a vestibulandos, passei a atender alunos que me pediam conselhos e aulas particulares, cada vez com mais frequência, nas áreas de ciências humanas e redação. Mais conhecido ainda por sempre ter debaixo do braço um livro clássico sobre o qual tratar em alguma reunião ou aula, passei a ser chamado a dar palestras sobre história, literatura e educação. Atualmente, sou professor de cursos preparatórios para vestibulares e concursos de alto nível de dificuldade e concorrência, e mantenho cursos livres sobre as obras clássicas da literatura, da política e da filosofia, que ora chamo de Ciclos de Estudos Clássicos, em três cidades do estado de São Paulo.

---

1. Posicionamento da Academia Brasileira de Letras (ABL): não há consenso entre os gramáticos sobre a crase quando a distância estiver indeterminada, entretanto, o posicionamento da ABL é o do acadêmico e gramático Evanildo Bechara. Segue trecho de sua obra em que aborda exatamente essa questão: "Recomenda-se o emprego do acento grave nas locuções constituídas da preposição a e de substantivo feminino: barco à vela, desenhar à mão, ensino à distância, escrever à máquina, venda à vista, etc., de que não trata o Acordo."

Método

A presente investigação – leituras, reflexões, análises e redação – foi realizada em três atos: contei minha própria história com o tema (depois de vivências e leituras técnicas), cotejei a primeira compreensão com autores clássicos que lembrei tratarem do mesmo assunto, refleti e pensei sobre sua atualidade pelos instrumentos de autores contemporâneos. Fiz as leituras sem descuidar de contextualizá-las com a biografia intelectual e o panorama histórico. Realizei, em seguida, leituras sintópicas: relaciono pensamentos de autores clássicos sobre o tópico em estudo.

Por fim, trouxe autores atuais que ou dialogam ou enquadram a concepção em tela. Não atingiria os mesmos resultados se esquecesse quem sou, se não olhasse para trás, e se não tentasse vislumbrar, junto com meus mestres, o que pode vir adiante.

Primeiros contatos

Ouvi falar de Paulo Freire quando cursava o Ensino Médio, mas não lhe prestei atenção. Um professor de História havia comentado qualquer coisa que não me pareceu importante. Alunos fazem isso comigo hoje em dia também: digo coisas que não lhes parecem importantes. Mas o nome dele voltou a ser mencionado numa conversa com a mãe de uma amiga minha. Professora, também. A mãe, não a amiga.

Eu adorava sentir que estava pensando, então, entrava em discussões facilmente. Foi assim que entrei em debate com a mãe da minha amiga. Eu queria conversar sobre idioma e autoconhecimento, e como ela dava a entender que eu estava gastando meu tempo à toa enquanto havia pessoas sofrendo no mundo, quis defender minha posição budista-juvenil de que o sofrimento era, no fundo, uma ilusão. Enquanto ela se enervava, dizendo que ilusão mesmo era acreditarmos nesses discursos de elite que nos fazem individualistas e consumistas, em vez de nos unirmos para nos ajudar, protestar e lutar. Eu disse que esse sentimento de revolta poderia ser tratado com meditação. Ela, mais brava ainda, defendeu que essas minhas ideias eram fruto da educação que tive: bancária e domesticadora, como dizia um tal de Paulo Freire. Ele de novo.

Note que, por oito anos, eu estudei na mesma escola da filha dela, que logo pôs panos quentes, falando de filmes, e acabou com a nossa conversa, muito mais animada. Na verdade, acho que a menina foi a mais sábia: as duas mentes ali se batendo, a minha e a da senhora professora, não eram senão resíduos de duas cosmovisões que mais colaboravam entre si do que se enfrentavam: eram a visão socialista-cristã (se é que isso é possível) e a visão da Nova Era. Nós parecíamos menos indivíduos do que soldados inconscientes de seus postos, mas ativos, mesmo assim, no meio de uma guerra cultural.

Pouco tempo depois, ingressei na universidade para estudar Filosofia. Para tornar-me licenciado, precisei, naturalmente, concluir algumas disciplinas ligadas à área da educação. O leitor deve estar pensando que foi aí que voltei a ouvir o nome de Freire. Não, foi antes. Fiz licenciatura depois. Mas, até nas disciplinas propedêuticas e técnicas, Freire dava o ar da graça.

Paulo Freire, patrono de educação brasileira

Quando cursei a licenciatura, desde os primeiros dias, certas práticas freireanas, derivadas da sua denúncia de que há uma forma de educação a se combater, já se faziam sentir: sentar em círculo e não em fileira, falar de igual para igual com colegas e professores etc. A princípio, só parecia ruim aos tímidos e aos retraídos, porque queriam ficar quietos e reservados em seus lugares. Aos mais entusiasmados e vaidosos, era uma maravilha. Para os mais estudiosos, sedentos de saber, parecia um misto de perda de tempo com aquele tipo de dever social que sentimos a necessidade de cumprir a contragosto.

Ao final de uma aula, contei a uma professora o fato que relatei acima, vivido um ano antes. Ela falou: "A professora com quem você conversou tinha uma visão crítica, você, ingênua".

Depois de formado, perguntei a muitos amigos professores sobre suas práticas. O que mais funcionava para gerar resultados, para motivar os alunos, e para construir um ambiente de questionamento era seriedade com o conteúdo, disciplina, bom humor e, claro, respeito pelos tipos psicológicos predominantes em cada classe. As práticas mais freireanas[2] quase nunca geravam bons resultados.

O fato é que Paulo Freire é o patrono da educação brasileira. Ao menos, é o que diz a Lei n.º 12.612 de 13 de abril de 2012, sancionada pela presidente Dilma Rousseff. Seria um mérito, não fossem os baixíssimos índices educacionais do país: nos exames internacionais, como aqueles promovidos pelo Programa para Avaliação Internacional de Estudantes (*Programme for International Student Assessment* – PISA), o Brasil tem ficado entre os últimos lugares, e não vemos, entre aqueles que foram educados por Paulo Freire ou pelo seu método, destaques na ciência.

Panorama biográfico de Paulo Freire

Nasceu no Recife, em 1921. Foi professor de Português de 1941 a 1947, após se formar em Direito (sem seguir carreira).

---

2. As práticas que chamei de freireanas, justiça seja feita, nem sempre eram provenientes de maturadas reflexões acadêmicas sobre seus livros. Pareciam repetições de trechos avulsos memorizados de forma mecânica.

Por nove anos, trabalhou no Serviço Social da Indústria (SESI); primeiro, como assistente; depois, como diretor (1947 a 1956), onde fez suas primeiras experiências. Seu método ganhou forma em 1961 com o Movimento de Cultura Popular do Recife. Entre 1957 e 1963, lecionou História e Filosofia da Educação em cursos da Universidade do Recife. Em 1963, participou do Programa Nacional de Alfabetização de Adultos (pelo Ministério da Educação, a convite de João Goulart). A partir de 1964, viveu quinze anos de exílio. Principalmente, no Chile e na Suíça, de onde auxiliou governos: Nicarágua, São Tomé e Príncipe e Guiné-Bissau. Lecionou na Universidade de Genebra. De 1970 a 1979, volta e se instala na Pontifícia Universidade Católica de São Paulo (PUC-SP). Em 1980, ganha um prêmio na Bélgica e, em 1986, um prêmio da Organização das Nações Unidas para a Educação, a Ciência e a Cultura (Unesco). Foi secretário municipal de Educação de São Paulo (1989-1991) pelo Partido dos Trabalhadores (PT). Depois, assessor da PUC-SP e da Universidade Estadual de Campinas (Unicamp).

O que é a *educação bancária*, afinal?

Paulo Freire explica a concepção bancária de educação no capítulo 2 da sua obra *Pedagogia do oprimido*. A explicação não é das mais claras. O autor transita de uma metáfora a outra, de uma dicotomia a outra, de uma denúncia a uma proposta, dificultando a apreensão precisa do que quer dizer, além de ser muito repetitivo. No final das contas, Freire quer denunciar um modelo pedagógico que considera falido, estéril e inócuo, e propor outro, vivo, coletivo, prático.

Recorramos às palavras dele, para melhor interpretá-lo:

> Na visão 'bancária' da educação, o 'saber' é uma doação dos que se julgam sábios aos que julgam nada saber. Doação que se funda numa das manifestações instrumentais da ideologia da

opressão – a absolutização da ignorância, que constitui o que chamamos de alienação da ignorância, segundo a qual esta se encontra sempre no outro.[3]

Enxerguemos o cenário. Paulo Freire parecia crer que a visão bancária vigorava no Brasil. Ele publicou essa obra em 1968, no exílio. Ela foi traduzida para dezenas de idiomas, o que nos faz pensar que não só ele tomava por certo que essa era a visão dominante. O Brasil passava pela ditadura militar. O mundo estava imerso na Guerra Fria, cujo antagonismo principal era ideológico: capitalismo contra socialismo. Freire usa a figura do banco como negativa, criticável, diria, até, abominável.

Um dos símbolos capitalistas (pelo menos, para as cabeças socialistas) é usado como metáfora de má educação, de despersonalização, de mecanização, de objetificação; a alternativa seria, então, humanizadora, afetiva, ativa. Há indícios claros de inspiração ideológica. Mas tornemos a analisar os aspectos propriamente pedagógicos, com mais explicações do autor a respeito da visão bancária:

> A narração, de que o educador é o sujeito, conduz os educandos à memorização mecânica do conteúdo narrado. Mais ainda, a narração os transforma em 'vasilhas', em recipientes a serem 'enchidos' pelo educador. Quanto mais vá 'enchendo' os recipientes com seus 'depósitos', tanto melhor educador será. Quanto mais se deixem docilmente 'encher', tanto melhores educandos serão. (...) O educador, que aliena a ignorância, se mantém em posições fixas, invariáveis. Será sempre o que sabe, enquanto os educandos serão sempre os que não sabem. A rigidez destas posições nega a educação e o conhecimento como processos de busca.[4]

O problema da visão bancária de Paulo Freire, que nesta segunda citação já começa a ficar flagrante, é que a metáfora

---
3. FREIRE, 2005, p. 57.
4. FREIRE, 2005, pp. 58-59.

ideológica do banco – uma crítica aos seus inimigos brasileiros, os burgueses, vistos como aliados dos militares, e aos seus inimigos ideológicos no mundo todo, a classe dominante – é uma atrapalhada. Ele quer atribuir ao banco uma carga negativa, mas ele fala em depósitos. O leitor reclama de depósitos em sua conta?

O que eu mais ouço no meu dia a dia é a pergunta: "Débito ou crédito?". Eu gostaria de receber mais depósitos e menos débitos em conta. Do ponto de vista pedagógico, se há depósito, há valores em jogo. Que valores? Os conhecimentos. Conhecimentos são tesouros. O professor os deposita na conta bancária do aluno, que é sua memória. O aluno pode recebê-los de forma dócil ou indócil, mas continua sendo uma doação de valores. Ou uma troca. Quantos cursos não fazemos, pagando caro por eles, para recebermos de volta os valores monetários em forma de conhecimento?

E quando Freire fala em educadores que são sempre os que sabem, e em educandos, sempre os que não sabem, desconsidera que, num depósito, os valores saem de uma conta e são transferidos a outra conta. O belo do conhecimento é que, quando o professor deposita, o aluno ganha e ele não perde.

O que é tão ruim assim na educação bancária? Voltemos às palavras de Freire para tentar descobrir:

> Nela, o educador aparece como seu indiscutível agente, como o seu real sujeito, cuja tarefa indeclinável é 'encher' os educandos dos conteúdos de sua narração. Conteúdos que são retalhos da realidade desconectados da totalidade em que se engendram e em cuja visão ganhariam significação. A palavra, nestas dissertações, se esvazia da dimensão concreta que devia ter ou se transforma em palavra oca, em verbosidade alienada e alienante. Daí que seja mais som que significação e, assim, melhor seria não dizê-la.[5]

---
5. FREIRE, 2005, p. 57.

Por que os conteúdos ministrados pelos professores são meros retalhos? Por que são desconectados da totalidade em que se engendram? Talvez porque Freire tenha sido formado (na prática, não na academia) lecionando para adultos analfabetos. É claro que um professor não deve pressupor que, por ser iletrado, um adulto, da cidade ou do campo, não tenha inteligência, conhecimentos, valiosas memórias, experiência etc. É muito mais interessante mesmo partir da realidade do aluno, e usar palavras do cotidiano dele para melhor alfabetizá-lo, aprendendo com ele o que não se sabe. O Brasil foi construído, sobretudo, por analfabetos! Mas isso precisa ser transformado em "práxis", "revolução", "utopia"? É algo óbvio, não?

Freire não erra integralmente. A metáfora, ainda que ruim e cheia de atrapalhações e imprecisões, era cabível em seu tempo, quando falar em banco causava arrepios nos progressistas. Hoje, sabemos que os progressistas têm contas bem gordas nos bancos. Mas em que acertou Freire, então, desde um ponto de vista menos datado, mais amplo, mais ligado à natureza humana e menos fincado num cenário de guerra? Freire acertou no óbvio. Talvez, é verdade, seja desnecessário dizê-lo. Mas como ele o disse, vejamos.

Mais Freire:

> Na concepção 'bancária' que estamos criticando, para a qual a educação é o ato de depositar, de transferir, de transmitir valores e conhecimentos, (...) [é mantida e estimulada] a contradição. Daí, então, que nela:
>
> a) o educador é o que educa; os educandos, os que são educados;
>
> b) o educador é o que sabe; os educandos, os que não sabem;
>
> c) o educador é o que pensa; os educandos, os pensados;

d) o educador é o que diz a palavra; os educandos, os que a escutam docilmente;

e) o educador é o que disciplina; os educandos, os disciplinados;

f) o educador é o que opta e prescreve sua opção; os educandos, os que seguem a prescrição;

g) o educador é o que atua; os educandos, os que têm a ilusão de que atuam, na atuação do educador;

h) o educador escolhe o conteúdo programático; os educandos, jamais ouvidos nesta escolha, se acomodam a ele;

i) o educador identifica a autoridade do saber com sua autoridade funcional, que opõe antagonicamente à liberdade dos educandos; estes devem adaptar-se às determinações daquele;

j) o educador, finalmente, é o sujeito do processo: os educandos, meros objetos.[6]

Eu avisei que ele é repetitivo, mas tive que trazer esse trecho porque a forte dicotomia que ele pinta ajuda a interpretar o seu pensamento. A quem tem dúvida sobre o aspecto ideológico embutido na visão freireana, explanarei mais claramente adiante, mas já é possível ver pelas citações acima e por meio desta aqui:

> Deste modo, a prática 'bancária', implicando o imobilismo a que fizemos referência, se faz reacionária, enquanto a concepção problematizadora, que, não aceitando um presente 'bem-comportado", não aceita igualmente um futuro pré-dado, enraizando-se no presente dinâmico, se faz revolucionária.[7]

---

6. FREIRE, 2005, p. 60.
7. FREIRE, 2005, p. 61.

Freire chega ao ápice de sua crítica/proposta quando diz que "ninguém educa ninguém". Vejamos:

> Ninguém educa ninguém, como tampouco ninguém se educa a si mesmo: os homens se educam em comunhão, mediatizados pelo mundo. Mediatizados pelos objetos cognoscíveis que, na pratica 'bancária', são possuídos pelo educador que os descreve ou os deposita nos educandos passivos.[8]

Como ser, então, educado por Freire para melhor educar? Não é um tanto impositiva a sua ideia?

É muito claro para mim, que já dei aula para crianças, adolescentes e adultos, que o significado etimológico da palavra *educar* (do latim *ex docere*: conduzir para fora) ganha vida, sim, na escola, sobretudo quando tratamos com crianças e adolescentes. Mas os adultos dos cursos técnicos onde lecionei também esperavam de mim conhecimentos, por mais que eu os respeitasse como sujeitos pensantes e experimentados. Senão, não me procurariam.

Em síntese, *educação bancária* é uma metáfora, de alto conteúdo ideológico, para o processo pedagógico que toma o educando como objeto no qual se depositam conteúdos, não como sujeito, que é o professor-depositante. O educando é dominado e o educador exerce uma prática de dominação. O educando se desmotiva e tem por esforço exclusivo a memorização mecânica, enquanto o educador trabalha pela manutenção de sua ingenuidade. O educando é tomado por aquele que não sabe, o educador, pelo que sabe. O educando é domesticado pelo educador, que o oprime, que o domestica. O educando é o oprimido que vai sendo acomodado ao mundo do educador-opressor. Não há companheirismo entre ambos e a sua oposição é total.

---

8. FREIRE, 2005, p. 62.

Qual seria a alternativa? A educação problematizadora, que é também libertadora. Esta visa à autonomia, à consciência crítica, ao diálogo, sem opor educador e educando, uma vez que ambos são tomados por sábios e aprendizes. É a educação humanizadora, não dicotômica, que propicia o pensar autêntico e a práxis.

> A educação problematizadora, que não é fixismo reacionário, é futuridade revolucionária. Daí que seja profética e, como tal, esperançosa. Daí que corresponda à condição dos homens como seres históricos e à sua historicidade. Daí que se identifique com eles como seres mais além de si mesmos – como 'projetos' –, como seres que caminham para frente, que olham para frente; como seres a quem o imobilismo ameaça de morte; para quem o olhar para trás não deve ser uma forma nostálgica de querer voltar, mas um modo de melhor conhecer o que está sendo, para melhor construir o futuro. Daí que se identifique com o movimento permanente em que se acham inscritos os homens, como seres que se sabem inconclusos; movimento que é histórico e que tem o seu ponto de partida, o seu sujeito, o seu objetivo.[9]

Numa, é impossível a conciliação entre educador e educando. Noutra, ambos se unem para realizar uma leitura de mundo que ao mesmo tempo denuncie a opressão e anuncie uma sociedade futura e utópica.

Para isso acontecer, temos de lidar com outra dicotomia: a consciência ingênua e a consciência crítica. A primeira é resultado da educação bancária. A segunda, da educação libertadora. A consciência crítica não é nada mais do que o conhecimento das relações econômicas entre as pessoas, entendidas como opressoras. A identificação do aluno dentro do quadro geral das relações de produção, de modo a enxergar os donos dos meios de produção, a entender os processos produtivos, e a ver-se como um explorado, é a consciência

---

9. FREIRE, 2005, p. 68.

crítica. Eis aí uma visão teológica (Freire se dizia católico), cosmológica e antropológica rasa, cinza, horizontal.

Freire diz que a educação libertadora destaca o ato de pensar, de buscar, enfim, de ser. A educação bancária desumaniza, não encoraja o pensamento nem a busca. Os problemas mais flagrantes dessas ideias são estes: ele não parece pensar com muita habilidade e não é possível ao aluno pensar (a não ser que o faça como um hominídeo) sem receber os valores que representam a herança do passado, e isso não é só questão de convivência sem método, o que toma formidavelmente o tempo e a energia por falta de planejamento, mas, sim, de transmissão de conhecimentos acumulados. Aprender pela descoberta faria cada geração ter de se demorar imensamente em processos que podem ser vencidos por meio dos "depósitos bancários".

Os seus pontos altos parecem redundar em evidências a qualquer bom educador que respeita os seus alunos. Respeitar no sentido de olhá-los como seres inteligentes, que querem aprender e memorizar, sim, mas também se desenvolver, ganhar habilidades e crescer em competências múltiplas que os tornem capazes de buscar sua felicidade. E esta pode não estar na visão revolucionária, coletivista e utópica de Paulo Freire.

Parece-me, apenas, um escritor presunçoso e impreciso. Presunçoso porque de suas palavras confusas e vagas viria a esperança de melhores dias. Bom, ninguém pode negar que Paulo Freire parecia um profeta. Impreciso porque sua proposta não fica clara ao longo do livro – nem de nenhum outro –, porque ela tem mais conteúdo datado e ideológico do que técnico e metódico, e porque, enquanto teoria, contradiz sua própria ideia central. Seus fundamentos são materialistas. Sua concepção de homem é matério-corporal, sua ideia de história é filiada à escola materialista-dialética, enxergando tudo como luta de classes, e sua visão política não é voltada à preservação da liberdade, mas à "práxis" que visa ao enfrentamento entre as classes sociais.

Além disso, a prática inspirada em suas ideias não tem benefício para a inteligência nacional. E, para não dizer que tudo é errado, aquilo que a concepção freireana parece ter de melhor, muitos outros autores já tinham descrito, anunciado, expressado.

Antecedentes

Em muitas reuniões pedagógicas de que participei, ouvi dos meus superiores a narrativa histórica que antigamente (às vezes, em referência à antiguidade, noutras vezes, aos jesuítas), a educação era bancária, "conservadora", impositiva, e que agora, a educação era libertadora, humanizadora, criativa. Narrativas revolucionárias, mas elas mesmas arrogantes e impositivas. O passado era a escuridão, e o futuro, a esperança. São os discípulos de Freire.

Os jesuítas são sempre pintados como péssimos exemplos, agentes de violência cultural. Impunham suas teorias e visões de mundo sobre os nativos. O curioso é que os jesuítas são conhecidos justamente por aprender o Tupi, fazer-lhe uma gramática escrita, adaptar ensinamentos cristãos aos hábitos e crenças indígenas, para melhor lhes transmitir a fé. No Japão, alguns aprenderam até a meditar.

O leitor vai me dizer: "Olha aí, sob esse disfarce, eles queriam transmitir a fé!". Mas Freire também tinha sua agenda. Afinal, ele era vinculado, primeiro, com João Goulart, depois, com o Partido dos Trabalhadores, o PT. Não sejamos ingênuos, passivos, abjetos. Temos que pensar! Seriam os jesuítas pré-freireanos? Não vou tratar desse assunto em minúcia porque geraria polêmicas desnecessárias e indesejadas para atacarmos sem distrações, e seriamente, o nosso tema. Mas voltemos um pouco mais na história para ver, por um lado, o que pensariam os antigos sobre a pedagogia do oprimido (por que não?), e por outro, quais são os antecedentes da teoria freireana, naquilo que ela parece ter de melhor, para medir-lhe a originalidade e a universalidade.

Paideia

Na Grécia Antiga, era usado o termo *paideia* para literatura, cultura, educação. Era tudo o que colaborasse com a formação do homem grego. Seus primeiros procedimentos derivavam do mito. Depois, surgiram as doutrinas esotéricas, as escolas dos sofistas e as filosofias.

Na época em que Sócrates ensinou, sua crítica foi dirigida à presunção de saber, e sua proposta, ligada ao autoexame e ao cultivo da excelência. São muito comparados o método socrático e o "método" Paulo Freire, mas não me parecem nem remotamente próximos em procedimentos, relação educador-educando, objetivos. Sócrates não praticava o diálogo por pressupor que ninguém educa ninguém, mas por querer aprender com alguém que sabia mais, ou por, ironicamente, fingir-se ignorante para expor a ignorância alheia. Para ele, era muito claro que havia, sim, ignorantes e sábios. Sócrates, provavelmente, cutucaria Freire até ele sair correndo apressado, como Eutífron, Hípias e outros.

Platão e Isócrates rivalizavam entre uma proposta de educação, que começava pela análise do discurso (retórica e oratória) e terminava na filosofia, e outra, que fazia justamente o contrário, entendendo que a filosofia era apenas começo de conversa para adolescentes. Em um, a visão era vinculada a um compromisso com a virtude, com o conhecimento universal, com a ascensão da alma; em outro, vigorava uma atitude prática: é útil, numa democracia, aprender a convencer, a persuadir, então, dediquemo-nos ao que serve às nossas metas práticas, sem deixar de estudar as tradições gregas e a filosofia no início do processo. Era a dicotomia entre sofística e filosofia. O que pensariam de Freire? Que sua visão é plana porque chama de consciência crítica apenas a tomada de consciência das relações materiais e econômicas entre as pessoas, não colocando em questão o que escapava disso.

Nenhum dos três pontos de vista pode ser visto como antecedente da teoria de Paulo Freire, mas parecem todos derivados de uma cosmovisão mais abrangente. Como era essa cosmovisão, em linhas gerais? Quando o que hoje chamamos de Grécia Antiga decaiu, ficou viva, ainda, sua cultura. A este período, chamamos de helenístico. Para preservar o brilhantismo de antigamente, educadores e gramáticos criaram sistemas de ensino cada vez mais metódicos, de modo a deixar ainda mais claro, para nós, o que aqueles educadores tinham em mente.

Sobre isso, diz Werner Jaeger, um estudioso da *paideia*:

> A posição específica do Helenismo na história da educação humana depende da mesma particularidade da sua organização íntima – a aspiração à forma que domina tanto os empreendimentos artísticos como todas as coisas da vida – e, além disso, do seu sentido filosófico do universal, da percepção das leis profundas que governam a natureza humana e das quais derivam as normas que regem a vida individual e a estrutura da sociedade. Na profunda intuição de Heráclito, o universal, o *logos*, é o comum na essência do espírito, como a lei é o comum na cidade. No que se refere ao problema da educação, a consciência clara dos princípios naturais da vida humana e das leis imanentes que regem as suas forças corporais e espirituais tinha de adquirir a mais alta importância. (...) Colocar estes conhecimentos como força formativa a serviço da educação e formar por meio deles verdadeiros homens, como o oleiro modela a sua argila e o escultor as suas pedras, é uma ideia ousada e criadora que só podia amadurecer no espírito daquele

povo artista e pensador. A mais alta obra de arte que o seu anelo se propôs foi a criação do Homem vivo. Os Gregos viram pela primeira vez que a educação tem de ser também um processo de construção consciente.[10]

Platão não entendia a educação apenas como transmissão de dados. Tanto que dizia que havia doutrinas não escritas que só poderiam ser transmitidas mediante exposições especiais para seus alunos e a convivência que a academia propiciava.

Plutarco

Lucius Mestrius Plutarchus, conhecido como Plutarco, foi um dos mais famosos educadores da antiguidade (séculos I e II d. C.). Versado em grego, tornou-se cidadão romano e provavelmente trabalhou como conferencista, escritor e preceptor de filhos de aristocratas. Escreveu sobre educação de crianças, sobre moral, virtude e vício, e fez fama com sua obra *Vidas comparadas*, na qual, em muitos livros, comparou biografias de gregos e romanos, sempre em busca de um ensinamento moral que surgiria delas.

Plutarco dava ao ensino uma importância maior do que somente transmitir dados que deverão ser armazenados. Falava muito em exemplos, usava lendas e anedotas para explicar e não deixava de prestar atenção no interesse do aluno para lhe dizer algo. Mas o mais impressionante é que unia visões pedagógicas e políticas, e defendia que todos poderiam ser homens livres, graças ao estudo e ao pensamento.

Num de seus tratados morais, chamado *O banquete dos sete sábios*, Plutarco falou sobre isso:

> Na realidade, não existe nenhuma diferença entre o lavrador que prefere colher joio e passarada em lugar de trigo e cevada, e um tirano que deseja governar sobre escravos em vez de o

---

10. JAEGER, 2003, p. 13.

fazer sobre homens livres. De facto [sic], como contrapartida por tantos incómodos [sic], o exercício do poder apresenta uma vantagem somente, que é a honra e a fama, no caso de os chefes governarem sobre homens excelentes sendo melhores do que eles, gozando ainda a reputação de ultrapassarem a grandeza de súbditos [sic] igualmente valorosos. Porém, os que apreciam a segurança sem curarem do prestígio deveriam era comandar manadas de carneiros, cavalos e bois, mas não homens.[11]

Ao tratar da preparação necessária para se participar ativamente de um banquete, que era uma espécie de "balada-congresso" entre amigos que exporiam suas visões e conhecimentos uns aos outros, enquanto comiam e, acima de tudo, bebiam vinho, Plutarco criticou aqueles que não se preparavam, comparando-os com vasos que se levam a si mesmos só para encher. Não bastava se arrumar com belas roupas e perfumes. Era preciso estudar. Nas palavras dele:

> (...) julgas tu que, tal como há diligências próprias do anfitrião, não há também preparativos que cabem ao convidado? Com efeito, os Sibaritas, segundo parece, enviam os convites às senhoras com a antecedência de um ano, a fim de elas terem tempo para se apresentarem no banquete com os vestidos e as joias [sic] mais convenientes. Ora quanto a mim, a verdadeira preparação para quem deseja participar num banquete como deve ser exige muito mais tempo, pois é bem mais difícil encontrar o ornamento adequado ao espírito, do que um adorno supérfluo e inútil para o corpo. Na verdade, quem possui discernimento não vai para um banquete levando-se a si mesmo como se fora um vaso para encher, mas antes para conversar a sério e a brincar, para ouvir e para falar de acordo com o que a ocasião sugerir aos participantes, se a companhia de uns e de outros se revelar agradável.[12]

Temos, em Plutarco, respeito pela liberdade, identificação entre liberdade e inteligência consciente, visão política e uma metáfora análoga à vasilha de Freire (ou banco): o vaso cheio

---

11. PLUTARCO, 2008, p. 57.
12. PLUTARCO, 2008, p. 58.

ou vazio. A diferença é que o Plutarco diz que é possível que alguém se encha a si mesmo de conhecimentos e se prepare intelectualmente para eventos de cultura.

Montaigne

Michel de Montaigne foi um nobre francês que, por não ter mais o que fazer, dedicava-se aos estudos, enfurnado no seu castelo. Tinha uma inteligência tão viva e independente que é visto como paradigma da modernidade: relativizou as diferentes culturas em choque, foi cético precoce e criou um estilo pessoal de escrever: o ensaio.

Montaigne aproximou-se muito da visão de Freire no que tange à crítica a uma transmissão de conhecimentos sem vida. Criticou a escola como um todo – suas práticas corriqueiras, o amontoado de alunos de interesses, capacidades e culturas diferentes, a validade de seus propósitos –, instituição que, em suas feições modernas, ainda engatinhava.

Não foi radical afirmando que ninguém educa ninguém, não negou o valor da transmissão de conhecimentos, nem escreveu livros que mais parecem panfletos soviéticos, mas foi muito perspicaz em suas críticas e na comparação de aprendizagem e digestão. Vejamos:

> Para aqueles que, como é nosso costume, empreendem com a mesma lição e o mesmo grau de comando ensinar a vários espíritos de formas e capacidades tão diversas, não é espantoso se em toda uma população de crianças encontrem apenas duas ou três que tiram algum merecido fruto do ensino. Que ele não lhe peça contas somente das palavras de sua lição mas do sentido e da substância. E que julgue o proveito que a criança terá tirado, não pelo testemunho de sua memória mas pelo de sua vida. Que a faça mostrar com cem feições diferentes o que tiver acabado de aprender, adaptando-o a outros tantos diversos assuntos para ver se aprendeu realmente e assimilou, avaliando sua progressão por meio dos pedagogismos de

Platão. Regurgitar a comida tal como a engolimos é sinal de sua crueza e de indigestão: o estômago não fez seu trabalho se não mudou o estado e a forma do que lhe foi dado a digerir. (...) Que o preceptor faça o menino tudo passar pelo próprio crivo e que nada aloje em sua cabeça por simples autoridade ou confiança. Que os princípios de Aristóteles não lhe sejam princípios, não mais que os dos estoicos ou dos epicuristas; que lhe proponham essa diversidade de julgamentos e ele escolherá, se puder, do contrário permanecerá na dúvida.[13]

Não é difícil concordar com Montaigne. Parece que ele está presente, hoje, criticando nossas práticas. E a educação bancária começa a ter de originalidade somente a metáfora e a ideologia socialista que lhe vai de brinde.

Schopenhauer

Arthur Schopenhauer foi um filósofo alemão do século XIX, muito crítico com os hábitos de estudo, com os eruditos e com os procedimentos pedagógicos vigentes à sua época. Na verdade, ele rivalizava profundamente com seu contemporâneo, Hegel. Ironia das ironias, trago Schopenhauer para apresentar uma de suas facetas que se assemelham à crítica bancária de Freire, mas o pedagogo brasileiro era fã mesmo de Hegel.

Schopenhauer era bem provido economicamente, de modo que não precisava fazer nenhuma propaganda de si mesmo, nem se esforçar para se comunicar com os espíritos mais brutos. Era um gênio precoce (escreveu sua obra principal, *O mundo como vontade e representação*, aos trinta e poucos anos, feito raro entre os filósofos, que, ao contrário dos esportistas, dos músicos, dos romancistas, costumam dar seus melhores frutos no ocaso da vida), mas pouco reconhecido pelos seus

---

13. MONTAIGNE, 2010, p. 90.

contemporâneos. Não via nenhum mérito nas universidades, nem nos estudiosos de seu tempo. Abominava Hegel.

Em sua obra *Parerga e paralipomena*, reuniu ensaios filosóficos menores, e até comentários livres sobre os mais diversos temas: morte, mito indiano, universidades, mulheres, persuasão, escrita e até sobre a arte de insultar. O leitor deve imaginar que este livro, sim, fez sucesso. Pois é. Foi seu último livro e seu primeiro sucesso.

Entre outras coisas, em *A arte de escrever*, Schopenhauer criticou acidamente o que Montaigne concebia por indigesto, e o que Freire viria a chamar de memorização mecânica:

> Em geral, estudantes e estudiosos de todos os tipos e de qualquer idade têm em mira apenas a informação, não a instrução. Sua honra é baseada no fato de terem informações sobre tudo, sobre todas as pedras, ou plantas, ou batalhas, ou experiências, sobre o resumo e o conjunto de todos os livros. Não ocorre a eles que a informação é um mero meio para a instrução, tendo pouco ou nenhum valor por si mesma (...) Diante da imponente erudição de tais sabichões, às vezes digo para mim mesmo: Ah, essa pessoa deve ter pensado muito pouco para poder ter lido tanto![14]

Usou também a analogia do processo de aprendizagem com o sistema digestório:

> Entretanto os eruditos, em sua maioria, estudam exclusivamente com o objetivo de um dia poderem ensinar e escrever. Assim, sua cabeça é semelhante a um estômago e a um intestino dos quais a comida sai sem ser digerida.[15]

Concluiu que o ensino dos eruditos era inoperante, ruim, inútil:

> Justamente por isso, seu ensino e seus escritos têm pouca utilidade. Não é possível alimentar os outros com restos não digeridos, mas só com o leite que se formou a partir do próprio

---

14. SCHOPENHAUER, 2009, p. 20.

15. *Ibid.*, 2009, p. 22.

sangue. (...) A peruca é o símbolo mais apropriado para o erudito puro. Trata-se de homens que adornam a cabeça com uma rica massa de cabelo alheio porque carecem de cabelos próprios.[16]

Mas não defendeu que ninguém educa ninguém, nem deixou de reconhecer que é preciso que alguém saiba e tenha o leite formado a partir de seu próprio sangue para dar ao que aprende. Ele criticou a memorização mecânica, mas não criticou a transmissão do saber. Freire reuniu tudo num mesmo conceito, criando um simulacro de educação-padrão para melhor criticá-lo.

Frank Laubach

Frank Charles Laubach foi um americano, missionário evangélico, famoso pelo epíteto *apóstolo dos analfabetos*. Sabemos é que ele aplicou técnicas muito úteis na educação de adultos nas Filipinas, em 1915, e depois, na Ásia e na América Latina.

Ele usava o vocabulário do aluno, suas fotografias particulares, suas preocupações, interesses e ideias para alfabetizar com velocidade e eficácia. Esteve em Pernambuco quando Paulo Freire era diretor do SESI, em 1943. Provavelmente, Freire teve notícias de suas exposições, porque fizeram grande barulho e faziam parte da sua área de interesses. Suas cartilhas foram distribuídas, mas como ainda estavam na versão espanhola, não alcançaram tanto sucesso. Consta que o movimento estudantil considerou que o método Laubach mantinha os analfabetos na "condição de oprimidos", e não deveria ser usado.

É bem provável que Paulo Freire tenha tomado conhecimento disso tudo, e tenha aprendido alguns de seus

---

16. *Ibid.*, 2009, p. 22.

truques para aplicá-los com a devida verve ideológica, sem qualquer menção ao homem. Para mais informações, ver o texto de David Gueiros Vieira na referência de 2012.

Críticas atuais

Há muitíssimas críticas feitas à concepção bancária de Paulo Freire circulando mundo afora. Elas endossam as observações que fiz enquanto realizava o esforço de interpretá-lo.[17]

John Egerton afirmou o que já está aparecendo, após a depuração que fiz comparando a concepção freireana com textos clássicos: "Ele é um teórico político e ideológico, não um educador" (1973). Faz sentido, quando notamos que, do ponto de vista pedagógico, não houve nenhuma originalidade.

David Fetterman, por sua vez, tratou do que chamei, anteriormente, de atrapalhação e confusão:

> Ele deixa questões básicas sem resposta. Não poderia a 'conscientização' ser um outro modo de anestesiar e manipular as massas? Que novos controles sociais, fora os simples verbalismos, serão usados para implementar sua política social? Como Freire concilia a sua ideologia humanista e libertadora com a conclusão lógica da sua pedagogia, a violência da mudança revolucionária?" (1986).

Na mesma linha, Rozanne Knudson (1971): "[No livro de Freire,] não chegamos nem perto dos tais oprimidos. Quem são eles? A definição de Freire parece ser 'qualquer um que não seja um opressor'. Vagueza, redundâncias, tautologias, repetições sem fim provocam o tédio, não a ação".

---

17. Uma lista pode ser encontrada na referência 1995, compilação feita para um seminário pedagógico de verão da *Iowa Community*, e é possível ler algumas traduções, entre as quais, algumas usadas anteriormente, em Carvalho (2012).

Esta frase chama a atenção pelo mau gosto: "[...] quem forma se forma e re-forma ao formar e quem é formado forma-se e forma ao ser formado."[18]

Sobre uma de suas palavras-chave, a conscientização, objetivo da educação não bancária, Peter L. Berger apontou uma grave contradição: "A 'conscientização' é um projeto de indivíduos de classe alta dirigido à população de classe baixa. Somada a essa arrogância vem a irritação recorrente com 'aquelas pessoas' que teimosamente recusam a salvação tão benevolentemente oferecida: 'Como podem ser tão cegas?'" (1974). De fato, é feita pressão sobre aqueles que não concordam com a visão "crítica". Freire disse que o professor não deveria depositar, mas, ao mesmo tempo, dizia que o ato de educar é político e que o professor não pode se omitir deixando que a perspectiva da classe dominante prevaleça. Tenho visto isso na prática de colegas que seguem a agenda de esquerda.

A respeito da suposição freireana de que todos são ingênuos até passarem pela pedagogia libertadora, disse Roland G. Paulston: "Sua aparente inabilidade de dar um passo atrás e deixar o estudante vivenciar a intuição crítica nos seus próprios termos reduziu Freire ao papel de um guru ideológico flutuando acima da prática" (1992). Sobre a dificuldade de questionar a sua própria proposta para que ela não seja apenas mais um depósito entre outros, Bruce O. Boston disse: "Algumas pessoas que trabalharam com Freire estão começando a compreender que os métodos dele tornam possível ser crítico a respeito de tudo, menos desses métodos mesmos" (1972).

Peter J. Caulfield foi mordaz:

> Meu problema diz respeito ao que acontece aos alunos que, em suas palavras, 'cada vez mais se veem diante de problemas' sobre seu mundo. Ele argui que 'eles vão gradualmente se enxergar como comprometidos'. Ao dizer comprometidos,

---
18. FREIRE, 2002, p. 13.

ele dá a entender comprometidos a uma agenda esquerdista, para não dizer totalmente revolucionária. Mas qual é o papel do professor, o expositor desses problemas, no fomento desse comprometimento? Freire insiste que os professores nunca devem impor suas opiniões a respeito de um problema aos estudantes, apesar de não dizer que os professores devem, ou até possam, ser neutros. O professor entrará na discussão sobre o problema, mas ostensivamente e simplesmente como um participante em igualdade. Entretanto, é razoável supor que os alunos verão os professores como iguais? Mais provavelmente, darão um peso consideravelmente maior aos pontos de vista dos professores do que aos de seus colegas de classe ou do que aos seus próprios. De fato, mais recentemente Freire afirmou: 'Como educador, você só pode manter uma postura não direcionada se adotar um discurso enganoso, que é um discurso a partir da perspectiva da classe dominante'. (1991)

Para não ignorarmos as críticas acima tomando-as por exageros, tragamos novamente as palavras de Freire:

> O problema que se põe àqueles que, mesmo em diferentes níveis, se comprometem com o processo de libertação, enquanto educadores, dentro do sistema escolar ou fora dele, de qualquer maneira dentro da sociedade (estrategicamente fora do sistema; taticamente dentro dele), é saber o que fazer, como, quando, com quem, para que, contra que e em favor de quê. Por isto, ao tratar, em diferentes oportunidades, como agora, o problema da alfabetização de adultos, jamais a reduzi a um conjunto de técnicas e de métodos. Não os subestimando, também não os superestimando. Os métodos e as técnicas, naturalmente indispensáveis, se fazem e se refazem na práxis. O que se me afigura como fundamental é a clareza com relação à opção política do educador ou da educadora, que envolve princípios e valores que ele ou ela assumir. Clareza com relação a um "sonho impossível de ser concretizado". O sonho possível deve estar sempre presente nas nossas cogitações em torno dos métodos e das técnicas. Há uma solidariedade entre eles que não pode ser desfeita. Se, por exemplo, a opção do educador ou da educadora é pela modernização capitalista, a alfabetização de adultos não pode ir, de um lado, além da capacitação dos alfabetizandos para que leiam textos sem referência ao contexto; de outro, da capacitação profissional com que melhor vendam sua força de

trabalho no que, não por coincidência, se chama "mercado de trabalho". Se revolucionária é a sua opção, o fundamental na alfabetização de adultos é que o alfabetizando descubra que o importante mesmo não é ler estórias alienadas e alienantes, mas fazer história e por ela ser feito. Correndo o risco de parecer esquematicamente simétrico, diria que, no primeiro caso, os educandos jamais são chamados a pensar, criticamente, os condicionamentos de seu próprio pensamento; a refletir sobre a razão de ser de sua própria situação, a fazer uma nova "leitura" da realidade que lhes é apresentada como algo que é e a que devem simplesmente melhor adaptar-se pensamento-linguagem, absurdamente desligado da objetividade os mecanismos de introjeção da ideologia dominante, jamais discutidos. O conhecimento é algo que deve ser "comido" e não feito e re-feito. O analfabetismo é visto ora como uma erva daninha, ora como uma enfermidade, daí que se fale tanto de sua "erradicação" ou dele como uma "chaga".

Objetos no contexto geral da sociedade de classes, enquanto oprimidos e proibidos de ser, os analfabetos continuam objetos no processo da aprendizagem da leitura e da escrita. É que compareçem a este processo não como quem é convidado a conhecer o conhecimento anterior que sua prática lhes deu para, reconhecendo as limitações deste conhecimento, conhecer mais. Pelo contrário, o que a eles se lhes propõe é a recepção passiva de um "conhecimento empacotado".

No segundo caso, os educandos são convidados a pensar. Ser consciente não é, nesta hipótese, uma simples fórmula ou mero "slogan". É a forma radical de ser dos seres humanos enquanto seres que, refazendo o mundo que não fizeram, fazem o seu mundo e neste fazer e re-fazer se re-fazem. São porque estão sendo.

O aprendizado da escrita e da leitura, como um ato criador, envolve, aqui, necessariamente, a compreensão crítica da realidade. O conhecimento do conhecimento anterior, a que os alfabetizandos chegam ao analisar a sua prática no contexto social, lhes abre a possibilidade a um novo conhecimento. Conhecimento novo, que indo mais além dos limites do anterior, desvela a razão de ser dos fatos, desmistificando assim, as falsas interpretações dos mesmos. Agora, nenhuma separação entre pensamento-linguagem e realidade objetiva, daí que a leitura de um texto demande a "leitura" do contexto social a que se refere.

Não basta saber ler mecanicamente que "Eva viu a uva". É necessário compreender qual a posição que Eva ocupa no seu contexto social, quem trabalha para produzir uvas e quem lucra com esse trabalho. Os defensores da neutralidade da alfabetização não mentem quando dizem que a clarificação da realidade simultaneamente com a alfabetização é um ato político. Falseiam, porém, quando negam o mesmo caráter político à ocultação que fazem da realidade.[19]

É ele quem diz: pouco método, pouca técnica, muita ideologia política.

À luz de Adler, Arendt e Wilber

Para tentar ficar com os pontos positivos da pedagogia libertadora, sem vitimar os alunos com compromissos esquerdistas, sem admitir a visão do "ninguém educa ninguém", e sem ignorar a herança cultural, recordei-me de Mortimer Adler e de sua *liberal education*. Ao mesmo tempo, pensei em Hannah Arendt para examinar, também, a importância da herança cultural, a dicotomia entre nova geração e velha geração na educação, a relação educador-educando, por meio do seu texto *Crise na educação*.

E lembrei-me de Ken Wilber para olhar ao longe a fim de antever qual o sentido e qual o futuro do freireanismo. Todos nos servem para o propósito de examinar criticamente a concepção bancário-freireana e sua proposta libertadora.

---

19. FREIRE, 2003, pp. 254-255.

Mortimer J. Adler: uma proposta libertadora sem desprezo pelo passado

Mortimer J. Adler foi um educador norte-americano que propôs um método de leitura e análise de livros clássicos, que são aqueles de valor perene, capazes de nos ensinar algo em qualquer tempo. Também visava à educação para a cidadania. Mas sua ideia a respeito dos "depósitos" era inversa: antes de pensar num assunto, dizia Adler, tanto melhor que dominemos as ideias daqueles grandes pensadores, que escreveram grandes livros, para nos ajudar a pensar. Ele defendia o contrário de qualquer modelo pedagógico de descoberta.

Adler também falava em cidadania, também criticava alguns aspectos da sociedade moderna, cheia de distrações e frivolidades, também falava em educação para a liberdade e também dizia que não se vive só de lucro. Muitos dizem que esses termos são de Paulo Freire, mas eles trabalharam, provavelmente, sem ter nenhum contato um com o outro, mais ou menos na mesma época.

> A verdade, que tantos não veem, é que para uma vida plena precisa-se mais do que dinheiro e vantagens materiais. Os estudantes devem ser preparados e motivados para fazer de si mesmos os melhores seres humanos em que forem capazes de se transformar.[20]

Os socialistas gostam de se apropriar de conceitos porque não respeitam propriedade alguma. Mas não é propriedade dos socialistas a ideia de que não é só de lucro que se vive. Tampouco é exclusiva de Freire a visão do professor como cooperador. Além de Adler, há pelo menos Piaget, Feuerstein e Vygotsky que a utilizam. Todos com conotações diferentes.

"A causa primária do aprendizado genuíno é a atividade mental exclusiva do aprendiz, muitas vezes com a ajuda do

---
20. ADLER, 1984, p. 32.

professor atuando como uma causa secundária e cooperativa".²¹ Adler ensinava o aluno a ser ativo na leitura e ativo ao ouvir aulas. Essa atividade não era, necessariamente, coletiva e dialógica, mas interna, mental, individual.

Uma de suas críticas se dirigia à especialização crescente dos meios acadêmicos do século XX. Acreditava que uma cultura geral mais bem encaminhada e mais profunda deveria ser patrimônio de todos. Ele tinha expectativa de que todos recebessem grandes depósitos.

> Necessitamos de especialistas para nossa prosperidade econômica, para nosso bem-estar e nossa segurança nacionais, para o progresso continuado em todas as artes e ciências, e em todos os campos de estudo. Mas para benefício de nossas tradições culturais, de nossas instituições democráticas, de nosso bem-estar individual, nossos especialistas devem também ser generalistas, isto é, seres humanos educados de uma maneira geral.²²

A ideia de educação interminável, que não se interrompe com a aquisição de um diploma ou de uma profissão, era cara a Adler:

> Nenhuma quantidade de ensino, conforme foi dito antes, pode produzir uma pessoa educada. Ser verdadeiramente educado é um estado que se atinge pelo próprio esforço, normalmente depois de o ensino ter sido completado, nos últimos anos de vida.²³

Adler criticou os pagamentos baixos dados aos professores, o seu desprestígio, a sua carga enorme de trabalhos extraclasse e, mesmo assim, exortou os educadores à disciplina e ao exemplo. Este tipo de texto parece mais entrosado com o

---

21. *Ibid.*, p. 32.
22. *Ibid.*, p. 32.
23. *Ibid.*, p. 32.

dia a dia do afazer pedagógico, mesmo sendo dirigido aos norte-americanos de meados do século XX:

> Inquestionavelmente, a aula bem ensinada [sic], que desperta um vivo interesse na aprendizagem e dá aos estudantes um sentido de realização, ajudará a promover o decoro. (...) Muito se disse em anos recentes sobre a importância da escola no desenvolvimento do caráter moral, assim como da mente. Uma coisa é certa: não será pregando homilias morais ou dando pequenas lições de ética que o caráter moral será formado. O sentido da moral se desenvolve sob disciplina e exemplos que definem o comportamento desejável. Isso deve ser apoiado por medidas firmes para restringir ou evitar a má conduta. (...) O recrutamento para a profissão [docente] é dificultado pela média de pagamento que frequentemente é menor do que aquela de outros tipos de trabalho menos exaustivos. Não somente pagamos muito pouco aos nossos professores pelo trabalho que deles esperamos, como também deixamos, neste país, de dar-lhes o respeito que merece o valor de seu serviço à comunidade. Os professores dos Estados Unidos não desfrutam do *status* social que a importância de sua posição merece. (...) Acrescente-se a isso os múltiplos deveres administrativos, de relações públicas, e mesmo banais, que os professores são obrigados a desempenhar, deveres que desviam a mente e a energia do ensino, e será fácil compreender por que o nosso sistema educacional não é capaz de atrair muitos dos jovens mais capazes para a profissão de ensinar, ou de transformar aqueles que se integram às fileiras em professores adequados.[24]

Seu ponto de vista a respeito da disciplina está bem fora de moda no Brasil, onde se unem as perspectivas de Paulo Freire e de Foucault:

> Finalmente, uma palavra deve ser dita sobre o comportamento. A negligência neste aspecto pode ser completamente destrutiva da aprendizagem e frustrar os esforços dos melhores professores. Aos alunos deve exigir-se que se comportem na sala de aula e na escola de um modo conducente à aprendizagem. Deve-se lidar eficientemente com a infração das regras de conduta, feitas para esse propósito, e aplicar as penalidades

---

24. *Ibid.*, p. 38.

decorrentes. Onde a disciplina falha, onde a ofensa contra os professores ou colegas ficam impunes, as escolas e salas de aula são lugares onde há pouca ou nenhuma aprendizagem efetiva, e nenhum ensino.[25]

Sua obra *Como ler livros* é capaz de fazer de adultos de média cultura pessoas muito cultas e muito capazes. Sua visão se estendeu às obras clássicas de todos os tempos, à história dos Estados Unidos e à sua constituição. Sem o respeito a essa herança passada, para Adler, não há educação de verdade.

Hannah Arendt: educação conservadora e autêntica revolução

Hannah Arendt, filósofa política alemã de origem judaica, refugiada nos Estados Unidos por causa da perseguição nazista que ocorria na Europa, estudou com Heidegger e Karl Jaspers na juventude, e se notabilizou por pensar o fenômeno do totalitarismo em sua obra *As origens do totalitarismo*. Foi prolífica na redação de artigos e livros, entre os quais, *Entre o passado e o futuro*, do qual faz parte o artigo *A crise na educação*, no qual parece que Arendt nos chama para pensar os dias de hoje.

Sabemos que Paulo Freire falava de educação autoritária contra educação para a autonomia, mas que não trabalhou bem o conceito de autoridade. Aliás, ao propor que educadores e educandos se vissem como iguais, Freire solapou a autoridade, confundindo-a com autoritarismo, sem deixar de instilar, sutilmente, o seu veneno, na condução de classe de viés político que o professor freireano deverá fazer.

Vejamos o que pensa Hannah Arendt a respeito:

---

25. *Ibid.*, p. 63.

> Todos sabemos como as coisas hoje estão no que diz respeito à autoridade. Seja qual for a atitude de cada um de nós relativamente a este problema, é óbvio que a autoridade já não desempenha nenhum papel na vida pública e privada - a violência e o terror exercidos pelos países totalitários nada têm a ver com a autoridade - ou, no melhor dos casos, desempenha um papel altamente contestado. No essencial, significa isto que se não pede já a ninguém, ou se não confia já a alguém, a responsabilidade do que quer que seja. É que, em todo o lado onde a verdadeira autoridade existia, ela estava unida à responsabilidade pelo curso das coisas no mundo. Nesse sentido, se se retira a autoridade da vida política e pública, isso pode querer significar que, daí em diante, passa a ser exigida a cada um uma igual responsabilidade pelo curso do mundo. Mas, isso pode também querer dizer que, consciente ou inconscientemente, as exigências do mundo e a sua necessidade de ordem estão a ser repudiadas; que a responsabilidade pelo mundo está, toda ela, a ser rejeitada, isto é, tanto a responsabilidade de dar ordens como a de lhes obedecer. Não há dúvida de que, na moderna perda de autoridade, estas intenções desempenham ambas o seu papel e têm muitas vezes trabalhado juntas, de forma simultânea e inextricável. Ora, na educação esta ambiguidade relativamente à atual perda de autoridade não pode existir. As crianças não podem recusar a autoridade dos educadores, como se estivessem oprimidas por uma maioria adulta - ainda que, efetivamente, a prática educacional moderna tenha tentado, de forma absurda, lidar com as crianças como se se tratasse de uma minoria oprimida que necessita de ser libertada. Dizer que os adultos abandonaram a autoridade só pode portanto significar uma coisa: que os adultos se recusam a assumir a responsabilidade pelo mundo em que colocaram as crianças.[26]

Sua crítica severa não para por aí. Arendt destaca algo que é epidêmico, hoje, no Brasil: professores cheios de ideias pedagógicas em mente, mas sem domínio do conteúdo. Esses não fazem depósito não só por fidelidade a Freire, mas porque não podem, ou só podem fazer depósitos pobres e miseráveis.

---

26. ARENDT, 2002, p. 125.

> Sob influência da psicologia moderna e das doutrinas pragmáticas, a pedagogia tornou-se uma ciência do ensino em geral ao ponto de se desligar completamente da matéria a ensinar. O professor – assim nos é explicado – é aquele que é capaz de ensinar qualquer coisa. A formação que recebe é em ensino e não no domínio de um assunto particular. Como veremos adiante, esta atitude está, naturalmente, ligada a uma concepção elementar do que é aprender. Para além disso, esta atitude tem como consequência o fato de, no decurso dos últimos decênios, a formação dos professores na sua própria disciplina ter sido grandemente negligenciada, sobretudo nas escolas secundárias. Porque o professor não tem necessidade de conhecer a sua própria disciplina, acontece frequentemente que ele sabe pouco mais do que os seus alunos. O que daqui decorre é que, não somente os alunos são abandonados aos seus próprios meios, como ao professor é retirada a fonte mais legítima da sua autoridade enquanto professor. Pense-se o que se pensar, o professor é ainda aquele que sabe mais e que é mais competente. Em consequência, o professor não autoritário, aquele que, contando com a autoridade que a sua competência lhe poderia conferir, quereria abster-se de todo o autoritarismo, deixa de poder existir.[27]

Dois dos aspectos mais originais do pensamento *arendtiano*, e que podem nos ajudar a pensar sobre a concepção bancário-freireana, são seus conceitos de *natalidade*, derivado de sua tese doutoral sobre Santo Agostinho, e de *revolução*, trabalhado em sua obra *Sobre a revolução*. Arendt define que cada ser humano é absolutamente único, novo, individual, e que pode trazer ao mundo algo jamais visto simplesmente por ser quem é. Daí a ideia de natalidade: o que nasce não é mais um, como no mundo animal, é único. E os eventos construídos por muitos homens em conjunto, o que ela chama de ação, também geram novidades. A história não é uma repetição de eventos sempre repetidos, ou uma sucessão de conflitos dialéticos que se resolverão no futuro, na sociedade perfeita, como viam Hegel e Marx, e como pensava Freire. A história é

---
27. *Ibid.*, p. 127.

um mistério, e assim como cada ser humano é novo, cada ação – cooperação conjunta na qual aparecem o pensar, o dialogar e o atuar – é um ato revolucionário que traz ao mundo algo jamais visto. Não um passo a mais da dialética histórica. Não uma repetição de eventos já vividos de forma quase idêntica. Não um direcionamento providencial. Os homens criam sua realidade no espaço comum, e é aí que vivem a liberdade. Como dizer que crianças vivem isso? Não vivem.

As crianças são os seres novos que chegam ao mundo, mas o mundo já está pronto, e as suas tradições são realmente valiosas às novas gerações, assim como as novidades positivas que elas trazem são valiosas a elas mesmas e às próximas gerações. Ocorre que, fora de controle, as novas gerações – jovens rebeldes e pouco cultos, por exemplo – podem acabar destruindo um patrimônio cultivado por séculos e séculos, podem ignorar as causas de seus pensamentos e atos, podem ser feitos de marionetes por movimentos mais amplos, que os aparelham e os usam...

Segundo Arendt, o tesouro da revolução é o ambiente de liberdade que toda época pode trazer, quando é encarada por homens e mulheres dispostos a pensar e a agir. Isso não é o mesmo que descuidar das novas gerações negligenciando a entrega dos valores acumulados. Para ela, é sim preciso fazer amplos depósitos antes que a nova geração aprenda a investir em inovações. A educação, portanto, deve ser conservadora.

> É justamente para preservar o que é novo e revolucionário em cada criança que a educação deve ser conservadora. Ela deve proteger a novidade e introduzi-la como uma coisa nova num mundo velho, mundo que, por mais revolucionárias que sejam as suas ações, do ponto de vista da geração seguinte, é sempre demasiado velho e está sempre demasiado próximo da destruição. (...) Pela concepção e pelo nascimento, os pais humanos, não apenas dão vida aos seus filhos como, ao mesmo tempo, os introduzem no mundo. Pela educação, os pais

assumem por isso uma dupla responsabilidade – pela vida e pelo desenvolvimento da criança, mas também pela continuidade do mundo. Estas duas responsabilidades não coincidem de modo algum e podem mesmo entrar em conflito. Num certo sentido, a responsabilidade de desenvolvimento da criança vai contra a responsabilidade pelo mundo: a criança tem necessidade de ser especialmente protegida e cuidada para evitar que o mundo a possa destruir. Mas, por outro lado, esse mundo tem necessidade de uma proteção que o impeça de ser devastado e destruído pela vaga de recém-chegados que, sobre si, se espalha a cada nova geração. (...) A educação é o ponto em que decidimos se amamos o mundo o bastante para assumirmos a responsabilidade por ele e, com tal gesto, salvá-lo da ruína que seria inevitável não fosse a renovação e a vinda dos novos e dos jovens. A educação é, também, onde decidimos se amamos nossas crianças o bastante para não expulsá-las de nosso mundo e abandoná-las a seus próprios recursos, e tampouco arrancar de suas mãos a oportunidade de empreender alguma coisa nova e imprevista para nós, preparando-as em vez disso com antecedência para a tarefa de renovar um mundo comum.[28]

Ken Wilber: a pedagogia do oprimido e a perspectiva integral

Kenneth Earl Wilber Jr., conhecido como Ken Wilber, é um filósofo norte-americano que escreveu mais de vinte livros sob o ângulo de sua *integral approach* (perspectiva integral). Seus livros já foram publicados em dezenas de países. É um dos autores americanos mais traduzidos na atualidade. Seus temas de investigação são variados – filosofia, psicologia, religião, sociologia, antropologia –, mas sua perspectiva integral sempre os enfoca de modo a favorecer a interdisciplinaridade. Ficou conhecido como "Einstein da consciência". Em 2000, criou, junto a outros investigadores de diversos âmbitos, o Instituto

---

28 ARENDT, 2002.

Integral, a fim de promover cursos e o trabalho conjunto para desenvolver sua visão integral.

Não será possível resumir aqui, para o leitor, a perspectiva integral. Usarei apenas alguns de seus instrumentos para tentar enquadrar a pedagogia antibancária na história das ideias, e para definir melhor qual deve ser seu lugar daqui para diante.

A abordagem wilberiana da história das ideias é a seguinte: Wilber aproveita tudo de todas as épocas, sem exigências de predileção, de origem cultural, nem de filiações ideológicas, rejeitando apenas o que é nocivo, extremo, errado. Por exemplo:

A FILOSOFIA INTEGRAL APROVEITA O MELHOR DO:		
PRÉ-MODERNO	MODERNO	PÓS-MODERNO
Vários níveis de existência	Inovações da ciência	O significado emerge do contexto
Origem divina do homem	Autonomia do ego	O ego humano não é tudo
Grande cadeia do ser	Progresso cultural	Multiculturalismo sem perda de identidade
MAS REJEITA SUAS VERSÕES EXTREMAS:		
Conservadorismo mítico	Visão de mundo superficial	Relativismo cultural
Sistemas de castas	Hiperindividualismo	"Morte do autor"
Opressão hierárquica	Fanatismos nacionais	Derrota do mundo ocidental

(WILBER, 2001, p. 147)

Mas Wilber foi além desse esquema, aproveitando os resultados dos estudos do psicólogo Clare Graves, que foi um dos primeiros, junto a James Mark Baldwin, John Dewey e Abraham Maslow, a montar um esquema desenvolvimentista histórico de extraordinária aplicabilidade num amplo leque de atividades. O livro *Spiral dynamics* (1996), escrito por Don Beck, com seu colega Christopher Cowan, é uma magistral aplicação de princípios desenvolvimentistas em geral para problemas individuais e socioculturais.

Beck e Cowan participaram das discussões que culminaram com o fim do *apartheid* na África do Sul. Os princípios da espiral do desenvolvimento foram aplicados frutiferamente para reorganizar negócios, revitalizar comunidades, reformar sistemas educacionais e apagar o estopim de tensões internas em cidades. Para Wilber, a situação na África do Sul é um ótimo exemplo de como o conceito de níveis de desenvolvimento (que abarca visões de mundo, valores e necessidades) pode realmente reduzir e suavizar tensões sociais.

A espiral do desenvolvimento vê o desenvolvimento humano segundo oito níveis de consciência ou estruturas profundas: instintivo, animista/tribal (tifônico-mágico), deuses de poder (mágico-mítico), absolutista/religioso (mítico), individualista/conquistador (racional-egoico), relativista (visão lógica inferior), sistemático/integrativo (visão lógica média) e global/holístico (visão lógica superior). Não são, de maneira alguma, níveis rígidos, mas ondas fluidas que se sobrepõem e se interconectam, resultando numa teia ou espiral dinâmica do desdobramento da consciência. São conhecidos por *Memes*-V (elementos mentais genéticos que representam valores).

Espiral dinâmica

(Adaptação a partir de Wilber, 2002, p. 228)

Memes-V	Características	Quantidade
1. Bege Arcaico-Instintivo	Sobrevivência; reprodução. Alimento, aquecimento, sexo e segurança são as prioridades. É encontrado nas primeiras sociedades humanas, nos recém-nascidos, em pessoas senis, em pessoas em estágio avançado do mal de Alzheimer, em massas famintas, em pessoas com traumas de guerra etc.	0,1% da população mundial adulta. 0% de poder.
2. Roxo Mágico-Animista	Pensamento animista: espíritos mágicos, bons e maus, fervilham pela Terra trazendo bênçãos, maldições e encantamentos que determinam os acontecimentos. Tribos étnicas. Os espíritos dos antepassados aglutinam a tribo. O parentesco e a linhagem estabelecem os vínculos políticos. Forte em comunidades do terceiro-mundo, gangues, equipes esportivas e "tribos" corporativas.	10% da população mundial. 1% de poder.
3. Vermelho Deuses/Poder	Aqui, o eu se distingue da tribo, tornando-se: poderoso, impulsivo, egocêntrico, heroico, ativo, dominador. Espíritos mágico-míticos, dragões, feras e gente poderosa, deuses e deusas arquetípicos, seres poderosos. A base dos impérios feudais – poder e glória. Conquista, engana e domina; aproveita ao máximo, sem desculpa ou remorso. Manifesta-se na juventude rebelde, mentalidades de fronteira, reinos feudais, heróis épicos, líderes de gangues, soldados mercenários, astros de rock pesado etc.	20% da população mundial. 5% de poder.

4. Azul Regra/ Ordem/ Conformista	No azul, a vida tem significado, direção e propósito, com eventos determinados por um todo-poderoso outro ou ordem. Esta ordem justa impõe um código de conduta baseado em princípios absolutos e invariáveis de "certo" e "errado". A violação do código ou das regras apresenta severas, e talvez permanentes, repercussões. A obediência ao código gera recompensas. É a base das nações antigas. Cria hierarquias sociais rígidas; concebe apenas um modo correto de pensar sobre tudo. Lei, ordem e estabilidade; a impulsividade só é controlada através da culpa; frequentemente, a ordem ou missão é "religiosa" [no sentido da associação-mítica], mas pode ser secular ou ateia. É encontrado na China confucionista, na Inglaterra dickensiana, na disciplina de Singapura, nos códigos de cavalheirismo e de honra, nas boas ações caridosas, no fundamentalismo islâmico, nos escoteiros e bandeirantes, na "maioria moralista", no patriotismo.	40% da população mundial. 30% de poder.
5. Laranja Realização científica/ Progresso	Neste nível, o eu procura a verdade e o significado em termos individualistas – hipotético-dedutivos, experimentais, objetivos, mecanicistas, operacionais – "científicos" no sentido típico. O mundo é uma máquina racional bem lubrificada com leis naturais que podem ser aprendidas, controladas e manipuladas visando a interesses próprios. Altamente orientado para a conquista de objetivos; nos [Estados Unidos da América] EUA, especialmente, para ganhos materiais. As leis da ciência regulam a política, a economia e os acontecimentos humanos. O mundo é um tabuleiro de xadrez onde partidas são jogadas e os vencedores conquistam superioridade e privilégios em detrimento dos perdedores. Alianças de mercado; manipulação dos recursos naturais visando a ganhos estratégicos. Base dos estados corporativos. Encontra-se no iluminismo, na classe média emergente em todo o mundo, na indústria de cosméticos, na caça a troféus, no colonialismo, na Guerra Fria, na indústria da moda, no materialismo, no autointeresse liberal.	30% da população mundial. 50% de poder.

6. Verde Sensível/ Ecológico	Tem como base a harmonia e o amor. É comunitário, valoriza o vínculo humano, tem sensibilidade ecológica e opera em rede. Pretende livrar-se da ganância, dos dogmas, das divergências; sentimentos e cuidados substituem a fria racionalidade; acalentar a Terra, Gaia. Contra hierarquias; estabelece ligações laterais. Eu permeável, eu relacional. Ênfase no diálogo e nos relacionamentos. Decide através da reconciliação e do consenso, o que pode resultar no problema de "processamento" interminável e incapacidade de chegar a decisões. Renova a espiritualidade, cria harmonia, enriquece o potencial humano. Fortemente igualitário, anti-hierárquico, valores pluralistas, construção social da realidade, diversidade, multiculturalismo, sistemas relativos de valores; esta visão de mundo é frequentemente denominada de relativismo pluralista. Pensamento subjetivo, não linear; mostra um alto grau de calor humano, sensibilidade e cuidado pela Terra e por todos os seus habitantes. Pode ser encontrado nos movimentos: ecologia profunda, pós-modernismo, aconselhamento rogeriano, sistema de saúde canadense, psicologia humanística, teologia da libertação, Conselho Mundial de Igrejas, *Greenpeace*, direitos dos animais, ecofeminismo, pós-colonialismo, Foucault/Derrida, politicamente correto, movimentos de diversidade, assuntos de direitos humanos, ecopsicologia.	10% da população mundial. 15% de poder.

Em seguida, vem o pensamento de *segunda ordem*, assim chamado porque não tem mais uma visão limitada para si mesmo, conseguindo abranger os outros *Memes* valorativos em sua perspectiva.

Amarelo Integrativo	Aqui, "a vida é um caleidoscópio de hierarquias naturais (holarquias), de sistemas e formas" (WILBER, 2002, p. 67). Flexibilidade, espontaneidade e funcionalidade têm prioridade máxima. Diferenças e pluralidades podem ser integradas em fluxos naturais interdependentes. A igualdade é complementada por graus naturais de excelência, onde apropriado. Pensa que o conhecimento e a competência devem substituir posição, poder, *status* ou grupo. Entende que a ordem mundial prevalecente é resultado de diferentes níveis de realidade e dos inevitáveis padrões de movimento para cima e para baixo na espiral do desenvolvimento (hierarquia em forma de ninhos).	O pensamento de segunda camada abarca 1% da população mundial e 5% de poder. "Com apenas 1% da população no pensamento de segunda-camada (e somente 0,1% no nível turquesa), a consciência de segunda-camada é relativamente rara, sendo, atualmente, a 'ponta de lança' da evolução coletiva da humanidade" (WILBER, 2002, p. 67).

Turquesa Holístico	Sistema holístico universal, hólons/ondas de energias integrativas; une sentimento e conhecimento [centauro]; múltiplos níveis interconectados num sistema consciente. Ordem universal, mas num modo vivo e consciente, não baseado em regras externas (azul) ou ligações de grupo (verde). É possível uma "grande unificação" em teoria e na prática. Algumas vezes, envolve a emergência de uma nova espiritualidade como uma teia de toda a existência. O pensamento turquesa usa a espiral completa; vê múltiplos níveis de interação; detecta harmônicos, as forças místicas e os estados de fluxos que permeiam todas as organizações. A diretriz fundamental é a saúde da espiral completa e não o tratamento preferencial para algum nível específico.	O pensamento de segunda-camada abarca 1% da população mundial e 5% de poder. "Com apenas 1% da população no pensamento de segunda-camada (e somente 0,1% no nível turquesa), a consciência de segunda-camada é relativamente rara, sendo, atualmente, a 'ponta de lança' da evolução coletiva da humanidade" (WILBER, 2002, p. 67).

A visão freireana da educação antibancária/libertadora age como o *meme* verde (dialogal, sensível, carismático, compreensivo), muitas vezes, para fazer prosperar interesses de *meme* vermelho (revolucionário, conquistador, focado da derrota do inimigo). Neste momento da história, estamos passando por problemas causados sobretudo por um desvio do *meme* verde, que tinha dentro de si uma contradição quase invencível: a de supor que não há verdade, não há regras, não há ordem e, ao mesmo tempo, querer prevalecer sobre os outros porque não aceita que lhe neguem suas "regras", sua "ordem", sua "verdade". A contradição intrínseca ao *meme* verde está na visão antibancária: Paulo Freire denuncia uma opressão psicológico-intelectual que serve a uma elite econômica (laranja), enquanto instaura outra, também psicológico-intelectual, mediante uma fala humanística e libertadora (verde), para servir a interesses de poder (vermelho).

O problema do verde é o problema da Europa (quase inteira verde) com os islâmicos (que são ou azuis ou vermelhos). É o problema dos democratas dos Estados Unidos, que não entendem como Donald Trump, azul/laranja, pôde ter vencido. E é o problema do Brasil: a fala mansa dos verdes continua tentando empurrar goela abaixo dos brasileiros a agenda revolucionária (vermelha). Acontece que, no mundo todo, os conservadores azuis e os liberais laranja estão se unindo, expondo-se, lutando para impedir esse projeto de seguir adiante. O que resta é esperar que uma parte maior da humanidade saia do *meme* vermelho, que o verde bom se integre com azuis e laranjas, e que os amarelos e turquesas, capazes de compreender todos os estágios da espiral, façam parte das redações de leis, acordos e constituições, para que a retórica pseudotolerante do verde não seja explorada pelo vermelho a ponto de nos conduzir, novamente, a uma hecatombe.

Aparentemente, Paulo Freire transita entre o bom e o mau verde e, em alguns textos, beira o vermelho. Só nos resta aproveitar a parte verde benéfica: diálogo, respeito ao outro, dedicação ao que precisa, humildade e caridade. Todo o resto é armadilha. E cair nessa armadilha é cavar ainda mais fundo o buraco da inteligência brasileira.

Conclusão

Paulo Freire dedicou sua vida à alfabetização de adultos e ao avanço de uma agenda política. Podemos dizer que, num sentido, logrou êxito: conseguiu aumentar formidavelmente o número de eleitores do Partido dos Trabalhadores, e Luiz Inácio Lula da Silva acabou eleito cinco anos após a morte do pedagogo. Os índices educacionais do Brasil, contudo, não prosperaram de igual modo.

Não é justo atribuir-lhe toda a responsabilidade pelo descaminho da educação brasileira. Afinal, Freire apenas encabeçou uma tendência memética que já estava em curso. Mas parte considerável da responsabilidade é dele, sim.

Como meu relato pessoal indicou, muitos educadores aderiram à sua pedagogia do oprimido sem sequer examiná-la bem, para separar, nela, o que é joio e o que é trigo. Aderiram porque parecia bom, porque parecia o bem contra o mal. Era uma época de contrastes.

Mesmo assim, era possível enxergar confusões, imprecisões, inaplicabilidades, vácuos e vinculação ideológica. Dei amostras de alguns leitores de Freire que viram isso. Por que os educadores brasileiros fecharam os olhos a essas realidades? Estavam tão angustiados que precisavam de um messias? Queriam tanto fazer a revolução socialista prosperar que valia tudo, até enganar as crianças e os adolescentes? Era tão ruim o dia a dia que bastava viver de esperança?

O fato é que os tempos, agora, são outros. A mentalidade, no que diz respeito aos valores e ao comportamento, mudou, e está mudando ainda mais. As pessoas, em geral, não querem mais a revolução de tipo socialista, e não confiam mais na paz do verde, com sua retórica de direitos humanos, tolerância e pós-verdade. Aliás, só uma mentalidade pós-moderna (verde), que toma para si a ideia de que não há verdade, é que pode idolatrar uma pedagogia fundada em pensamentos como "ninguém educa ninguém", "o professor não sabe mais do que o aluno", "todos são sábios e aprendizes igualmente" etc.

Conforme vimos com Adler e Arendt, é preciso repensar disciplina e autoridade; a disciplina que aumenta as aquisições de bens culturais, o respeito e o decoro, e a autoridade advinda do saber. Como vimos com Wilber, temos que superar o tempo da pós-verdade sem deixar que o vermelho ascenda, limitando-o, pela revisão de políticas, pedagogias e leis, mediante um olhar de segunda ordem.

Acho que meus professores, e a mãe da minha amiga, só estavam imersos nessa mentalidade a que acabei de retratar, mas pouco preocupados com investigar para fazer aparecer verdades e eliminar erros e enganos. Mas onde está a coragem intelectual? Que eu sofra uma espécie de censura por ter escrito o que escrevi, ou que me mandem ao exílio, não importa! O que importa é que lancei um novo olhar sobre a concepção freireana de educação, iluminando limites e reconhecendo valores, que são os valores positivos do *meme* verde. Como são aspectos claramente descritos por grandes mentes da humanidade passada, e como achei muito melhor apresentadas as ideias e orientações dos autores contemporâneos que chamei para o diálogo, não vi nenhum grande mérito pedagógico em Paulo Freire. Talvez seja hora de reconhecermos que, como educador, ele foi um bom revolucionário.

REFERÊNCIAS BIBLIOGRÁFICAS

ADLER, Mortimer Jerome. **A proposta paideia**. Trad. de Marília Lohmann Couri. Brasília: Editora Universidade de Brasília, 1984.

ARENDT, Hannah. A crise na educação. In: ARENDT, Hannah. **Entre o passado e o futuro**. São Paulo: Perspectiva, 2002.

BECK, Don Edward; COWAN, Christopher C. **Dinâmica da espiral**. Instituto Piaget, 1996.

BERGER, Peter L. **Pyramids of sacrifice**: political ethics and social change. New York: Basic Books, 1974.

BOSTON, Bruce O. Paulo Freire. In: Stanley Grabowski, Syracuse University Publications in Continuing Education, 1972.CARVALHO, Olavo de. **Viva Paulo Freire!** [S. l.], 19 abr. 2012. Disponível em: <http://www.olavodecarvalho.org/semana/120419dc.html>. Acesso em: 15 jan. 2017.

CAULFIELD, Peter J. From Brazil to Buncombe County: Freire and posing problems. **The Educational Forum**, v. 55, n. 4, p. 307-318, 1991. Disponível em: < http://www.tandfonline.com/doi/abs/10.1080/00131729109335663>.

OHLIGER, John. **Critical views of Paulo Freire's work**. 1995. Disponível em: <http://www.bmartin.cc/dissent/documents/Facundo/Ohliger1.html#VII>. Acesso em: 14 fev. 2017.

EGERTON, John. Searching for Freire. **Saturday Review of Education**, p. 32-35, 10 mar. 1973. Disponível em: http://www.unz.org/Pub/SaturdayRev-1973mar10-00032.

FETTERMAN, David M. Review of the politics of education: culture, power, and liberation. **American Anthropologist**, v. 88, n. 1, p. 253-254, 1986. Disponível em: < http://onlinelibrary.wiley.com/doi/10.1525/aa.1986.88.1.02a00910/full>.

FREIRE, Paulo. **Pedagogia da indignação**: cartas pedagógicas e outros escritos. São Paulo: Editora UNESP, 2000.

_____. **Pedagogia da autonomia**. São Paulo: Paz e Terra, 2002.

_____. **Educação e atualidade brasileira**. São Paulo: Cortez, Instituto Paulo Freire, 2003.

_____. **Pedagogia do oprimido**. Rio de Janeiro: Paz e Terra, 2005.

_____. **Educação como prática da liberdade**. Rio de Janeiro: Paz e Terra, 2009.

GADOTTI, Moacir. **História das ideias pedagógicas**. São Paulo: Ática, 2003.

JAEGER, Werner. **Paideia**: a formação do homem grego. Trad. de Arthur M. Parreira. São Paulo: Martins Fontes, 2003.

KNUDSON, Rozanne. **On pedagogy of the oppressed**. Library Journal, 1971.

MILLWOOD, David. **Conscientization and what it's all about**. New Internationalist, 1974.

MONTAIGNE, Michel. **Os ensaios**: uma seleção. Organização de M. A. Screech. Trad. de Rosa Freire d'Aguiar. São Paulo: Companhia das Letras, 2010.

PAULSTON, Rolland G. Ways of seeing education and social change in Latin America: a phenomenographic perspective. **Latin American Research Review**. v. 27, n. 3, 1992. Disponível em: http://www.jstor.org/stable/2503740?seq=1#page_scan_tab_contents.

PLUTARCO. **Obras morais**: o banquete dos sete sábios. Trad. do grego, introdução e notas por Delfim F. Leão. Coimbra: CECH, 2008.

SCHOPENHAUER, Arthur. **A arte de escrever**. Tradução, organização, prefácio e notas de Pedro Süssekind. Porto Alegre: L&PM, 2009.

VIEIRA, David Gueiros. **Método Paulo Freire ou método Laubach?**. [S. l.], 19 abr. 2012. Disponível em: <http://www.midiasemmascara.org/artigos/educacao/12993-metodo-paulo-freire-ou-metodo-laubach.html>. Acesso em: 31 jan. 2017.

WILBER, Ken. **A união da alma e dos sentidos**. São Paulo: Cultrix, 2001.

_____. **Psicologia integral**. São Paulo: Pensamento-Cultrix, 2002.

Paulo Freire: uma teoria e metodologia em educação e sua eventual relação com o construtivismo*

12

Roque Callage Neto **

Resumo

Este capítulo se propõe a examinar possíveis intersecções entre a pedagogia de Paulo Freire - sua teoria e sua metodologia surgidas no contexto social dos anos 60, com fonte de inspiração na radicalidade ontológica comunitária cristã - e o construtivismo de origem em Jean Piaget, que fundamentou diversas iniciativas educacionais. Examina o ecletismo filosófico que influenciou Freire e sua metodologia de refazer a escola, transformando-a em círculo de cultura, tornando o educando o gerador de seus conteúdos de educação - e o professor, o coordenador de debates. Verifica a teoria biológico-cultural do construtivismo e sua metodologia aplicada à educação, tematizando que a aparente proximidade entre as duas escolas na construção de repertórios pelos educandos com a participação facilitadora do professor se dá somente no plano da *formalização performática*. Uma vez que Freire visa à geração de conteúdos e saberes dos educandos adultos como pessoas ontológicas comunitárias em comunhão e igualitarismo - visualizando mais ainda: sua ação política no mundo. Já o

---

* Publicado em: SANTOS, Thomas Giulliano Ferreira dos. Desconstruindo Paulo Freire. 1. ed. Porto Alegre: História Expressa, 2017.

** Doutor em Ciências Sociais pela Universidade de Brasília, professor e pesquisador em Sociologia do Conhecimento.

objetivo da metodologia construtivista é a construção de conhecimento pelos significados dos próprios educandos, num processo de reciprocidade de perspectivas, em que o papel fundamental do educador é aprender como os educandos podem *aprender melhor*. Essa reciprocidade de perspectivas se dá principalmente entre os próprios educandos a partir de níveis e momentos diferentes de suas existências, num processo de igualdade de condições.

Introdução

O trabalho de Paulo Freire teve uma perspectiva teórica e metodológica marcante no contexto de grandes polêmicas e modificações no Brasil e na América Latina desde os anos 60. Atravessou décadas, sendo ainda hoje referência para vários círculos pedagógicos. Sua principal origem foi o personalismo ontológico comunitário de Emmanuel Mounier, advindo da radicalidade cristã reformadora e fazendo intersecções ecléticas com outras fontes. Indago neste capítulo quais as possíveis aproximações com o construtivismo em educação representado por Jean Piaget. Residualmente faço algumas observações sobre Lev Vygotsky, muito diferenciado de Piaget, e sobre quem não se construiu ainda no Brasil propriamente uma escola sistemática de estudos pedagógicos e aplicabilidade educacional.

Para tanto, divido o presente capítulo em cinco partes. Após esta introdução, contextualizo o trabalho de Freire no período e na situação em que viveu as principais experiências de inauguração do seu método, e examino elementos sociais de formação da pedagogia freireana. Logo após, apresento sua epistemologia, sua metodologia e suas principais influências. Continuo, examinando o construtivismo, sua emergência no Brasil, as principais linhas e fundamentações teóricas em Piaget, sua metodologia e ainda Vygotsky. Passo então a investigar possíveis aproximações entre Freire e, principalmente, o construtivismo de Piaget, refletindo sobre sua procedência ou não, seus fundamentos, em que nível se dão e se configuram realmente o que se possa conceituar como uso por Freire de metodologia ou procedimentos construtivistas.

Paulo Freire e seu contexto

Paulo Freire foi um educador que iniciou trabalhos em alfabetização de adultos no pós-guerra dentro do Departamento de Serviço Social de Pernambuco, mas aprimorou plenamente sua atividade no início dos anos 60 do século passado – época de intensas movimentações políticas e sociais no Brasil, e de resto, em toda a América Latina. Herdaria desde logo a influência do movimento personalista cristão criado pelo francês Emmanuel Mounier nos anos 30, e prolongado nos anos 50 pela revista *Esprit*, que refutava o positivismo científico e a desumanização do homem pela técnica. No Brasil, isso redundaria na Ação Católica, organizadora de ações populares de reivindicação e idealização do novo homem, especialmente em meio aos espaços rurais do Nordeste.

Freire realizou seu trabalho na confluência de movimentos pela reforma agrária, ações de estudantes, círculos de sindicatos rurais e uma "metateoria" explicativa do Brasil advinda do governo Juscelino Kubitschek, a da redenção nacional pelo desenvolvimentismo. Visando retirar o Brasil da pobreza, essa teoria iria encontrar-se com uma versão mais radical no governo João Goulart, chamada *reformas de base*.

No início da década de 1960, havia forte embate por reformas, e a educação de jovens e adultos trabalhadores se inseria nesse embate político, social, cultural e pedagógico. Afirmava-se que o processo educativo aumentava o atraso econômico do país porque não atendia aos não escolarizados na idade própria, e defendia-se que deveria ser promovida a conscientização política das camadas e classes sociais assalariadas de muito baixa renda, de modo a incentivar sua organização e autonomia para um projeto de transformação social. Isso era chamado de educação ou pedagogia popular.[1]

Uma concepção que pretendia-se formadora da consciência nacional e de transformações político-sociais e conflitava com outra, que visava a preparar específicos recursos humanos para industrialização, modernização rural e dos serviços. A primeira tinha adeptos no Instituto Superior de Estudos Brasileiros (ISEB), vinculado ao Ministério da Educação e Cultura (MEC), e se aprofundava nos movimentos sociais. Havia política de mobilização de multidões que favorecia reivindicações de classe e passava a exigir, por exemplo, a reforma agrária. Várias experiências de alfabetização e de conscientização tinham parceria do Estado. Considerava-se que educação de adultos e cultura popular deveriam estar juntas e que ser educado era ser conscientizado. Uma forte politização do tema analfabetismo reunia muitos intelectuais e estudantes. Influenciados pelo nacionalismo, pretendiam romper vínculos de dependência do país com o exterior e valorizar o que conceituavam como cultura autêntica nacional, a cultura do povo.

Em 1960, fora criado o Movimento de Cultura Popular (MCP) em parceria com a Prefeitura Municipal do Recife. Havia ações de teatro, atividades culturais em praças públicas, escolas para crianças e adultos. Visava-se levar esclarecimento aos trabalhadores, com acesso à leitura e à escrita, que deveriam ampliar a transformação social.

---

1. Vários autores tratam do período, entre eles Celso de Rui Beisiegel (Estado e educação popular. São Paulo: Pioneira, 1974).

Em 1961, surgiu o Movimento de Educação de Base (MEB), sob liderança e articulação da Conferência Nacional dos Bispos do Brasil (CNBB), com origem em duas experiências de educação radiofônica do episcopado no Nordeste. O governo federal passou a patrociná-lo, para a criação de uma educação de base em emissoras católicas conveniadas ao MEC. Havia os setores da Igreja em torno da Juventude Operária Católica (JOC) e da Juventude Universitária Católica (JUC) que viam na educação de jovens e adultos mais um espaço de luta popular, e a União Nacional dos Estudantes (UNE) usava seu Centro Popular de Cultura para teatro, música, cinema e debate.

No mesmo ano, surgiu a campanha *De Pé no Chão Também se Aprende a Ler*, da Secretaria de Educação de Natal, em manifestações para estender a educação a todos. Alfabetizavam-se crianças e adultos em acampamentos escolares, surgindo, assim, bibliotecas, centros de formação de professores, círculos de leitura e praças de cultura.

Ampliando o trabalho iniciado em 1960, Paulo Freire e equipe ganhavam expressão com a alfabetização de adultos no Serviço de Extensão Cultural da Universidade do Recife. O que os diferenciava era a busca de conteúdos de educação aplicada em condições de o homem comum compreender educação e alfabetização como expressões culturais.

Em 1963, Freire ampliou a alfabetização de adultos em Angicos, no Rio Grande do Norte, popularizando o início do que seria conhecido como o *método Paulo Freire*, usado então pela maior parte dos movimentos anteriormente citados. A ação política aproximou educação e participação popular. Movimentos sociais de origem cristã passaram a defini-lo como *pedagogia de compromisso de promoção do homem à condição de sujeito e de realização das possibilidades humanas de aperfeiçoamento*. Iniciou-se o discurso crescente de que este era o caminho da democratização fundamental da sociedade com a busca do desenvolvimento econômico e da *autoapropriação do ser nacional*.

No início de 1964, o governo federal instituiu no MEC o Programa Nacional de Alfabetização (usando o referencial de Freire, convidando-o para coordenador). A ideia era alfabetizar aproximadamente cinco milhões de pessoas. Com a deposição de João Goulart, o programa foi extinto.

Elementos sociais de formação da pedagogia freireana

Fundamentado nessas experiências, Freire iria posteriormente escrever o primeiro (e também o seu mais detalhado e minucioso) livro sobre sua experiência, em que explicita a formação de seu pensamento e descreve uma estruturação de sua epistemologia e filosofia de educação: a sua teoria educacional, descrevendo princípios fundamentais e metodologia.[2]

Ele detalha uma teoria social da educação a partir de como entendia macroinstitucionalmente o Brasil, que viveria uma fase de transição. Freire considera que o país deixaria de ser uma sociedade reflexa antidemocrática – dirigida em sua consciência pelos acontecimentos do exterior – para tornar-se um projeto autônomo de nação:

> Vivia o Brasil exatamente a passagem de uma para outra época. Daí que não fosse possível ao educador, então, mais do que antes, discutir seu tema específico, desligado do tecido geral do novo clima cultural que se instalava, como se pudesse ele operar isoladamente.[3]

---

2. FREIRE, Paulo. *Educação como prática de liberdade*. Rio de Janeiro: Paz e Terra, 1967.

3. FREIRE, Paulo. A sociedade brasileira em transição. In: FREIRE, Paulo. *Educação como prática de liberdade*. Rio de Janeiro: Paz e Terra, 1967.

Em sua obra, realiza digressões sobre a trajetória brasileira desde o período colonial, apontando constantemente nossa inexperiência democrática de autogoverno, a imaturidade de nossas instituições políticas, as soluções paternalistas e a geração de um mutismo brasileiro, a inexistência de comunidades agrárias livres e a formação de um mandonismo sem povo. Freire ainda acentua a ausência de centros urbanos e de classes médias no passado, com o que chama de "uma consciência hospedeira da opressão externa, pelos colonizadores da metrópole" em vez de nascente na própria colônia.

A partir dessas constatações, incluindo o que considerava a total falta de importância do homem comum como eleitor e eleito no processo político, Freire realiza então o seu diagnóstico:

> (...) vasta inexperiência caracterizada por uma mentalidade feudal, alimentando-nos de uma estrutura econômica e social inteiramente colonial. Importamos a estrutura do Estado nacional democrático sem nenhuma prévia consideração a nosso contexto.[4]

E ainda:

> (...) superpúnhamos a uma estrutura economicamente feudal e a uma estrutura social em que o homem era vencido esmagado e "mudo", uma forma política e social cujos fundamentos exigiam, ao contrário do mutismo, a dialogação, a participação, a responsabilidade política e social.[5]

A contemporaneidade dos anos 60 seria então a fase de transição que demandaria uma resposta na pedagogia a estas condições:

---

4. *Ibid.*, p. 79
5. *Ibid.*, p. 80.

> Resposta que levasse em consideração o problema do desenvolvimento econômico, o da participação popular neste mesmo desenvolvimento, o da inserção crítica do homem brasileiro no processo de "democratização fundamental" que nos caracterizava (...).
>
> Estamos convencidos de que a contribuição a ser trazida pelo educador brasileiro à sua sociedade em partejamento, ao lado dos economistas, dos sociólogos, como de todos os especialistas voltados para a melhoria dos seus padrões, haveria de ser uma educação crítica e criticizadora. De uma educação que tentasse a passagem da transitividade ingênua à transitividade crítica, comumente como poderíamos, ampliando e alargando a capacidade de captar os desafios do tempo, colocar o homem brasileiro em condições de resistir aos poderes da emocionalidade da própria transição.[6]

Freire segue descrevendo o que seria seu projeto educacional inserido na realidade social brasileira. Afirma, concordando com Lipset,[7] que nas nações pobres, os mais altos estratos tendem a encarar direitos políticos dos mais baixos, particularmente os de interferir no poder, como "coisa absurda e imoral".[8] E ainda, de que quando as classes populares "emergem, descobrem e sentem esta visualização que delas fazem as elites, inclinam-se, sempre que podem, a respostas autenticamente agressivas"; essas elites, assustadas, "tendem a fazer silenciar as massas populares, domesticando-as com a força ou soluções paternalistas. Tendem a travar o processo (...)".

Em conclusão, ele considera que o problema crucial, o do desenvolvimento, seria conciliar "a supressão do projeto desumano de opressão das classes muito ricas sobre as muito pobres e de conciliar com um projeto autônomo da nação brasileira". O desenvolvimento seria a passagem para

---

6. FREIRE, Paulo. A sociedade brasileira em transição. In: FREIRE, Paulo. *Educação como prática de liberdade*. Rio de Janeiro: Paz e Terra, 1967. p. 86

7. Seymour Lipset, sociólogo norte-americano.

8. *Ibid.*, p. 86.

outra mentalidade. Haveria necessidade de adesão a reformas profundas, e a questão estaria "na emersão do povo e suas crescentes reivindicações cada vez mais sem assustar à classe dos mais poderosos".

As elites pareciam ter descoberto que ter privilégios não é só ter direitos, mas deveres, e seus interesses de grupo não se identificavam com a nação, mas seriam a *antinação*. Freire ainda faz críticas à classe média, que "sempre em busca de ascensão e privilégios, ingênua e emocionalizada, via na emersão popular, no mínimo, uma ameaça ao que lhe parecia perturbar sua paz".

Segundo o educador, o Brasil estaria vivendo uma época de mudança acelerada nos grandes e médios centros, onde uma rebelião popular correspondia à transitividade de consciência. Dever-se-ia lutar pela transformação da rebelião em inserção. O sujeito de que trata a obra do filósofo estaria participando nas diversas instituições sociais, desde a escola até sociedades, clubes, conselhos. Freire propõe então a superação da ignorância por uma forma de revolução cultural:

> Não seria a exclusiva superação do analfabetismo que levaria a rebelião popular à inserção. A alfabetização puramente mecânica. O problema para nós prosseguia e transcendia a superação do analfabetismo e se situava na necessidade de superarmos também a nossa inexperiência democrática. Ou tentarmos simultaneamente as duas coisas.[9]

> A democracia e a educação democrática se fundam ambas, precisamente, na crença no homem. Na crença em que ele deve construir os seus problemas. Os problemas do seu País. Do seu Continente. Do mundo. Os problemas do seu trabalho. Os problemas da própria democracia.[10]

---

9. FREIRE, Paulo. A sociedade brasileira em transição. In: FREIRE, Paulo. *Educação como prática de liberdade*. Rio de Janeiro: Paz e Terra, 1967. p. 94.
10. *Ibid.*, p. 96.

Epistemologia, metodologia e método

A epistemologia freireana é um cruzamento de enorme ecletismo entre escolas filosóficas, desde o humanismo cristão, através do personalismo comunitário de Emmanuel Mounier, predominante em seu trabalho, até a filosofia da dialética histórica hegeliana - que se encontra no espírito da nação *em si* e que se faz na contradição superior *para si*. Em alguns aspectos, como a narrativa das exclusões entre agentes antagônicos, encontra-se com a dialética da práxis formadora de consciência nas estruturas de produção marxista que se dividem em classes sociais. Ou, ainda, com a teoria social crítica de Frankfurt - escola que considerava os homens produtores de todas as suas formas de vida, atividades humanas e graus de seus poderes, mas submissos a variadas ligações instrumentais alienadas que os coisificam. Isso está presente em vários momentos de suas análises, principalmente em Erich Fromm. Freire ainda recorre ao movimento fenomenológico de inspiração em Max Scheller e Karl Jaspers. E também ao racionalismo crítico de Karl Popper, cuja filosofia social, amparada na seleção aberta e na amplitude progressiva das consciências, traz elementos de grande oposição a várias escolas anteriores.[11] Esse tipo de entrecruzamento ou justaposição sincrética de autores de variadas origens, até contraditórias, era bastante comum na ensaística do Brasil dos anos 60. Em seu livro já citado, Freire utiliza-se disso e cita frequentemente os representantes das escolas para nelas se apoiar, visando a argumentar permanentemente segundo a

---

11. Freire cita explicitamente o livro de Karl Popper, A sociedade aberta e seus inimigos (Belo Horizonte: Itatiaia, 1957).

perspectiva do *personalismo ontológico comunitário do homem como sujeito de sua própria ação, em situação de pessoa existencial*.[12]

O personalismo afirmou uma ontologia existencial como reação ao positivismo, salientando a dimensão irredutível do homem a determinações de sua natureza físico- biológica. Seu primado da consciência o aproximou do idealismo alemão e depois incorporou elementos metodológicos e conceituais da fenomenologia. Ao traduzir sentidos do homem no mundo em uma definição contemporânea de *pessoa*, ampliou-se da exclusiva imanência original espiritualista. Assim, o fenômeno *pessoa* não se reduz à dimensão da natureza nem sócio-histórica da realidade cultural. Embora as aceite no indivíduo, sustenta que não abarcam o sentido de *"pessoa"*, porque esta supera a contingência e o determinismo com a liberdade que provém da autonomia de sua própria existência.

O personalismo de Mounier indaga sobre a consciência, a liberdade e o infinito. Entende que a consciência é intencional, que a liberdade existe na autonomia, e que a significação do infinito é dada historicamente. É uma doutrina "que afirma o primado da persona humana sobre as necessidades materiais e sobre aparelhos coletivos que sustêm seu desenvolvimento", e seu principal aspecto é associar a noção de consciência à de comunidade, à de comunicação interpessoal e à de comunhão.[13] Propunha uma revolução comunitária alternativa aos erros do comunismo soviético e do liberalismo capitalista, que traria a sociabilidade ideal do humanismo, a justiça, a equidade

---

12. O ontologismo personalista é a referência básica do espiritualismo de Mounier. Freire viveu sua influência no Movimento de Cultura Popular do Recife e em grupos católicos de esquerda, sobretudo na Ação Católica e na Ação Popular, além de ter feito muitas leituras diretas. ("Os projetos pedagógico-políticos de Mounier e Paulo Freire". Entrevista com Balduino Andreola. *IHU On-Line Revista Instituto Humanitas Unisinos*, São Leopoldo, ano 5, n. 155, p. 14-17, 12 set. 2005. Disponível em: <http://www.ihuonline.unisinos.br/media/pdf/IHUOnlineEdicao155.pdf>.)

13. MOUNIER, Emmanuel. *O personalismo*. São Paulo: Centauro, 2004.

material e a liberdade individual. Mas esta seria diferente da individualidade liberal, pois crê que a pessoa é portadora de uma compreensão autônoma, que só pode ser pensada em comunicação com as outras percepções. Agindo num mundo comunitário pela comunicação das consciências, comunica a existência com outras. A revolução comunitária seria um processo de conscientização por toda a sociedade, com o meio fundamental da educação pelo qual as consciências tomam ciência crítica da realidade à sua volta. Ela deve ser pensada como tutela do próprio povo e não do Estado.

O livro *Educação como prática da liberdade* é o que traz a maior presença do ideário personalista na pedagogia de Paulo Freire. Seu livro posterior, *Pedagogia do Oprimido*, é considerado mais afim a uma versão *dialético-estruturante-operativa* da consciência, com ligações com a filosofia marxista. Escrito em linguagem mais de manifesto, quando já exilado no Chile, traz uma visão determinista de relações de produção e de luta permanente de classes, bem como enuncia o que seria concebido como *concepção bancária da educação*, resultante *das relações de produção capitalistas na educação*.[14]

Na descrição do primeiro capítulo do primeiro livro de Freire (*op. cit.*), Mounier já é citado como inspiração da *radicalidade cristã do progresso*, que implicaria, nos seus termos, "*impulso profundo e contínuo de uma ascensão do homem com a missão gloriosa de ser o autor da própria libertação*". Freire busca integração com os problemas tempo-espaciais do país- influência na antropologia personalista – o homem *pessoa* é sujeito capaz de atuar intencionalmente neste mundo: "não se reduzindo tão somente a uma das dimensões de que participa, qual seja a natural e a cultural – da primeira, pelo seu aspecto biológico, da segunda, pelo seu poder criador, o homem pode

---

14. FREIRE, Paulo. *Pedagogia do oprimido*. Rio de Janeiro: Paz e Terra, 1970.

ser eminentemente interferidor",[15] pois "o homem, e somente ele, é capaz de transcender". A reflexão do sujeito sobre si mesmo, apreendendo o sentido do existir com abertura à sua ressignificação é uma noção personalista.

Ele não vê a transcendência como:

> resultado exclusivo da transitividade de sua consciência, que lhe permite auto-objetivar-se e, a partir daí, reconhecer órbitas existenciais diferentes, distinguir um *eu* de um não *eu*; mas também (...) para nós, na raiz de sua finitude. Na consciência que tem desta finitude. Do ser inacabado que é e cuja plenitude se acha na ligação com seu Criador.[16]

Na página 106 do quarto capítulo, posiciona-se por uma ontologia educacional, pretendendo educação "integrada ao nosso tempo e levando o homem a refletir sobre sua ontológica vocação de ser sujeito". No trabalho, usa elementos de antropologia cultural, psicologia social, filosofia da educação e sociologia do conhecimento na pedagogia.

Sua teoria derivada aparece como educação para a decisão, a necessidade de uma reforma urgente e total no processo educativo. Não se trataria, então, de projetos e programas, mas de:

> (...) reforma que atingisse a própria organização e o próprio trabalho educacional em outras instituições ultrapassando os limites mesmos das estritamente pedagógicas", possibilitando "ao homem a discussão corajosa de sua problemática, colocando-o em diálogo constante com o outro. Como ser cada vez mais consciente de sua transitividade (...).[17]

Temos então, interligados, princípios da transcendência pela ontologia da pessoa comunitária, a comunicação das consciências que se fazem transitivas e por isso críticas para serem sujeitos de sua ação no mundo. Isso se realiza e se amplia,

---

15. FREIRE, 1967. p. 41.
16. *Ibid.*, p. 40.
17. FREIRE, Paulo. *Pedagogia do oprimido*. Rio de Janeiro: Paz e Terra, 1970. p. 88-90.

segundo Freire, na educação para o desenvolvimento e a democracia.

Metodologia e método

No capítulo quatro (Educação e Conscientização), há descrição mais detalhada de uma metodologia. Trata-se de proporcionar meios de construção própria do saber pelo educando que se faz educador de si próprio, pois Freire já criticara que:

> (...) discursamos aulas. Não debatemos ou discutimos temas. Trabalhamos sobre o educando. Não trabalhamos com ele. Impomos-lhe uma ordem a que não adere, mas se acomoda. Não lhe propiciamos meios para o pensar autêntico, porque recebendo as fórmulas que lhe damos, simplesmente as guarda.[18]

O educador é também um educando ao proporcionar estas condições, pois ele pretende uma modificação organizacional e cultural das instituições tradicionais:

> Assim, em lugar da escola, que nos parece um conceito, entre nós demasiado carregado de passividade, em face de nossa própria formação (mesmo quando se lhe dá o atributo de ativa), contradizendo a dinâmica fase de transição, lançamos o Círculo de Cultura. Em lugar do professor, com tradições fortemente "doadoras", o Coordenador de Debates. Em lugar de aula discursiva, o diálogo. Em lugar de aluno, com tradições passivas, o participante de grupo. Em lugar de "pontos" e de programas alienados, "programação compacta", "reduzida" e "codificada" em unidades de aprendizado.[19]

Freire considerava duas instituições básicas para a educação e a cultura popular no projeto de educação de adultos: o círculo de cultura e o centro de cultura. No primeiro, criara

---

18. FREIRE, 1967, p. 97.
19. FREIRE, 1967, pp. 102-103.

debates de grupo visando ao *aclaramento de situações*, e a gerar ações decorrentes dessas. Aqui, observa-se a projeção de uma heurística que ultrapassa o âmbito estritamente pedagógico. Vejamos a própria metodologia expositiva:

> A programação desses debates nos era oferecida pelos próprios grupos, através de entrevistas que mantínhamos com eles e de que resultava a enumeração de problemas que gostariam de debater. "Nacionalismo", "Remessa de lucros para o estrangeiro", "Evolução política do Brasil", "Desenvolvimento", "Analfabetismo", "Voto do Analfabeto", "Democracia" eram, entre outros, temas que se repetiam, de grupo a grupo.[20]

Chegamos então ao que ficou mais popularizado como o método Paulo Freire. Método que Freire chama de *ativo*, pois pretendia ter na alfabetização de adultos os mesmos resultados que obtinha na análise da realidade brasileira.

> (...) Desde logo, pensávamos a alfabetização do homem brasileiro em posição de tomada de consciência, na emersão que fizera no processo de nossa realidade, num trabalho em que tentássemos a promoção da ingenuidade em criticidade, ao mesmo tempo em que alfabetizássemos.
>
> (...) Pensávamos numa alfabetização que fosse em si um ato de criação, capaz de desencadear outros atos criadores. Numa alfabetização em que o homem, porque não fosse seu paciente, seu objeto, desenvolvesse a impaciência, a vivacidade, característica dos estados de procura, invenção e reivindicação.[21]

Examinaremos mais adiante comparativamente o conceito central de tomada de consciência. Paulo Freire sustenta que a consciência crítica é a *representação das coisas e dos fatos como se dão na existência empírica*, nas suas correlações causais e circunstanciais.

---

20. *Ibid.*, p. 103.
21. *Ibid.*, pp. 103-104.

O método então seria ativo, dialogal, crítico e criticizador, com modificação dos conteúdos programáticos da educação e com uso de técnicas de redução e codificação. O que significam esses conceitos? O filósofo argumenta que todos os primeiros se resumem a instalar uma relação de simpatia entre os polos de diálogo, realizando o que chama de *verdadeira comunicação*. Um diálogo de relação horizontal, com a crença de que *somente chego a ser eu mesmo quando os demais também cheguem a ser eles mesmos*.

Aqui vemos a perspectiva do personalismo comunitário. Observemos, portanto, os passos seguintes, que incluem modificação do conteúdo programático. Freire justifica como o uso do conceito antropológico da cultura faz *acrescentamento do mundo* (a ideia de que o homem é criador e desenvolvedor de cultura) e trata o aprendizado da escrita e da leitura como uma chave com que o analfabeto iniciaria a sua introdução no mundo da comunicação escrita.

A partir daí, o analfabeto operaria uma mudança em suas atitudes anteriores. Descobrir-se-ia criticamente como fazedor deste mundo de cultura. Ao constatar que tanto ele como o letrado têm um ímpeto de criação e recriação,[22] e que a cultura pode ser tanto o boneco de barro feito pelos artistas do povo como o trabalho de um grande escultor.

Passar-se-ia então ao que Freire chamou de técnicas de redução. Seria a redução do conceito de cultura a dez situações existenciais codificadas, apresentadas pelo professor (que Freire chamava de coordenador dos debates) com um número determinado de elementos, a serem decodificados pelos alfabetizandos. Evidentemente, situações vividas pelos membros do círculo.

---

22. FREIRE, 1967, p. 108.

Ele considerava que essa representação não impunha conteúdos de ensino. Passava-se ao levantamento do universo vocabular dos grupos, em encontros com os moradores e seus vocábulos mais típicos, para levar os educandos a apreender criticamente o mecanismo de formação vocabular, fazendo eles mesmos as combinações.

Dessas entrevistas, saíam palavras geradoras. Na segunda fase, constituída de palavras colocadas em sequência, das menores às maiores dificuldades, considerava-se o engajamento da palavra numa realidade social, cultural e política.

A terceira fase consistia, então, na criação de situações-problema codificadas, que deveriam ser decodificadas pelo grupo com o auxílio do coordenador, realizando-se debates. O grupo deveria se conscientizar para ao mesmo tempo se alfabetizar. Situações locais abririam também perspectivas de temas nacionais e regionais. Os coordenadores organizariam roteiros para acompanhamento. E a próxima fase traria a decomposição das famílias de fonemas correspondentes então às palavras geradoras.

Há uma sequência em que se apresenta a palavra geradora, representa-se graficamente sua expressão oral e se debatem suas implicações. Inicia-se a decodificação da situação que ela envolve, e apresenta-se a palavra sem o objeto que a nomeia. Consideram-se depois essas famílias de palavras em conjunto, o que leva ao reconhecimento das vogais. Começam-se a criar palavras com combinações de fonemas, tais como tijolo, que é apresentado com o objeto; discutido em todas as situações possíveis e depois apresentado silabicamente sem o objeto. Motivava-se o educando a reconhecer toda a família fonêmica combinando a consoante com as vogais – ta-te-ti-to-tu e ja-je-ji – e assim sucessivamente.

A fase seguinte era composta, então, de palavras que os educandos iam compondo com os elementos silábicos das famílias fonêmicas que aprenderam, ou seja, interligando sílabas. Freire denominava seu método como analítico-sintético, jogando com a elaboração dos próprios alfabetizandos na elaboração dos textos. Terminava sua exposição insistindo com o argumento de que "na alfabetização de adultos, para que não seja puramente mecânica e memorizada, o que se há de fazer é proporcionar-lhes que se conscientizem para que se alfabetizem". E passava a deduzir que "na medida em que um método ativo ajude o homem a se conscientizar em torno de sua problemática, em torno de sua condição de pessoa, por isso de sujeito, se instrumentalizará para as suas opções".

Até aqui, há um trabalho que se poderia considerar propedêutico e pedagógico. Mas Freire demonstra que esse resultado especializado não o satisfaz. Ele quer criar consciências para a atividade de posição política. É quando concluirá:

> Aí, então, ele mesmo se politizará. Quando um ex-analfabeto de Angicos, discursando diante do Presidente Goulart, que sempre nos apoiou com entusiasmo, e de sua comitiva, declarou que já não era *massa*, mas povo, disse mais do que uma frase: afirmou-se conscientemente numa opção. Escolheu a participação decisória, que só o povo tem, e renunciou à demissão emocional das massas. Politizou-se. (...) É claro que não podíamos nos satisfazer e já o dissemos, com a alfabetização apenas, ainda que não puramente mecânica. Pensávamos, assim, nas etapas posteriores à alfabetização, dentro de um mesmo espírito de uma pedagogia da Comunicação. Etapas que variariam somente quanto à formação curricular[23]

---

23. FREIRE, 1967, p. 119.

O construtivismo e seu contexto de emergência no Brasil

O construtivismo é, ao mesmo tempo, uma teoria da ciência e uma teoria da construção de conhecimento, aprendizagem e ensino humanos. As concepções são construídas num processo de crescente complexidade em que modelos teóricos e referências são criados por assimilação e acomodação entre o sujeito e o mundo natural e social (os objetos), organizando o conhecimento em estruturas de explicação. Isso é feito por adaptação. Dessa forma, ativam-se estruturas cognitivas para melhor compreensão. Sucessivas e permanentes relações entre assimilação e acomodação, ora de um modo, ora de outro, fazem adaptação do indivíduo ao meio externo em interminável desenvolvimento cognitivo.

O construtivismo desenvolveu-se por meio de dois principais representantes – o suíço Jean Piaget e o russo Lev Vygotsky, que diferem muito entre si – e encontrou aplicação no campo educacional a partir das pesquisas dos dois cientistas. Observaremos essas tendências, detendo-nos especialmente em Piaget, que foi amplamente conhecido no Brasil ao longo de décadas e aplicado em experiências educacionais. Vigotsky, por sua vez, só recentemente passou a ser motivo de alguma pesquisa e estudo no País.

O estudo sobre as ideias de Piaget no Brasil tem longa trajetória formulada em inúmeros trabalhos e exposições sobre a procedência do construtivismo. O movimento da Escola Nova, desde os anos 30, abriu espaço para a difusão de Piaget; a associação entre suas pesquisas epistemológicas e a educação deve-se, também, a suas atividades em instituições da área, assim como aos próprios conceitos sobre os quais elaborava sua teoria. A propagação consolidou-se a partir dos anos 60, com a formação de núcleos piagetianos em sete estados brasileiros; a Faculdade de Filosofia da Universidade Federal do Rio de Janeiro (UFRJ) abriu um novo espaço de difusão, formando um núcleo carioca. Ao longo dos anos 60 e 70, houve outras correntes que foram obstáculo à divulgação da teoria piagetiana.[24]

A partir dos anos 80, retomaram-se pesquisas piagetianas dirigidas à realidade brasileira e reiniciou-se o movimento construtivista e a prática educacional a partir da referência a uma aluna de Piaget, a psicóloga argentina Emilia Ferreiro. Ela pesquisou o processo mental pelo qual as crianças aprendem a ler e a escrever, chamando sua teoria de construtivismo. Escolas começaram a utilizar o construtivismo em sala de aula e mudaram a forma de alfabetizar as crianças. No princípio, o nome se aplicava à teoria de Ferreiro, que deu base científica para formular novas propostas pedagógicas de alfabetização. Acentuava-se que as crianças não aprendem do jeito que são ensinadas, e que conhecer e construir necessitam de projetos de assimilação e acomodação, reorganizando a forma como se interage com o mundo. Aplicaram-se estudos sobre momentos do desenvolvimento do aluno e esquemas de elaboração mental, respeitando sua construção de significados e sua individualidade no contexto em que se achava.

O construtivismo atualizou também o que já fora tentado na comunidade educativa escolar pela corrente teórica de Piaget no Brasil, e diferentes tentativas de aplicar nas salas de aula as concepções da epistemologia genética. A obra também foi incluída em discursos e muitas experiências desde os anos 80 e 90 que não eram construtivistas, embora se designassem como tal. Autores ultrapassaram teorias originais para tentar

---

24. VASCONCELOS, Mário Sérgio. *A difusão das ideias de Piaget no Brasil*. São Paulo: Casa do Psicólogo, 1996. A Escola Nova foi um grande movimento de renovação da educação no Brasil, surgido na década de 30, defendendo a universalização da escola pública laica e gratuita, entre outros itens. Seus principais líderes foram Anísio Teixeira e Fernando de Azevedo.

aplicá-las ao contexto escolar, fazendo considerações sobre métodos e opções pedagógicas do professor, exagerando seu papel de auxiliar de conhecimentos e interferindo erradamente na dinâmica escolar e na estrutura da escola: tirando, do professor, sua função de apresentador de conhecimento e, do aluno, o papel de elaborar ideias e discuti-las. O construtivismo pedagógico valoriza a ação do estudante como construtor de seu conhecimento e tira do professor a posição de detentor incontestado do saber, o que não desvaloriza os chamados *conteúdos escolares*. O professor pode ensinar discutindo a elaboração e apresentando pistas para a criança chegar ao conhecimento, fornecendo outros que o sustentam, e pode, também, abordar de forma expositiva ou não perspectivas e procedimentos necessários à produção dos conhecimentos.[25]

Principais fundamentações e linhas em Piaget e Vygotsky

Se Piaget observou o conhecimento como construído ativamente pelo aluno via interação com os objetos, em Vygotsky, isso provém principalmente da interação social do ambiente que se interioriza no agente, construindo perspectivas estruturantes. Vygotsky vê o sujeito como ser eminentemente social, concordando com o pensamento marxista e considerando o próprio conhecimento como um produto social. Sustenta que todos os processos psicológicos superiores (comunicação, linguagem, raciocínio) são adquiridos no contexto social e que depois se internalizam.

---

25. Vânia Massabni faz boas considerações a respeito em *O construtivismo na prática de professores de ciências*: realidade ou utopia? (Revista Ciências & Cognição. Rio de Janeiro: Organização Ciências e Cognição - OCC - e Ciências e Cognição - Núcleo de Divulgação Científica e Ensino de Neurociência - CeC-NuDCEN - da UFRJ, v. 10, p. 104-114, mar. 2007).

Assim, apesar de Piaget e Vygotsky concordarem que o desenvolvimento é um processo dialético e que as crianças são cognitivamente ativas ao imitarem modelos em seu mundo social, divergem sobre inúmeros outros aspectos. Piaget tem a convicção de que o desenvolvimento de funções cognitivas precede a aprendizagem, e Vygotsky, de que a aprendizagem pode (e deve) anteceder o desenvolvimento, pois diz que aprendizagens podem contribuir tanto para transformar ou organizar outras áreas de pensamento como para seguir o amadurecimento, precedê-lo e mesmo acelerar seu progresso. Esta última ideia revolucionou a noção de que processos de aprendizagem são limitados pelo desenvolvimento biológico que depende do processo individual e não pode ser acelerado. Ainda considera que o desenvolvimento biológico pode ser decisivamente influenciado pela escola e pelo ensino, pois sustenta que a interação social influencia o desenvolvimento de altas funções mentais, como a memória voluntária, a atenção seletiva e o pensamento lógico. Sugere que a escola atue na estimulação de relações, desencadeando a interação da criança com outras pessoas. Esses atos internalizados se incorporariam ao seu desenvolvimento.

Já Piaget desenvolveu uma teoria psicogenética explicando como o indivíduo, desde o nascimento, constrói conhecimento. Essa teoria é a mais conhecida concepção construtivista da formação da inteligência. Ele foi um dos primeiros estudiosos a pesquisar cientificamente como o conhecimento era formado na mente de uma pessoa, iniciando seus estudos com a apreciação de bebês. Observou como um recém-nascido passava do estado de não reconhecimento de sua individualidade frente ao mundo que o cerca, indo até a adolescência, quando já há o início de operações de raciocínio mais complexas.²⁶

Tentando resumir suas vastas considerações, não existe um novo conhecimento sem que o organismo tenha um anterior para poder assimilá-lo e transformá-lo. A interação com o meio proporciona representações básicas a partir de uma estrutura hereditária constituída, mas o desenvolvimento do indivíduo vai dotando-o de conhecimentos sobre a realidade que, ao relacionarem-se com ela, ampliam-se e dão entrada a novos conhecimentos. Isso configura sistemas evolutivamente diferenciados e característicos de etapas que se repetem em todos os indivíduos. A construção da inteligência dá-se em etapas ou estágios com complexidades crescentes, encadeadas umas às outras. Isso foi chamado de *construtivismo sequencial*.

Desde as primeiras fases infantis voltadas para motricidade e sensorialidade, até o que ele chamava de fase operatório lógico-formal, que estaria entre os 12 e 16 anos, mediaria um longo percurso de reconhecimento para atuação cultural e educacional. O raciocínio que forma hipóteses dedutivas é característico nos adultos, etapa do desenvolvimento da inteligência que corresponde ao nível de pensamento hipotético-dedutivo ou lógico-matemático. A partir dessa estrutura, é possível a dialética que permite que a linguagem crie um nível de discussão para chegar a uma conclusão. A organização grupal já pode criar cooperação e reciprocidade.

Isso tem construções igualmente éticas: Piaget verificou que a origem do juízo moral na criança passa por duas grandes fases. Na primeira, a moralidade confunde-se com

---

26. Chamou as bases de sua teoria de epistemologia genética, fundamentando-a em dois de seus livros mais famosos, O nascimento da inteligência na criança (Rio: Zahar, 1970) e A linguagem e o pensamento da criança (Rio: Fundo de Cultura, 1973).

o universo físico, porque as normas morais são entendidas como leis heterônimas, provenientes das coisas em geral não representadas, e por isso intocáveis, não modificáveis, sagradas. Os imperativos são interpretados ao pé da letra, e não relacionados entre si. Não há distinções. Por exemplo, será considerado mais culpado quem distorceu por engano a realidade, afirmando algo implausível, do que quem intencionalmente mentiu usando algo verossímil. Na fase posterior, normas são entendidas como sociais, cujo objetivo é regular relações entre os homens. Em torno dos dez aos onze anos, a criança passa a compreender a si mesma como possível agente no universo moral, capaz de ter relações de reciprocidade, de estabelecer e defender novas regras. Da obediência passiva a mandamentos, sucede a obediência ativa do respeito mútuo. Há empatia e apreciação segundo condições que prevaleceriam entre um e outro.

Durante a gênese do desenvolvimento, há correspondência entre a passagem da heteronomia para a autonomia moral e a passagem do estágio pré-operatório para o operatório. Pois a autonomia moral pressupõe uma razão também autônoma, capaz de chegar por si mesma a verdades através de amplas relações de causa e efeito. Tal capacidade depende da reversibilidade das operações mentais, que é característica do estágio operatório. No campo do saber objetivo, a criança troca a crença pela demonstração; e no campo moral, passa do dogma e do tabu para a justificação.

A ação sensório-motora das crianças tem uma forma de reversibilidade de ações diretas e inversas, próprias do pensamento prático, ligado à ação do momento. Não alcança transformações diretas e inversas simultâneas, nem o mesmo nível entre as afirmações e as negações, que caracterizam o pensamento abstrato.

A reversibilidade operatória, que possibilita elaboração de conceitos, tem duas formas complementares: a inversão com negação e a reciprocidade. A primeira nega a própria operação antes afirmada; a segunda consiste em inverter a ordem sem negar as operações em jogo. São ações internas que fazem transformações diretas e inversas simultâneas segundo provocações da realidade e dos objetos. É aí que são superadas as perturbações e desequilíbrios provocados por uma novidade. Chega-se à adaptação.

A adaptação e o equilíbrio criam condições reversíveis para que o sujeito construa estruturas superiores e lógicas que possibilitam o que Piaget denominou de tomada de consciência. Esta está diretamente vinculada à abstração reflexionante – ações e operações que transferem para um nível superior o que foi tirado de um nível inferior de atividade. Para chegar a este nível, e após a tomada de consciência, existem outras abstrações e reflexionamentos anteriores que o sujeito constrói. Tudo ocorre de maneira móvel e não estática. O processo é permeado por movimentos de ação, reconstituição, comparação e reflexão sobre a reflexão (pensamento reflexivo).

A relação entre abstração reflexionante e a tomada de consciência está na tomada de consciência em nível superior. Há uma reversibilidade diferenciada que se torna então uma reflexão sobre uma reflexão.

O processo construtivo do conhecimento advém de um complexo sistema que gera reflexão da reflexão e conscientização – que é pensamento, abstração refletida e tomada de consciência. Esta surge quando a possibilidade se relaciona a um sentimento de lacuna na compreensão de mundo. O sujeito se depara com as questões e reflete sobre suas propriedades e seu conhecimento anterior, advindo daí uma novidade.

Ao agir ativamente sobre o mundo, constrói ideias que se organizam em estruturas de pensamento por conservação e continuidade que mantêm as estruturas, pois toda estrutura possui algo que se conserva para se manter. Sem continuidade, não haveria construção progressiva nem desenvolvimento da estrutura e, portanto, não haveria conhecimento.[27] Se também não desequilibrasse estruturas anteriores, não haveria possibilidade de captar a novidade. A função do desequilíbrio possibilita a reversibilidade. Essa é a inversão necessária para o raciocínio lógico.

Piaget opõe-se às teorias que concebem a formação da consciência como simples interiorização de modelos culturais impostos pelo meio – que levam à relação social de coerção. A criança passa por esse estágio quando nasce a consciência moral, mas não é o suficiente para levar à autonomia; ao contrário, a coerção reforça a heteronomia moral e seu egocentrismo correspondente.

Há outro tipo de relação social que Piaget chamou de cooperação. A consciência da criança passa pela experiência de participar de uma relação social a ser constituída e na qual deverá colocar-se sob o ponto de vista alheio para garantir o acordo e o respeito mútuos. É a empatia. A relação de interiorização deve ser substituída por outra: a de construção. A aprendizagem não é só um processo pelo qual o sujeito, pouco a pouco, repete em seus pensamentos e atos a cultura em que nasceu, mas uma construção que passa por várias etapas sucessivas e hierarquizadas em que a última é superior à anterior.

O construtivismo veio modificar e ampliar duas principais correntes teóricas de aprendizagem, a *empirista* e a *apriorista*. A primeira, com muitos adeptos, considera que as

---

27. PIAGET, Jean. *A psicologia da inteligência*. Rio: Fundo de Cultura, 1967, p. 211.

bases do conhecimento estão nos objetos e em sua observação, sem elementos inatos no aluno. O conhecimento fluiria de um para outro pelo contato oral, escrito ou gestual. Já os aprioristas consideram que o próprio sujeito é a origem do conhecimento, por trazer geneticamente um estoque deste, sendo a função do professor estimulá-lo. Piaget não acreditava nem em uma resposta, nem em outra. O sujeito conhece tanto por ter prévias estruturas cognitivas como por sua relação com o mundo e os objetos. Essas estruturas originam-se biologicamente e evoluem culturalmente.

Metodologia

Piaget vê o professor mais como um espectador do desenvolvimento e favorecedor dos processos de descobrimento autônomo de conceitos do que como um agente que deve intervir incessantemente na assimilação do conhecimento. É uma visão de desenvolvimento cognitivo que examina grande quantidade de aspectos (desenvolvimento cognitivo desde o nascimento até a idade adulta, desenvolvimento moral, noções sociais, lógicas, matemáticas).

Evidentemente, como metodologia, isso implica que o aluno participe de um ambiente que permita e até impulsione uma interação muito grande com o objeto de estudo. Essa interação deve integrar tal objeto à realidade do sujeito dentro de suas condições, de forma a estimulá-lo e a desafiá-lo, ao mesmo tempo, permitindo que as novas situações criadas possam ser adaptadas às estruturas cognitivas existentes, propiciando seu desenvolvimento. Supõe que o professor realmente conscientize-se da importância do educador viabilizador e conhecedor atento de que todos os processos de aprendizagem passam por interação muito forte entre o sujeito da aprendizagem e o objeto, ou seja, o professor, os instrumentos, os colegas, a temática.

Também há necessidade de o professor manejar o erro e a avaliação como importantes fontes de aprendizagem, pois questiona-se sobre consequências de suas atitudes e que, com seus erros ou acertos, irá construindo conceitos, e não apenas verificando a proporção entre o que foi repassado para o aluno e o que foi realmente assimilado. Essa é uma prática comum no ensino empirista. É preciso verificar adaptações e "equilibrações" dos educandos.

Autores consideram que há mais ampla integração do conhecimento quando as crianças defendem seu ponto de vista num processo de reciprocidade de perspectivas, em que o educador é o facilitador. Isso acontece mais naturalmente quando tentam convencer seus colegas e tendem a ser mais críticas quando discutindo com eles. Estudos sugerem que os professores deveriam adotar, quando necessário, o papel de um colega mais experiente, ajudando os alunos a superar impasses que surgem nas discussões, dando exemplos (ou contraexemplos) que estimulem o pensamento.[28]

Há outros aspectos como a ênfase atribuída aos conhecimentos prévios dos alunos para entender seus significados. Ideias trazidas das vivências dos educandos constroem novo conhecimento na sala de aula, e eles devem ser ajudados a tornar claras, para eles próprios, suas crenças e a forma como interpretam o mundo.

A posição do professor com o aluno não significa que tenham o mesmo conhecimento, mas, sim, que os professores deveriam ser capazes de aprender com os alunos. Com base nessa prática, os alunos têm muito a ensinar de sua experiência para a

---

28. BROOKS, J.G. e BROOKS, M.G. *Construtivismo em sala de aula*. Porto Alegre: Artes Médicas, 1997.

construção e a reformulação de significantes pelos professores. Provavelmente, quanto mais distantes estes estiverem do aluno, mais formularão perguntas erradas. O conhecimento prévio do aluno é importante, e o professor ajuda o aluno a construir o seu próprio conhecimento com estratégias de ensino planejadas.

A experiência mostra claramente que os professores não devem ser tentados a confundir construtivismo com falta de disciplina e de direção. O papel do professor de ajudar os alunos a perceber as incongruências e os vazios no seu entendimento significa que ele tem que respeitar os alunos e que tal atitude tem que ser mútua. No entanto, respeito não é alguma coisa imposta, e o devido ao professor deve ser construído pelos alunos que o julgarem merecedor dessa consideração.

A empatia é altamente importante por ser a capacidade de ser sensível, de escutar, de entender mensagens dos alunos e de aprender a se colocar na situação deles e decodificar mensagens que não são percebidas sequer pelos próprios. Tenta-se devolver aos alunos, de forma estruturada, informações que vêm deles de forma desestruturada.

Há alguma aproximação entre Freire e o construtivismo?

As posições das duas escolas se tornam evidentes a partir de sua epistemologia. Freire, embora utilize muito ecletismo, apresenta-se fundamentalmente como um personalista ontológico comunitário, situando a pessoa como consciência intencional, originada da autonomia vocacionada à liberdade que existe pela comunhão de consciências. A noção de transcendência mantém a unidade do corpo provindo da natureza e do espírito que emerge e se realiza no mundo com o Criador. A pessoa emerge e não está condicionada por determinações biológicas, pois age culturalmente para ser mais. Ultrapassa-a, personalizando-a e recriando-a.

Freire trabalha a finitude e a auto-objetivificação pelo existir no mundo em comunhão e ao mesmo tempo na consciência da finitude – incompletude que se descobre transcendente. Argumenta com a vocação de ser livre pela autonomia, uma faculdade *a priori*. Isso se traduziria em uma metodologia pedagógica que ele definiria como *polos simpáticos* entre as consciências semelhantes, percebidas como igualitárias que emergem seus saberes transformando-os em conhecimentos.

Freire trabalhou com adultos, e sua preocupação era despertar neles o pensamento operário-formal retardado pela falta de expressão literário-simbólica, expandindo inteligência e reflexividade – embora em nenhum momento se manifeste nesses termos. Como método que denomina analítico-sintético, trabalha com decomposição e reagregação, atuando sobre fases de inteligência que exigem as mesmas operações de reversibilidade apontadas por Piaget.

Os conceitos de assimilação, acomodação e adaptação têm significados diferentes nas duas metodologias. Freire conceitua assimilação somente como ato de recepção passiva, que terá consequências pela acomodação do sujeito, pois diferentemente do construtivismo, observa o sujeito com faculdades de autonomia comunitária *a priori*, enxergando-as divididas pelas relações sociais de produção e estruturas de dominação interiorizadas. Neste último aspecto empírico um pouco mais à maneira de Lev Vygotsky, embora jamais ele o citasse ou o tenha explicitamente pesquisado. Freire vê pedagogias de prática empírica de divisões sociais que se impõem ao sujeito do conhecimento. Refere que "impomos-lhe uma ordem a que não adere, mas se acomoda". Quer despertar a criticidade pelo despertar das faculdades vocacionais dos sujeitos, o que seria, na sua visão, despertar de saberes autênticos.

Há alguma identidade remota entre Freire e o enfoque sócio-construtivista de Vygotsky com sua visão de ser social, que se aproxima da filosofia marxista. Essa concepção poderia apresentar-se como a do *mundo social preexistente, internalizado no adulto, que é o objetivo do desenvolvimento*. Para ambos, o processo de aprendizagem deve ser conduzido pelo professor (coordenador de debates, segundo Freire), visando a atingir alvos desejados de desenvolvimento integral (da pessoa comunitária, no caso de Freire). Em Vygotsky, o homem é um ser social, e o conhecimento é construído a partir de necessidades de um dado momento histórico, quando passa a produzir seus modos de sobrevivência por meio do trabalho. Constrói-se nova realidade, agora sócio-histórica, permeada pelo conhecimento e pela cultura. A realidade externa modifica o homem em quase toda a sua totalidade, estando relacionada ao desenvolvimento das funções psicológicas superiores.[29] As similaridades entre ambos, porém, se limitam a estes aspectos aplicados de atuação no mundo, pois vimos que Freire desde sempre admite uma vocação de uma faculdade ontológica personalista que se afirma comunitariamente. Só a partir deste momento o fato social se constrói como um fator educacional.

Piaget não observa nenhuma interligação necessária de uma faculdade de consciência *a priori* no mundo nem uma origem social exclusiva do conhecimento. Como um pós-kantiano, construtivista-estruturalista e epistemólogo realista,[30] compreende a inteligência como uma noção genérica

---

29. VYGOTSKY, Lev. *A construção social da mente*. São Paulo: Martins Fontes, 1984.

30. Piaget considerava Kant sua grande influência filosófica, tendo transformado o racionalismo kantiano transcendental em racionalismo crítico. BENEVIDES, P. S.; COLAÇO, V. F. R. *Kant e Piaget: articulações discursivas entre a filosofia transcendental e a epistemologia genética*. Arquivos Brasileiros de Psicologia, Rio de Janeiro: UFRJ, v. 56, n. 1, 2004.

indiferenciada, uma inovação evolutiva que se prolonga e aperfeiçoa os mecanismos de adaptação orgânica.

Piaget parte da natureza e da biologia, e sua epistemologia é exatamente chamada de genética, embora esta gênese seja simultaneamente evolutiva no plano natural e culturalmente produzida. Para o construtivismo, o sujeito constrói suas representações de mundo e não recebe passivamente impressões causadas pelos objetos ou inter-relações sociais. A acomodação é exatamente necessária como interregno para que equilibre a relação entre o que adapta do mundo exterior. Nova desequilibração poderá ocorrer quando uma lacuna lhe for proposta nos seus referenciais.

O construtivismo da epistemologia genética também não é uma reflexão orientada por contradições permanentes entre poderes sociais e políticos. Supõe, é claro, construções éticas que se orientam por conflitos entre relações de faculdades humanas que se constroem. Constata o processo de construção do conhecimento por contradições em fases sucessivas, que se interligam por assimilação, acomodação e adaptação como momentos distintos dessa construção. São sucedidos por outro momento em que ocorrerão novas necessidades de conhecimento, apresentadas pela "desequilibração".

Sobre metodologia e método

Do ponto de vista metodológico, podem haver algumas aproximações, pois ambas as escolas pretendem favorecer a construção de conhecimentos pela redução analítica do próprio repertório de grandes temas construídos pelos educandos – e da representação desses significados, ampliando-os no seu pensamento reflexivo e simbólico. Mas a similaridade se detém nesses aspectos.

O programa construtivista não é diretivo explícito, ou seja, não busca conteúdos existenciais sociológicos dos educandos para serem expostos à sua reflexividade interagente, mas provoca as questões dispostas pelos próprios educandos em grandes temas decompostos por suas participações. Não visa a organizar a estrutura construída pelos educandos em unidades de compreensão existencialmente determinadas para depois apropriá-las em sentidos politicamente ordenados. É claro que o construtivismo se diferencia porque lida com crianças e adolescentes, mas sua direção de sentido educacional é a mesma no repertório conjunto, visando ao âmbito próprio de ensino. Busca auxiliar os educandos a constituírem seus referenciais éticos a partir da ampliação de seu pensamento operatório e do aumento da reflexão sobre as reflexões que fazem sobre as relações que têm em sociedade e com os objetos do mundo, auxiliando-os a construírem reflexões cada vez mais amplas.

O método personalista existencial freireano utiliza-se de círculos que se vão ampliando como agentes portadores de personificação comunitária, substituindo o que ele considera escolarização tradicional de alunos. O professor é substituído pelo coordenador de debates, que então opera como mediador de consciências inter-relacionadas. É possível que essa forma, semelhante a seminários, ocorresse porque Freire estava lidando com adultos, consciente de que eram portadores de saberes tácitos prévios.

O construtivismo atua diferentemente, pois estimula a argumentação interindividual e a construção da reciprocidade de perspectivas para formar estruturas compartilhadas de conhecimento. Não visa a uma comunhão geral personificada, mas à "comunitariedade diferenciada" – a partir de diferentes pontos de vistas, esses construídos. Também não visa chegar ao igualitarismo, mas à inteligência ampliada segundo tempos e dimensões específicos de cada consciência.

O método Freire fala em ser ativo. E cita a tomada de consciência do homem na emersão que fizera no processo de nossa realidade. Aqui, encontram-se, realmente, conceitos próximos ao conceito piagetiano. Tomada de consciência para Piaget, como vimos, é resultado de um percurso construído que pressupõe reflexão ativa.

Entretanto, como Piaget vê, a tomada de consciência se caracteriza pela reversibilidade através da lacuna nas estruturas do sujeito com "desequilibração" e abstrações reflexivas que ocasionam a reflexão sobre a reflexão. Para isso, o próprio homem necessita ser paciente de si mesmo, no sentido de descontextualizar sua ação para verificar que uma reflexão anterior não se encaixa nos seus esquemas prévios e fazer abstração de suas reflexões.

O que Freire vê como tomada de consciência – um ato somatório que chama de criador e recriador – não tem o mesmo sentido construtivista. Trata-se de invenção e reivindicação ocasionadas, é verdade, por lacunas das primeiras reflexões e evidenciadas por representações em analogias com fatos gerais e específicos sociais e políticos – tratados de forma empírico-indutiva. Freire está preocupado com o aprendizado não repetitivo e com a conscientização de temas referenciais que se revelam à consciência e depois se ampliam comunitariamente, que conduzem à alfabetização e tomam a forma política. Trabalhando com saberes tácitos que representam o cotidiano do educando e se explicitam dentro dos exemplos temáticos, observa a tomada de consciência como uma analogia entre o conhecimento de proposituras gramaticais e as evidências de atuação social e política dos educandos.

O construtivismo vê o aprendizado como oportunização de construção de significados pelos alunos com sua justificação – encontram no professor o apoio para suas reflexões, abstrações conclusivas e ampliações das representações de consciência. Piaget e o construtivismo o vêem como uma construção do sujeito associativo que não se encontra vinculado à reprodução interiorizada dos objetos e das relações, mas permanente atividade assimiladora. Passa-se ao estado de transição, à acomodação inteligível, até que novo desequilíbrio suscite a condição de conhecer mais. Isso é feito em grupo de forma interescalonada entre os participantes.

Freire enfatizava a cultura popular entendendo a expressão *cultura popular* como identificada perante outra classe não popular, existindo conflito ontológico na educação. Os educadores deveriam enxergar esse conhecimento realizado pela pessoa comunitária no mundo. Lidava com sujeitos adultos com vivência não erudita ou formalizada e propugnava pela intersecção dessa cultura na formalização do ensino.

Seu conceito de relação dialógica aparece para transformar a realidade. Propõe um modo de acessar conhecimento e ressignificar o mundo, construindo, assim, novos conceitos. Para isso, dever-se-ia identificar a constante de raciocínio – quais as palavras na alfabetização com mais sentido para os indivíduos envolvidos nesse diálogo. Isso formaria uma estrutura comum.

A relação dialógica de Freire, um dos aspectos propedêuticos de sua obra, poderia ter alguma relação com as funções piagetianas. Mas a ampliação do conhecimento e a construção de repertórios construídos se dão diferentemente. Freire quer ouvir com atenção qual ideia ou palavra se repete. Chama de *pesquisar o universo vocabular*. Seu método dialógico e sua relação dialógica se dão também na alfabetização, usando a palavra dita como *palavra geradora* que conteria a maior quantidade de fonemas possíveis – iniciando então a construção da palavra em si, com significados sociológicos e políticos que lhe são subjacentes.

Já para o construtivismo de Piaget, a *estrutura* é a base dialética para os conceitos construídos ativamente pelo sujeito que vão dar suporte para que este interprete a realidade por meio das estruturas anteriores. Há estruturas permanentes que, a cada novidade, transformam-se. Mas - aqui isto é fundamental - se apresentam com dimensões construídas em grupo, em dimensões e tempos de construção diferenciados, e apropriados a cada sujeito em particular. O sujeito interativo - mesmo que evoque a existência do sujeito social e cultural e compreenda que construiu isto no mundo - não o faz como Freire. Utiliza sua ação para modificar suas estruturas, mas a atividade de desequilibração como grupo social é diferente. Não é homogênea, nem uniforme.

Piaget fala do sujeito genérico do conhecimento, particularizando uma relação sujeito-objeto, já Freire tem uma visão fundamentalmente culturalista existencial em relação do saber de um povo em imanência no mundo. A desequilibração em Freire é um ato cognitivo motivado pela imanência da autonomia em contato com o personalismo - que se deseja como construção social de temas comunitários. A *palavra geradora* demonstra esse princípio metódico.

Conclusões

Paulo Freire construiu uma teoria e metodologia de educação a partir de uma teoria epistemológica - baseada principalmente na radicalidade cristã personalista que atendesse a uma teoria social que considerava a consciência da pessoa comunitária emergente de um país em transição. Elaborou, para isso, um método de alfabetização de adultos que visava a provocar simultaneamente a reflexão de suas condições sociais e culturais e as formações gramaticais sucessivas para o letramento e o desenvolvimento simbólico do que chamava *classes populares*.

Jean Piaget construiu uma teoria genética do conhecimento desde a primeira metade do século passado, sustentada em dados empíricos e pesquisas, que basicamente apresentava o sujeito construindo suas próprias estruturas cognitivas pela sua ação no mundo. Esse trabalho redundaria também numa teoria pedagógica com aplicação educacional, genericamente chamada de construtivismo.

Os dois autores partiram da premissa de que os sujeitos constroem conceitos baseados em seu agir e concebem ideias a partir de conceitos anteriores sobre o assunto ou situação de novidade vivenciada. Esses novos conceitos conterão algo dos anteriores.

Entretanto, a partir de epistemologias muito diferenciadas (genética da racionalidade realista e culturalista, em Piaget, e ontologia personalista comunitária, em Freire), desenvolvem-se metodologias também diferentes na concepção do conhecimento, da modificação de interpretações e relações sociais, da teoria pedagógica e da metodologia da educação. Aspectos formais de procedimentos aparentam aproximar as duas teorias, como nos papéis de professor, aluno e sala de aula interagentes e na construção de significados oportunizada pelo professor viabilizador dos educandos, mas suas exemplificações nas escolas e salas de aula são muito diferenciadas.

A diferença fundamental é que não há em Freire – embora apresentado em Piaget – uma decomposição do social genérico com assimilação de sua percepção em cada momento do sujeito por níveis e dimensões diferenciadas de cada um. Piaget apresenta uma teoria multidimensional, em que a reversibilidade provoca reflexões cada vez maiores e socialmente (na sala de aula) interagentes, conforme as desequilibrações diferenciadas dos indivíduos. Freire pretende um agrupamento personificado do ser coletivo provocando reflexões de conjunto.

A falta de conexão tornou-se inclusive evidente pelo pouco intercâmbio entre representantes educacionais - inclusive na segunda fase de Paulo Freire, quando adere mais decididamente a explicações de estruturas materiais de produção como condicionantes das operações de consciência. Embora contendo elementos genéricos, não se pode falar de uma teoria e metodologia construtivistas no trabalho de Paulo Freire.

O mundo político de Paulo Freire* 13

Percival Puggina**

Embora, aqui e ali, tenha ensaiado observações sobre outras pautas quando a tentação de o fazer foi irresistível, o tema central deste capítulo é o pensamento político de Paulo Freire. Contudo, não guarde o leitor, em relação ao que segue, qualquer destas duas expectativas: a de um texto que destrate o personagem sob estudo, ou a de que o preserve nas alturas em que parte expressiva do mundo educacional brasileiro injustificadamente o ergueu.

A pauta política é de meu especial interesse e, para Paulo Freire, ela se espraiava sobre todas as ciências sociais; política era educação, e educação era política. Ademais, por político que este texto se torne, jamais o será tanto quanto a *Pedagogia do oprimido*, que está entre as obras mais políticas que já li.

As páginas políticas do patrono da educação no Brasil - reconhecimento para o qual se poderia abrir boa precedência ao padre José de Anchieta, cuja condição de sacerdote deve ter representado grande objeção - têm suas razões de ser na preocupação do autor com a questão social, notadamente, a miséria e as desigualdades. A educação deveria conduzir, de um lado, à conscientização do oprimido e à sua práxis

---

* Publicado em: SANTOS, Thomas Giulliano Ferreira dos. Desconstruindo Paulo Freire. 1. ed. Porto Alegre: História Expressa, 2017.

**Escritor, articulista e cientista político. Membro da Academia Rio-Grandense de Letras.

revolucionária; de outro, à ruptura do opressor com essa condição. A simplificação, o maniqueísmo e o desejo de apontar a luta de classes como razão da história são evidentes. A vida social é muito mais complexa. A pobreza não tem causa, tem causas. Por isso, inicio este capítulo abordando alguns temas que impõem embaraços ao nosso desenvolvimento social, afetando-o mais intensamente do que o arrazoado marxista que compõe o estoque de argumentos utilizados por Paulo Freire.

Referir-nos ao Estado na terceira pessoa do singular é uma exigência gramatical. No entanto, em nosso país, desenvolveu-se a ideia de que "ele, o Estado" é o soberano, único sujeito de uma relação em que nós somos o objeto. Em apenas três palavras, vale por uma aula sobre aspecto fundamental da atitude do cidadão brasileiro perante o Estado. Sob tais condições, o Estado é o sujeito de direitos e a origem da quase totalidade de nossos deveres na esfera pública. Quem estabelece com o Estado uma relação assim está abrindo mão da sua soberania quanto às esferas de poder político e seus titulares, bem como renunciando ao que poderíamos denominar nossa participação societária na vida nacional.

É tão grande a distância que nos afasta como cidadãos dessas condutas mais proativas, que a frase acima, lida com olhos brasileiros, causa espanto. Realmente, não estamos habituados a nos considerarmos membros do Condomínio Brasil. Se assim percebêssemos nossa relação com o Estado e seus servidores, bem como com o patrimônio público, acompanharíamos com maior interesse o gasto público, as ações de governo e administração, cobraríamos atuação mais rigorosa dos órgãos de controle, entenderíamos que a sonegação equivale ao não pagamento da taxa de condomínio e onera financeiramente a todos, estaríamos mais atentos às condutas de membros dos poderes, autoridades, servidores e assim por diante. Ao não adotarmos a atitude adequada, estamos franqueando portas e janelas a todo tipo de intrusos e abusos, inclusive aos que decorrem de nosso patrimonialismo folgazão, em que a promiscuidade entre o "público" e o "privado" na esfera dos detentores de poder - não necessária, nem exclusivamente política - se trava com indivíduos sofríveis e numa legitimidade sofrível, mediante meios terríveis.

Não cabe no intuito deste breve texto analisar o longo processo histórico e sociológico que enraízam o patrimonialismo, outro ponto fundamental da nossa cultura e da nossa realidade. Próximo ao que vem adiante é registrar que ele inspira a cupidez, proporcionada pelas vitórias políticas e pelas facilidades do poder, que levam à partilha do Estado como um butim dos vitoriosos nos processos eleitorais.

Quando escrevo estas linhas, estão sendo ultimados, em todo o país, os atos de formação das novas administrações locais. É certo que, na imensa maioria dos municípios brasileiros, as coligações partidárias estão fatiando, como se reparte um bolo, os espaços em que é exercido o poder político. Ao peso de cada partido na formação de cada vitória corresponde, proporcionalmente, um determinado arco desse bolo, medido em graus, como patrimônio conquistado na urna. Os partidos brasileiros se especializaram no cálculo dessas fatias. Elas se reproduzem, sobretudo, nos governos, nos parlamentos, na administração pública, nas autarquias e nas estatais. A sociedade, por seu turno, considera isso não apenas normal, mas conveniente. Afinal, as fatias soltam farelos, sobejos que acabam beneficiando a numerosa parcela da comunidade que se esgueira ao redor da mesa. O povo. Ou o povão, para ser melhor entendido.

É dessa imensa porção da sociedade brasileira que provêm as mais insólitas, mas previsíveis, legitimações. De um lado porque, como sustentava Lula, cheio de razão em seus longos anos oposicionistas, é gente que "vota com o estômago". De outro, porque esse imenso contingente populacional é sensível à mais tênue ameaça de que o Estado possa se afastar de suas vidas. Na história do Brasil, essa é uma obsessão que fornece energia para rodar a manivela do atraso e das piores práticas políticas. Ela explica a longa existência na cena brasileira de personagens como Vargas, Brizola, Sarney, entre outros, e a pouca relevância que parcela significativa do eleitorado atribui ao atolamento moral, em pleno palco, com as cortinas abertas, de relevantes protagonistas de nossa cena política. Minha breve experiência em campanha eleitoral me colocou diversas vezes diante de cidadãos que reagiam aos meus discursos sobre a nobreza e a importância da boa política com a pergunta: "E o senhor fará o que por mim?". Como se algo pudesse ser feito "por ele" que não fosse com dinheiro alheio.

A indagação desse eleitor, condicionado a manter com a política relação transacional, não diverge, exceto na forma, da prática corrente no mundo dos negócios com o poder público, dos incentivos fiscais que ora servem para neutralizar a competição entre os Estados, ora para corromper a livre concorrência entre as empresas, ora para estimular a parceria ideológica na produção cultural, ora para decidir aonde e a quem disponibilizar afetuosos subsídios e juros. Também aqui, é em torno dele, o Estado, que quase tudo acontece. E é, também, o *locus* onde se antagonizam notáveis interesses pessoais e corporativos. De um lado, os que, ao longo do tempo, firmaram direitos e se apropriaram de parcelas cada vez maiores do Estado; de outro, as corporações privadas que se valem do poder financeiro como pé de cabra para abrir portas e chegar *were the real money is*. Não existe, então, vestígio de idealismo no país? Existe, sim. Mas é tão raro que sequer consegue sustentar uma pauta.

Por esses dois motivos, torna-se particularmente difícil romper a casca grossa em que se envolve a mentalidade estatista, no interior da qual o país não criará um ambiente saudável e dinâmico para o empreendedorismo e para o desenvolvimento econômico e social. Como fazer o brasileiro entender que *estatal* não é necessariamente equivalente a *social* nem a *público*, que o conceito de *privado* não se opõe ao de *social*, que quase nunca o *estatal* é desinteressado, e que o *interesse* das partes, no mercado, é benéfico para todos? Muito difícil isso no Brasil, mercê de uma longa tradição cultural que maturou conceitos errados sobre questões fundamentais ao país. Entre os sintomas desses mesmos males, está a atração pelo serviço público, que talvez seja, após o vestibular, uma das mais fortes razões que levam os jovens a estudar com empenho que jamais dedicam às disciplinas dos cursos que frequentam, nos quais estudam "para passar".

Patrimonialismo e estatismo têm muito mais a ver com desajustes sociais do que com relações de trabalho! O Estado brasileiro se apropria de 40% da renda de seus cidadãos (22% no nosso consumo, 15% no nosso rendimento e 3% no nosso patrimônio) e proporciona precaríssimos serviços públicos. O Estado de bem-estar com que se atiçam as expectativas sociais nas disputas eleitorais acaba sendo servido pelo Estado, a si e a seus grão-senhores, por garçons de punhos brancos, em bandeja de prata. E ali se esgota em regalias, luxos e corrupção. Esse Estado faz muito mais dano à nação do que o conjunto dos maus empregadores.

Todas as nossas constituições republicanas reproduzem o sério equívoco próprio do presidencialismo que funde Estado e governo na mesma pessoa e, a cada quatro anos, transforma a disputa pela cadeira aonde ela vai sentar na infantil esperança de que "desta vez, vai surgir alguém para dar um jeito". Mais danoso do que esse modelo político e suas frustrações é a certeza histórica sobre periódicas crises institucionais que proporciona. Na vida real, o modelo institucional brasileiro é socialmente muito mais prejudicial do que as habituais relações entre capital e trabalho.

Quis, com este preâmbulo, mostrar que a sociedade brasileira, ainda que de modo amplamente majoritário rejeite o comunismo, mantém uma atitude devocional em relação ao Estado, tornando-se especialmente vulnerável às seduções do "progressismo" que acabou convergindo para o petismo, na condição de herdeiro da esquerda brasileira, até sua queda em descrédito, abruptamente, no final de 2014. Do Estado, em tese, tudo se pode esperar, ainda que não seja entregue. Afinal, não há concentração de renda maior do que a proporcionada por quem fica com 40% de tudo que o país produz.

É impossível negar ao personagem em torno do qual se redigem as páginas deste livro uma consistente soma de qualidades: idealismo, criatividade, capacidade de trabalho e de comunicação, dedicação às suas causas. Paulo Freire conheceu muito bem a alma brasileira, entendeu seus gostos e identificou o vocabulário que mexe com os hormônios políticos daquela parcela da população que, por motivos semelhantes, deixa-se seduzir por alguns personagens que mencionei acima. Calma, leitor! Nosso personagem está noutro patamar. Em sua obra, porém, compartilhava e compartilha com esses personagens de sucesso a natureza de um discurso ao qual imensa parcela da sociedade brasileira se revela, historicamente, muito receptiva. E Paulo Freire era político. Por suas habilidades e pela natureza de seu discurso, Paulo Freire era, sobretudo, um político, que trafegava sobre os mesmos antagonismos, oposições, contraposições, armando as mesmas dicotomias com que Lula, para indicarmos uma referência bem atual, sempre se deu muito bem. Assim, por exemplo, os pobres e os ricos do Evangelho, submetidos às manipulações teóricas da Teologia da Libertação

(TL), transformam-se nos incluídos e excluídos do marxismo, da luta de classes e da pedagogia do oprimido. O apelo cristão à virtude da caridade vira espoleta para conflito sociopolítico. E na mesma batida, estão sempre presentes eruditos e iletrados, patrões e empregados, dominantes e dominados, como algumas de muitas interpretações sociológicas que orientam a obra freireana.

Costuma ser bem-sucedida a ideia de que existem pobres porque existem ricos. A desigualdade entre estes e aqueles é algo que todos veem e que arrasta, quase inevitavelmente, o conceito de que a soma dos recursos de ambos dividido por dois restabeleceria a igualdade e, portanto, a justiça. Acontece que igualdade não é sinônimo de justiça, ainda que, sob certas condições, determinadas desigualdades sejam injustas. No entanto, o que parece ingênuo é uma ideia forte que só se viabiliza através de um Estado protototalitário; jamais em um regime democrático, que a maioria dos países ocidentais chama de democracia representativa, a qual os defensores dessas teses denominam "democracia burguesa".

Paulo Freire nasceu em Pernambuco, teve formação católica, e chegou à fase adulta num período em que o complicado quadro socioeconômico de seu estado natal estava sob notória influência do pensamento comunista. Interessante observar que, entre seus coetâneos, Freire é de 1921, incluem-se Francisco Julião (1915), que viria a ser o líder das Ligas Camponesas e deputado federal pelo Partido Socialista Brasileiro (PSB); Pelópidas Silveira, que se tornaria, numa vitória espetacular, o primeiro prefeito eleito de Recife, pelo PSB e pelo Partido Comunista Brasileiro (PCB); e Miguel Arraes (1916), filiado ao Partido Social Trabalhista (PST) e, posteriormente, ao Partido do Movimento Democrático Brasileiro (PMDB) e ao PSB, que por três vezes governou seu estado.

Simultaneamente, crescia no espaço católico a influência de uma esquerda que tentava conciliar o cristianismo com a análise marxista. Tratava-se de dar um torcicolo na perspectiva católica. Enquanto esta parte da Revelação para ver a realidade, a análise marxista parte da realidade para ler o Evangelho com "chave marxista". Em outras palavras, submete a Revelação a um tratamento ideológico. Foi com esse gravíssimo equívoco que, naqueles mesmos anos, começou a laborar uma esquerda que se intitulou progressista e, rapidamente, espalhou seus males no interior da Igreja. A *Action Catholique* francesa sofreu forte influência de autores como Teilhard de Chardin e Jacques Maritain e acabou excitando a Ação Católica Brasileira, que agenciou a Juventude Universitária Católica (JUC), que mobilizou os agentes do Movimento de Cultura Popular (MCP) e deu origem à Ação Popular (AP), que chegaria à luta armada e ao terrorismo no atentado contra o público presente no Aeroporto Internacional do Recife em 25 de julho de 1966.

Alceu Amoroso Lima, que flexionara para a esquerda católica nos anos 1940, exerceu forte influência sobre o pensamento de Paulo Freire, e ambos se encantaram com a revolução comunista dos cubanos barbudos, indiferentes à perseguição que promoveram contra os leigos e religiosos católicos. Parece que a causa política, curiosamente, se impôs às exigências principais da fé.

Os anos que se seguiram ao surgimento da esquerda católica e revolucionária abriram caminho a uma série imensa de desvios pastorais, aos quais não faltou a palavra revolução nem a ação revolucionária. No entanto, em que pese o quadro negro das revoluções ter sido e perseverado como o mais negro das aulas de história, o termo avançou pelo século XX com forte apelo emocional e político, pois acenava com a transformação profunda de uma determinada situação através da mudança rápida e radical das instituições e das relações de poder. Com efeito, apesar do abuso que caracteriza tais ideias e as respectivas ações, não são poucos os cristãos que se sensibilizam com os discursos revolucionários. Quanta distância, porém, entre suas revoluções e a conversão que suavemente surge do encontro pessoal com Jesus Cristo e que leva amor ao ódio, perdão à ofensa, união à discórdia e luz às trevas. No dizer de Daniel-Rops, o cristianismo produz uma "revolução da cruz" que faz desabar ao seu contato "tudo aquilo que no mundo da época é erro, fingimento e matéria morta".

Em contrapartida, os cristãos – e Freire era cristão – não devem esquecer que o impacto do cristianismo e a consequente construção do Reino exigem sempre esse contato da realidade com o exemplo determinado e firme daqueles sobre os quais pesa o mandamento de fazer discípulos de Cristo todos os povos. E recusa o fio da lâmina e a força da pólvora (pelo contrário, é o sangue dos mártires que muitas vezes faz multiplicar a fé e fertiliza o solo das mudanças). Quando nos parecem necessárias outras revoluções, ou quando certos revolucionários nos resultam simpáticos e nos caem no agrado, lembremos que o erro só desaba perante a verdade, que só a "fonte de água viva" vence a morte e que o bom caminho passa por e segue com Jesus. Todo o resto é resto e fracasso. Barrabás era revolucionário e saiu livre; Jesus foi crucificado. Quem salvou a humanidade e mudou a História, Paulo Freire?

Sempre que alguém pretender hastear a bandeira de Cristo e do bem sobre tal ou qual proposta, corrente de opinião ou partido, ou sempre que alguém considerar aquele que de si discorde como maléfico pelo simples fato de ter outra convicção, está incorrendo em fundamentalismo. No ambiente religioso e intelectual que viria a ser frequentado por Paulo Freire no Conselho Mundial das Igrejas, era perfeitamente possível identificar que a harmonizadora defesa do ecumenismo no plano religioso entrava em contradição quando se tratava de aplicar a fé em aspectos polêmicos da vida social. Acontece que o irresistível e enganoso charme da utopia, inevitavelmente, vira fundamentalismo. É fácil identificar a falta de seiva evangélica em tantos ramos da atividade humana, mas é fundamentalista quem crê que ela só corre no galho onde se assenta, pois raramente há apenas um modo cristão de resolver os problemas. Querer fazer as coisas cristãmente é radicalidade, pretender que um determinado modo seja o único modo cristão é fundamentalismo. E esse ocupava bom espectro da pauta política na segunda metade do século passado. Era a Igreja sociológica e mundanizada, distraída de sua atividade essencial. Sobre ela, André Frossard, em seu admirável *Deus em questões*, comenta com fina ironia que "se Cristo tivesse 'vivido com seu tempo', sua aventura teria terminado de forma bem menos dolorosa: não teria havido aventura alguma. Teria entrado na nossa história, e nós jamais teríamos entrado na dele". E conclui: "A Igreja, pelo Evangelho, tem um pacto com a verdade. Nada tem a recear do tempo. O Evangelho nunca foi superado. Nunca foi alcançado".

Na década de 1950, quando Paulo Freire iniciava a fase produtiva de sua carreira, essas forças de política de esquerda adquiriam representatividade significativa em Pernambuco, em parte, ao menos pelas influências que mencionei acima. O estado vivia uma ebulição política graças ao trabalho de arregimentação promovido pelas ligas camponesas que Julião tomou e pelos partidos de esquerda que atuavam na conscientização política do operariado urbano. A força política da esquerda em Pernambuco, é bom que se diga, não aconteceu como fruto do acaso, mas pelo somatório de problemas colhidos na conjugação da perda de importância econômica das usinas de açúcar com a persistente importância política dos usineiros. Em 1961, relata Hélio Silva, o número de filiados aos sindicatos ultrapassava os agregados pelas ligas camponesas. Foi na esteira da reação pela esquerda à caótica realidade social de Pernambuco e, por extensão, do próprio Nordeste, que Paulo Freire se deslocou em direção aos primeiros postos públicos fora do ambiente acadêmico. Em 1956, foi nomeado membro do Conselho Consultivo de Educação do Recife pelo prefeito Pelópidas Silveira. Em 1961, foi designado diretor da Divisão de Cultura e Recreação da capital pernambucana pelo então prefeito Miguel Arraes. E em 1963, já então governador, Arraes criou o Conselho Estadual de Educação de Pernambuco, composto por 14 membros de sua escolha. Entre eles, sentava-se Paulo Freire, que, simultaneamente, desenvolvia um trabalho de base dirigindo a Divisão de Pesquisa do Movimento de Cultura Popular do Recife, criado também por Arraes, em 1960, e estava voltado para conscientizar as massas através da alfabetização e educação de base. O MCP era ator na cena pernambucana, ela mesma muito fértil na geração de alguns dos primeiros movimentos sociais do Brasil.

É bom lembrar, aqui, que, nos anos 1950, Juscelino Kubitschek havia posto em marcha sua Campanha Nacional de Erradicação do Analfabetismo. No início dos anos 1960, contudo, a alfabetização persistia como palavra de toque para mobilizar a opinião pública, porque eram humilhantes nossos comparativos com países em relação aos quais o Brasil sonhava ombrear-se. O analfabetismo era parte do clamor nacional e isso fazia muito sentido: dos 71 milhões de brasileiros, 39,5% permaneciam analfabetos. Foi nesse ambiente de crescente sensibilidade para com os problemas sociais, saindo do populismo elegante de Juscelino para o populismo eloquente de Jânio, e deste para o populismo trabalhista de Jango, que, pelo viés oposto, o combate ao analfabetismo tornou-se o marco do uso do vocábulo "progressista" reivindicado por algumas forças políticas nacionais. E tem muito a ver com o que se dirá depois.

Ponto de aceleração na vida de Paulo Freire, o experimento de Angicos (alfabetização em 40 horas, levada a cabo no município potiguar de Angicos) aconteceu nesse período, em 1962, por iniciativa do jornalista Calazans Fernandes, secretário de Educação do governo Aluízio Alves.[1] Para concretizar o projeto, Calazans, infatigável dínamo da experiência, juntou-se a Anísio Teixeira, então diretor do Instituto Nacional de Estudos e Pesquisas Educacionais (Inep), cuja adesão viabilizou acesso a recursos junto à Superintendência do Desenvolvimento do Nordeste (Sudene), ao Ministério da Educação (MEC) e ao convênio deste ministério com a *United States Agency for International Development* (Usaid). Rapidamente, e por estar de acordo com a Carta de Punta del Este para a América Latina, na qual os signatários se comprometiam a eliminar o analfabetismo no hemisfério até 1979, a experiência deslanchou, e realizaram-se as investigações de campo, preparatórias à experiência propriamente dita. Tratava-se, por fim, de escolher um método de alfabetização e, sabidamente, Paulo Freire tinha um, que vinha sendo aplicado no Recife, em todo o MCP. A pequena Angico entrou no mapa-múndi. Ao ato de encerramento, compareceram o governador e o presidente João Goulart. Era o dia 2 de abril de 1963 e, em Angico, falavam inglês os jornalistas do *New York Times*, da *Time Magazine*, do *Herald Tribune*, do *Sunday Times* e da *Associated Press*; e falavam francês os repórteres do *Le Monde*. Os trezentos participantes foram considerados alfabetizados com 70% de aproveitamento no teste de alfabetização e com 87% de aproveitamento no teste de politização[2]. Um sucesso pedagógico e midiático que catapultou Paulo Freire para o cenário nacional e internacional.

---

1. *As quarenta horas de Angico*, José Wellington Germano. Artigo disponível em: <http://dx.doi.org/10.1590/S0101-73301997000200009>

2. Informações do Instituto Paulo Freire disponíveis em: <http://angicos50anos.paulofreire.org/cronologia/>

Dois meses mais tarde, em 18 de junho, o deputado federal Paulo de Tarso Santos (Partido Democrata Cristão – PDC – de Minas Gerais) assumiu o ministério da Educação e recebeu de seu antecessor, Darcy Ribeiro, que se transferia para a chefia da Casa Civil de Jango, a recomendação de levar Paulo Freire para Brasília, atribuindo-lhe a tarefa de conceber um programa nacional de alfabetização baseado no experimento de Angicos. Seria uma atividade de curtíssima duração. O 31 de março de 1964 estava ali, pouco adiante, e Paulo Freire, considerado subversivo, perdeu suas posições, esteve 72 dias preso e, ao ser posto em liberdade, buscou exílio na embaixada da Bolívia, dando início a uma nova fase em sua carreira.

Eram os longos anos da Guerra Fria, durante a qual dois blocos se defrontavam numa enorme diversidade de campos, que iam da indústria bélica à aeroespacial, passando pela espionagem, desinformação, e pelos mais variados setores da atividade cultural. É nesse mundo que Paulo Freire, querendo ou não, durante 15 anos, insere-se ao sair da prisão. Enquanto o Brasil lhe fechava as portas, mundo afora elas se abriram. A Guerra Fria foi um tempo de intensa cordialidade internacional para aqueles em quem o mundo comunista reconhecia potencialidades para o serviço à causa. E Paulo Freire, não obstante, era o *fellow traveller* ideal, como costumavam ser aqueles que, tendo ideais que os comunistas gostam de proclamar seus – justiça, igualdade, libertação e, no caso dele, conscientização –, ainda contavam com a vantagem de serem conhecidos como cristãos, e não podiam, portanto, ser barrados como comunistas. Hoje se sabe que esse "portanto" foi perdendo todo o fundamento ao longo das décadas.

Num longo artigo sobre Paulo Freire e o catolicismo, publicado em 1981 na revista *Pergunte e responderemos* n.º 254, Dom Estêvão Bettencourt escreveu:

> É isto que leva a dizer que Paulo Freire não tem apenas preocupações pedagógicas, mas é também movido por intenções políticas. Aliás, um repórter do Jornal da República de Recife, aos 31/08/79, interrogou Paulo Freire, de passagem pelo Brasil, a respeito de eventual filiação a partido político; ao que respondeu o mestre: "Faço política através da pedagogia".

Escreve também Paulo Freire: "A conscientização, associada ou não ao processo de alfabetização, (...) não pode ser blá-blá-blá alienante, mas um esforço crítico de desvelamento da realidade, que envolve necessariamente um engajamento político".³

> A educação libertadora não pode ser a que busca libertar os educandos de quadros negros para oferecer-lhes projetores. Pelo contrário, é a que se propõe, como prática social, a contribuir para a libertação das classes dominadas. Por isto mesmo é uma educação política, tão política quanto a que, servindo às classes dominantes, se proclama contudo neutra.⁴

São afirmações presentes na obra freireana, caracterizando nitidamente o sentido político de sua pedagogia. Para ele, são indissociáveis a educação e a política. Mais adiante, vamos escrutinar a natureza dessa educação e dessa política. Importa, aqui, registrar que são afirmações do mesmo mestre cujo método de alfabetização concedeu a seus 300 alunos, em sua primeira experiência, nota em "politização" superior à nota em "alfabetização".

Era natural que a esquerda mundial olhasse com interesse o pedagogo brasileiro. Depois de uma rápida passagem pela Bolívia, que lhe concedera refúgio, e onde um golpe militar destituiu o presidente Víctor Paz Estenssoro, Paulo Freire mudou-se para o Chile. No país andino, à época presidido pelo democrata-cristão de centro-esquerda Eduardo Frei, conheceu

---
3. *Ação cultural para a liberdade*, p. 109.
4. *Ibid.*, p. 110.

Jacques Chonchol, como ele influenciado por Maritain. Chonchol havia colaborado em projeto com idêntica finalidade para o governo de Fidel (em Cuba, o comunismo acabou com a agricultura) e se tornou conhecido como o "Átila" da reforma agrária.[5] Freire dirigiu o Conselho de Desenvolvimento Agrário e introduziu o conceito dialógico na comunicação entre os técnicos e os camponeses (na mesma linha de sua pedagogia em tudo mais). Também no Chile, viu seu método ser adotado na educação de adultos. Iniciou, nesse período, sua relação com a Organização das Nações Unidas para a Educação, a Ciência e a Cultura (Unesco), instituição para a qual, nos anos finais de sua fase chilena, encerrada em 1969, prestou serviços ao governo como conselheiro especial do Instituto de Capacitação e Investigação em Reforma Agrária chileno (ICIRA). Foi no Chile, por fim, que ele escreveu *Pedagogia do oprimido*, firmando sua coligação com o marxismo, com a utopia e com a educação voltada ao que tinha como seu ofício e destino.

A propósito, Paulo Freire estabelece um falso antagonismo entre utopia e fatalidade. Erra gravemente no emprego dos dois vocábulos. Leiamo-lo em *Algumas reflexões em torno da utopia*. "O meu discurso em favor do sonho, da utopia, da liberdade, da democracia é o discurso de quem recusa a acomodação e não deixa morrer em si o gosto de ser gente, que o fatalismo deteriora." Eis aí, leitor, um problema conceitual seríssimo. Valho-me do artigo do padre Cláudio Bins S.J. (*Cultura e Fé* n.º 29), sobre cristianismo e pensamento utópico. Ali, o minucioso e estudioso sacerdote mostra que o pensamento utópico tem um sentido amplo e um sentido restrito. No sentido amplo, a utopia é por definição "não realizável", até porque a ideia de uma sociedade perfeita se opõe a toda e qualquer experiência humana. Ora, o Reino de Deus se realiza *de*

---

5. Conforme informações disponíveis em: < http://www.theclinic.cl/2016/04/08/jacques-chonchol-el-atila-de-la-reforma-agraria-las-desigualdades-no-se-van-a-resolver-con-la-educacion-en-no-se-cuantos-anos-plazo/>

fato pela Graça, procede *de fato* da Encarnação e transforma *de fato*, radicalmente, a história. O Reino de Deus é uma realidade, jamais uma utopia. Num sentido estrito, o pensamento utópico quer realizar a história humana mediante forças humanas e pela supressão de todas as limitações, imperfeições e contingências. É o afogado querendo salvar-se puxando os próprios cabelos. Por isso, o pensamento utópico é essencialmente ateu. Não devemos contrabandear utopias para o seio do cristianismo porque a esperança cristã não se há de confundir com o delírio de nenhum maníaco.

Por motivo que se pode imaginar retórico, Paulo Freire se recusa a usar o vocábulo semanticamente correto para definir aquilo que se opõe à utopia, ou seja, o realismo. Ser realista, ler os fatos, conhecer os vetores que atuam para que eles ocorram, entender os mecanismos disponibilizados pelas ciências exatas e pelas ciências sociais para que as intervenções na realidade sejam bem-sucedidas não é fatalismo. É realismo. As utopias não apresentam à humanidade senão indivíduos sedutores que colhem aplausos enquanto produzem desastres em larga escala. Pelo viés oposto, todos os estadistas são, por excelência, indivíduos realistas. Jamais fatalistas. Paulo Freire era uma pessoa suficientemente culta, ainda que discreta na exibição disso, para conhecer essas distinções, o que confirma a minha observação de que a toda hora se deixava envolver pela própria retórica.

São João Paulo II divergiria dele. Falando ao Conselho Pontifício para a Cultura, dois anos após a queda do Muro de Berlim, num discurso que tem tudo a ver com o tema, afirmou: "Na conclusão do Pré-Simpósio Sinodal, vocês perguntaram: para onde e para quem se voltarão aqueles cujas esperanças utópicas recentemente desapareceram?". E em seguida, ensinou: "O vácuo espiritual que ameaça a sociedade é acima de tudo um vácuo cultural, e é a consciência moral, renovada pelo

Evangelho de Cristo, que o preencherá". Seria isso uma troca de utopias?

Dirigindo-se às famílias, na carta de fevereiro de 1994, assim se expressa São João Paulo II:

> Para muitos, a civilização do amor constitui ainda uma pura utopia. Pensa-se, com efeito, que o amor não possa ser pretendido de ninguém nem imposto a ninguém. (...) Em tudo isso, há alguma verdade. E, contudo, resta o fato de que Jesus Cristo nos deixou o mandamento do amor, tal como já Deus no monte Sinai tinha ordenado. (...) Portanto, o amor não é uma utopia: é dado ao homem como tarefa a cumprir com ajuda da graça divina.

Em 15 de agosto de 1996, na XII Jornada Mundial da Juventude, Wojtyla insiste: "Neste mundo, sois chamados a viver a fraternidade, não como utopia, mas como possibilidade real; nesta sociedade, sois chamados a construir, como verdadeiros missionários de Cristo, a civilização do amor".

E em 2 de fevereiro de 1999, no 85.º Dia Mundial dos Migrantes e Refugiados, São João Paulo II repete: "Além disso, para o fiel, a caridade é dádiva de Deus, carisma que, como a fé e a esperança, é infundido em nós mediante o Espírito Santo: enquanto dom de Deus, ela não é utopia, mas coisa concreta; é boa notícia, Evangelho". Poderia ainda o Papa referir o documento do sínodo de 1996: "Nas etapas iniciais de qualquer tarefa, existem dificuldades. Algumas pessoas podem perceber tais empreendimentos como utopias..." ou citar, na ONU: "A paz não é uma utopia".

É incessantemente repetida, entre nós, brasileiros, a frase do jornalista e escritor uruguaio Eduardo Galeano sobre a utopia. A ele, registre-se de passagem o mérito da sinceridade que o levou a rejeitar sua obra mais conhecida – *As veias abertas da América Latina*, um "clássico" na literatura esquerdista do continente. O que ele afirmou sobre o próprio livro causou efeito dominó em seu prestígio nos meios intelectuais de esquerda ibero-americanos. A Agência Brasil assim noticiou o fato no dia 11 de abril de 2014, ocasião em que Galeano era homenageado na 2.ª Bienal do Livro e da Leitura:

> Eu não seria capaz de ler o livro de novo. Para mim, essa prosa da esquerda tradicional é pesadíssima. Meu físico [atual] não aguentaria. Eu cairia desmaiado", brincou Galeano, que tem 73 anos. O escritor disse que, em todo o mundo, experiências de partidos políticos de esquerda no poder "às vezes deram certo, às vezes não, mas muitas vezes foram demolidas como castigo por estarem certas, o que deu margem a golpes de Estado, ditaduras militares e períodos prolongados de terror, com sacrifícios humanos e crimes horrorosos cometidos em nome da paz social e do progresso". E, segundo ele, em alguns períodos, "é a esquerda que comete erros gravíssimos". Ainda sobre As veias abertas da América Latina, Galeano explicou que foi o resultado da tentativa de um jovem de 18 anos de escrever um livro sobre economia política sem conhecer devidamente o tema. "Eu não tinha a formação necessária. Não estou arrependido de tê-lo escrito, mas foi uma etapa que, para mim, está superada.

Pois, sobre utopia, é do mesmo Eduardo Galeano a frase famosa que melhor a define: "A utopia está lá no horizonte. Me aproximo dois passos, ela se afasta dois passos. Caminho dez passos, e o horizonte corre dez passos. Por mais que eu caminhe, jamais alcançarei. Para que serve a utopia? Serve para isso: para que eu não deixe de caminhar". Não sei se o autor, já falecido, sustentaria ainda hoje essa sentença, aparentemente tão ilustrativa, pois ela não resiste ao teste dos fatos. Somente alguém absolutamente alienado, fora da realidade, imprudente, imperito ou incompetente continuaria andando em uma experiência que a história jamais conseguiu levar a bom termo.

A utopia é coração e mente da Teologia da Libertação. Como a questão religiosa será tratada noutro capítulo deste livro, pretendo me ater a alguns aspectos que, ao longo de três décadas, estiveram no centro do enfrentamento que fiz à

Teologia da Libertação, preocupado que sempre estive com suas consequências na eficácia da ação evangelizadora da Igreja. Sei que essa pauta pode parecer pouco significativa aos seguidores de Paulo Freire em outros aspectos de seus ensinamentos. No entanto, aos cristãos, certamente convirá ter ciência e consciência do que segue.

1. Assim como à pedagogia de Paulo Freire segue uma práxis, também à Teologia da Libertação segue uma práxis, tanto quanto há uma práxis na vivência do cristianismo. No entanto, a práxis inerente ao viver cristão guarda relação com a pessoa do batizado, sua consciência e seu modo de viver ou não segundo a fé que recebeu ou assumiu. Já a Teologia da Libertação funde-se diretamente com a práxis de tal forma que a ação dita libertadora, dita revolucionária e dita transformadora da realidade se torna critério da verdade e de juízo, sendo, tudo mais, objeto de desprezo. Quem assegura que a verdade está capturada por certa práxis, dita – ela e só ela – libertadora, revolucionária e transformadora? Os teólogos da libertação assumem-no como tarefa sua. E, de passagem, ainda nos afirmam que essa esplêndida práxis permaneceu oculta no tabernáculo da história, aguardando a vinda de um paráclito alemão que acusava a religião de ser ópio do povo e se lixava para pautas sociais ibero-americanas.

2. Para a Teologia da Libertação, o único lugar teológico de revelação de Deus é a história. Ora, isso bate de frente com todas as certezas bíblicas – revelações públicas –bem como com as raras revelações particulares. Ao afirmar que a Bíblia prossegue na história, a Teologia da Libertação está concedendo ao noticiário de cada dia o estatuto de revelação divina posterior, complementar – ou retificador? – do ponto culminante, assumido na pessoa de Jesus Cristo.

3. Há uma completa sintonia entre a pedagogia do oprimido e a Teologia da Libertação, tendo o marxismo como "lá padrão" para afinação das duas bandas. Aquela faz na educação o mesmo que a TL faz na Igreja. E ambas operam com um objetivo político, dentro de bem definido grupo social. Na pedagogia freireana, o grupo para atuação é o universo dos "oprimidos" necessitando conscientização. Na TL, o povo de Deus, por exigência do tom marxista, sofre dramática atrofia, constituído apenas pelo conjunto dos materialmente pobres, oprimidos, conscientes dessa situação, lutando de modo radical por sua libertação. E para isso, até um bandido vulgar como Che Guevara serve, contanto que deixe claro estar sob influxo de certos ideais universais.

Escrevendo sobre esses temas no livro *Igreja popular*,[6] o saudoso frei Dom Boaventura Kloppenburg O. F. M. propõe, às páginas 125 a 132, algumas dezenas de questões intrigantes. Eis algumas, resumidamente:

- *A dependência econômica é, de fato, a única causa de dependência econômica e miséria?*
- *O subdesenvolvimento e a marginalização não são, muitas vezes, causa direta de pobreza e miséria e, por consequência, ações de apoio ao desenvolvimento não seriam mais adequadas e eficientes para esses casos?*
- *A análise marxista da realidade não leva ao economicismo?*
- *A teoria da dependência abraçada pela TL não está excessivamente dirigida a fatores externos (capitalismo dos Estados Unidos da América – EUA)?*
- *Se as classes sociais, no marxismo, nascem da posse ou não dos meios de produção, pode a luta de classes ser tratada como sinônimo de algo com tão variadas causas quanto são os conflitos sociais?*
- *A divisão da sociedade humana em duas classes antagônicas – opressores e oprimidos – não é uma excessiva simplificação?*

---

6. Editora Agir, 1983.

- Os pobres do Evangelho são os proletários do marxismo? As promessas messiânicas convergem, então, apenas para a classe proletária?
- É legítimo restringir o compromisso cristão à participação na práxis revolucionária em nome da fidelidade ao Evangelho de maneira que os não comprometidos com ela sejam infiéis à mensagem cristã?
- A fé cristã não tem valores pré-políticos?
- O progresso social temporal coincide com o núcleo central do Reino de Deus anunciado por Cristo? A utopia economicista, que põe a libertação do homem principalmente em sua libertação econômica, não se opõe frontalmente ao cerne do Evangelho?
- O encontro do homem com Deus e com Cristo pode ser limitado (até se poderia dizer parametrizado) pela participação num processo revolucionário?
- Pode a reta compreensão do Evangelho depender da análise marxista?

É impossível refletir sobre essas perguntas formuladas, em meio a dezenas de outras, numa verdadeira torrente de inspiração, pelo brilhante intelectual que foi o bispo Dom Boaventura Kloppenburg, sem pensar que a Teologia da Libertação é marxismo salpicado de água benta. E que a pedagogia do oprimido é marxismo sujo de pó de giz.

Paraíso Perdido é o título de uma obra poética de John Milton sobre a tentação e a queda de Adão e Eva. E é, também, o título de um livro de memórias gastronômicas e de militância no qual Carlos Alberto Libânio Christo, o conhecido Frei Betto, descreve suas andanças pela América Latina e pelo Leste Europeu nos anos 1980. É um livro que, olhado sob perspectiva inversa à do autor, parece escrito na fila de um confessionário, tal a quantidade de informações que traz sobre suas andanças difundindo na América Ibérica e no Leste Europeu a Teologia da Libertação e a formação de lideranças para o movimento revolucionário comunista. São mais de quatrocentas páginas relatando dezenas, talvez mais de uma centena de viagens e itinerários em contato com lideranças católicas e governos comunistas, cumprindo dois objetivos: aproximar os católicos do comunismo e apresentar a TL às lideranças comunistas. Muitas dessas viagens tiveram Cuba como destino e Fidel como figura central.

Ao longo dessa jornada em que o frei vendia mercadoria avariada para os dois lados, ele e Fidel se tornaram amigos, numa relação que levou o frei a escrever o conhecido *Fidel e a religião*, um extenso relato de suas conversas com o tirano sobre temas espirituais e temporais. Na linha daquilo que denomino "confissões" contidas nesse livro, às páginas 165 e 166, Betto narra um encontro com o líder cubano do qual participaram, além dele, os irmãos Boff (Leonardo e Clodovis, que posteriormente se tornaria um crítico da TL) e o igualmente famoso Dom Pedro Casaldáliga, bispo de São Félix do Araguaia. Desse encontro, ocorrido em 10 de setembro de 1985, o frei destaca duas frases. Uma de Fidel: "A Teologia da Libertação é mais importante que o marxismo para a revolução latino-americana". E outra do arrebatado D. Pedro: "Para a direita, é preferível ter Papa contra a Teologia da Libertação do que Fidel a favor".

Para o intuito deste capítulo, parece suficiente mostrar o sentido político da Teologia da Libertação e seu dedicado serviço de socorro espiritual ao comunismo nas confissões de um dedicado caixeiro viajante da TL. Assim como Paulo Freire era recebido e festejado em Cuba, sem encontrar muito apoio do ministro da Educação, José Ramón Fernández,[7] Frei Betto corria mundo levando a TL ao comunismo, sem boa acolhida. À semelhança de Paulo Freire, ele não conseguiu levar qualquer sopro cristão aos comunistas, mas serviu marxismo em doses

---
7. *Fidel e a religião*, p. 165.

sólidas aos ambientes católicos pelos quais transitou. Para concluir essa reflexão, ainda que à margem do tema central deste capítulo, refiro trecho de um artigo que escrevi em 2014:

> O relato (das viagens descritas no livro de Frei Betto) se encerra pouco após a queda do Muro de Berlim, com o desfazimento da União Soviética. As longas páginas finais em que discorre sobre a perda do "paraíso" podem ser resumidas nestas palavras do autor: "Mudar a sociedade é modificar também os valores que regem a vida social. Essa revolução cultural certamente é mais difícil que a primeira, a social. Talvez por isso o socialismo tenha desabado como um castelo de cartas no Leste Europeu. Saciou a fome de pão, mas não a de beleza. Erradicou-se a miséria, mas não se logrou que as pessoas cultivassem sentimentos altruístas, valores éticos, atitudes de compaixão e solidariedade.

Ora, economias comunistas são estéreis. Não saciam a fome de pão. E a fome de beleza, a cultura de valores, compaixão e solidariedade jamais foram geradas sob o materialismo de tal regime. Sem qualquer exceção, onde ele se instala, avança com ferocidade exatamente contra isso. Família, liberdades, religiões e seus valores foram sempre espezinhados sob o tacão do Estado totalitário. Quem quiser detalhes, informe-se sobre o que aconteceu com padres, bispos, cardeais, instituições religiosas na Hungria do cardeal József Mindszenty, na Tchecoslováquia do cardeal Josef Beran, na Polônia do cardeal Wyszynski, na Ucrânia do arcebispo Josyf Slipyj, na Iugoslávia do arcebispo Stepinac. O comunismo foi, sempre, uma usina de mártires.

Aliás, Nero, Décio, Diocleciano e Galério foram mais moderados e indulgentes com os cristãos do que os governantes comunistas. "Qual o produto de tantos anos de trabalho do frei?", indagará o leitor. Pois é. Ele foi razoavelmente bem-sucedido em levar a desgraça do comunismo aos cristãos. E fracassou totalmente em levar o "cristianismo" da TL às elites do comunismo. Apesar disso, a Teologia da Libertação volta a ganhar vida e adeptos no ambiente católico. E se poderia acrescentar que, também apesar disso, Paulo Freire e a pedagogia do oprimido continuam a pontificar no ambiente educacional brasileiro não pelas razões do sentimento (que ainda as poderiam justificar), mas pelas razões da ideologia (que já não encontram justificativa alguma).

 Voltemos ao eixo deste breve estudo sobre o mundo político de Paulo Freire. Tenho dificuldades para imaginar que estivesse muito entusiasmado com os encargos que lhe foram atribuídos pelo governo de Eduardo Frei, no Chile. Àquelas alturas, o autor de *Pedagogia do oprimido* era muito mais um homem do pensamento do que um homem da assistência rural, da reforma agrária e do desenvolvimento agrário. Por isso, com dois convites simultâneos, um de Harvard e outro do Conselho Mundial de Igrejas (CMI), que o queria em Genebra, optou por ambos. Um ano nos Estados Unidos, onde teve oportunidade "de ver o bicho na toca" (segundo entrevista dada a Claudius Ceccon em 1978) e, depois, mudança para a Suíça, aonde chegou no início de 1970.

 Causa maior surpresa que um homem inteligente viva um ano nos Estados Unidos, visite algumas das principais universidades norte-americanas, tenha oportunidade de identificar o que fez aquele país se tornar a maior democracia, a principal liderança mundial, a maior economia do mundo, tenha conquistado cerca de trezentos e cinquenta prêmios Nobel (vinte vezes mais do que toda a América Ibérica junta e três vezes mais do que o segundo colocado, o Reino Unido) e saia falando em "bicho na toca". Convenhamos que tal frase é bem menos do que um conceito. E, se com algo assim se assemelhar, será, então, mero preconceito. É mais ou menos o mesmo que percorrer os corredores de uma grande livraria e ir às compras na banca de revistas da esquina. Os Estados Unidos podem não ser uma referência para o Brasil, mas essa frase de Paulo

Freire tem tudo a ver com o antiamericanismo adolescente que sempre caracterizou a esquerda brasileira e com a mentalidade que levou Eduardo Galeano a escrever e a, posteriormente, repudiar *As veias abertas da América Latina*. Paulo Freire poderia ter aprendido muito sobre economia e sobre educação nos Estados Unidos.

O mundo político em que atuou Paulo Freire se desenvolve na esquina onde a educação se encontra com a política. A definição desse *locus* como espaço de trabalho talvez seja a afirmação mais permanente de seus textos e entrevistas. Ora, uma fase bem estável na carreira de Freire, entre os anos 1970 e 1980, é o período altamente produtivo em que permaneceu a serviço do Conselho Mundial de Igrejas, não por acaso, uma organização que trabalha naquela mesma esquina, e onde ambas, educação e política, conversam com vocabulário cristão na polifonia idiomática de Genebra. No entanto, se o ecumenismo é o produto de forças de atração e repulsão, não se poderia falar em dissenso político no âmbito do CMI. O autorreferido "progressismo", a Teologia da Libertação, a "unidade" descentralizada, a igreja dos oprimidos, a igreja popular, a igreja "latino-americana" e, particularmente, dos excluídos latino-americanos, podia ser tudo que a esquerda (socialistas, marxistas e comunistas) quisesse; tinha tudo a ver com a mais alta conveniência estratégica da União das Repúblicas Socialistas Soviéticas (URSS) em tempos de Guerra Fria, mas nada tinha nem tem a ver com a Igreja Católica Apostólica Romana em que Paulo Freire foi batizado. O CMI sempre teve seu nome associado a uma visão antiamericana, anticapitalista, defendendo posições alinhadas com o discurso político da URSS. Vem daí a longa polêmica que não posso deixar de mencionar neste momento.

O Conselho Mundial de Igrejas, para onde foi Paulo Freire em 1970 após cumprir seus dez meses em Harvard, descreve-se como

> Uma comunidade de igrejas que proclamam o Senhor Jesus Cristo como Deus e Salvador segundo as escrituras e, em consequência, procuram cumprir juntas seu chamado para a glória de Deus Pai, Filho e Espírito Santo. É uma comunidade de igrejas no sentido da visível unidade em uma única fé e uma comunidade eucarística, expressada na adoração e vida comum em Cristo. O Conselho procura avançar na direção dessa unidade, conforme Jesus ensinou a seus seguidores, "para que assim o mundo creia" (João 17, 21).

O Conselho Mundial de Igrejas (CMI) é o mais amplo e mais inclusivo entre as muitas expressões organizadas do movimento ecumênico moderno, um movimento cujo objetivo é a unidade cristã.

O CMI reúne denominações e igrejas em mais de 110 países e territórios em todo o mundo, representando mais de 500 milhões de cristãos e incluindo a maioria das igrejas ortodoxas, dezenas de igrejas anglicanas, batistas, luteranas, metodistas e reformadas, bem como muitas Igrejas Unidas e Independentes. Embora a maior parte das igrejas fundadoras do CMI fosse europeia e norte-americana, hoje a maioria das igrejas-membros está na África, Ásia, Caribe, América Latina, Oriente Médio e Pacífico. Existem agora 348 igrejas-membros.

Para as suas igrejas-membros, o CMI é um espaço único: um espaço em que elas podem refletir, falar, agir, adorar e trabalhar juntas, desafiar e apoiar umas às outras, compartilhar e debater umas com as outras. Como membros desta irmandade, as igrejas-membros do CMI são chamadas para:

• promover o objetivo da unidade visível em uma fé e uma comunhão eucarística;

• promover seu testemunho comum no trabalho para a missão e o evangelismo;

- envolver-se em serviço cristão, servindo a necessidade humana, rompendo barreiras entre pessoas, buscando justiça e paz, e defendendo a integridade da criação; e

- promover a renovação na unidade, culto, missão e serviço.

A Igreja Católica não faz parte do CMI, embora participe como membro pleno de algumas comissões.

A unidade proclamada e buscada pelo CMI parece cada dia mais difícil porque o fracionamento é característica de algumas das igrejas e denominações que o integram. Só para exemplificar: na ponta das igrejas evangélicas do Brasil, o Correio Braziliense do dia 30 de janeiro de 2014 noticiou serem abertos 14 mil templos por ano. Segundo o Instituto Brasileiro de Planejamento Tributário, que monitora a abertura de empresas no país, nasce uma nova igreja a cada duas horas.

No CMI (ou WCC –*World Council of Churches*, em inglês), Paulo Freire recém-egresso da "toca do bicho" volta a se encontrar com a esquerda. E desta vez em escala mundial. Pode-se dizer que a partir do CMI Paulo Freire se torna uma figura internacional percorrendo mais de uma centena de cidades em 56 países de todos os continentes, levando sua mensagem, sua pedagogia do oprimido e seu método de alfabetização.

O início dos anos 1970, ano da chegada de Paulo Freire a Genebra para desenvolver seu trabalho no CMI, coincide com o período em que o organismo foi infiltrado pela KGB, o Comitê de Segurança do Estado soviético. Alguém, lendo estas linhas, dirá que se trata de teoria da conspiração. É estranha essa atitude porque, habitualmente, as mesmas pessoas que levantam esse suposto argumento contra alegadas infiltrações da KGB, relatadas por pessoas que tiveram participação e conhecimento de tais processos, não hesitam em admitir como efetiva toda denúncia de infiltração da CIA – Agência Central de

Inteligência dos EUA, onde quer que ela seja apontada. Trata-se de algo frequente nas interpretações históricas brasileiras relativas ao período pré e pós 1964. Toda a esquerda afirma com absoluta convicção a participação da CIA e do Departamento de Estado nos eventos daquele ano. Mas se recusa a admitir os históricos vínculos da esquerda brasileira com o *Komintern* soviético – organização internacional comunista – e com a KGB. A propósito da infiltração no CMI, iniciada ainda quando Nikita Khrushchev era presidente do Conselho de Ministros da URSS, as informações convergem de várias fontes. Não deve causar surpresa que, nos tempos de estabilidade do regime comunista na URSS, a elevada função de Patriarca de Moscou fosse delegada a clérigos ligados ao governo, e isso significa, além-fronteiras, KGB. Tampouco parecerá exótico ou inesperado que os serviços secretos da URSS levassem em alta conta as potencialidades do clero da igreja ortodoxa para o serviço ao Estado no vasto mundo das informações. E o mesmo vale para as imensas possibilidades que uma organização como o CMI representava para a doutrinação comunista através da comunicação com sotaque cristão.

Informações a respeito procedem de várias fontes. Uma delas é o general romeno Ion Mihai Pacepa, o mais graduado oficial de inteligência soviético a desertar para os Estados Unidos. Seu primeiro livro, *Red Horizons*, contendo detalhadíssimas informações sobre os crimes de Nicolae Ceausescu, sob cujas ordens serviu, ajudou a derrubar o sanguinário regime que cairia três anos depois. Num artigo com o título *The Kremlin's Religious Crusade*, publicado em 30 de junho de 2009 por *Front Page Magazine*,[8] Ion Pacepa relata o que segue:

---

8. Disponível em: <http://archive.frontpagemag.com/readArticle.aspx?ARTID=35388>

Há tempos o Kremlin usa a religião para manipular as pessoas. Os czares utilizaram a Igreja para instilar a obediência doméstica. Os governantes soviéticos apaziguaram a população com a KGB, mas eles sonhavam com a revolução mundial. Depois que a casa já tinha sido acalmada, então eles encarregaram a KGB de trabalhar – através da Igreja – para ajudar o Kremlin a expandir sua influência na América Latina. Desde Pedro, o Grande, os czares russos conservam a obsessão de encontrar um meio para entrar no Novo Mundo.

Criar um exército secreto de inteligência formado por servos religiosos e utilizá-lo para promover os interesses do Kremlin no exterior foi um trabalho importante para a KGB ao longo dos 27 anos em que fiz parte dela. Centenas de religiosos que não cooperavam foram assassinados ou enviados para os gulags. Os complacentes foram usados. Como não era permitido aos padres serem agentes da KGB, eles assumiram a condição de cooptador ou de agente disfarçado. Um cooptador recebia privilégios da KGB (promoções, viagens internacionais, cigarros e bebidas importadas, etc.). Um agente disfarçado gozava dos mesmos privilégios, além de receber um salário suplementar secreto de acordo com a sua posição real ou imaginária na KGB.

E mais adiante, referindo-se ao Patriarca Kirill, eleito em 27 de janeiro de 2009:

> Quando os sinos da Catedral de Cristo Salvador de Moscou anunciaram que um novo patriarca tinha sido eleito, o Metropolitano Kirill, também conhecido como "Mikhaylov", provou ser o vencedor. Provavelmente, a KGB/FSB o considerou em uma condição melhor para executar seus projetos internacionais, domínio no qual ele concentrou seus esforços durante a maior parte de sua vida profissional. Em 1971, a KGB o enviou a Genebra (Suíça) como representante da Igreja Ortodoxa Russa no Conselho Mundial de Igrejas (CMI), a maior organização ecumênica internacional depois do Vaticano, que representa aproximadamente 550 milhões de cristãos de várias denominações em 120 países.

Percebe-se, claramente, e muito mais se desanuviaria com a leitura integral do referido artigo, uma perfeita consonância entre o que informa o texto publicado nos Estados Unidos pelo general Pacepa e aquilo que se conhece no Brasil sobre o papel desempenhado pela Teologia da Libertação e seus propagadores em igrejas cristãs, muito especialmente no período em questão. Aos que possam considerar precipitado admitir a influência da KGB nesse processo, eu contraponho que ingênuo seria supô-la ausente de algo que tão bem servia a seus objetivos de *agitprop* – agitação e propaganda. Frei Betto não relatou, conforme narrado anteriormente, que Fidel Castro expressara a mesma opinião?

Momchil Metodiev é um historiador búlgaro, membro do Instituto para Estudos do Passado Recente, dedicado à coleta de dados e informações em fontes primárias sobre a história da Bulgária no período entre 1944 e 1989. Em 2010, ele publicou o importante *Between Faith and Compromise – The Orthodox Church and the Communist State in Bulgaria (1944 – 1989)* – por *Ciela Publishers e Open Society Institute*. O livro se detém nas várias fases pelas quais passou o processo de controle político e religioso da Igreja Ortodoxa da Bulgária no período em questão e, muito especificamente, na infiltração comunista no Conselho Mundial de Igrejas. No sumário dessa obra[9], abaixo do subtítulo *A Igreja do Estado: atividade ecumênica*, lê-se:

> A participação da Igreja Ortodoxa da Bulgária em organizações ecumênicas (World Council of Churches, Christian Peace Conference and Conference of European Churches) teve início, foi implementada e foi guiada pelo estado comunista, principalmente pela Segurança do Estado. Se, na percepção popular, a Segurança do Estado é classificada como o Estado dentro do Estado, então a atividade ecumênica pode ser classificada como a Igreja dentro da Igreja, e precursora do cisma no início dos anos de 1990. Usualmente classificada em documentos como atividades de promoção da paz, a participação da igreja búlgara em organizações ecumênicas não era inspirada pela ideia de diálogo e cooperação entre diferentes

---

9. Disponível em: http://tinyurl.com/z93gob6

denominações. Antes, era inspirada pelo estado comunista, que queria infiltrar o Conselho Mundial de Igrejas e deslocá-lo para o grupo de organizações internacionais que poderiam ser usadas para propaganda comunista, especialmente no assim chamado Terceiro Mundo.

Igrejas dos países socialistas, (com exceção das igrejas Católicas Romanas) uniram-se ao Conselho Mundial de Igrejas em 1961. Ainda nos anos de 1950, o Conselho Mundial de Igrejas havia se tornado "objeto de penetração" para os serviços de segurança do Estado Búlgaro. Eles também selecionaram os primeiros participantes búlgaros que compareceriam a cursos de treinamento ecumênico no início dos anos de 1960.

Os países socialistas estabeleceram, também, um sistema muito bem organizado de coordenação e unidade de ação em organizações ecumênicas. No nível do Estado, essa política era coordenada pelos Comitês para Assuntos Religiosos e divisões relevantes de Segurança do Estado; no nível eclesiástico, a coordenação era implementada pelas Divisões para Assuntos Ecumênicos e de Promoção da Paz. Durante os anos 1970, o Metropolitano de Leningrado, Nikodim (também conhecido na KGB pelo codinome Adamant) ocupava o topo da pirâmide. Sua contraparte búlgara, desde o início dos anos 1970 até o final do período comunista, era o Metropolitano de Stara Zagora, Pankratii, também conhecido pelo codinome Boiko. Como resultado de sua coordenação, em 1979, o representante búlgaro Todor Sabev foi eleito Secretário-Geral do CMI.

Yuri Alexandrovich Bezmenov, ou Tomas David Schuman, nascido em Mitischi, na União Soviética, em 1939, e falecido em Windsor, Canadá, em 1993, foi agente da KGB e jornalista da agência RIA Novosti (por ele chamada de versão russa do orwelliano Ministério da Verdade). Em fevereiro de 1970, desertou e passou a viver no Canadá, onde desenvolveu intensa atividade anticomunista. Há muitos vídeos dele disponíveis no YouTube. O trecho que segue é extraído de sua *Love Letter to America*, publicada em 1984 sob seu nome canadense.[10] Vale a pena ler este pequeno trecho:

> Politizar a religião é o método mais eficiente de desmoralizar uma nação que se queira atingir. Uma vez que a nação começa a dar a César o que pertence a Deus, e a envolver Deus em coisas como "justiça social" e disputas partidárias, é previsível a perda daquilo que a religião chama misericórdia e graça de Deus. Para colocar isso em termos ateístas, uma nação-alvo permite a quem a deseja subverter o uso da área de valores morais para disseminação e aplicação de ideias e políticas amorais. O mais poderoso instrumento desse processo é uma organização chamada Conselho Mundial de Igrejas, infiltrada pela KGB em tal extensão que se torna difícil distinguir padre de espião. Sendo oficial de relações públicas da agência Novosti, acompanhei muitos membros estrangeiros da CMI em suas visitas à URSS. (...) Eles eram simplesmente alérgicos a qualquer fato que pudesse minar sua afiliação espiritual aos manipuladores soviéticos. (...) Quando, depois de minha deserção para o Oeste, eu encontro publicações trotskistas na Igreja Unida do Canadá, ou vejo na Igreja Católica da Nicarágua "padres" portando metralhadoras soviéticas Kalashnikov penduradas sobre suas vestes sacerdotais, ou leio sobre ajuda "humanitária" do Conselho Americano de Igrejas a terroristas assassinos de massa africanos, que foram treinados em meu país de origem pela KGB, eu não "suspeito", eu SEI que essas coisas são o que são: resultados diretos da subversão comunista da religião. Eu não preciso de evidências de links entre a KGB e as igrejas. A completa confusão entre as coisas de Deus e os objetivos da subversão política é óbvia.

Foi nesse caldeirão que Paulo Freire viveu por uma década até retornar ao Brasil em 1980. Nesse mesmo ano, o Partido do Trabalhadores (PT) nascia formalmente. E nascia na sala de parto longamente preparada pelas ideias políticas a respeito das quais ele escreveu como poucos. É importante reconhecer e afirmar isto: Paulo Freire foi habilidoso na arte de extrair das realidades sociais as emoções e aquela dose de

---

10. Disponível em: <https://archive.org/stream/Bezmenov LoveLetterToAmerica/YuriBezmenov-LoveLetterToAmerica_djvu.txt>

compaixão que concede energia a revoluções. Mas trataremos destas em breve. De momento, importa falar sobre o lado mais sedutor de sua mensagem, refiro-me à compaixão, ao amor aos pobres, vistos como excluídos e oprimidos que, de modo binário, associam-se às ideias de exclusão e opressão. Nada fez maior dano ao cristianismo e maior serviço à propagação do comunismo do que a associação do amor preferencial aos pobres – "não exclusivo nem excludente" – com a luta de classes.

Pois, para o lado sedutor dessa mensagem, Paulo Freire traz em seus textos ideias universais que parecem tomadas de um livro de autoajuda. Eis algumas dessas platitudes:

- *Mudar é difícil, mas é possível.*
- *A humildade exprime uma das raras certezas de que estou certo: a de que ninguém é superior a ninguém.*
- *Se a educação sozinha não transforma a sociedade, sem ela, tampouco a sociedade muda.*
- *É fundamental diminuir a distância entre o que se diz e o que se faz, de tal forma que, num dado momento, a tua fala seja a tua prática.*
- *As terríveis consequências do pensamento negativo são percebidas muito tarde.*
- *Amar é um ato de coragem.*
- *Ninguém nasce feito, é experimentando-nos no mundo que nós nos fazemos.*
- *Ninguém é sujeito da autonomia de ninguém.*
- *(...) Todo amanhã se cria num ontem, através de um hoje (...). Temos de saber o que fomos para saber o que seremos.*
- *É preciso que a leitura seja um ato de amor.*
- *Ninguém ignora tudo. Ninguém sabe tudo. Todos nós sabemos alguma coisa. Todos nós ignoramos alguma coisa. Por isso aprendemos sempre.*
- *Onde quer que haja mulheres e homens, há sempre o que fazer, há sempre o que ensinar, há sempre o que aprender.*
- *Só, na verdade, quem pensa certo, mesmo que, às vezes, pense errado, é quem pode ensinar a pensar certo.*

- O homem, como um ser histórico, inserido num permanente movimento de procura, faz e refaz o seu saber.
- Estarei preparando a tua chegada como o jardineiro prepara o jardim para a rosa que se abrirá na primavera.
- Importante na escola não é só estudar, é também criar laços de amizade e convivência.
- Não se pode falar de educação sem amor.
- A escola será cada vez melhor na medida em que cada ser se comportar como colega, como amigo, como irmão.
- Gosto de ser gente porque, inacabado, sei que sou um ser condicionado, mas, consciente do inacabamento, sei que posso ir mais além dele.
- O mundo não é, o mundo está sendo.
- Não há saber mais ou saber menos: há saberes diferentes.

Esta última, repetida da mais singela salinha de professores ao plenário do Supremo Tribunal Federal (STF) é um primor de incorreção pois nega existência à própria ignorância, transformada em cada vez mais comum forma de saber. No entanto, esta frase e tantas outras platitudes de Paulo Freire são a isca que atrai para seu objetivo central: a militância revolucionária através da educação. E aí se instalam minhas mais profundas divergências em relação ao produto do autor cuja obra é objeto deste livro. Quem lê Paulo Freire rapidamente chega a uma conclusão: sob o ponto de vista literário, o patrono da educação brasileira é medíocre; sua escrita não tem originalidade; a forma é descuidada; o vocabulário é reduzido e, não raro, incorreto ou inadequado.

Se o revolucionário quer fazer revolução, calce as botas de campanha e arme-se até os dentes, se esse é o objetivo, ou, se preferir a via institucional, limpe a garganta, agarre-se ao megafone, suba no palanque ou produza seus panfletos. Se o professor quer ensinar, pegue seu material didático e vá ministrar os conteúdos que domina. Mas não venha o pedagogo plantar revolução nas mentes infantis e juvenis. Isso pode ser objeto de lauréis distribuídos em quitandas acadêmicas ou nos mais altos níveis do mundo intelectual, pode granjear elevadíssimo reconhecimento entre camaradas, mas não é um bom serviço prestado às sucessivas gerações sobre as quais se exerce sua influência. A ideia da pedagogia fazendo revolução e da revolução fazendo pedagogia foi amplamente transformada em experiência histórica. A ela foram submetidos centenas de milhões de jovens, em sucessivas gerações, na Ásia, no Leste Europeu e na África, durante boa parte do século passado. O produto foi, sempre, um enorme sacrifício da liberdade, da criatividade, da espiritualidade. Sacrifício, por vezes, cruento, daquilo que há de mais humano no ser humano, portanto.

Mesmo tendo pleno conhecimento dessa realidade histórica, ainda que discordando dos objetivos proclamados por Paulo Freire, eu não teria maiores dificuldades de entender, no cenário brasileiro dos anos 1950 e durante seu autoexílio, seu projeto de revolução. Por quê? Porque não lhe faltavam motivações, ainda que faltassem razões. Não estava ele solitário nessa senda. Acompanhavam-no respeitáveis intelectuais que, movidos a boa intenção, tributavam confiança ao tipo de sociedade que supunham pudesse advir de tais "conscientizações", utopias, motivações, construções e saberes revolucionários. Entende-se, então, que ele escrevesse *Pedagogia do oprimido* quase como se, inspirado em Marighella, estivesse redigindo um minimanual do pedagogo revolucionário, não faltando nele elogios que, já então, a história e a sensatez desaconselhariam. O que não há como entender, em relação a ele, é um outro mistério do qual tratarei adiante.

Impossível negar o esforço retórico de Paulo Freire para atenuar o comunismo latente na leitura marxista que faz dos fatos sociais, políticos e econômicos. Assim, para ele, a luta de classes deve andar como um curso d'água coletando todos os afluentes do marxismo, inclusive a violência, no processo de conscientização até a práxis. Mas lá na frente, não está a ditadura do proletariado como vitória incondicional dos "oprimidos" no confronto com os "opressores". Não. Paulo Freire potencializa a utopia e ensina a Marx que a luta de classes alcançará seu apogeu quando o "oprimido", finalmente liberto, houver libertado o "opressor" do exercício da opressão. Uma inequívoca complicação para a simplificação, para usar o vocábulo com que Frei Boaventura, mencionado anteriormente, designa essa tentativa de absorver a complexidade das relações sociais num simples binômio oprimido-opressor.

No entanto, é por aí que vai Paulo Freire, como seu muito reverenciado Che Guevara, oscilando entre a dureza e a ternura. Assim, num momento de meiguice, cita a "ternura" de Che, num texto em que o argentino, referindo-se ao contato com os camponeses em Sierra Maestra, afirma:

> Ali começou a fazer-se carne em nós a consciência da necessidade de uma mudança definitiva na vida do povo. (...) A comunhão com o povo deixou de ser teoria e passou a fazer parte definitiva do nosso ser. A guerrilha e o campesinato (...) se iam fundindo numa só massa, sem que ninguém possa dizer em que momento se fez intimamente verídico o proclamado e fomos parte do campesinato. Só sei, no que a mim respeita, que aquelas consultas aos camponeses da Sierra converteram a decisão espontânea e algo lírica em uma força de distinto valor e mais serena.

Lindo. Passo seguinte, o jogo endurece. Escreve Paulo Freire:

> Desta maneira, quando Guevara chama a atenção ao revolucionário para a 'necessidade de desconfiar sempre – desconfiar do camponês que adere, do guia que indica os caminhos, desconfiar até de sua sombra', não está rompendo a condição fundamental da teoria da ação dialógica. Está sendo, apenas, realista.

Hay que endurecerse.

Por vezes, o patrono da educação brasileira põe dureza e ternura na mesma frase: "Consciente ou inconscientemente, o ato de rebelião dos oprimidos, que é sempre tão ou quase tão violento quanto a violência que os cria, este ato dos oprimidos, sim, pode inaugurar o amor". Coerente com suas reiteradas demonstrações de apoio e simpatia, Paulo Freire subscreve, também, o genocídio praticado por governos comunistas que tomaram o poder pela força das armas – Fidel, Lênin, Mao – e explode em expressões duras como o aço: "A revolução é biófila, é criadora de vida, ainda que, para criá-la, seja obrigada a deter vidas que proíbem a vida. Não há vida sem morte, como não há morte sem vida. Mas há, também, uma 'morte em vida'. E a morte em vida é a morte proibida de ser vivida".

As consequências genocidas dessa tese, num documento tão político quanto a *Pedagogia do oprimido*, são alarmantes quando se considera a extensão da influência de Paulo Freire na educação brasileira, em que a educação esteja sob maior ou menor influência marxista. Quem esposa a violência derruba limites que não devem ser transpostos. A violência não pode ser a *ultima ratio*. É ela que move os terroristas, os *black blocs*, os fanáticos religiosos, os esquadrões da morte. Regredindo na escala, é ela que vai queimar pneus, bloquear ruas e estradas e invadir propriedades públicas e privadas. Tudo em nome da causa, sempre pelas mais elevadas razões da massa "conscientizada" e mobilizada. A tal práxis revolucionária.

Falando sobre conscientização das massas, Paulo Freire vai atrás de Mao Tsé-Tung em *Le Front uni dans le travail culturel*. Traduzo de sua própria nota de rodapé, à página 48 da 11.ª edição de Paz e Terra:

> Para estabelecer uma ligação com as massas, nós devemos estabelecer uma ligação com seus desejos. Em todo trabalho para as massas, nós devemos partir de suas necessidades e não com seus desejos, por louváveis que eles sejam. Acontece, seguidamente, que as massas têm necessidade de tais e tais

> transformações, mas elas, objetivamente não são conscientes dessa necessidade, que elas não tenham a vontade nem o desejo de as realizar; nesse caso, nós devemos esperar com paciência; é somente quando, na sequência de nosso trabalho, as massas forem majoritariamente conscientes da necessidade de tais transformações que elas terão a vontade e o desejo de as levar onde seja possível realizar; senão, corre-se o risco de romper com as massas. Dois princípios devem nos guiar: primeiro, as necessidades reais das massas e não os desejos nascidos da nossa imaginação; segundo, o desejo livremente expresso pelas massas, as resoluções que elas mesmas tenham tomado e não aquelas que nós tomamos em seu lugar.

Bem ao contrário do que o texto maoísta que recebeu adesão e transcrição de Paulo Freire possa sugerir em uma leitura superficial, o espírito que o preside perde parte de sua elegância e benignidade ao confundir massa com agente da transformação revolucionária a ser guiada para a revolução. É uma concepção bem marxista, que simplifica uma vez mais as relações e coloca a tal massa num dos polos, sem definir muito bem qual é o outro. Sabe-se que no topo está o próprio Mao aspirando ao poder totalitário.

Reitero que, com algum esforço, é possível conceber que Paulo Freire, já lá vai quase meio século, tivesse suas motivações ao escrever no Chile, em 1970. O que não se pode entender são as motivações de quem, já rodando o século XXI, transforme seu minimanual do pedagogo revolucionário em *vade mecum* para a pedagogia nacional. Encaminho, assim, este capítulo para seu encerramento.

No início dos anos 1980, o ciclo dos governos militares na América Ibérica se encaminhava para o final. Haviam se exaurido seus recursos metodológicos e retóricos. A população queria mudanças, e era com isso que as esquerdas acenavam, chamativas e promissoras. Junto com os que retornavam ao país, desembarcou Paulo Freire, após seu trabalho no circuito internacional que lhe proporcionara o Conselho Mundial de Igrejas, polivalente e fornido de recursos para atuação nesse circuito. Era um homem de 59 anos, perfeitamente identificado com a esquerda e rapidamente cativado pelas forças políticas que se estruturavam para fundar o PT. Em pouco tempo, o PT o alçou aos escalões superiores do aparelho partidário. Tornou-se membro da Comissão de Educação do partido e, em seguida, presidente da Fundação Wilson Pinheiro. O acervo fotográfico da Fundação, que se dedicou à formação de quadros para o partido, exibe em seu arquivo uma foto de 1982 na qual aparecem o presidente Paulo acompanhado de renitentes petistas, entre os quais Maria Helena Moreira Alves, Mario Sergio Cortella, Moacir Gadotti e Aloizio Mercadante. Quando, nas eleições municipais de 1988, o PT obteve suas duas primeiras expressivas vitórias eleitorais em pleitos majoritários, conquistando as prefeituras de São Paulo, com Luiza Erundina, e de Porto Alegre, com Olívio Dutra, Paulo Freire foi nomeado, por justíssima causa, secretário municipal de Educação da capital paulista, onde desenvolveu um trabalho que enfatizou a alfabetização de adultos. Nessa experiência, introduziu o que ele mesmo chamou "proposta pedagógica molhada em ideologia"...

A professora Targélia de Souza Albuquerque escreveu, no livro de construção coletiva *Paulo Freire: vida e obra*, da Expressão Popular (2015), o capítulo que trata da gestão de Paulo Freire e tem o título *Ousadia de democratizar a educação na cidade de São Paulo*. À página 173, destapa esse molho ideológico com a seguinte narrativa:

> Paulo Freire, no livro *Política e educação*, (2000b, p. 97), faz uma das mais belas descrições da História como possibilidade e nos introduz no entendimento da História e Educação, ratificando a necessidade de reunirmos toda a nossa 'inteligência, vontade

e força', na visão gramsciana, para, sem sermos ingênuos, não desperdiçarmos a contribuição da educação no processo de democratização da sociedade brasileira.

Enquanto escrevia estas linhas, fui convidado para participar de um programa de debates na rádio Bandeirantes de Porto Alegre. A crise da educação brasileira na pauta e as resistências à reforma do Ensino Médio, idem. Foi uma excelente ocasião para agradecer a Deus, estando no ar, o fato de ter recebido minha formação escolar antes dos anos 1970 e antes de se haverem entranhado na educação brasileira as influências freireanas e gramscistas mencionadas pela referida professora. Também Paulo Freire bebeu das memórias do fundador, secretário-geral e mais criativo intelectual do Partido Comunista Italiano. Quanto à minha geração, afortunadamente, zero de intoxicação gramscista e zero de intoxicação freireana. Como resultado, mesmo na pequena escolinha primária pública de Santana do Livramento, depois, no curso ginasial também público, e mais tarde, em Porto Alegre, no colégio estadual, também público, Júlio de Castilhos, a gente estudava muito e aprendia bastante. Claro que já havia direita, esquerda e respectivas variantes no arco ideológico. E as disputas eram tensas e densas. Mas ninguém se apresentava, ainda, para dividir o mundo entre oprimidos e opressores. Talvez porque todos dispusessem de sensores para perceber a que e a quem servia a enorme simplificação da realidade social expressa em tal partição.

Por mais que se busque ocultar a influência do professor sobre seus alunos, por mais que Paulo Freire dissimule aquilo que realmente acontece nas salas de aula quando o adulto que sabe mais fala quase todo o tempo, marca a presença e dá nota, a realidade sai pelos corredores tão logo termina a classe. E essa realidade determina a influência do professor sobre o aluno num "saber" que se nivela pelo dele. Durante as recentes invasões de prédios escolares, vazaram cenas em que pequenos grupos de invasores (quase sempre foram praticadas por pequenos grupos) apareciam reunidos com um professor "trocando opiniões" e "construindo saberes". O fato de que, ao final, esses saberes e opiniões coincidissem com os do professor deve ser mera coincidência. Ou, então, nem isso, passando a mera obediência, como nos tantos casos em que os invasores, indagados por alguém, com uma câmera diante de si, não sabiam o que dizer sobre os motivos que os havia levado a invadir a escola onde estudavam.

É inevitável que uma mente juvenil insistentemente estimulada a ver o mundo com olhos de oprimido, posta diante de uma ideia ou da figura real de um suposto opressor indicado como causa de tantos males quantos se lhes possa atribuir, que ela seja animada por um sentimento de ira. O trabalho anterior faz parte da "conscientização". A ira gera energia para a práxis. Che Guevara, por quem Paulo Freire nutria inequívoca estima e reverência, bebia dessa ira sem rolha nem dosador: "Ódio como elemento de luta; ódio cruel do inimigo, impelindo-nos acima e além das limitações naturais das quais o homem é herdeiro e transformá-lo numa efetiva, violenta, seletiva e fria máquina de matar."[11]

Paulo Freire era mais moderado nesse consumo:

> Está errada a educação que não reconhece na justa raiva, na raiva que protesta contra as injustiças, contra a deslealdade, contra o desamor, contra a exploração e a violência, um papel altamente formador. O que a raiva não pode é, perdendo os limites que a confirmam, perder-se em odiosidades.[12]

Por mais que o patrono vá em frente, falando sobre sentimentos nobres, a raiva é uma brotação que, em mentes imaturas, vai da interjeição mais desbocada à vidraça quebrada.

---
11. Trecho da Mensagem de Che à Tricontinental.
12. FREIRE, 2000a, p. 45.

Quando sai barata. E note-se que Paulo Freire vai atrás de alguns exemplos ainda mais extremos, como os que levaram sua ira à luta armada. Entre eles, o comandante Fidel. Seria Fidel um pedagogo, na perspectiva de Paulo Freire? Teria Fidel algo a ver com esse professor que, supostamente, constrói seu odiozinho junto com os alunos? Parece que sim, ao menos essa foi a interpretação de Che Guevara naquela referência anterior, quando fala sobre a conquista da confiança dos camponeses em Sierra Maestra. Não satisfeito, Freire, a meu juízo, também o confirma. Em sua *Pedagogia do oprimido*[13], descreve:

> A liderança de Fidel Castro e de seus companheiros, na época chamados 'aventureiros irresponsáveis' por muita gente, liderança eminentemente dialógica, se identificou com as massas submetidas a uma brutal violência, a violência de Batista. Com isso não queremos afirmar que esta adesão se deu tão facilmente. Exigiu o testemunho corajoso, a valentia de amar o povo e por ele sacrificar-se. Exigiu o testemunho da esperança nunca desfeita de recomeçar após cada desastre, animados pela vitória que, forjada por eles com o povo, não seria apenas deles, mas deles com o povo. Ou deles enquanto povo.

Ditaduras são todas reprováveis. Mas usar os seis anos da ditadura de Batista para justificar a ditadura totalitária criada por Fidel Castro – que, à época da publicação da *Pedagogia do oprimido*, já levava onze anos, mantinha um estado policial vigilante contra qualquer manifestação de dissidência, e entrou, nestes dias, em seu 57.º aniversário – vai além do dialógico porque atropela o lógico. É indefensável. Comparado com Fidel e as 22 mil vítimas de seu regime, Batista deveria ser conhecido como o *Breve*. E, talvez, até como o *Compassivo*. Legitimar uma ditadura totalitária comunista por uma anterior não comunista é apontar para uma rosca sem fim, é jogar pá de cal nas expectativas da bela ilha caribenha que ainda sonha,

---
13. Ed. Paz e Terra, p. 94, ano 1994.

um dia, romper esse ciclo para se encontrar com a liberdade e a democracia.

A conscientização sobre a própria realidade, a raiva como motivadora para a práxis já produzem números. A edição de Zero Hora do dia 12 de agosto de 2016 exibiu reportagem com o tema da *educação prejudicada por insegurança*. São dados alarmantes porque se referem, precisamente, ao espaço e à atividade dos quais se esperam soluções para o problema civilizacional brasileiro. Afinal, é ali, bem ali, exatamente ali, que nossos pedagogos, saídos do forno onde é cozida a massa sovada pela pedagogia freireana, deveriam estar aplicando sua educação redentora, libertadora.

Oh, Paulo Freire, venha dar uma olhada no estrago! Os dados da violência no universo educacional (é a exata expressão usada pelos autores da matéria) se referem apenas aos casos em que os atos praticados geraram boletins de ocorrência policial. Não incorrerá em exagero quem supuser que os números reais, não levados a registro, são, necessariamente, muito maiores. Eis os números computados no Rio Grande do Sul: 23.930 atos de indisciplina em sala de aula, 4.861 atos de violência física entre alunos, 4.811 agressões verbais a professores e funcionários, 1.275 depredações ou pichações dentro da escola, 294 casos de posse ou tráfico de drogas,199 agressões físicas a professores ou funcionários. Não, não eram números referentes a todas as escolas, nem cobriam um ano letivo inteiro. Os dados foram coletados em apenas 1.255 educandários estaduais (menos da metade da rede) e informavam ocorrências relativas a seis meses letivos (os dois últimos de 2015 e quatro primeiros de 2016). A matéria nada dizia quanto às questões de aprendizado. Mas deixemos isso para lá, pois não é bem o que interessa numa pedagogia que atribui significado máximo à "construção da cidadania". É ela que, pelo avesso, ganha vida nesses números.

Durante décadas, vivemos sob ditadura marxista no ambiente acadêmico. Era marxista a chave de leitura para todos os fenômenos sociais, históricos, políticos e econômicos. Eram marxistas os parâmetros curriculares, a bibliografia, os referenciais teóricos, as provas, as respostas aceitas como corretas e as teses. Todo o ensino se abastecia na mesma padaria, e todo pão do saber era servido com fermento marxista. Descendo os degraus para os demais níveis, multidão de professores do Ensino Médio e Fundamental, nutrida do mesmo pão, servia do que lhe fora dado. E assim se formavam jornalistas, mestres, doutores e alfabetizadores. Marx no topo e Paulo Freire na base. A alfabetização, que era feita em poucos meses no primeiro ano do Ensino Fundamental, hoje não se completa em três anos. E 63% da população é analfabeta funcional. Eis a excelência em injustiça social!

É a miséria da educação. Ao longo do curso, os futuros professores são instruídos para uma "educação libertadora", na qual o adjetivo é muito mais importante do que o substantivo. Aprenderam direitinho a conduzir seus alunos através dos estágios da investigação, da tematização e da problematização, tendo em vista convertê-los, devidamente conscientizados, em protagonistas da transformação da sociedade. Desde essa perspectiva, atividades escolares que enfatizem o conteúdo das disciplinas são uma rendição às "exigências do mercado" e indisfarçada posição de direita, certo? Então, ensinam-se convenientes versões da história, uma geografia política muito política, pouca matemática e se reverencia a linguagem própria do aluno. Consequência: meio milhão de zeros na redação do Exame Nacional do Ensino Médio (ENEM) de 2015.

Qual o produto dessa fraude custeada pelos impostos que pagamos como contribuintes à rede pública ou como pais à rede privada de ensino? Se você pensa que seja preparar jovens para realizarem suas potencialidades e sua dignidade, cuidando bem de si mesmos e de suas famílias, numa integração produtiva e competente na vida social, enganou-se. Ou melhor, foi enganado. O objetivo é formar indivíduos com repulsa ao "sistema". Para piorar a situação, correntes mais à esquerda agregam aos objetivos freireanos comuns outras pautas, como, por exemplo, a recusa à autoridade, inclusive à autoridade familiar, a militância materialista e antirreligiosa. No andar da convivência, se possível, acrescente-se a tarefa de recrutar e formar, mediante anos de estímulo à irresponsabilidade legalmente protegida, transgressores prontos para fazer revolução com muita pedrada e nenhuma ternura.

Se tudo der certo, o tipo se completa com um boné virado para trás, um baseado na mochila e uma camiseta do Che. A pergunta é: quem quer alguém assim na sua empresa ou local de trabalho? Em poucos meses, essa vítima de seus maus professores, pedagogos e autoridades educacionais terá feito a experiência prática do que lhe foi enfiado na cabeça. Ele estará convencido de que o "sistema" o rejeita de um modo que não aconteceria numa sociedade igualitária, socialista, onde todos, sem distinção de mérito ou talento, sentados no colo do Estado, fazem quase nada e ganham a mesma miséria.

É a educação da miséria. Os intelectuais orgânicos que comandam o processo não se importam com o paraefeito do que fazem. O arremedo de ensino que criaram cristaliza a desigualdade, atrasa o país, frustra o desenvolvimento humano de milhões de jovens e lhes impõe um déficit de formação dificilmente recuperável ao longo da vida. De outro lado, quem escapa à sua rede de captura e vai adiante estudará mais e melhor, lerá mais e melhor, investirá tempo no próprio futuro e, muito certamente, criará prosperidade para si e para a comunidade. O mercado separará o joio do trigo. No tempo presente, as duas maiores causas dos nossos grandes desníveis sociais são: a drenagem de 40% do produto interno bruto (PIB) para o setor público e a incompetência que a tal "educação libertadora" e a respectiva ideologia impuseram ao ensino no Brasil.

Frequentemente, quando escrevo a respeito disso, procuro mostrar toda a ruindade de tais objetivos pedagógicos. Alunos devem concluir os diferentes níveis de ensino, a partir do médio, com alguma preparação que os posicione de modo adequado nas circunstâncias e possibilidades do mundo do trabalho, destino comum dos seres humanos ante aquela sentença que relaciona o pão ao suor do rosto. Pois, a cada texto em que abordo o tema, recebo comentários indignados de leitores que me acusam de pensar uma educação que prepare "mão de obra para ser explorada pelos donos do capital". Leio essas mensagens, e elas, inevitavelmente, lembram-me de Paulo Freire. Penso no Índice de Desenvolvimento Humano (IDH) brasileiro, que perde posições relativas no *ranking* mundial; na falta de recursos humanos qualificados e nas vagas em postos de trabalho bem remunerados; no constrangedor desempenho de nossos estudantes em ciências, leitura e matemática (*Programme for International Student Assessment* – PISA); no fato de não haver uma só universidade brasileira entre as duzentas melhores do mundo. Reflito sobre a realidade de nossos estudantes, que só se debruçam para valer sobre livros e polígrafos na hora do vestibular ou de algum ambicionado concurso público. Por fim, lembro-me dos professores cativados, com Paulo Freire, pela dimensão política de sua atividade e pela dimensão educacional da política. Chego a imaginar, à luz do que sei, que muitos deles talvez ficassem felizes se, em vez de seres humanos adultos socialmente integrados e produtivos, cuidando bem de si mesmos e dos seus, o fruto de seu trabalho fosse representado por moradores de rua, por jovens "nem-nem", conscientes de sua situação, raiva ardendo no peito, mobilizados para a práxis revolucionária.

Com algum esforço, renunciando a tantas obviedades, evitando o anacronismo que seria injusto, reconhecendo que havia duas grandes apostas político-ideológicas nas primeiras seis ou sete décadas do século passado, eu posso fazer concessões a Paulo Freire, como homem no lado errado de um determinado tempo. Seus seguidores, em pleno século XXI, porém, são linha de frente do atraso, mergulham o país nesse mesmo anacronismo, fazem aposta em bilhete ideológico corrido e trombam contra o óbvio com desastrosas consequências.

Paulo Freire: educação popular, religião e teologia da libertação de inspiração marxista*

14

Padre Cléber Eduardo dos Santos Dias **

> Eu sempre falo, em minhas aulas, que se você estiver num certo lado da rua, procurando um endereço, e a casa estiver no outro lado, só tem um jeito de alcançar a casa, atravessar a rua. O que vale dizer, ninguém chega lá a partir de lá e, sim, a partir de um cá, um aqui. Quer dizer, para todo lá há um aqui e para todo aqui há um lá.***

Dentre a grande maioria de textos e pesquisas sobre Paulo Freire, encontra-se disseminada a noção de que ele teria criado um método inovador de alfabetização junto às camadas mais pobres na década de 60, e que seu método teria sido exportado e aplicado com êxito em todos os lugares onde fora implantado. De igual modo, sobressai-se entre os autores e

---

* Publicado em: SANTOS, Thomas Giulliano Ferreira dos. Desconstruindo Paulo Freire. 1. ed. Porto Alegre: História Expressa, 2017.

** Sacerdote da Igreja Católica Apostólica Romana (Diocese de Bagé/RS), Doutor em Filosofia (Pontifícia Universidade Católica do Rio Grande do Sul – PUCRS – e Universidade do Porto/Portugal), especialista em Filosofia Medieval (Universidade do Porto/Portugal), Bacharel em Teologia (PUCRS), canonista (juiz auditor na Diocese de Bagé/RS), paleógrafo latino (Federação Internacional de Estudos Medievais – FIDEM/Roma), exerceu o magistério como professor de História das Ideias na América Latina e Paleografia Latina, Teologia Antiga e Medieval (PUCPE/Peru), Filosofia Medieval e Latim (FIDC/Brasil).

*** Entrevista concedida à Nilcéa Lemos Pelandré, p. 302. In: PELANDRÉ, N. L. Efeitos a longo prazo do método de alfabetização Paulo Freire. Tese (Doutorado em Letras: Psicolinguística), Universidade Federal de Santa Catarina, 1998.

pesquisadores freireanos uma noção de que Paulo Freire, ao ver o sofrimento das massas empobrecidas, teria, paulatinamente, convertido sua pedagogia de apoio ao desenvolvimentismo em direção à prática político-revolucionária e ao marxismo. E que, embora professasse ser cristão, não via nenhum problema em declarar-se marxista[1] nem em apoiar as revoluções de cunho marxista. Seus leitores e comentadores asseveram com muita tranqüilidade que a guinada teológica havida na Igreja Católica no final da década de 60 em direção à chamada Teologia da Libertação são frutos também da pedagogia freireana, de tal modo demonstrável pela sua influência exercida na Conferência Geral do Episcopado Latino-americano de Medellín.

Reúno neste texto alguns objetivos. Primeiramente, demonstrar que a assertiva sobre seu método, para além de falsa, revela o desconhecimento de como era seu método de alfabetização e o alcance que tem ou teve. Em segundo lugar, demonstrar que a ligação identitária que Paulo Freire tem com os postulados marxistas não é fruto da sua experiência de alfabetização, mas anterior, cerne e motivadora dela. Em terceiro lugar, mas não menos importante, verificaremos como Paulo Freire reconhece na Teologia da Libertação de inspiração marxista o lugar teológico da chamada práxis libertadora.

---

1. "Marx me ensinou a compreender melhor os Evangelhos. Quem me apresentou a Marx foi a dor do povo (...), foi a miséria, a deterioração física, a morte. Fui a Marx e não descobri razão nenhuma para não continuar minha camaradagem com Cristo" (CORTELLA, M. S.; VENCESLAU, P. T. Memória: entrevista com Paulo Freire. Revista Teoria e Debate, ano 4, n. 17, jan/mar. 1992). Da mesma forma, também Ernesto Cardenal professa a total congruência entre ser cristão e ser marxista: "Não foi a leitura de Marx que me levou ao marxismo, mas sim a leitura do Evangelho" e; também, "O comunismo segundo Marx, a sociedade na qual não haverá egoísmo nem injustiça de nenhuma espécie, é o mesmo que nós cristãos entendemos por reino de Deus sobre a terra". Vê-se, por exemplo: CARDENAL, E. Comunismo igual reino de dios en la tierra. In: Muro latino: Medellín, 1973, p. 37-42.

Balanço sobre o Método Paulo Freire

Sobre as condições políticas e as etapas de implantação do método Paulo Freire no Brasil, não discorremos em profundidade, uma vez que elas se encontram histórica e perfeitamente expostas no capítulo de Percival Puggina, *O mundo político de Paulo Freire*, presente neste volume. Para uma análise histórica dos antecedentes e das influências de pedagogos e pensadores católicos em Paulo Freire no contexto das décadas de 50 e 60, remeto o leitor para o artigo *Paulo Freire, o testemunho e a pedagogia católica: a ação histórica contra o fatalismo*, de Eduardo Dullo.[2]

Gostaríamos de chamar a atenção para uma descrição do método, ou sistema, como preferia o seu autor. Sonia Couto Souza Feitosa, em sua dissertação de mestrado em educação, orientada pelo freireano Moacir Gadotti na Universidade de São Paulo (USP), detalha as semelhanças entre as cartilhas criadas por Freire e pelo regime cubano:

> Ambas utilizavam fotos, letras, palavras de cunho político. (...) Ambas cultuam seus líderes políticos (Fidel Castro e Miguel Arraes), ambas se referem à sua realidade local e enfatizam o nacionalismo: em Cuba, legitimando o processo revolucionário; no Brasil, as transformações que deveriam ocorrer na sociedade.[3]

Uma análise mais acurada, ainda não feita até hoje, deveria comparar não só as cartilhas de Paulo Freire e a de Cuba, mas também os processos de alfabetização em si, que são muitíssimo semelhantes. Talvez, quem o fizer descubra que

---

2. DULLO, E. Paulo Freire, o testemunho e a pedagogia católica: a ação histórica contra o fatalismo. *Revista Brasileira de Ciências Sociais*, São Paulo, v. 29, n. 85, 2014. Disponível em: <http://dx.doi.org/10.1590/S0102-69092014000200004>.

3. FEITOSA, S. C. S. *Método Paulo Freire*: princípios e práticas de uma concepção popular de educação. 1999. Dissertação (Mestrado em Educação), Faculdade de Educação, Universidade de São Paulo (USP), São Paulo, 1999, p. 37-41.

Paulo Freire apenas plagiou ou reproduziu o método da cartilha cubana e que, portanto, também neste ponto, o patrono da educação brasileira revela-se uma fraude.

Para a construção do vocabulário, Paulo Freire e sua esposa, Elza Freire, deslocaram-se para Angicos e fizeram o levantamento de quatrocentas palavras utilizadas pelos futuros alfabetizandos. Destas quatrocentas palavras, escolheram aquelas que, em grau ascendente, pudessem ser utilizadas em diferentes composições fonêmicas.[4]

As aulas de alfabetização, ou, como preferia chamar Paulo Freire, os *diálogos* iniciaram-se aos 28 de janeiro de 1963 e terminaram aos 2 de abril do mesmo ano, com a presença do presidente da República, João Goulart, alguns governadores, prefeitos, políticos e a imprensa nacional e internacional. De lugar desconhecido, Angicos tornara-se a Meca da pedagogia revolucionária!

No encerramento da 40.ª aula em Angicos, Paulo Freire apresentou ao presidente da República, João Goulart, e aos presentes um relatório no qual saúda as autoridades descrevendo seu sistema de alfabetização:

> Senhor Presidente, Senhores Governadores. É com muita satisfação e também com humildade, que dirigimos nossas palavras, tentando numa síntese, fundamentar o Sistema de educação em que está contido o método ecléctico, com que

---

4. Sobre a escolha das palavras geradoras: "Por isto mesmo é que no método de alfabetização, tendo que conseguirmos as palavras chamadas geradoras, a partir de que poderíamos deflagrar o processo de combinações fonêmicas, com que faríamos o aprendizado da leitura e da escrita, nós partimos de um levantamento do universo vocabular do grupo e da área que vai alfabetizar-se. Escolhemos, então, os elementos básicos que devem ser postos com as palavras geradoras e criamos situações sociológicas típicas, da área que vai ser alfabetizada, e daí em diante começamos o trabalho que é sobretudo ativo em que o homem é chamado ao diálogo e à análise das situações postas diante dêles, com situações desafiadoras" (FREIRE, Paulo. *Discurso do Professor Paulo Freire, em Angicos, ao encerramento do curso de alfabetização de adultos*, p. 2. Disponível em: <http://acervo.paulofreire.org:80/xmlui/handle/7891/1707>).

estamos conseguindo, quase resultados mágicos, mas que, na verdade, não são mágicos, porque fundamentados em princípios de ordem científica, filosófica.[5]

A experiência em Angicos, proclamada aos quatro ventos como pioneira e exitosa, na prática não foi pioneira, como nos adverte Afonso Celso Scocuglia.[6] Ela foi testada, ou melhor, experimentada, em Poço da Panela, no Recife, não sem os reparos por parte da equipe de trabalho, constatado que as quarenta horas eram insuficientes para a alfabetização.

Aqui, deve-se perguntar o porquê de tanto interesse das elites políticas em implementar o Sistema Paulo Freire. Na realidade, como bem descreve Sílvia Maria Manfredi, havia diversos interesses envolvidos: a) a aproximação com as classes trabalhadoras; b) maior número de votantes nas próximas

---

5. FREIRE, Paulo. *Discurso do Professor Paulo Freire, em Angicos, ao encerramento do curso de alfabetização de adultos*, p. 1.

6. "Ocorre que um ano antes, na Paraíba, a Campanha de Educação Popular (CEPLAR) Já trabalhava com o chamado 'método Paulo Freire'. A campanha paraibana foi iniciada logo após as primeiras experimentações de Freire no Poço da Panela, em Recife. Durante vários meses de 1962 os líderes da CEPLAR fizeram cursos com a equipe do Serviço de Extensão Cultural da Universidade do Recife (SEC-UR), especialmente com Jarbas Maciel e com o próprio Freire. Paralelamente, os 'círculos de cultura' instalados em João Pessoa serviram de campo de observação da aplicação do 'método', com a presença constante do seu propositor e, inclusive, do sociólogo Pierre Furter. Nesse processo de intercâmbio, houve a constatação (na prática) da equipe paraibana de que as 'quarenta horas' previstas no processo alfabetizador eram insatisfatórias e pediam complemento (pós alfabetização). Tal constatação fez com que a CEPLAR elaborasse um livro complemento (chamado 'Força e Trabalho') para uma educação primária rápida (dois anos). A partir de agosto de 1963, a CEPLAR, além de consolidar-se em Campina Grande, se expandiu na direção das cidades, vilas, sítios e povoados marcados por intensos conflitos entre as Ligas Camponesas e os proprietários rurais paraibanos" (SCOCUGLIA, A. C. Paulo Freire e a CEPLAR da Paraíba, antes de Angicos. *Caderno de resumos do I Encontro Internacional do Fórum Paulo Freire*. São Paulo: IPF, 1998, p. 29).

eleições; c) a atração das classes trabalhadoras para os programas reformistas ou revolucionários.[7]

Existe um método Paulo Freire de alfabetização?

Embora seja conhecido como Método Paulo Freire, o próprio autor preferia chamá-lo de sistema. Sistema, aqui se supõe, pedagógico. O presidente João Goulart, após assistir à última aula, convencido ou política e ideologicamente interessado no alcance do Sistema Paulo Freire, criara, por meio do Decreto n.º 53.465 (21 de janeiro de 1964), o Programa Nacional de Alfabetização "mediante o uso do Sistema Paulo Freire". Com a deposição de João Goulart, o presidente da Câmara dos Deputados no exercício da presidência da República, Ranieri Mazzilli, revogara pelo Decreto n.º 53.886 o anterior Decreto n.º 53.465. No texto de João Goulart, no campo das considerações, chama a atenção o fato de que as autoridades já conheciam ou suspeitavam dos objetivos do sistema ou método e de seu autor: "Considerando ainda que o material a ser empregado na Alfabetização da População Nacional deverá vincular idéias nitidamente democráticas e preservar as instituições e tradições de nosso povo".

---

7. "O sistema proposto pelo educador Paulo Freire, por suas características, permitia a alfabetização em tempo recorde e, principalmente, possibilitava a discussão crítica dos problemas sociais, políticos e econômicos vividos pelos alfabetizandos, satisfazendo simultaneamente às expectativas das organizações estudantis, sindicais e religiosas e líderes políticos. Para os primeiros configurou-se como instrumento de aproximação com as classes trabalhadoras, fossem suas pretensões reformistas ou revolucionárias. Para os segundos, taticamente interessados em ampliar o contingente de eleitores, constituiu-se num método que garantia a alfabetização a curto prazo de um grande número de adultos iletrados, aparecendo como um investimento altamente compensador, já que a manutenção no poder de tais líderes dependia do apoio popular. Esse fato justificaria o total apoio financeiro e institucional concedido por alguns destes líderes, durante o governo de Goulart, aos grupos que vinham atuando em campanhas de alfabetização, mesmo que não houvesse uma convergência de interesses políticos" (MANFREDI, S. M. *Política*: educação popular. São Paulo: Símbolo, 1978, p. 158).

Não há quem não tenha ouvido nos últimos trinta ou quarenta anos, após a escalada do esquerdismo nas escolas, nos debates acadêmicos e, principalmente, nas cátedras dos cursos de humanas no Brasil, sobre a importância do Método Paulo Freire. Quando se pergunta a qualquer pedagogo ou professor como é, ou o que é o Método Paulo Freire, raríssimos são aqueles que sabem responder.

Transcrevo aqui uma das etapas mais importantes do diálogo (aula) sobre uma palavra geradora escolhida para ser debatida em Mossoró e Angicos:

> Assim, em 1961, em Mossoró e Angicos, era este o encaminhamento da palavra geradora: salário.
>
> 'Palavra geradora: salário
>
> Idéias para discussão:
>
> • a valorização do trabalho e a recompensa.
>
> • finalidade do salário: manutenção do trabalhador e de sua família.
>
> • o horário do trabalho segundo a lei.
>
> • o salário mínimo e o salário justo.
>
> • repouso semanal – férias – décimo terceiro mês. Finalidades da conversa:
>
> • levar o grupo a discutir sobre a situação do salário dos camponeses.
>
> • discutir o porquê dessa situação.
>
> • discutir com o pessoal sobre o valor e a recompensa do trabalho.
>
> • despertar no grupo o interesse de conhecer as leis do salário.
>
> • levar o grupo a descobrir o dever que cada um tem de exigir o salário justo. Encaminhamento da conversa:
>
> • o que é que vocês estão vendo neste quadro?
>
> • como é que está a situação do salário dos camponeses? por quê?
>
> • o que é o salário?

- como deve ser o salário? por quê?
- o que é que a gente sabe das leis sobre o salário?
- o que podemos fazer pra conseguir um salário justo?" (Método Paulo Freire – Manual do Monitor – documento mimeografado a álcool e quase apagado, para os círculos de cultura de Mossoró e Angicos em 1961 e 1962).[8]

No estrito rigor do termo, não há um Método Paulo Freire de alfabetização. A técnica de decompor palavras em fonemas é tão velha quanto o mundo letrado. O que há de "novo" no chamado Método Paulo Freire é o fato de ele, a partir das palavras ou vocábulos relacionados à cultura local ou regional, servir-se de alguns desses termos para provocar a discussão com vistas à transformação social. Já na apostila *Como trabalhar com o povo*, escrita nos anos 80, Paulo Freire afirma que as técnicas empregadas não são nada diante da experiência entre alfabetizador e alfabetizando.[9]

Em entrevista concedida a Nilcéa Lemos Pelandré, Paulo Freire defende que o seu sistema é um método de conhecer e não um método de ensinar. Sua importância repousa no que se

---

8. BRANDÃO, C. R. *O que é o Método Paulo Freire*. São Paulo: Brasiliense, 1981, *passim*.

9. "O que é o Método Paulo Freire? Mas quando a gente encarna e vive este não estar só no mundo. Isso tem a ver com o chamado Método Paulo Freire. Mas eu não gosto de falar nisso. Que é um negócio chato pra burro. Porque isso, no fundo, não é Método. Não é nada. Isso é uma concepção de mundo. Que tá aí. É uma pedagogia e não um método cheio de técnicas. Eu acho que a gente sabe muito mais as coisas quando a gente aprende o significado disso que eu disse e põe em prática. Do que quando tá pensando no 'ba-be-bi-bo-bu'. O 'ba-be-bi-bo-bu' só se encarna quando esse outro princípio é respeitado. Veja bem, se o alfabetizador não está sobretudo disposto a viver com o alfabetizando uma experiência na qual o alfabetizando diz a sua palavra ao alfabetizador e não apenas escuta a do alfabetizador, a alfabetização se autentica, tendo no alfabetizando um criador de sua aprendizagem. Pois bem, esse é um princípio que eu acho fundamental" (FREIRE, P. *Como trabalhar com o povo*. [p. 3]. Apostila datilografada, presente na Série Manuscritos. Acessível em: <http://acervo.paulofreire.org:8080/xmlui/handle/7891/1533>).

pode conhecer das condições sociais e em alterar a realidade, não no ato de alfabetizar em si.[10]

Em Angicos, um Paulo Freire mais ligado ao momento desenvolvimentista e reformador das estruturas conceituara o tipo de educação com que se propunha a colaborar:

> E a educação que se há de dar a este país, há de ser uma educação da coragem, uma educação que ajude este povo que emergiu, a inserir-se no seu processo, o que vale dizer, uma educação que conscientize o povo brasileiro, para que ele faça realmente com os homens públicos, as reformas inadiáveis de que este país precisa.[11]

Este mesmo método ou sistema encontra sua efetivação mais plena quando as massas se encontram em determinadas condições sociais:

> Podemos através da educação apanhá-lo num estado que eu chamaria a emersão do povo no processo histórico de que ele estava imerso, até pouco tempo atrás, quando não havia povo no sentido sociológico e nós éramos sobretudo sociedade fechada.[12]

---

10. "Eu começaria a responder sua pergunta fazendo umas considerações que me parecem, do ponto de vista epistemológico, importantes. Considerações em torno da expressão que você usou, e que não é só você que usa, todos usam, quando me perguntou sobre 'o método'. Eu preferia dizer que não tenho método. O que eu tinha, quando muito jovem, há 30 ou 40 anos, não importa o tempo, era a curiosidade de um lado e o compromisso político do outro, em face dos renegados, dos negados, dos proibidos de ler a palavra, relendo o mundo. O que eu tentei fazer, e continuo fazendo hoje, foi ter uma compreensão que eu chamaria de crítica ou de dialética da prática educativa, dentro da qual, necessariamente, há uma certa metodologia, um certo método, que eu prefiro dizer que é um método de conhecer e não um método de ensinar." Entrevista concedida à Nilcéa Lemos Pelandré, p. 298. In: PELANDRÉ, N. L. *Efeitos a longo prazo do método de alfabetização Paulo Freire*. Tese (Doutorado em Letras: Psicolingüística), Universidade Federal de Santa Catarina, 1998.

11. FREIRE, Paulo. Discurso do Professor Paulo Freire, em Angicos, ao encerramento do curso de alfabetização de adultos, p. 1.

12. *Ibid.*, p. 4.

As subversões legítimas

Ao encerrar a famosa 40.ª etapa de alfabetização em Angicos, Freire apresentara às autoridades o seu projeto no qual ocorriam, segundo sua expressão, *subversões legítimas*, que consistem em trocar certos termos relacionados à educação por outros de sua lavra. Por exemplo: círculos de cultura[13] por escola, professor por coordenador de debates, aula por diálogo etc.[14] "Tais substituições, segundo ele, garantem a continuidade dessa transição de termos e da permanência de seu novo modelo pedagógico."[15]

---

13. No texto fundante dos Centros de Cultura, encontram-se as influências do sociólogo marxista Karl Mannheim, que Paulo Freire utilizou para o planejamento e a estrutura dos círculos de leitura e de suas atividades culturais. Freire serve-se de uma tradução em espanhol para citar as ideias de Karl Mannheim: *Libertad, Poder y Planificación democrática* (MANNHEIM, K. *Freedom, power and democratic planning*. London: Oxford University Press, 1950). Cf. Movimento de Cultura Popular. *Projeto de educação de adultos*: Centro de Cultura. Disponível em: <http://acervo.paulofreire.org/xmlui/handle/123456789/25>.

14. "E assim Senhor Presidente, sucessivamente se passa mais uns cinco slides no máximo e com o debate e é preciso que eu afirme bem que neste sistema nós não fazemos discurso, não fazemos aula, porque inclusive o que nós estamos conseguindo é uma espécie de subversões legítimas. Nós superamos a escola pelo que nós chamamos círculos de cultura, superamos o professor pelo que nós chamamos de coordenador de debates, superamos o aluno pelo que nós chamamos de participantes de grupos, superamos a aula pelo diálogo, superamos o programa acadêmico por situações sociológicas desafiadoras que nós pomos diante dos grupos com quem nós provocamos e arrancamos uma sabedoria que existe e que é esta sabedoria opinativa e existencial do povo" (FREIRE, Paulo. *Discurso do professor Paulo Freire, em Angicos, ao encerramento do curso de alfabetização de adultos*, p. 5-6).

15. "A liberdade é um dos princípios essenciais para a estruturação do 'círculo de cultura', unidade de ensino que substitui a 'escola' autoritária por estrutura e tradição. Busca-se no círculo de cultura, peça fundamental no movimento de educação popular, reunir um coordenador a algumas dezenas de homens do povo no trabalho comum pela conquista da linguagem. O coordenador, quase sempre um jovem, sabe que não exerce as funções de professor e que o diálogo é condição essencial de sua tarefa - a de coordenar, jamais intuir ou impor" (FREIRE, P. *Educação como prática da liberdade*, p. 5).

Quanto ao diálogo, ele se reveste de uma dupla capacidade, a de gerar palavras[16] e a de levar à práxis. Usando a terminologia freireana, é no diálogo do educador-educando com o educando-educador que o conteúdo programático é descoberto.[17]

Um método exportado

Exportado o chamado Método Paulo Freire[18] para a África (Guiné-Bissau), não foi possível demonstrar sua aplicabilidade e a consecução do objetivo central, isto é, a alfabetização. Por que teria falhado em África um método tão revolucionário e perfeito?

---

16. Sobre o fato de gerar palavras novas, Paulo Freire fala das palavras mortas e das palavras de pensamento. "É que quando os homens começam a criar palavras, eles criam às vezes palavras que são apenas vocábulos, mas que não são conceitos; ora são conceitos do seu universo, não são do nosso. Eles chamam a estas palavras que não existem e que eles criaram e depois descobrem que não têm uma existência funcional, eles chamam de palavras mortas e chamam as palavras que existem de palavras de pensamento. No que há aliás uma coisa até certo sentido poético e daí em diante, Senhor Presidente apenas onze situações sociológicas foram necessárias para nós deixarmos estes 300 homens de Angicos, não apenas podendo fazer uma carta a V. Excia., mas sobretudo podendo dizer conscientemente que de hoje em diante estes homens vão votar não nos homens que lhes peçam um voto; vão votar não nos padrinhos, vão votar não nos políticos que somente porque sejam políticos se apoderarem do seu destino; vão votar não somente nos coronéis ou porque coronéis, mas vão votar precisamente medida em que estes candidatos revelem uma possibilidade de realmente e de lealmente servir ao povo e servir a ele mesmo" (FREIRE, Paulo. *Discurso do professor Paulo Freire, em Angicos, ao encerramento do curso de alfabetização de adultos*, pp. 7-8).

17. "Para o educador-educando, dialógico, problematizador, o conteúdo programático da educação não é uma doação ou uma imposição – um conjunto de informes a ser depositado nos educandos, mas a devolução organizada, sistematizada, e acrescentada ao povo, daqueles elementos que este lhe entregou de forma inestruturada" (FREIRE, Paulo. *Pedagogia do oprimido*. 58. ed. Rio de Janeiro: Paz e Terra, 2014, p. 98).

18. Ao contrário do que comumente se divulga, o Método Paulo Freire não foi exclusivamente utilizado na Nicarágua. No caso nicaraguense, foi utilizada apenas a técnica do uso de imagens e das palavras geradoras, combinada com a cartilha cubana de alfabetização (Cf. ZIMMER, J. *Pedagogia da libertação*: ensino na Nicarágua. Porto Alegre: FEPLAN, 1987, p.129).

O envolvimento de Paulo Freire e a disseminação de seu método em África ocorre depois de 1970 na Tanzânia. Convidado a apresentar seu método na Universidade de Dar es Salaam e a ajudar a compor o currículo do curso de Educação de Adultos, quase nada se sabe dos eventos posteriores pela falta de documentação. Segundo Carlos Alberto Torres: "(...) a experiência da Tanzânia foi uma importante etapa à sua mais significativa participação em Guiné-Bissau, Cabo Verde, São Tomé e Príncipe."[19]

Provavelmente, por 'significativa participação' deve-se entender aqui o volume de alfabetizandos, pois o Método Paulo Freire em Guiné-Bissau mostrou-se uma verdadeira fraude. Segundo o relatório oficial reportado por Linda M. Harasim,[20] a organização e a formação de educadores começou em 1975; em 1976, os chamados círculos culturais organizados em vilas já contavam com mais de duzentos alfabetizadores. Em 1980, as autoridades constataram que, dentre os 26.000 alunos envolvidos no processo de alfabetização, não se podia contar com nenhum a ser considerado como 'funcionalmente alfabetizado'.

Ou seja, dado que o método não visava (e visa) a uma alfabetização em si, mas à incitação às mudanças revolucionárias, como aplicá-lo a um lugar onde a revolução já se instalou e não permite ser questionado? Freireanos e antifreireanos já se debateram tentando buscar as respostas para o falhanço daquele que é considerado o método mais

---

19. TORRES, C. A. De pedagogia do oprimido à luta continua: a pedagogia política de Paulo Freire. In: MCLAREN, Peter; LEONARD, Peter; GADOTTI, Moacir (Org.). *Paulo Freire*: poder, desejo e memórias da libertação. Porto Alegre: ArtMed, 1998, p. 86.
20. HARASIM, L. M. *Literacy and National Reconstruction in Guine-Bissau. A critique of the Freirean literacy campaign.* (Ph.D. Dissertation). OISE: University of Toronto, 1983, p. 6.

perfeito de alfabetização. Talvez, no dia do juízo final, saberemos a que conclusão chegaram.

O próprio Freire ofereceu a resposta que tinha à mão para defender seu método, a saber, o uso da língua portuguesa (língua do colonizador) como empecilho por não fazer parte da prática social dos educandos.[21] Alguns freireanos dirão que a causa da inoperabilidade do método foi devida à falta de condições materiais para a execução do método, ou que algumas etapas do método foram supressas pelo Partido Africano para a Independência da Guiné e Cabo Verde (PAIGC),[22] partido que estava no poder após a independência. Outros, ainda, aceitam bovinamente a resposta de Freire.

Do ponto de vista freireano de sociedade perfeita, isto é, socialista, não poderiam faltar elementos favoráveis para a execução dos propósitos de alfabetização. Certamente, o PAIGC deve ter suprimido toda possibilidade de exercício do diálogo presente no método, pois, se justamente o diálogo serve para questionar as estruturas, levando as massas à revolução, como seria possível aos democráticos marxistas e socialistas do partido único aceitar tal proposta?

Linda Harasim, avaliando a experiência frustrada, afirma:

---

21. "Com ou sem Paulo Freire foi impossível conduzir em Guiné-Bissau uma campanha de alfabetização numa língua que não fosse parte da prática social das pessoas. Meu método não falhou, como tem sido falado... A questão deveria ser analisada nos seguintes termos: se seria linguisticamente viável ou não conduzir campanhas em português em quaisquer desses países. Meu método é secundário para esta análise. Se não é linguisticamente viável, meu método ou outro método qualquer certamente falhará" (FREIRE, Paulo apud TORRES, C. A. *De pedagogia do oprimido à luta continua*: a pedagogia política de Paulo Freire. s.l, s.d, p. 93).

22. Note-se que o PAIGC, Partido para a Independência da Guiné e Cabo Verde, era um partido monoliticamente de esquerda, de ideologia nacionalista, marxista e socialista. Era também o único partido legal após a independência. Seu líder, Amílcar Cabral, já em 1966, após participar da Conferencia Transcontinental Enero em Havana (Cuba) conseguiu de Fidel Castro a garantia do fornecimento de armas, médicos, técnicos especialistas em saúde e na área militar.

> A introdução do método de Freire nas condições da realidade guineana resultou num aprendizado mecânico, dirigido, baseado em memorização – exatamente o que Freire professava opor. A maior parte dos alunos eram incapazes de progredir além das primeiras cinco ou seis palavras no manual; aqueles que foram incapazes de 'criar' novas palavras. Mesmo onde havia um alto nível de participação dos camponeses, percebeu-se que após seis meses os alunos eram capazes de ler e escrever, mas quando eram questionados sobre o que eles estavam lendo e escrevendo, a compreensão era nula: eles não podiam entender nada.[23]

Por fim, para registrar uma das últimas viagens nas quais seria galardoado com o título de doutor *honoris causa* na Universidade de El Salvador, em 1992, Paulo Freire reuniu-se nos dias prévios à cerimônia acadêmica com sindicatos de esquerda, com o Comité Intergremial para la Alfabetización (CIAZO), com líderes populares, sandinistas, membros da Frente Farabundo Martí de Libertação Nacional (FMLN) e do Sendero Luminoso.[24] Foram dias nos quais Freire pôde verificar a aplicabilidade de seu método e exercitar seus discursos políticos em favor da revolução permanente na América Latina, segundo o modelo de Fidel Castro e Che Guevara.

Traduzo aqui e apresento de forma inédita uma de suas falas:

> Não podemos parar a revolução, não o podemos. Os neoliberais andam dizendo que é preciso parar de falar disso, terminar de usar estas palavras, mas eu digo que, pelo contrário, temos de usá-las. A revolução de vocês está em marcha! Eu admiro Fidel, como admirei e sigo admirando a Guevara. Eu admiro Fidel precisamente por causa da valentia de amar que ele tem ao levantar o seu povo contra uma enorme tirania. Não há dúvida

---

23. HARASIM, L. M. *Literacy and national reconstruction in Guine-Bissau. A critique of the Freirean literacy campaign*. s.l, s.d, 1983, pp. 377-378.

24. Comité Intergremial para la Alfabetización (CIAZO). *Paulo Freire en El Salvador*. El Salvador, 1992, p. 67.

alguma que a presença de Cuba, para mim, segue sendo eficaz, e que mais e mais contribuirá para a solução dos problemas da América Latina.[25]

Nem todos, porém, em El Salvador, concordaram com a atribuição da honraria acadêmica. Oferecemos nossa tradução de um excerto de artigo publicado no jornal *El Diário de Hoy* aos 7 de julho de 1992:

> De igual modo, seu método 'psico-social' de ensino emprega, entre outras ferramentas, aquilo que Freire chama de 'universo vocabular', que consiste em empregar o vocabulário e os exemplos derivados do entorno social dos educandos. Assim, ao camponês deverá ser ensinado a ler e a 'compreender sua realidade' em termos de 'bois, frutas e vacas'; mas também de 'donos da terra' e de 'despojados dela'. Os subversivos latino-americanos, entre eles os peruanos do Sendero Luminoso, os sandinistas e os da FMLN, incorporaram estes princípios a seus programas de doutrinação, editando cartilhas de alfabetização e de matemática elementar nas quais as crianças aprendem que dois fuzis, mais dois, somam quatro fuzis e que o sujeito, verbo e predicado se encontram na oração simples: 'o guerrilheiro mata o capitalista'.[26]

Paulo Freire, em todos os seus escritos e palestras, falou insistentemente em valores como a humildade, o dialogismo, o diálogo, o amor, a ternura, a importância de respeitar e ouvir o outro e a 'amorosidade'. Confrontado pelos seus opositores e até por alguns admiradores que viam os frutos de sua vida e obras, ele responde com a resposta típica dos canalhas:

> Não posso ser responsabilizado, devo dizer, pelo que se diga ou se faça em meu nome, contrariamente ao que faço e ao que digo; não vale afirmar, como certa vez, alguém, com raiva o fez: 'Você pode não ter dito isto, mas pessoas que se dizem discípulas suas disseram'. Sem pretender, sequer de longe, me assemelhar a Marx, não porque agora, de vez em quando, se diga que ele 'já era', mas pelo contrário, precisamente porque, para mim,

---

25. *Ibid.*, p. 52.
26. El Diário de Hoy (7 de julho de 1992), p. 25.

continua sendo, precisamente ser revisto, me vejo inclinado a citar uma de suas cartas, a em que, irritado com inconseqüentes 'marxistas' franceses, disse: 'A única coisa que sei é que não sou marxista'.[27]

Os egressos do Método Paulo Freire

Os egressos do Método Paulo Freire, de ontem e de hoje, continuam alfabetizados e politizados,[28] porém, verdadeiros analfabetos funcionais. Sabem ler, mas não entendem. E, se 'entendem', é porque alguém os induziu a interpretar com cores carregadas de certas tintas o mundo em que vivem.

Na citada entrevista de Paulo Freire a Nilcéa Lemos Pelandré, podemos constatar isso na fala do mestre de Angicos:

> Eu fiz, no Recife, no Movimento de Cultura Popular, que relato no livro 'Educação como Prática da Liberdade', uma experiência que durou de dois a três meses, se não me falha a memória. Eram cinco pessoas, das quais duas desistiram. As três que ficaram, depois de dois meses, liam. Aliás, um dia eu levei uma aluna minha da faculdade pra ver isso e ela não acreditou. Pegou, ela mesma, um livro de Machado de Assis, da biblioteca do lugar onde se fazia a experiência. Deu ao homem e ele leu. Se você perguntar se foi possível discutir com ele a página que ele leu de Machado de Assis, eu acho que não discutimos, e se discutíssemos, possivelmente, ele não teria feito uma penetração profunda no texto, pois, para uma experiência de dois a três meses, o sujeito fazer isso é extraordinário.[29]

---

27. FREIRE, P. *Pedagogia da esperança*: um reencontro com a pedagogia do oprimido. 3. ed. Rio de Janeiro: Paz e Terra, 1994, p. 89.

28. Vê-se, por exemplo, as técnicas de alfabetização utilizadas nos acampamentos do Movimento dos Trabalhadores Rurais Sem Terra (MST), que seguem rigorosamente as etapas de doutrinação política de Paulo Freire.

29. Entrevista concedida à Nilcéa Lemos Pelandré, p. 304-305. In: PELANDRÉ, N. L. *Efeitos a longo prazo do método de alfabetização Paulo Freire*. Tese (Doutorado em Letras: Psicolingüística), UFSC, 1998.

Paulo Freire e a Teologia da Libertação

> Falar do dito não é apenas re-dizer o dito, mas reviver o vivido que gerou o dizer que agora, no tempo do redizer, de novo se diz. Redizer, falar do dito, por isso envolve ouvir novamente o dito pelo outro sobre ou por causa do nosso dizer.[30]

Analisar as ligações de Paulo Freire ou as aproximações[31] com a Teologia da Libertação, como sugere um autor, não é tão simples como parece à primeira vista. Paulo Freire não foi, no estrito termo, um teólogo, ou teve, oficialmente, formação teológica. Segundo seu testemunho, a teologia marcou muitos aspectos da sua pedagogia.[32] A questão que resta é sabermos o que Paulo Freire entende por teologia.

Em outro momento de sua carreira, na década de 80, em diálogo com movimentos populares e pastorais (Comunidades Eclesiais de Base – CEBs, Pastoral da Juventude, Pastoral Operária), e a Oposição Sindical Metalúrgica presente na Vila Alpina (zona leste de São Paulo), Freire reconhece que não tinha formação ou sequer tinha estudado Teologia Sistemática, mas que o fato de ser *humildemente* "um homem em busca da

---

30. *Ibid.*, p. 17.

31. MARTINS, E. S. *Paulo Freire e a Teologia da Libertação*: aproximações. São Paulo: Reflexão, 2011.

32. "Ainda que eu não seja teólogo, mas um 'enfeitiçado' pela teologia que marcou muitos aspectos de minha pedagogia, tenho, às vezes, a impressão de que o Terceiro Mundo pode, por isso, converter-se em uma fonte inspiradora do ressurgir teológico." FREIRE, P. Terceiro Mundo e Teologia: carta a um jovem teólogo, p. 90. In: TORRES, C. A. (Org.). *Consciência e História*: a práxis educativa de Paulo Freire. São Paulo: Loyola, 1979.

preservação da sua fé" o capacitava a ser, a seu modo, teólogo e a "cometer heresias maravilhosas".[33]

Interessa-nos encontrar pontos de contato nos quais a ideologia presente em seus escritos, entrevistas ou cartilhas possam indicar-nos essas ligações ou aproximações.[34] Citá-las uma a uma ser-nos-ia impossível dada a brevidade exigida para este capítulo. No entanto, queremos aqui apresentar alguns momentos históricos nos quais Paulo Freire saudou ou se engajou no ideário marxista da Teologia da Libertação.

Sobre a Teologia da Libertação, faz-se necessário, neste momento, que apresentemos suas origens, tanto pelo desconhecimento geral de sua gênese histórica, quanto pela superestimação dos autores brasileiros e latino-americanos. De fato, a grande maioria dos críticos da Teologia da Libertação no Brasil adscreve suas origens a autores latino-americanos como Gustavo Gutiérrez e Leonardo Boff. Entretanto, as raízes da Teologia da Libertação devem ser buscadas na *Nouvelle Théologie* e na teologia liberal européia, por sua vez, subprodutos do chamado modernismo ou heresia modernista. Enquanto a teologia liberal utilizava-se das ciências sociais para exercer sua crítica à sociedade e à Igreja, a Teologia da Libertação faz sua

---

33. "Aí já começa a embananar pra quem tem uma posição nada humilde, de quem pensa que conhece a verdade toda. E, portanto, tem que meter na cabeça de quem não tem a verdade. Isso tem uma implicação no campo da teologia que eu acho muito importante. Mas não vamos discutir isso hoje. Eu gosto de falar dessas coisas também porque no fundo eu sou um teólogo, porque sou um sujeito desperto. Um homem em busca da preservação da sua fé. E é inviável procurar preservar a fé sem fazer teologia, quer dizer, sem ligar, sem ter um papo com Deus. A minha vantagem é que eu nunca fiz curso de Teologia Sistemática, então aí eu posso cometer heresias maravilhosas" (FREIRE, P. *Como trabalhar com o povo*. [p. 2]. Apostila datilografada, presente na Série Manuscritos. Acessível em: <http://acervo.paulofreire.org:8080/xmlui/handle/7891/1533>).

34. A título de exemplo, recomendo a leitura da dissertação de mestrado em Educação de Marciano do Prado, *Elementos da obra freiriana e da teologia da libertação nas décadas de 1950 a 1970*: uma análise combinada de sua gênese e identidade (2016). Nela, o autor descreve com profundidade as relações textuais entre Freire e os ideólogos da Teologia da Libertação.

crítica à sociedade e à Igreja engajando-se nas questões sociais práticas usando o instrumental marxista.

No processo de fundamentação teórica da Teologia da Libertação, deve-se registrar a primeira publicação na área por parte do teólogo presbiteriano Richard Shaull. Missionário presbiteriano norte-americano, Shaull exerceu seu ministério na Colômbia e, a partir de 1952, no Brasil, países nos quais, vendo as desigualdades sociais, valeu-se das ferramentas marxistas para a análise da sociedade. Sua obra seminal, *O cristianismo e a revolução social*,[35] publicada originalmente em 1953 no Brasil, tem traduções e edições nos Estados Unidos, no México e na Argentina.[36] Seu texto, oriundo de uma palestra a estudantes de Buenos Aires, tornou-o uma autoridade na área. Shaull ficou conhecido como o teólogo da teologia da revolução a partir de sua palestra na *Conferência Mundial sobre Igreja e Sociedade* (Genebra, 1966), promovida pelo Conselho Mundial de Igrejas (CMI), na qual postulava que a autêntica existência cristã tem implicações revolucionárias, e que o serviço da igreja ao mundo é o de ser 'pioneira de toda reforma social', sem fazer qualquer reivindicação para o cristianismo ou tentar cristianizar a revolução.[37] Shaull dedicou grande parte de suas

---

35. SHAULL, R. *O cristianismo e a revolução social*. São Paulo: União Cristã de Estudantes do Brasil, 1953.

36. HUFF JÚNIOR, A. E. *Richard Shaull pelo ecumenismo brasileiro*: um estudo acerca da produção de memória religiosa. In: Revista Brasileira de História das Religiões. ANPUH, Ano II, n. 4, maio 2009, pp. 3-19.

37. SHAULL, R. *The Revolutionary Challenge to Church and Theology*. Theology today, v 23 (1967), p. 471.

obras a apresentar esses postulados em favor da revolução.[38]

Dentre os alunos de Richard Shaull, destaca-se Rubem Alves, cuja tese de doutorado, em 1969, tem por título *A Theology of Human Hope*.[39] Originalmente, sua tese de doutorado tinha como título *Towards a Theology of Liberation*. Com o passar dos anos, publica-a com adaptações em livro com o título *Da Esperança*.[40] Uma recente edição retoma o título original, *Por uma Teologia da Libertação*.[41]

Entre outros autores e obras que serviram de base à Teologia da Libertação, cito, por exemplo, *The Secular City: Secularization and Urbanization in Theological Perspective*[42] (1965), do teólogo batista Harvey Cox, a palestra sobre a *Teologia do Mundo* (1967) e o verbete sobre a *Teologia política*,[43]

---

38. Vê-se, por exemplo: SHAULL, Richard. *Encounter with Revolution*. New York: Association Press, 1955. | Revolutionary Change in Theological Perspective. In: BENNETT, John C. *Christian Social Ethics in a Changing World*: An Ecumenical Theological Inquiry. New York: Association Press, 1966, p. 23-43. | *As transformações profundas à luz de uma teologia evangélica*. Petrópolis: Vozes, 1966. | Revolução: herança e opção contemporânea. In: OGLESBY, Carl; SHAULL, Richard. *Reação e mudança*. Rio de Janeiro: Paz e Terra, 1968, p. 213-296. | Christian Faith as Scandal in a Technocratic World. In: MARTY, Martin E.; PEERMAN, Dean G. (Ed.). *On Revolution and Non-Revolution, Violence and Non-Violence, Peace and Power* (New Theology, n. 6). New York: Macmillan Co., 1969, p. 123-134. |The Death and Resurrection of the American Dream. In: GUTIÉRREZ, Gustavo; SHAULL, Richard. *Liberation and Change*. Atlanta: John Knox Press, 1977, pp. 97-180. | Igreja e teologia na voragem da revolução. In: ALVES, Rubem. (Org.). *De dentro do furacão*: Richard Shaull e os primórdios da teologia da libertação. São Paulo: Editora Sagarana; CEDI; CLAI; Ciências da Religião, 1985, p. 117-134. | *The Reformation and Liberation Theology: Insights for the Challenge of Today*. Westminster: John Knox Press, 1991. | *Surpreendido pela graça*: memórias de um teólogo. Estados Unidos, América Latina, Brasil. Rio de Janeiro: Record, 2003.

39. ALVES, R. *A Theology of Human Hope*. Washington: Corpus Books. 246 p.

40. ALVES, R. *Da esperança*. São Paulo: Papirus, 1987.

41. ALVES, R. *Por uma Teologia da Libertação*. São Paulo: Fonte Editorial, 2014.

42. COX, H. *The Secular City: Secularization and Urbanization in Theological Perspective* (1965). s.l.: Collier Books, 25th anniversary edition, 1990.

43. METZ, J. B. Teologia política. In: *Sacramentum Mundi* (1967-1969). Brescia: Morcelliana, 1977, cols. 307-317.

do teólogo católico Johann Baptist Metz. De igual modo, aprofundando a temática da Teologia da Libertação, desponta o teólogo católico belga Joseph Comblin, com as obras *Théologie de la révolution*[44] (1970) e *Théologie de la pratique révolutionnaire*[45] (1974).

Não menos importante, Hugo Assmann,[46] que iniciou sua carreira teológica tratando sobre a teologia do desenvolvimento, converteu-se em um dos mais importantes ideólogos da Teologia da Libertação com as obras *Teología de la liberación* (1970) e *Teología desde la praxis de liberación: Ensayo teológico desde la América dependiente* (1973). Na América Latina

---

44. COMBLIN, J. *Théologie de la révolution*. Paris: Editions Universitaires,1970.

45. COMBLIN, J. *Théologie de la pratique révolutionnaire*. Paris: Editions Universitaires,1974.

46. Destaco dentre as obras de Hugo Assmann as seguintes: ASSMANN, H. Tarefa e limitações de uma teologia do desenvolvimento. Artigo publicado em 1968 na Revista Vozes n.º 62| Caracterização de uma Teologia da Revolução. Artigo publicado em 1968 na Revista *Ponto Homem*, n.º 4, pp. 6-58.| *Teología de la liberación*. Montevideo: Tierra Nueva, 1970. | *Aporte cristiano al proceso de liberación*. Artigo em *Movilización popular y fe cristiana*. Montevideo: ISAL, 1971.| *Teoponte, una experiencia guerrillera*. Oruro: CEDI, 1971. | *Reflexión teológica a nivel estratégico-táctico*. Artigo em *Liberación en América Latina*. Bogotá, 1971. | *Opresión-liberación: desafío a los cristianos*. Montevideo: Tierra Nueva, 1971. | *Habla Fidel Castro sobre los cristianos revolucionarios*. Montevideo: Tierra Nueva, 1972. | *Iglesia y proyecto histórico*. Artigo em *Teología, Iglesia y política*. Madrid: ZIX, 1973. | *Conciencia cristiana y situaciones extremas en el cambio social*. Artigo em *Encuentro en El Escorial, Fe cristiana y cambio social en América Latina*. Salamanca: Sígueme, 1973. | *Teología desde la praxis de liberación*: Ensayo teológico desde la América dependiente. Salamanca: Sígueme, 1973.

destacam-se os teólogos católicos Gustavo Gutiérrez,[47] com o livro *Hacia una teología de la liberación* (1969),[48] e Leonardo Boff, com *Jesus Cristo libertador: Ensaio de Cristologia crítica para o nosso tempo* (1972).[49] No Uruguai, Juan Luis Segundo desenvolve alguns aspectos da Teologia da Libertação a partir da visão pastoral aliada à leitura marxista da história, principalmente em suas obras *Acción pastoral latinoamericana: sus motivos ocultos*[50] e *Liberación de la Teología*.[51]

Até aqui, esse pequeno aceno histórico. É importante que aqueles que queiram se aprofundar no tema das relações entre Paulo Freire e os ideólogos da Teologia da Libertação saibam que Freire manteve durante toda a sua vida estreita relação com todos esses autores citados. Alguns deles serviram como pontes ou contatos para a publicação de suas obras no exterior. Todos eles transitaram, palestraram ou trabalharam no Conselho Mundial de Igrejas (CMI), organismo determinante para a

---

47. Para uma análise das obras de Gustavo Gutiérrez, destaco: *La pastoral de la Iglesia en América Latina*: Análisis teológico. Montevideo: MIEC-JECI, 1968. | Participar en el proceso de liberación. In: *Signos de renovación*. Lima: CEAS/Universitaria, 1969, pp. 5-117. | *Pobreza evangélica*: solidaridad y protesta. Lima: Centro de Estudios y Publicaciones, 1970. | *Teología de la liberación*: Perspectivas. Lima: Centro de Estudios y Publicaciones, 1971. | *Religión, ¿instrumento de liberación?*. Madrid: Ediciones Marova, 1973. | Evangelio y praxis de liberación. In: *Fe cristiana y cambio social en América Latina*. Salamaca: Sígueme/Instituto Fe y Secularidad, 1973, pp. 231-245. | Apuntes para una teología de la liberación, em coautoria com Rubem Alves e Hugo Assmann. In: *¿Religión, instrumento de liberación?*. Madrid: Ediciones Marova, 1973, pp. 2-76. | Praxis de liberación y fe cristiana. In: *La Iglesia en América latina*: Testimonios y documentos (1969-1973). Navarra: Verbo Divino, 1973, pp. 11-48.

48. GUTIÉRREZ, G. *Hacia una teología de la liberación*. Montevideo: MIEC-JECI, 1969.

49. BOFF, L. *Jesus Cristo libertador*: Ensaio de Cristologia crítica para o nosso tempo. Petrópolis: Vozes, 1972.

50. SEGUNDO, J. L. *Acción pastoral latinoamericana*: sus motivos ocultos. Buenos Aires: Búsqueda, 1972.

51. SEGUNDO, J. L. *Liberación de la Teología*. Buenos Aires: Carlos Lohlé, 1975. (Cuadernos Latinoamericanos, 17).

implantação da Teologia da Libertação na América Latina e sua difusão na Europa.

Em 1978, o grupo BASE publica em Portugal um opúsculo de Paulo Freire com o título *Os cristãos e a libertação dos oprimidos*.[52] Trata-se de um ensaio a partir de sua leitura do documento *La missión educativa de las iglesias en America latina*, editado pelo Movimento Cristãos pelo Socialismo,[53] no Chile.

Sua leitura do documento citado é acompanhada e precedida de noções de sociedade e relação com o cristianismo presentes em Reinhold Niebuhr (*Moral man and Immoral society*), Erich Fromm (*El corazón del hombre*), E. J. Hobsbawm (*A Consciência de Classe na História*), K. Kosik (*Dialectica del Concreto*), G. Lukács (*Histoire en conscience de classe*), J. Moltmann (*Religion, Revolution and the future*) e Hugo Assmann (*Opresión, Liberación: desafio a los cristianos*).

Note-se que a Teologia da Libertação naqueles anos dava seus passos iniciais, não estando de todo sistematizada, e que Hugo Assmann e Gustavo Gutiérrez eram, basicamente, os únicos autores latino-americanos a escrever profundamente sobre o tema. Estando no exílio no Chile, Freire não cita, por exemplo, os textos de Gustavo Gutiérrez (*Teología de la liberación*), ou de José Comblin (*Teologia da revolução*) ou de Leonardo Boff (*Jesus Cristo libertador*). Suas influências, com exceção do brasileiro Hugo Assmann, devem ser circunscritas ao documento do Movimento Cristãos pelo Socialismo e a autores europeus, em particular, a Jürgen Moltmann, com relação aos termos *utopia* e *esperança*.

---

52. FREIRE, P. *Os cristãos e a libertação dos oprimidos*. Porto: Edições Base, 1978.
53. Sobre as dezenas de movimentos e grupos de religiosos cristãos na América Latina e na Europa que optaram pelo socialismo em documentos públicos, remeto o leitor às páginas 13-37 da obra de Boaventura Kloppenburg, *Igreja Popular*. 3. ed. Rio de Janeiro: Agir, 1983.

Neste ensaio, *Os cristãos e a libertação dos oprimidos*, Paulo Freire trata sobre a consciência e as estruturas sociais, sobre a educação política, a consciencialização,[54] as igrejas cristãs ou a Igreja, a qual descreve sob três modos antagônicos: "tradicional", "modernizante" e "profética", e a necessidade da opção ineludível pela Teologia da Libertação.

Utilizando-se do conceito cristão de Páscoa/travessia, Paulo Freire o mesclará com sua noção marxista de classes para afirmar que, para que ocorram as reais mudanças das estruturas, há a necessidade de que o processo de nova aprendizagem da Igreja produza a morte dos elitistas e o seu renascimento com os oprimidos.[55]

Verifica-se que a chamada educação política proposta por Paulo Freire pode ou não se servir do processo de alfabetização, desde que implique sempre a leitura da divisão de classes – dogma para Freire e para os teólogos da libertação – e o compromisso com a prática política pelos consciencializados que, antes de sê-los, são classificados como "inocentes" ou "espertos".[56] Freire divide assim todo aquele que ainda não foi consciencializado: os "inocentes" são aqueles que pensam que

---

54. Consciencialização, termo mais usado em Portugal, é o mesmo que conscientização. Dada a origem da publicação, preferimos manter a grafia original nas citações e no uso dos termos.

55. "A primeira exigência que põe esta nova aprendizagem abala fortemente a concepção elitista da vida que haviam adquirido num processo de ideologização. Esta aprendizagem requere como condição 'sine qua non' que tornem efectiva a sua Páscoa. Isto significa que devem 'morrer' como elitistas para renascer com os oprimidos como seres proibidos de SER" (FREIRE, P. *Os cristãos e a libertação dos oprimidos*. Porto: Edições Base, 1978, p.13).

56. "Neste sentido, a consciencialização, associada ou não ao processo de alfabetização (pouco importa), não pode ser um 'blá-blá-blá' alienante, mas sim um esforço crítico de pôr a claro a realidade, o que implica, necessariamente, um compromisso político. Não existe consciencialização se a prática não nos leva à acção consciente dos oprimidos como classe social explorada na luta por sua libertação. Por outro lado, ninguém consciencializa ninguém. O educador e o povo consciencializam-se através do movimento dialéctico entre a reflexão crítica da acção anterior e a acção que se segue no processo dessa luta" (*Ibid.*, p. 17).

basta a mudança/conversão interior para mudar as estruturas, enquanto que os "espertos" são aqueles que não querem de forma alguma mudar o *status quo* e preferem a "igreja modernizante".

Um ponto importante a ser apreciado e que, ao que nos consta, ainda não foi lido e discutido pelos freireanos, é sua recusa ao mesmo método de alfabetização por ele "criado". Nesse opúsculo, Paulo Freire aponta que a técnica de olhar e descrever a realidade social enquanto são alfabetizados é também uma técnica a ser descrita como "domesticadora" e que, portanto, não leva à libertação.[57] A descrição minudenciosa dos passos por ele empregados na alfabetização de adultos, isto é, usar dos temas para analisar a realidade a partir de imagens ou diapositivos, sem que se parta para a prática transformadora – subentendida como revolucionária – é, nesse opúsculo, apodada de "técnica domesticadora".[58] Cai por terra o bezerro de ouro freireano! Obviamente que aqui, mais que um rechaço de seu "método", descobre-se que a práxis no sentido gramsciano-marxista sempre foi o objetivo central da vida de Paulo Freire.

Freire aponta para o duplo risco àqueles que na Igreja são conscientizados. De um lado, os que percebem que o mero assistencialismo não resolve as desigualdades e partem para ações mais práticas (leia-se, adesão ao marxismo, à Cuba e à Revolução Cultural Chinesa) e menos assistencialistas são demonizados; doutro lado, há aqueles que, mesmo conscientizados, preferem alistar-se na "defesa da fé",

---

57. "Efectivamente, na medida em que a dita modalidade de educação se reduz a um conjunto de métodos e técnicas com as quais os educandos e educadores olham a realidade social (se é que olham) simplesmente para a descrever, esta educação é tão domesticadora como qualquer outra" (*Ibid.*, p. 17).

58. "A educação para a liberdade não pode reduzir-se a libertar os educandos do uso do quadro negro para oferecer-lhes projectores de diapositivos. Pelo contrário, propõe-se como práxis social, contribuir para a libertação dos homens da opressão a que se encontram submetidos, no seio da realidade objectiva" (*Ibid.*, pp. 17-18).

encobrindo, desse modo, a defesa de classe, subordinando a fé aos seus interesses.[59]

Em nota a assim chamada "demonização" dos verdadeiros crentes conscientes, Paulo Freire traça sua descrição da demonização operada na figura de Dom Helder Câmara: "O profético arcebispo de Olinda e Recife, Brasil, Dom Helder Câmara é considerado, hoje, como uma dessas terríveis figuras 'demoníacas'. É sempre assim. Os necrófilos jamais suportam a presença dos biófilos".[60] Obviamente que Paulo Freire não descreveu a figura de Dom Helder Câmara[61] como um assistencialista, embora o arcebispo tenha iniciado sua carreira de forma assistencialista, dando casas e moradas aos pobres das favelas – projeto abandonado quando viu que muitos migravam às favelas para poder candidatar-se a uma casa própria grátis –, e tenha passado boa parte de seu episcopado em Olinda e no Recife acobertando e apoiando guerrilheiros.

---

59. "Na medida em que a aprendizagem os introduz numa compreensão, cada vez mais clara da dramática realidade do povo, e se empenham em novas formas de acção já menos assistencialistas, passam a ser vistos como figuras 'diabólicas' ao serviço da demonização internacional. Demonização considerada como ameaça à 'Civilização Ocidental e Cristã' que de cristã, na verdade, tem muito pouco. Deste modo, aprendem por meio de sua própria acção que nunca haviam sido neutrais, nem imparciais no tempo da sua 'inocência'. A partir daí, contudo, muito assustados, não suportando assumir o risco existencial que o compromisso histórico exige, voltam 'astuciosamente' para as ilusões idealistas. Contudo, necessitam de racionalizar a sua retirada. Proclamam então, a necessidade de defender as massas populares 'incultas e incapazes' para que não percam a sua fé em Deus, 'tão bonita, tão jovem, tão edificante'. Defendê-las da 'maldade subversiva dos falsos cristãos que elogiam a Revolução Cultural Chinesa e se pronunciam a favor da Revolução Cubana'." (*Ibid.*, pp.19-20).

60. Nota n.º 13 ao parágrafo acima citado do opúsculo.

61. Palavras de Dom Helder Câmara: "Não desejo erguer uma oposição entre o mundo rico e o mundo pobre. Creio na violência dos pacíficos, na pressão moral libertadora. Não posso imaginar que o universo criado por amor, termine no ódio. Gostaria de dizer a todos: – Onde está o homem, a Igreja deve estar presente. – O egoísmo dos ricos ergue um problema mais grave do que o comunismo" (Cf. SUENES, L. J., Câmara, H. *Renovação no Espírito e serviço ao homem*. Trad. M. Cecília de M. Duprat. São Paulo: Paulinas, 1979. Coleção renovação carismática, pp. 76-77).

Essa falsa neutralidade dos "inocentes" e "modernizantes" na Igreja aliada às classes sociais dominadoras, afirma Freire, é a causa de não se poder experimentar a unidade entre o anúncio e a denúncia, e o que impossibilitaria à Igreja ser utópica, profética e inspirar a esperança.[62] Na visão de Freire, há, pois, três tipos de igrejas dentro da Igreja: a igreja tradicional, a igreja modernizante e a igreja profética. Desses modelos, a única capaz de fazer a revolução social é a profética, desde que geste em seu seio a única forma de teologia capaz das transformações, isto é, a Teologia da Libertação.

De acordo com Freire, só há um caminho certo e seguro para atingir as conquistas sociais através da Igreja: o caminho da Teologia da Libertação, que se contrapõe a uma teologia desenvolvimentista modernizante.[63] A Teologia da Libertação, com sua práxis histórica, segundo Freire, é a única capaz de desalienar o homem de seu desespero existencial quotidiano para desvelar sua presença consciente no mundo desde que, desalienado, ele assuma sua práxis libertadora.[64] Dito de outra forma, o "eu politicamente consciente" deve ser subsumido

---

62. "Deste modo, assim como acontece com as classes sociais dominadoras – às quais a Igreja se encontra aliada – não lhe é possível ser utópica, profética nem inspirar esperança num sentido autêntico. Privando-se da sua visão profética, a sua tendência é a de se formalizar numa ritualização burocrática, na qual a esperança, sem relação com o futuro concreto, se torna mera abstração alienada e alienante. Em lugar de ser um estímulo para o caminhante é um convite à estabilidade" (FREIRE, P. *Os cristãos e a libertação dos oprimidos*. Porto: Edições Base, 1978, pp. 20-21).

63. "Estão no caminho certo os teólogos latino-americanos que, comprometendo-se historicamente, cada vez mais com os oprimidos, defendem hoje, uma teologia política da libertação e não uma teologia do 'desenvolvimento' modernizante" (*Ibid.*, p. 21).

64. "Portanto, não existe outra forma de superar o quotidiano alienante, senão através da minha práxis histórica, que é essencialmente social e não individual. Só na medida em que assumo totalmente a minha responsabilidade no jogo da tensão dramática me transformo na presença consciente no mundo" (*Ibid.*, p. 24).

pelo coletivo através da práxis transformadora da consciência de classe.⁶⁵

Freire indica que uma das formas mais efetivas de trabalhar com o povo é desmontar-lhe a "visão mágica". Por "visão mágica" entende a acomodação popular de pensar que a origem das desigualdades se deve a Deus e não aos patrões ou ao imperialismo. Nessa etapa, recomenda aos jovens de esquerda que não devem ir às massas falando-lhes da luta de classes sem antes identificar a presença da visão mágica e partir sempre do nível em que a massa está.⁶⁶

A Educação Libertadora

Em 1968, o episcopado latino-americano reuniu-se para a *Segunda Conferencia General del Episcopado Latinoamericano* em Medellín. Dentre as dezenas de temas tratados, o da educação

---

65. A mentalidade pequeno-burguesa, segundo Freire, que separa a teoria da prática, a transcendência da mundanidade e o trabalho intelectual do trabalho manual são: "(...) obstáculos ao autêntico processo de libertação. (...) vão terminar na negação do verdadeiro papel da consciência de classe na transformação revolucionária" (*Ibid.*, p. 26).

66. "Diante de um caso como esse há duas possibilidades: 1. A primeira é a gente se acomodar ao nível de compreensão que a comunidade tem, e a gente passar a dizer que na verdade é Deus mesmo que quer isso. Essa é a primeira possibilidade de errar. 2. A segunda possibilidade de errar é arrebentar com Deus e dizer que o culpado é o imperialismo. Vejam a falta de senso desse pessoal. Porque no fundo isso é falta de compreensão do fenômeno humano. Da espoliação e das raízes é engraçado. Se fala tanto em dialética e não se é dialético. (Dialética é um processo de conhecimento pelo qual se acerta o caminho certo, através de um processo de reflexão em cima da realidade ou prática). Vamos ver o que acontece na cabeça das pessoas. Se Deus é o responsável e Deus é um caboclo danado de forte, o Criador desse treco todinho. O que é que não pode gerar na cabeça de um cara desse se a gente chega e diz que não é Deus? A gente tem que brigar contra uma situação feita por um ser tão poderoso como este e ao mesmo tempo tão justo. Essa ambiguidade que está aí significa pecado. Então a gente mete mais sentimento de culpa ainda na cabeça da massa popular" (FREIRE, P. *Como trabalhar com o povo*. [p. 5]. Apostila datilografada, presente na Série Manuscritos. Acessível em: <http://acervo.paulofreire.org:8080/xmlui/handle/7891/1533>).

recebeu também um texto próprio, sujeito à votação e aprovado por 168 dos bispos presentes.

No texto, a Igreja na América Latina assume o compromisso por uma educação libertadora. Analisando-o, encontramos sua fundamentação estrita na Carta Encíclica *Populorum Progressio*, de Paulo VI (1967).

Dentre as propostas para uma educação libertadora, a Conferência Geral de Medellín afirma que a educação deve estar aberta ao diálogo, para que as novas gerações se enriqueçam com o patrimônio cultural de seus pais e professores, deve ter um apreço especial ao respeito pelas particularidades locais e nacionais, integrando-as na unidade pluralista do continente, deve buscar o desenvolvimento integral do ser humano.[67]

O freireano Carlos Alberto Torres[68] vê a influência clara das idéias de Paulo Freire no texto aprovado pelos bispos latino-americanos. Certamente, faltou-lhe a leitura atenta do documento tendo em uma das mãos a *Populorum Progressio*. Sem contar que as idéias européias sobre o desenvolvimento dos povos eram a tônica desde a década de 50. Idéias estas que se encontram adotadas na primeira fase dos escritos de Paulo Freire.

Terá sido possível que os bispos latino-americanos tenham recebido por via indireta, isto é, por meio de seus assessores, alguma influência dos textos de Paulo Freire? Para responder a esta questão, teríamos que ter os textos dos esquemas prévios, das atas e das discussões ocorridas. Uma

---

67. Sobre a recepção no Brasil do conceito de educação libertadora, é muito raro encontrarmos algo mais profundo. Apenas como um aceno bibliográfico, tendo presente que não há praticamente nada escrito no país sobre o tema a partir de Medellín, cito: GANDIN, D. *Planejamento como prática educativa*. São Paulo: Loyola, 1983, pp. 98-99.

68. TORRES, C. A. De pedagogia do oprimido à luta continua: a pedagogia política de Paulo Freire. In: MCLAREN, Peter; LEONARD, Peter; GADOTTI, Moacir (Org.). *Paulo Freire: poder, desejo e memórias da libertação*. Porto Alegre: ArtMed, 1998, p. 80.

exaustiva pesquisa no Conselho Episcopal Latino-Americano (CELAM) poderia responder a essa questão.

É certo que a influência direta de Paulo Freire não se deu, porque ele só foi trabalhar e influenciar diretamente – no campo da Teologia da Libertação – as igrejas cristãs no período em que atuou no Conselho Mundial de Igrejas, isto é, de 1970 a 1980. Podemos afirmar que, com respeito à educação libertadora proposta por Medellín, Freire dirá que a Igreja, dados os quadros existentes (isto é, a formação de clero, religiosos e laicato), não apresenta condições para seu exercício porque ela "morre de frio no seio quente da burguesia". Sua idéia é que dever-se-ia traçar as condições de aplicabilidade da educação libertadora, desde que se tivessem os dados sobre a dependência em que as sociedades (e as igrejas) se encontram e o grau de sua fidelidade ao Evangelho. Para Freire, o único lugar onde a sociedade (e as igrejas) não estava(m) sob dependência, e portanto era(m) livre(s), seria a ilha de Cuba.[69] E, por fidelidade ao Evangelho, Freire entendia o ato de adotar a práxis revolucionária marxista.

J. L. Idígoras, por sua vez, militante da Teologia da Libertação, trata da educação libertadora no *Vocabulário teológico para a América Latina*, falseando a noção proposta por Medellín e descrevendo as etapas do Método Paulo Freire e as idéias pedagógicas dele. Já não mais importava dizer o que o episcopado havia escrito sobre o tema. Paulo Freire e a *Pedagogia do oprimido* tinham se tornado o novo magistério.[70]

---

69. "A nossa tarefa simplificar-se-ia muito se se tratasse de perguntarmos qual deveria ser o papel das Igrejas na América Latina relativamente à Educação, supondo nessa pergunta uma coerência das Igrejas relativamente ao Evangelho. Neste caso, a questão exigiria uma análise das condições de dependência em que se encontram as sociedades latino-americanas com exceção de Cuba, e dessa análise resultaria uma estratégia de acção para as Igrejas" (FREIRE, P. *Os cristãos e a libertação dos oprimidos*. Porto: Edições Base, 1978, p. 28).

70. Vê-se, por exemplo, o verbete Educação, pp. 123-129. In: IDÍGORAS, J. L. *Vocabulário teológico para a América latina*. Trad. Álvaro Cunha. São Paulo: Paulinas, 1983.

Em 1979, as guerrilhas e as doutrinas da segurança nacional no continente estavam na ordem do dia. Nas *Conclusões da Conferência de Puebla* (1979), o episcopado latino-americano, ao tratar do tema da violência, afirma que repudia tanto a violência dos governos – com o uso da tortura física e psicológica, sequestros, perseguições de dissidentes políticos – quanto a violência dos guerrilheiros e terroristas, que não se justifica como caminho para a libertação. Louva aqueles que renunciam à violência e buscam seus direitos, entre eles, a educação. Sobre esta última, diz que é possível verificar duas influências ideológicas antagônicas no continente: uma que busca utilizar-se da educação no sentido utilitário individualista, e outra que a instrumentaliza para seus projetos sociopolíticos, ao estilo estatista ou coletivista.[71]

Infelizmente, seja por falta de intelectuais verdadeiramente católicos, seja porque a febre freireana já havia tomado o organismo da Igreja no Brasil, as idéias educativas presentes em Medellín[72] e Puebla[73] nunca aqui aportaram ou foram desenvolvidas. De igual modo, no Brasil, nunca medrou uma elaboração intelectual a partir dos documentos do Concílio Vaticano II relacionados à educação.[74] Pelo contrário, podemos encontrar nos textos sobre educação escritos por religiosos e

---

71. Vê-se nas *Conclusões da Conferência de Puebla* os números 393-395, 408, 818-864. In: CELAM. *Evangelização no presente e no futuro da América Latina*: conclusões da conferência de Puebla (texto provisório). São Paulo: Paulinas, 1979.

72. Com exceção de um brevíssimo parágrafo sobre a educação libertadora presente em CASTEJON, A. Opção pelos pobres: desafios e perspectivas para a educação católica. *Separata da Revista de Educação AEC*, ano 12, n. 47, 1983, p. 17. E também em: PADIN, C. *A conferência de Medellín*: renovação eclesial. São Paulo: LTr, 1999 (Coleção Instituto Jacques Maritain do Brasil).

73. Cf. PEGORARO, J. B. (Coord.). *Puebla*: síntese das conclusões. São Paulo: Loyola, s.d.

74. Uma das únicas publicações sobre o tema dos documentos do Concílio Vaticano II dedicados à educação pode ser encontrada em: AEC [Secretariado da AEC do Brasil]. *Educação cristã à luz do Concílio*. Gráfica Editora Olímpica, 1966 (Coleção Cadernos da AEC, 8).

religiosas, bispos e presbíteros uma adesão acrítica às idéias de Paulo Freire.[75] Talvez a figura do discurso do reprimido que encontra quem lhe dê voz possa justificar essa rebeldia birrenta e acrítica contra o mundo que o cerca.

Retomemos o tema da teoria da dependência a que as sociedades e a Igreja se encontram submetidas: Freire diz que as sociedades (e igrejas) submetidas às dependências tornam-se condicionadas, e sua prática educativa, reprodutora de imobilismos, elitismos e alienações. Tais imobilismos, elitismos e alienações só seriam transformados pelo repúdio ao compromisso com as classes dominantes e pela sua conversão à práxis.[76]

Freire vê na chamada "igreja modernizante" uma reação à "igreja profética". Segundo suas idéias, enquanto a "igreja tradicionalista" aliena as classes sociais dominadas, a "igreja modernizante" – que seria uma nova versão da velha "igreja tradicional" – busca frear a "igreja profética" por meio do assistencialismo e da promoção das "reformas estruturais" em lugar da "transformação radical das estruturas", e da

---

75. Por exemplo, o discurso da responsável pelo Setor Regional de Educação no Rio Grande Sul, Irmã Maria Leônida Favero, nos Anais do 2.º Congresso da Cáritas do Rio Grande do Sul (1980), pp. 68-71, reproduz *ipsis litteris* e panfletariamente o discurso freireano sobre a educação. Infelizmente, tal discurso acrítico continua nesses meios ainda nos dias de hoje.

76. "O papel que tais Igrejas podem desempenhar e estão desempenhando no campo da educação está, portanto, condicionado por uma visão de mundo, da religião, dos seres humanos e do seu 'destino'. A sua concepção de educação que se concretiza na prática não pode deixar de ser imobilista, alienada e alienante. Somente aqueles que se encontram 'inocentemente' e não 'astutamente' nessa perspectiva podem superar o seu engano, através da práxis, tornando-se proféticos, se mudarem a sua posição de compromisso com as classes dominadas" (FREIRE, P. *Os cristãos e a libertação dos oprimidos*. Porto: Edições Base, 1978, p. 31).

"humanização do capitalismo" em lugar da "superação do capitalismo".[77]

A ação educativa da "igreja modernizante", a seu ver, é coerente com a sua linha de ação política, busca apenas a mudança das consciências e não a ação social e histórica da práxis. Portanto, seus métodos para a chamada educação libertadora resumem-se a libertar o educando do quadro-negro para passar a utilizar recursos audiovisuais.[78]

Segundo Freire, a transformação radical da sociedade só seria possível com o terceiro modelo de igreja, a chamada "igreja profética", que busca ser profética, esperançosa e utópica. Tal modelo encarna-se naqueles que, tendo abandonado a "ingenuidade" ou "inocência", decidem pela libertação pela

---

77. "Assim como nas Igrejas tradicionalistas das quais é uma nova versão, o compromisso real da Igreja modernizante não é com as classes sociais dominadas mas com as elites do poder. Por isso, defende 'reformas estruturais' em vez da transformação radical das estruturas; por isso fala em 'humanização do capitalismo' e não da sua total supressão. Enquanto as Igrejas tradicionalistas alienam as classes sociais dominadas, apresentando-lhes o mundo como antagônico, a Igreja modernizante, aliena-os, de maneira diferente, ao apoiar os reformismos que ajudam a manter o 'status quo'. (...) Na verdade, não há humanização sem libertação, assim como não há libertação sem transformação revolucionária da sociedade de classes, no seio da qual a humanização não é possível" (Ibid., pp. 36-37).

78. "Dentro das condições concretas nas quais a Igreja modernizante actua, a sua concepção sobre a educação, os objectivos desta, assim como a sua prática, forma um todo coerente com as linhas gerais da sua política. Por isso, embora fale de 'educação libertadora' essa educação está condicionada pela sua visão de libertação como uma acção individual que deve realizar-se, sobretudo, na mudança das consciências e não através da acção social e histórica dos homens. Por essa mesma razão põe ênfase nos métodos, considerados como instrumentos neutrais. A educação libertadora, reduz-se, finalmente, para a Igreja modernizante, a libertar os educandos da ardósia, das aulas demasiado estáticas, dos conteúdos demasiados 'livrescos', proporcionando-lhes projectores e outras ajudas audio-visuais, aulas mais dinâmicas e ensino técnico-profissional" (Ibid., pp. 39-40).

via da opção revolucionária e fazem uma teologia aliada aos oprimidos, isto é, à Teologia da Libertação.[79]

No modo de entender do autor, a "igreja profética" não pode ser "refúgio" das massas populares oprimidas, não pode ter discursos falsamente denunciadores, isto é, toda denúncia deve ser precedida pela práxis, suas elaborações teológicas serão proféticas, utópicas e esperançosas na medida em que seladas pela autenticidade de vida do teólogo engajado nas lutas populares revolucionárias e pela sua recusa aos valores pequeno-burgueses.[80] A geração de uma fecunda reflexão teológica libertadora na América Latina só seria possível se a Teologia da Libertação não buscasse a conciliação entre os inconciliáveis.[81]

Se, para Paulo Freire, a incipiente Teologia da Libertação seria a concretização da "igreja profética", para outros autores, teólogos ou não, essa teologia daria as chaves de leitura da chamada "Igreja Popular" ou "Igreja dos Pobres". Desde a década

---

79. "A linha profética, nos termos como começa a esboçar-se, não pode ser compreendida a não ser como expressão da realidade concreta da América Latina, dramática e desafiadora. Efectivamente, ela começa a surgir quando nas sociedades latino-americanas, em transição, umas mais que outras, as suas contradições se tornam cada vez mais manifestas. É também esse o momento em que se clarifica, por um lado a revolução como caminho de libertação das classes oprimidas, por outro o golpe militar como opção revolucionária. Os cristãos que hoje, na América Latina, participam dessa linha, ainda que às vezes tenham divergências entre si, sobretudo do ponto de vista da actuação, são, de modo geral, os que tendo renunciado à 'inocência' a que nos referimos anteriormente, se comprometem com as classes oprimidas e permanecem nessa adesão" (Ibid., pp. 40-41).

80. Ibid., pp. 42-43.

81. "No clima histórico, intensamente desafiador da América Latina, onde se está afirmando, na acção, essa atitude profética de muitos cristãos, gera-se igual e necessariamente uma fecunda reflexão teológica. A teologia do assim chamado 'desenvolvimento' cede lugar à Teologia da libertação: profética, utópica e esperançosa; não importa se ainda está em fase de sistematização. A sua temática não pode ser outra senão a que emerge das condições objectivas das sociedades dependentes, exploradas, invadidas. A temática que emerge da necessidade de superação real das contradições que explicam essa dependência. A que surge do desespero das classes sociais oprimidas. Na medida do seu profetismo, a Teologia da libertação não pode ser a da conciliação entre os inconciliáveis" (Ibid., p. 43).

de 70, uma ampla literatura teológica produzida na América Latina procurou dar as bases para a Teologia da Libertação e, com isso, fundamentar a inserção de cristãos – católicos em sua maioria – nos movimentos guerrilheiros de matrizes maoístas, marxistas e cubanas.

O caso paradigmático dos cristãos inseridos na *Frente Sandinista de Libertação Nacional* na Nicarágua foi louvado e aplaudido por alguns bispos e por muitos sacerdotes, religiosos e religiosas como a concretização da vivência genuinamente cristã. No Brasil, embora, segundo os membros esquerdistas da Igreja Católica, houvesse uma censura terrível por parte do regime militar, não deixaram de ser publicadas obras escritas por autores da Teologia da Libertação nas quais a revolução, segundo o modelo cubano e nicaraguense, fosse pregada. Vê-se, por exemplo, a obra de Teófilo Cabestrero, *Revolucionários por causa do Evangelho*, na qual quinze membros do governo da Nicarágua revelam em seus testemunhos que só passaram a ser verdadeiramente cristãos ao aderir à revolução de Sandino. Na referida obra, encontra-se a entusiasmada propaganda e o louvor a seus atos feitos pelo bispo de São Félix do Araguaia, Dom Pedro Casaldáliga.[82] As crenças e atitudes de um "intelectual orgânico" da nova Igreja Popular ou dos Pobres, como Dom Pedro Casaldáliga, autointitulado de Monsenhor Foice e Martelo, ficam claras para quem lê seu poema *Canción de la hoz y el haz* (Canção da foice e do feixe):

---

82. "Entrar para a revolução e para a revolução popular sandinista – que hoje é a revolução nicaragüense – significa para estes quinze homens e mulheres, assumir o serviço concreto do amor ao próximo, conforme o mandamento de Jesus, de maneira real, histórica e eficaz. (...) Quero agradecer a estes quinze 'confessores' da fé e da militância, por seus testemunhos comovedores" (CASALDÁLIGA, Pedro. Prefácio, p. 9 e 13. In: CABESTRERO, T. *Revolucionários por causa do Evangelho*. Petrópolis: Vozes, 1985).

> Com um callo por anillo, / monseñor cortaba arroz. / Monseñor "martillo / y hoz"? Me llamarán subversivo. / Y yo les diré: lo soy. / Por mi pueblo en lucha, vivo. / Com mi pueblo en marcha, voy. Tengo fe de guerrillero / y amor de revolución. / Y entre Evangelio y canción / sufro y digo lo que quiero. / Si escandalizo, primero / quemé el propio corazón / al fuego de esta Pasión, / cruz de Su mismo Madero. Incito a la subversión / contra el Poder y el Dinero. / Quiero subvertir la Ley / que pervierte al Pueblo en grey / y el Gobierno em carnicero. / (Mi Pastor se hizo cordero. / Servidor se hizo mi Rey). Creo em la Internacional / de las frentes levantadas. / de la voz de igual a igual / y las manos enlazadas... / Y llamo al Orden de mal, / y al Progreso de mentira. / Tengo menos paz que ira. / Tengo más amor que paz. / ... Creo en la hoz y em el haz / de estas espigas caídas: / una Muerte y tantas vidas! / Creo en esta hoz que avanza / bajo este sol sin disfraz / y en la común Esperanza – / tan encurvada y tenaz![83]
>
> Com um calo por anel, monsenhor cortava arroz. Monsenhor "martelo e foice"? Chamar-me-ão subversivo. E lhes direi: eu o sou. Por meu povo em luta, vivo. Com meu povo em marcha, vou. Tenho fé de guerrilheiro e amor de revolução. E entre Evangelho e canção sofro e digo o que quero. Se escandalizo, primeiro queimei o próprio coração. Ao fogo desta Paixão, Cruz de Seu próprio Madeiro. Incito à subversão contra o Poder e o Dinheiro. Quero subverter a Lei que perverte o Povo em grei e o governo em carniceiro. (Meu Pastor se fez Cordeiro Servidor se fez meu Rei). Creio na Internacional das frentes levantadas. Da voz de igual a igual e das mãos entrelaçadas... E chamo à Ordem de mal, e ao Progresso de mentira. Tenho menos paz que ira. Tenho mais amor que paz. ... Creio na foice e no feixe destas espigas caídas: uma Morte e tantas vidas! Creio que esta foice que avança sob este sol sem disfarce e na comum Esperança, tão encurvada e tenaz!

Diferentemente de Paulo Freire, os teólogos da Teologia da Libertação preferiram dar um novo nome à "igreja profética", chamando-a de Igreja Popular ou Igreja dos Pobres. Segundo eles, é neste modelo de igreja nascida dos pobres e

---

83. CASALDÁLIGA, Pedro. *Tierra nuestra, Libertad*. Buenos Aires: Guadalupe, 1974, p. 117-118. O entusiasta propagandista da revolução sandinista, Dom Pedro Casaldáliga escreveu, dentre suas várias obras, uma dedicada exclusivamente ao engajamento cristão no marxismo nicaraguense: *Nicarágua: combate e profecia*. Prólogo de Mario Benedetti. Epílogo de Leonardo Boff. Petrópolis: Vozes, 1986.

oprimidos que o caráter profético se revela. Desse modo, o brasileiro Leonardo Boff, com suas obras *Eclesiogênese: as Comunidades Eclesiais de Base reinventam a Igreja* (1977), *Igreja: carisma e poder: Ensaios de eclesiologia militante* (1981) e ainda, *E a Igreja se fez povo. Eclesiogênese: a Igreja que nasce da fé do povo* (1986), e o chileno Pablo Richard, com sua obra *A força espiritual da Igreja dos Pobres* (1987) deram os aportes teórico-teológicos a uma instituição afastada da chamada Igreja Tradicional ou Modernizante.

Essa Igreja Popular ou Igreja dos Pobres tem nas CEBs sua encarnação.[84] Pensadas originalmente como núcleos de pequenas comunidades, as CEBs foram no seio da Igreja Católica as células nas quais fermentou o ideário marxista.

Clodovis Boff, em seu ensaio *Comunidades Eclesiais de Base e Práticas de Libertação* (1980), mostra como se deu essa passagem em sua experiência no Acre e quais as condições de engajamento das CEBs na causa socialista. Segundo o autor, a Igreja local traçou "democraticamete" algumas linhas de orientações para os cristãos se engajarem nos partidos políticos. Dentre essas orientações, destacam-se:

A comunidade manifeste sua preferência por um partido:

- que seja popular mesmo;

- que defenda os interesses dos oprimidos;

- que vise a mudança social e não a sua própria manutenção;

- que combata a ditadura e o poder opressor;

- que lute pela independência econômica do Brasil;

- que tenha orientação socialista, isto é, que vise a colocar a economia nas mãos do povo organizado.[85]

---

84. Cf. MÜLLER, A. *et alii*. Comunidades de Base. In: *Concilium*, 1975, p. 104.

85. BOFF, C. *Comunidades Eclesiais de Base e práticas de libertação*. s.l, s.d, p. 607.

Sobre a gênese ou, como querem os ideólogos da Teologia da Libertação, a "Eclesiogênese" da Igreja Popular, surge nos finais de 1977 um livro de autoria de Boaventura Kloppenburg intitulado *Igreja Popular*. Nele, o perito da Comissão Teológica Internacional do Vaticano e reitor do Instituto Teológico-Pastoral do CELAM em Medellín (1973-1982) traça com maestria as origens do esquerdismo na Igreja e da militância socialista em seus quadros até o surgimento da chamada Igreja Popular.

Ao apresentar a farta bibliografia sobre os ditos "católicos revolucionários" e os "esquerdistas católicos" das décadas de 60 em diante, Kloppenburg traz a declaração da Comissão Episcopal da Ação Católica e de Apostolado de Leigos para a Juventude Universitária Católica (JUC) nacional (1961):

> 1. Não é lícito apontar a cristãos o socialismo como solução de problemas econômico-sociais e políticos, nem muito menos apontá-lo como solução única;

> 2. Não é lícito admitir-se que ao se formular a figura de uma Revolução Brasileira, em assembléias e círculos de estudos da JUC, se afirme doutrina de violência, como válida e aceitável.[86]

Essa obra de Kloppenburg rastreia e mapeia de forma admirável as ideologias, o programa, a infiltração e a ascensão da Teologia da Libertação no Brasil e na América Latina. No entanto, ele mesmo reconhece que a resposta surgiu um pouco tarde como tratamento para um organismo que já estava tomado desde pelo menos a década de 60:

> Era o tempo das Ligas Camponesas, do Movimento de Cultura Popular, do método Paulo Freire, da agitação de Leonel Brizola, da ideologização de Darcy Ribeiro, do governo de João Goulart.

---

86. KLOPPENBURG, B. *Igreja Popular*. 3. ed. Rio de Janeiro: Agir, 1983, p. 11.

Veio então a repressão militar. Mitigada, recentemente a repressão, irromperam ânsias antigas que ficaram sem resposta.[87]

A ideologia de uma Igreja Popular já se alastrava efervescente pelo Brasil e pela América Latina.[88]

É importante recordar que os teólogos da Teologia da Libertação, em especial Leonardo Boff, Gustavo Gutiérrez e Pablo Richard, quando confrontados com a acusação de que substituíram as noções bíblicas de "pobre", "oprimido" e "libertação" pelas noções marxistas e socialistas destes termos, e que incitavam à luta de classes e à desapropriação dos meios de produção privados para "socializá-los", defendiam-se afirmando que não eram marxistas nem socialistas e que apenas usaram da análise marxista para fundamentar suas críticas.

Vejamos, pois, em poucas linhas, o que escreveram. Na nova Igreja Popular proposta por Leonardo Boff, as CEBs são o lugar onde todos podem exercer a verdadeira catolicidade da Igreja, desde que assumam a luta de classe, catolicidade esta, a seu ver, que seria mais bem exercida dentro de uma sociedade democrática e socialista.[89]

---

87. *Ibid.*, p. 11.
88. "Assim, a Igreja Popular está agora também no Brasil. Como nas outras nações da América Latina. Importada. Efervescente. Entusiasmada. Acrítica. Igreja 'nova'. Livros, revistas, boletins, folhetos, sobretudo cartilhas estão a seu serviço. Nem sempre com o mesmo nome, mas com a mesma idealização dos pobres, idêntica obsessão contra o que imaginam ser a velha ou nova cristandade, igual aversão ao poder e com uma inalterável fobia à Igreja 'institucional'. Agora tudo deve 'nascer do povo'. Tudo deve ser 'popular'. E 'povo' é o pobre no sentido de oprimido. Somente o pobre. Sempre o pobre. 'Fora dos pobres não há salvação', é o último grito." *Ibid.*, pp. 11-12.
89. "Todos, de qualquer classe, que optarem pela justiça e se articularem com suas lutas, encontrarão lugar no seu seio. (...) Uma sociedade democrática e socialista ofereceria melhores condições objetivas para uma expressão mais plena da catolicidade da Igreja." BOFF, L. *Igreja*: carisma e poder. Ensaios de Eclesiologia Militante. Petrópolis: Vozes, 1981, p. 192.

Por sua vez, Pablo Richard, tratando das condições políticas e teológicas do novo modelo de organização política que pode brotar a partir das CEBs para a libertação dos pobres, desde que elas não façam proselitismo religioso, citará o "profético" Che Guevara:

> Neste ponto se tornou profética a frase de Ernesto Guevara que dizia: 'Os cristãos devem optar definitivamente pela revolução e muito especialmente no nosso continente, onde a fé cristã é tão importante na massa popular; mas os cristãos não podem pretender, na luta revolucionária, impor seus próprios dogmas, nem fazer proselitismo para suas Igrejas; devem vir sem a pretensão de evangelizar os marxistas e sem a covardia de ocultar a sua fé para se tornarem semelhantes a eles'.[90]

Gustavo Gutiérrez, já em 1974, em seu texto *Théologie de la libération: perspectives*, dirá:

> Negar o fato da luta de classes é, em realidade, tomar partido em favor dos setores dominantes. A neutralidade, nesse assunto, é impossível. O que se trata é de suprimir a apropriação, por alguns, da mais-valia criada pelo trabalho de um grande número, e não de fazer apelos líricos em favor da harmonia social. Construir uma sociedade justa e mais humana, e não uma sociedade de conciliação e de falsa e aparente igualdade. O que conduz logicamente à seguinte conclusão prática: construir uma sociedade justa passa hoje em dia, necessariamente, pela participação consciente e ativa na luta de classes que se realiza diante de nossos olhos.[91]

Na esteira do processo de fundamentação da nova Igreja, a Igreja Popular ou Igreja que nasce dos pobres, e agora munidos do referencial teórico dos teólogos da libertação, bispos e superiores religiosos brasileiros se engajaram nos ideais caros ao socialismo, muitas vezes de modo panfletário e sub-reptício, pois publicavam ou davam suas publicações a serem

---

90. RICHARD, P. *A força espiritual da Igreja dos Pobres*. Petrópolis: Vozes, 1989, p. 165.

91. GUTIÉRREZ, G. *Théologie de la libération*: perspectives, pp. 276-277.

divulgadas noutros países da América Latina e na Europa. A documentação de tais atos encontra-se tanto nos *Documentos do Partido Comunista Brasileiro* (publicado em Lisboa) quanto em documentos de socialistas europeus (publicados em Bruxelas). Assim, os bispos e superiores religiosos da região Centro-Oeste brasileira publicaram, em 1973, um manifesto contra o capitalismo e a favor da espoliação da propriedade privada intitulado *O grito da Igreja*, onde se lê:

> É preciso vencer o capitalismo; este é o maior mal, o pecado acumulado, a raiz apodrecida, a árvore que produz todos estes frutos que nós conhecemos: pobreza, fome, doença, morte (...). Por isso, é necessário que a propriedade privada dos meios de produção (as usinas, a terra, o comércio, os bancos) seja superada.[92]

Na mesma linha de condenação do capitalismo como a raiz de todos os males, e na pregação da necessidade de eliminar a propriedade privada dos meios de produção, treze bispos e superiores religiosos (franciscanos, jesuítas, beneditinos e redentoristas) do Nordeste escreveram, também em 1973, a *Declaração dos Bispos do Nordeste*, na qual se encontra:

> A injustiça nascida dessa sociedade é o fruto das relações capitalistas de produção que dão, obrigatoriamente, nascimento a uma sociedade de classes portando a marca da discriminação e da injustiça (...) A classe dominada não tem outra saída para se libertar senão a de seguir o longo e difícil caminho já iniciado, que leva à propriedade social dos meios de produção. Está aí o fundamento principal de um gigantesco projeto histórico de transformação global da sociedade atual em uma sociedade nova na qual se torna possível criar condições objetivas que permitam aos oprimidos recuperar a humanidade de que eles

---

92. Documentos do Partido Comunista Brasileiro. Lisboa: Avante, 1976, p. 71 *apud* LÖWY, M. *Marxismo e Teologia da Libertação*. São Paulo: Cortez, 1991, p. 101.

têm sido despojados (...) O Evangelho convoca a todos os cristãos e a todos os homens de boa vontade para se engajarem nessa corrente profética.[93]

O insuspeito pensador marxista Michael Löwy faz a síntese perfeita desse momento histórico – as décadas de 70-80 – durante o qual líderes cristãos utilizaram-se de idéias-chave do marxismo para gerar uma nova noção do cristianismo:

> Como mostram os textos de teólogos e das conferências episcopais, um setor minoritário mas significativo da Igreja latino-americana integrou certas ideias marxistas essenciais em sua nova compreensão do cristianismo. Em alguns sindicalistas cristãos, em alguns militantes cristãos de esquerda ou, ainda, em certos movimentos radicalizados, como os cristãos para o socialismo, encontra-se uma via mais direta de *síntese* ou *fusão* entre cristianismo e marxismo. Trata-se de uma corrente cristã no seio do movimento revolucionário – do qual, aliás, ela é, em muitos países, um dos principais componentes.[94]

Essa fusão ou síntese pode ser encontrada em todas as obras de autores brasileiros dedicadas à Teologia da Libertação. Mais que uma síntese ou fusão, diria que houve entre esses autores, no mais perfeito termo filosófico, uma *identificação*. Assim, identificando as exigências práticas da fé cristã com os ideais marxistas, os ideólogos da libertação já não servem a nada nem a ninguém a não ser a Marx, e não a Cristo. A partir dessa *identificação*, os tradicionais postulados da ética cristã são considerados ideais pequeno-burgueses, e todos os

---

93. J'ai Entendu la Cris de Mon Peuple (Exode 3,7): Document d'Éveques et Superieux Religieux du Nord-Est brasilién. Bruxelas: Entraide et Fraternité, 1973, p. 42 apud LÖWY, M. *Marxismo e Teologia da Libertação*. São Paulo: Cortez, 1991, p. 102.

94. LÖWY, M. *Marxismo e Teologia da Libertação*. São Paulo: Cortez, 1991, pp. 105-106.

totalitarismos e violências são assumidos e perdoados como etapas necessárias à concretização do socialismo na história.[95]

Analisando as obras, entrevistas e cartilhas de Paulo Freire e as obras-chave dos principais teólogos da Teologia da Libertação, pode-se com segurança traçar as linhas comuns em seus textos e falas sobre o tema nas quais percorreram.[96] Uma apresentação completa não seria possível neste capítulo, pois ocuparia o espaço de um livro ou uma tese para demonstrar se são meras concordâncias nas leituras de mundo feitas por Paulo Freire e pelos teólogos ou se houve influência da nascente Teologia da Libertação em Freire ou da pedagogia freireana sobre os teólogos.[97]

Por fim, apresentamos alguns conceitos comuns entre Freire e os teólogos da libertação, os quais seguramente servirão para quem quiser fazer o trabalho de investigação mais profundo: a) uso da dialética marxista para a leitura do mundo; b) posicionamento em favor dos oprimidos, considerados como "classes dominadas" ou "pobres"; c) uso do chamado "método dialógico", d) dicotomia entre os termos "salvação"

---

95. Recorrer às práticas guerrilheiras e ao roubo ou assalto encontra, na nova ética cristã-marxista, toda a sua justificação. Segundo Frei Betto: "A repressão da ditadura conseguiu acabar com todos os movimentos armados. Por que nos derrotou? Onde falhamos? Tínhamos quase tudo: coragem – vários companheiros deram a vida na luta –, teorias, armas, dinheiro das expropriações bancárias etc. Faltou um detalhe: apoio popular. Não tínhamos o principal e, por isso, a ditadura conseguiu criar um fosso entre nós e o povo" (BOFF, L.; BOGO, Frei Betto A. *Valores de uma prática militante*. São Paulo: Consulta Popular, 2000, p. 42).

96. Neste sentido, os trabalhos de Roberto Oliveros Maqueo, *Liberación y Teología: Génesis y crecimiento de una reflexión (1966-1976)* e de Marciano do Prado, *Elementos da obra freiriana e da teologia da libertação nas décadas de 1950 a 1970*: uma análise combinada de sua gênese e identidade, são fontes seguras e exaustivas para quem quiser avançar nesse campo de pesquisa.

97. "A Teologia da Libertação, na esteira de Paulo Freire, assumiu e ajudou a formular essa estratégia. É uma solução adequada à superação da pobreza. Quando esta prática vem motivada pela fé cristã e o seguimento de Cristo, fornece a base de uma reflexão crítica, que passa a se chamar então de Teologia da Libertação." BOFF, L. *Teologia do cativeiro e da libertação*. 7 ed. Petrópolis: Vozes, 2014, p. 13.

e "libertação"; e) uso dos termos "reflexão" e "ação" como sinônimos de práxis; f) práxis entendida como etapa posterior à perda da "ingenuidade" ou "ingenuidade do mundo"; g) práxis entendida como efetivação histórica do engajamento e da implantação da revolução; h) Igreja como local de efetivação da profecia, do anúncio-denúncia e da salvação-libertação por obra dos oprimidos; i) uso da noção de esperança a partir do conceito cunhado por J. Moltmann, ampliado, porém, à noção de utopia e; j) certeza de que somente uma sociedade socialista poderia dar as condições de completa implantação do "mundo novo" e fazer surgir o "homem novo" e a "mulher nova".

REFERÊNCIAS BIBLIOGRÁFICAS

As fontes aqui referidas foram utilizadas para escrever este capítulo. O fato de as consignarmos aqui é para que o leitor sinta a necessidade de ampliar suas leituras e conhecer melhor essas fontes primárias.

ADITEPP. **Alfabetização de adultos**. Método Paulo Freire. Curitiba: Contexto, 1987. Cartilha produzida pela ADITEPP (Associação Difusora de Treinamentos e Projetos Pedagógicos). Disponível em: <http://acervo.paulofreire.org/xmlui/handle/7891/1613>.

AEC [Secretariado da AEC do Brasil]. **Educação cristã à luz do concílio**. Gráfica Editora Olímpica, 1966. (Coleção Cadernos da AEC, 8).

BARRAGAN, J. Lozano. **Hacia el tercer milenio**: teología y cultura. Bogotá: CELAM, 1988. (Colección V Centenario, 26).

BEISIEGEL, C. R. **Paulo Freire**. Recife: MEC/Fundação Joaquim Nabuco/Editora Massangana, 2010.

BOFF, C. **Como trabalhar com o povo**: metodologia do trabalho popular. 6. ed. Petrópolis: Vozes, 1986.

_____. **Comunidades Eclesiais de Base e práticas de libertação**. Petrópolis: Vozes, s.d. (Coleção Teologia Orgânica, 2) [separata da Revista Eclesiástica Brasileira, v. 40, fasc. 160, dez. 1980].

BOFF, L. **Teologia do cativeiro e da libertação**. 7. ed. Petrópolis: Vozes, 2014

_____; Frei Betto; BOGO, A. **Valores de uma prática militante**. São Paulo: Consulta Popular, 2000.

BORDIN, L. **Teologia da Libertação e marxismo no contexto da globalização**. Disponível em: <http://www.reggen.org.br/midia/documentos/teologiadalibertacaoemarxismo.pdf>.

BRANDÃO, C. R. **O que é o método Paulo Freire**. São Paulo: Brasiliense, 1981.

BRASIL, C. C. **História da alfabetização de adultos**: de 1960 até os dias de hoje. Disponível em: <www.ucb.br/sites/100/103/TCC/12005/CristianeCostaBrasil.pdf>.

CABESTRERO, T. Tradução de Romeu Teixeira Campos. **Revolucionários por causa do Evangelho**. Petrópolis: Vozes, 1985.

CAMILO, R. A. L. A Teologia da Libertação no Brasil: das formulações iniciais de sua doutrina aos novos desafios da atualidade. In: **II Seminário de Pesquisa da Faculdade de Ciências Sociais (UFG)**, Goiânia, 2011. Disponível em: <https://anais.cienciassociais.ufg.br/up/253/o/Rodrigo_Augusto_Leao_Camilo.pdf>.

CARDIJN, J. **A hora da classe operária**. 2. ed. Estado da Guanabara: Serviço de Edições e Livraria do Secretariado Nacional da JOC e JOCF, s.d.

CASTEJON, A. **Opção pelos pobres**: desafios e perspectivas para a educação católica. Separata da Revista de Educação AEC, ano 12, n. 47, 1983, p. 5-29.

CAVALCANTI, T. M. P. Tentativa de uma leitura teológica do pensamento de Paulo Freire. In: **Revista Síntese**, Nova Fase. Rio de Janeiro: Loyola, 5(2), out./dez. 1975, p. 87-99.

COMITÉ INTERGREMIAL PARA LA ALFABETIZACIÓN (CIAZO). **Paulo Freire en El Salvador**. El Salvador, 1992.

CONFERENCIA GENERAL DEL EPISCOPADO LATINOAMERICANO. **3. Puebla**: Comunión y participación. Madrid: BAC, 1982.

CONFERÊNCIA GERAL DO EPISCOPADO LATINO-AMERICANO. **4. Santo Domingo Nova Evangelização**. Promoção Humana e Cultura Cristã. Texto Oficial da CNBB. Petrópolis: Vozes, 1993.

CONFERÊNCIA NACIONAL DOS BISPOS DO BRASIL (CNBB). **Das diretrizes a Santo Domingo**. São Paulo: Paulinas, 1992. (Documentos da CNBB, 48).

_____. **Educação religiosa nas escolas**. São Paulo: Paulinas, 1976. (Estudos da CNBB, 14).

_____. **Educação, Igreja e sociedade**. São Paulo: Paulinas, 1992. (Coleção Documentos da CNBB, 47).

_____. **Puebla**: a Evangelização no presente e no futuro da América Latina. Petrópolis: Vozes, 1980.

_____. **Subsídios para Puebla aprovados pela assembleia geral extraordinária**. 2. ed. São Paulo: Paulinas, 1978.

CONSELHO EPISCOPAL LATINO-AMERICANO (CELAM). **Evangelização no presente e no futuro da América Latina**: Conclusões da Conferência de Puebla (texto provisório). São Paulo: Paulinas, 1979.

CORTELLA, M. S.; VENCESLAU, P. T. Memória: entrevista com Paulo Freire. **Revista Teoria e Debate**, ano 4, n. 17, jan./mar. 1992.

COSTA, B. B. Paulo Freire entre os movimentos de cultura popular: projetos e propostas coletivas de uma educação libertadora. In: COLÓQUIO INTERNACIONAL PAULO FREIRE, 8., 2013. **Resumos do VIII Colóquio Internacional Paulo Freire**. Centro

Paulo Freire – Estudos e Pesquisas: Recife, set. 2013. Disponível em: <http://coloquio.paulofreire.org.br/participacao/index.php/coloquio/viii-coloquio/paper/viewFile/170/427>.

ENCUENTRO DE BISPOS DE AMÉRICA LATINA. **La no-violencia evangélica**: fuerza de liberación. Redacción Jean Goss y Hidegard Goss-Mayr. Barcelona: Editorial Fontanella, 1978.

FÁVERO, O. **MEB – Movimento de educação de base: primeiros tempos**: 1961-1966. In: ENCONTRO LUSO-BRASILEIRO DE HISTÓRIA DA EDUCAÇÃO, 5., Évora, Portugal, abr. 2004. Disponível em: <http://forumeja.org.br/files/meb_historico.pdf>.

_____. Paulo Freire: primeiros tempos. In: **DHnet**. Disponível em <http://www.dhnet.org.br/educar/40horas/favero_paulo_freire_primeiros_tempos.pdf>.

FEITOSA, S. C. S. **Método Paulo Freire**: princípios e práticas de uma concepção Popular de Educação. Dissertação de mestrado. Faculdade de Educação: USP, 1999. Disponível em: <http://www.acervo.paulofreire.org:8080/jspui/bitstream/7891/141/3/FPF_PTPF_07_0004.pdf>.

FERREIRA, J. L. Paulo Freire e a Teologia da Libertação: uma prática libertadora. In: **II Congresso Nacional de Educação (CONEDU)**, 2015. Disponível em: <http://www.editorarealize.com.br/revistas/conedu/trabalhos/TRABALHO_EV045_MD1_SA2_ID4333_10082015142823.pdf>.

FREIRE, P. **Como trabalhar com o povo**. Apostila datilografada, presente na Série Manuscritos. Disponível em: <http://acervo.paulofreire.org:8080/xmlui/handle/7891/1533>.

_____. **Educação como prática da liberdade**. Rio de Janeiro: Paz e Terra, 1983.

_____. **Movimento de cultura popular**. Projeto de educação de adultos: Centro de Cultura. Disponível em: <http://acervo.paulofreire.org/xmlui/handle/123456789/25>.

_____. **Os cristãos e a libertação dos oprimidos**. Porto: Edições Base, 1978.

_____. **Pedagogia da esperança**: um reencontro com a pedagogia do oprimido. 3. ed. Rio de Janeiro: Paz e Terra, 1994.

_____. **Pedagogia do oprimido**. 58. ed. Rio de Janeiro: Paz e Terra, 2014.

GANDIN, D. **Planejamento como prática educativa**. São Paulo: Loyola, 1983.

IDÍGORAS, J. L. Tradução de Álvaro Cunha. **Vocabulário teológico para a América latina**. São Paulo: Paulinas, 1983.

JARDILINO, J. R. L. Educação e religião: leitura teológica da pedagogia de Paulo Freire na América Latina. In: **Revista Nures**, n. 5, jan./abr. 2007, p. 1-11.

KLOPPENBURG, B. **Igreja Popular**. 3. ed. Rio de Janeiro: Agir, 1983.

LANSON, A. Tradução e adaptação de A. Ferreira. **Libertar os oprimidos**. s.l., s.d.

LÖWY, M. **A guerra dos deuses**: religião e política na América Latina. Petrópolis: Vozes, 2000.

_____. Marxismo e cristianismo na América Latina. In: **Lua Nova**, n. 19, nov. 1989, p. 5-21.

_____. **Marxismo e teologia da libertação**. São Paulo: Cortez, 1991. (Coleção Polêmicas do nosso tempo, 39).

LUSTOSA, K. S. Educação popular e a pedagogia freireana: contribuições dos anos 60 para a atualidade. In: **CONGRESSO NACIONAL DE EDUCAÇÃO (CONEDU)**, 3., out. 2016, Natal. Disponível em: <http://www.editorarealize.com.br/revistas/conedu/trabalhos/TRABALHO_EV056_MD1_SA2_ID4808_15082016164937.pdf>.

MANFREDI, S. M. **Política**: educação popular. São Paulo: Símbolo, 1978.

MAQUEO, R. Oliveros. **Liberación y teología:** génesis y crecimiento de una reflexión (1966-1976). Edición digital de los Servicios Koinonía. Centro de Reflexión Teológica (CRT), México DF, México, mayo 1977. Disponível em: <http://www.ensayistas.org/critica/liberacion/varios/oliveros.pdf>.

MARINS, J. **Curso de treinamento intensivo**: subsídios para a realização das Comunidades Eclesiais de Base. s.l., s.d.

MARTINS, E. S. **Paulo Freire e a teologia da libertação**: aproximações. São Paulo: Reflexão, 2011.

MCLAREN, P.; LEONARD, P.; GADOTTI, M. (Org.). **Paulo Freire**: poder, desejo e memórias da libertação. Trad. Márcia Moraes. Porto Alegre: ArtMed, 1998.

MÜLLER, A. et alii. Comunidades de Base. In: **Concilium**, 104, 1975.

PADIN, C. **A conferência de Medellin**: renovação eclesial. São Paulo: LTr, 1999. (Coleção Instituto Jacques Maritain do Brasil).

PEGORARO, J. B. (Coord.). **Puebla**: síntese das conclusões. São Paulo: Loyola, s.d.

PELANDRÉ, N. L. **Efeitos a longo prazo do método de alfabetização Paulo Freire**. Tese (Doutorado em Letras: Psicolinguística), UFSC, 1998. 2. vol.

RICHARD, P. Tradução de Jaime A. Clasen. **A força espiritual da Igreja dos Pobres**. Petrópolis: Vozes, 1989.

_____. **Morte das cristandades e nascimento da Igreja**. São Paulo: Paulinas, 1984.

SANTOS, B. Beni dos (Coord.). **Puebla**: análise, perspectivas, interrogações. 2. ed. São Paulo: Paulinas, 1979.

SANTOS, I. M. F. **40 anos de Teologia da Libertação**: *1960-2000*. Texto integrante dos Anais do XVIII Encontro Regional de História – O Historiador e seu tempo. ANPUH/SP-UNESP/Assis, 24-28 jul. 2016. CD-Rom.

SCOCUGLIA, A. C. **A História das idéias de Paulo Freire e a atual crise de paradigmas**. João Pessoa: Universitária, 1997.

_____. **Paulo Freire e a CEPLAR da Paraíba, antes de Angicos**. Caderno de resumos do I Encontro Internacional do Fórum Paulo Freire. São Paulo: IPF, 1998, p. 29.

STRECK, D. R. Paulo Freire: uma leitura a partir da Educação Cristã. In: **Estudos Teológicos**, v. 31 (3), 1991, p. 270-283.

SUENES, L. J., CÂMARA, H. Trad. M. Cecília de M. Duprat. **Renovação no Espírito e serviço ao homem**. São Paulo: Paulinas, 1979. (Coleção renovação carismática).

TONUCCI, P. M. **Teologia da libertação, o que é?** Petrópolis: Vozes, 1984.

ZILLES, U. **Possibilidades e limites da libertação**. Porto Alegre: Acadêmica, 1985. (Coleção Ensaios de Teologia, 1).

ZIMMER, J. **Pedagogia da libertação**: ensino na Nicarágua. Porto Alegre: FEPLAN, 1987.

APÊNDICE

Antologia do Oprimido

Desenvolvida após cinco anos de exílio, a obra *Pedagogia do Oprimido* promove uma continuidade das ideias pedagógicas discutidas no livro *Educação como prática da liberdade*.

Escrita por um pedagogo confiante na ideia que só no socialismo existirá o pleno desenvolvimento da personalidade, *Pedagogia do Oprimido* tem a premissa de fornecer um novo método de conscientização social. Década a década, a despeito de pregar que certo tipo de propriedade intelectual impede a liberdade, tornou-se o livro internacionalmente mais disseminado da pedagogia brasileira.

Fundamentado no fato de que vocês chegaram até este suplemento textual após a leitura de todos os textos que compõem este livro, selecionei as sessenta principais citações apresentadas na obra mais celebrada de Paulo Freire. Considero que vocês já estão aptos para avaliar o que ele realmente quis dizer com frases do tipo: "A consciência se constitui como consciência do mundo"; "Os métodos da opressão não podem, contraditoriamente, servir à libertação do oprimido" e "A palavra é entendida, aqui, como palavra e ação".

Realizei uma curadoria textual de recorte amplo, organizada não por assuntos temáticos, mas a partir da estrutura que o próprio livro apresenta. Selecionei citações que perpassam o seu método pedagógico, a sua visão política e o seu estilo textual cheio de toleimas. Acredito que essas frases são suficientes para fomentar a percepção de que a estrutura mental de Paulo Freire é essencialmente discriminatória; capaz de salvar apenas certas classes e castas políticas.

> [...] a desumanização, mesmo que um fato concreto na história, não é, porém, destino dado, mas resultado de uma 'ordem' injusta que gera a violência dos opressores e esta, o ser menos.[1]

> Pedagogia que faça da opressão e de suas causas objeto da reflexão dos oprimidos, de que resultará o seu engajamento necessário na luta por sua libertação, em que esta pedagogia se fará e refará.[2]

> É que não haveria ação humana se não houvesse uma realidade objetiva, um mundo como 'não eu' do homem, capaz de desafiá-lo; como também não haveria ação humana se o homem não fosse um "projeto", um mais além de si, capaz de captar a sua realidade, de conhecê-la para transformá-la.[3]

> Para nós, contudo, a questão não está propriamente em explicar às massas, mas em dialogar com elas sobre a sua ação. De qualquer forma, o dever que Lukács reconhece ao partido revolucionário de 'explicar às massas a sua ação' coincide com a exigência que fazemos da inserção crítica das massas na sua realidade através da práxis, pelo fato de nenhuma realidade se transformar a si mesma.[4]

> A pedagogia do oprimido que, no fundo, é a pedagogia dos homens empenhando-se na luta por sua libertação, tem suas raízes aí. E tem que ter nos próprios oprimidos, que se saibam ou comecem criticamente a saber-se oprimidos, um dos seus sujeitos.[5]

> A pedagogia do oprimido, que busca a restauração da intersubjetividade, se apresenta como pedagogia do Homem. Somente ela, que se anima de generosidade autêntica, humanista

---

1. FREIRE, Paulo. *Pedagogia do oprimido*. 58. ed. Rio de Janeiro: Paz e Terra, 2014, pág. 41.
2. *Ibid.*, p. 43.
3. *Ibid.*, p. 55.
4. *Ibid.*, p. 55.
5. Ibid., p. 55 e 56.

e não 'humanitarista', pode alcançar este objetivo. Pelo contrário, a pedagogia que, partindo dos interesses egoístas dos opressores, egoísmo camuflado de falsa generosidade, faz dos oprimidos objetos de seu humanitarismo, mantém e encarna a própria opressão. É instrumento de desumanização.[6]

Daí que, estabelecida a relação opressora, esteja inaugurada a violência, que jamais foi até hoje, na história, deflagrada pelos oprimidos.

Como poderiam os oprimidos dar início à violência, se eles são o resultado de uma violência?

Como poderiam ser os promotores de algo que, ao instaurar-se objetivamente, os constitui?

Não haveria oprimidos, se não houvesse uma relação de violência que os conforma como violentados, numa situação objetiva de opressão.

Inauguram a violência os que oprimem, os que exploram, os que não se reconhecem nos outros; não os oprimidos, os explorados, os que não são reconhecidos pelos que os oprimem como outro.

Inauguram o desamor, não os desamados, mas os que não amam, porque apenas se amam.[7]

Os opressores, violentando e proibindo que os outros sejam, não podem igualmente ser; os oprimidos, lutando por ser, ao retirar-lhes o poder de oprimir e de esmagar, lhes restauram a humanidade que haviam perdido no uso da opressão.

Por isto é que, somente os oprimidos, libertando-se, podem libertar os opressores. Estes, enquanto classe que oprime, nem libertam, nem se libertam.[8]

Os freios que os antigos oprimidos devem impor aos antigos opressores para que não voltem a oprimir não são opressão daqueles a estes. A opressão só existe quando se constitui em um ato proibitivo do ser mais dos homens. Por esta razão, estes freios, que são necessários, não significam, em si mesmos, que os

---

6. *Ibid.*, p. 56.
7. *Ibid.*, p. 58.
8. *Ibid.*, p. 59 e 60.

oprimidos de ontem se tenham transformado nos opressores de hoje.⁹

Mas, o que ocorre, ainda quando a superação da contradição se faça em termos autênticos, com a instalação de uma nova situação concreta, de uma nova realidade inaugurada pelos oprimidos que se libertam, é que os opressores de ontem não se reconheçam em libertação. Pelo contrário, vão sentir-se como se realmente estivessem sendo oprimidos. É que, para eles, 'formados' na experiência de opressores, tudo o que não seja o seu direito antigo de oprimir, significa opressão a eles. Vão sentir-se, agora, na nova situação, como oprimidos porque, se antes podiam comer, vestir, calçar, educar-se, passear, ouvir Beethoven, enquanto milhões não comiam, não calçavam, não vestiam, não estudavam nem tampouco passeavam, quanto mais podiam ouvir Beethoven, qualquer restrição a tudo isto, em nome do direito de todos, lhes parece uma profunda violência a seu direito de pessoa. Direito de pessoa que, na situação anterior, não respeitavam nos milhões de pessoas que sofriam e morriam de fome, de dor, de tristeza, de desesperança.¹⁰

Recentemente, num país latino-americano, segundo depoimento que nos foi dado por sociólogo amigo, um grupo de camponeses, armados, se apoderou do latifúndio. Por motivos de ordem tática, se pensou em manter o proprietário como refém. Nenhum camponês, contudo, conseguiu dar guarda a ele. Só sua presença já os assustava. Possivelmente também a ação mesma de lutar contra o patrão lhes provocasse sentimento de culpa. O patrão, na verdade, estava 'dentro' deles...¹¹

Se os líderes revolucionários de todos os tempos afirmam a necessidade do convencimento das massas oprimidas para que aceitem a luta pela libertação – o que de resto é óbvio –, reconhecem implicitamente o sentido pedagógico desta luta. Muitos, porém, talvez por preconceitos naturais e explicáveis contra a pedagogia, terminam usando, na sua ação, métodos que são empregados na

---

9. *Ibid.*, p. 60.
10. *Ibid.*, p. 61 e 62.
11. *Ibid.*, p. 70 (nota de rodapé).

'educação' que serve ao opressor. Negam a ação pedagógica no processo de libertação, mas usam a propaganda para convencer...[12]

A narração, de que o educador é o sujeito, conduz os educandos à memorização mecânica do conteúdo narrado. Mais ainda, a narração os transforma em 'vasilhas', em recipientes a serem 'enchidos' pelo educador. Quanto mais vá 'enchendo' os recipientes com seus "depósitos", tanto melhor educador será. Quanto mais se deixem docilmente 'encher', tanto melhores educandos serão.[13]

Na verdade, como mais adiante discutiremos, a razão de ser da educação libertadora está no seu impulso inicial conciliador. Daí que tal forma de educação implique na superação da contradição educador-educandos, de tal maneira que se façam ambos, simultaneamente, educadores e educandos.

Na concepção 'bancária' que estamos criticando, para a qual a educação é o ato de depositar, de transferir, de transmitir valores e conhecimentos, não se verifica nem pode verificar-se esta superação. Pelo contrário, refletindo a sociedade opressora, sendo dimensão da 'cultura do silêncio', a 'educação' 'bancária' mantém e estimula a contradição.

Daí, então, que nela:

a) o educador é o que educa; os educandos, os que são educados;

b) o educador é o que sabe; os educandos, os que não sabem;

c) o educador é o que pensa; os educandos, os pensados;

d) o educador é o que diz a palavra; os educandos, os que a escutam docilmente;

e) o educador é o que disciplina; os educandos, os disciplinados;

f) o educador é o que opta e prescreve sua opção; os educandos os que seguem a prescrição;

g) o educador é o que atua; os educandos, os que têm a ilusão de que atuam, na atuação do educador;

h) o educador escolhe o conteúdo programático; os educandos, jamais ouvidos nesta escolha, se acomodam a ele;

---

12. *Ibid.*, p. 75.
13. *Ibid.*, p. 80.

i) o educador identifica a autoridade do saber com sua autoridade funcional, que opõe antagonicamente à liberdade dos educandos; estes devem adaptar-se às determinações daquele;

j) o educador, finalmente, é o sujeito do processo; os educandos, meros objetos.

Se o educador é o que sabe, se os educandos são os que nada sabem, cabe àquele dar, entregar, levar, transmitir o seu saber aos segundos. Saber que deixa de ser de 'experiência feito' para ser de experiência narrada ou transmitida.[14]

Na verdade, o que pretendem os opressores 'é transformar a mentalidade dos oprimidos e não a situação que os oprime', e isto para que, melhor adaptando-os a esta situação, melhor os domine.[15]

A concepção e a prática da educação que vimos criticando se instauram como eficientes instrumentos para este fim. Daí que um dos seus objetivos fundamentais, mesmo que dele não estejam advertidos muitos do que a realizam, seja dificultar, em tudo, o pensar autêntico. Nas aulas verbalistas, nos métodos de avaliação dos 'conhecimentos', no chamado 'controle de leitura', na distância entre o educador e os educandos, nos critérios de promoção, na indicação bibliográfica, em tudo há sempre a conotação 'digestiva' e a proibição ao pensar verdadeiro.[16]

Mas, em nada disto pode o educador 'bancário' crer. Conviver, simpatizar implicam em comunicar-se, o que a concepção que informa sua prática rechaça e teme.

Não pode perceber que somente na comunicação tem sentido a vida humana. Que o pensar do educador somente ganha autenticidade na autenticidade do pensar dos educandos, mediatizados ambos pela realidade, portanto, na intercomunicação.[17]

---

14. *Ibid.*, p. 82 e 83.
15. *Ibid.*, p. 84.
16. *Ibid.*, p. 89.
17. *Ibid.*, p. 89.

A concepção 'bancária', que a ela serve, também o é. No momento mesmo em que se funda num conceito mecânico, estático, especializado da consciência e em que transforma, por isto mesmo, os educandos em recipientes, em quase coisas, não pode esconder sua marca necrófila. Não se deixa mover pelo ânimo de libertar o pensamento pela ação dos homens uns com outros na tarefa comum de refazerem o mundo e de torná-la mais e mais humano.

Seu ânimo é justamente o contrário – o de controlar o pensar e a ação, levando os homens ao ajustamento ao mundo. É inibir o poder de criar, de atuar. Mas, ao fazer isto, ao obstaculizar a atuação dos homens, como sujeitos de sua ação, como seres de opção, frustra-os.[18]

Nosso objetivo é chamar a atenção dos verdadeiros humanistas para o fato de que eles não podem, na busca da libertação, servir-se da concepção "bancária", sob pena de se contradizerem em sua busca. Assim como também não pode esta concepção tornar-se legado da sociedade opressora à sociedade revolucionária.[19]

O que nos parece indiscutível é que, se pretendemos a libertação dos homens, não podemos começar por aliená-los ou mantê-los alienados. A libertação autêntica, que é a humanização em processo, não é uma coisa que se deposita nos homens. Não é uma palavra a mais, oca, mitificante. É práxis, que implica na ação e na reflexão dos homens sobre o mundo para transformá-lo.[20]

O antagonismo entre as duas concepções, uma, a 'bancária', que serve à dominação; outra, a problematizadora, que serve à libertação, toma corpo exatamente aí. Enquanto a primeira, necessariamente, mantém a contradição educador-educandos, a segunda realiza a superação.

Para manter a contradição, a concepção "bancária" nega a dialogicidade como essência da educação e se faz antidialógica; para realizar a superação, a educação problematizadora – situação gnosiológica – afirma a dialogicidade e se faz dialógica.[21]

---

18. *Ibid.*, p. 91.
19. *Ibid.*, p. 92 e 93.
20. *Ibid.*, p. 93.
21. *Ibid.*, p. 95.

Desta maneira, o educador já não é o que apenas educa, mas o que, enquanto educa, é educado, em diálogo com o educando que, ao ser educado, também educa. Ambos, assim, se tornam sujeitos do processo em que crescem juntos e em que os 'argumentos de autoridade' já não valem. Em que, para ser-se, funcionalmente, autoridade, se necessita de estar sendo com as liberdades e não contra elas.[22]

Pelo fato mesmo de esta prática educativa constituir-se em uma situação gnosiológica, o papel do educador problematizador é proporcionar, com os educandos, as condições em que se dê a superação do conhecimento no nível da *doxa* pelo verdadeiro conhecimento, o que se dá no nível do *logos*.[23]

Deste modo, a prática 'bancária', implicando o imobilismo a que fizemos referência, se faz reacionária, enquanto a concepção problematizadora, que, não aceitando um presente 'bem comportado', não aceita igualmente um futuro pré-dado, enraizando-se no presente dinâmico, se faz revolucionária.[24]

Cada vez nos convencemos mais da necessidade de que os verdadeiros revolucionários reconheçam na revolução, porque um ato criador e libertador, um ato de amor. Para nós a revolução, que não se faz sem teoria da revolução, portanto, sem ciência, não tem nesta uma inconciliação com o amor. Pelo contrário, a revolução, que é feita pelos homens, o é em nome de sua humanização. Que leva os revolucionários a aderir aos oprimidos, senão a condição desumanizada em que se acham estes?

Não é devido à deterioração a que se submete a palavra amor no mundo capitalista que a revolução vá deixar de ser amorosa, nem os revolucionários façam silêncio de seu caráter biófilo. Guevara, ainda que tivesse salientado o 'risco de parecer ridículo', não temeu afirmá-lo. "*Dejeme decirle* (declarou dirigindo-se a Carlos Quijano) *a riesgo de parecer ridiculo que el verdadero revolucionário es animado por fuertes sentimientos de amor. Es imposible pensar un

---

22. *Ibid.*, p. 95 e 96.
23. *Ibid.*, p. 97.
24. *Ibid.*, p. 102.

revolucionário autentico, sin esta cualidad". Ernesto Guevara: Obra Revolucionária, México, Ediciones Era-S.A., 1967, pp. 637-38.[25]

Em uma longa conversação com Malraux, declarou Mao: "*Vous savez que je proclame depuis longtemps: Nous devons enseigner aux masses avec précision ce que nous avons reçu d'elles avec confusion*". André Malraux, - Antimemoires. Paris, Gallimard, 1967. p. 531. Nesta afirmação de Mao está toda uma teoria dialógica de constituição do conteúdo programático da educação, que não pode ser elaborado a partir das finalidades do educador, do que lhe pareça ser o melhor para seus educandos.[26]

Simplesmente, não podemos chegar aos operários, urbanos ou camponeses, estes, de modo geral, imersos num contexto colonial, quase umbilicalmente ligados ao mundo da natureza de que se sentem mais partes que transformadores, para, à maneira da concepção 'bancária', entregar-lhes 'conhecimento' ou impor-lhes um modelo de bom homem, contido no programa cujo conteúdo nós mesmos organizamos.

Não seriam poucos os exemplos que poderiam ser citados, de planos, de natureza política ou simplesmente docente, que falharam porque os seus realizadores partiram de sua visão pessoal da realidade. Porque não levaram em conta, num mínimo instante, os homens em situação a quem se dirigia seu programa, a não ser como puras incidências de sua ação.[27]

Esquecem-se de que o seu objetivo fundamental é lutar com o povo pela recuperação da humanidade roubada e não conquistar o povo. Este verbo não deve caber na sua linguagem, mas na do dominador. Ao revolucionário cabe libertar e libertar-se com o povo, não conquistá-lo.[28]

O que temos de fazer, na verdade, é propor ao povo, através de certas contradições básicas, sua situação existencial, concreta,

---

25. *Ibid.*, p. 110 (nota de rodapé).
26. *Ibid.*, p. 116 (nota de rodapé).
27. *Ibid.*, p. 117.
28. *Ibid.*, p. 118.

presente, como problema que, por sua vez, o desafia e, assim, lhe exige resposta, não só no nível intelectual, mas no nível da ação.

Nunca apenas dissertar sobre ela e jamais doar-lhe conteúdos que pouco ou nada tenham a ver com seus anseios, com suas dúvidas, com suas esperanças, com seus temores. Conteúdos que, às vezes, aumentam estes temores. Temores de consciência oprimida.

Nosso papel não é falar ao povo sobre a nossa visão do mundo, ou tentar impô-la a ele, mas dialogar com ele sobre a sua e a nossa. Temos de estar convencidos de que a sua visão do mundo, que se manifesta nas várias formas de sua ação, reflete a sua situação no mundo, em que se constitui. A ação educativa e política não pode prescindir do conhecimento crítico dessa situação, sob pena de se fazer 'bancária' ou de pregar no deserto.[29]

Em verdade, o conceito de 'tema gerador' não é uma criação arbitrária, ou uma hipótese de trabalho que deva ser comprovada. Se o 'tema gerador' fosse uma hipótese que devesse ser comprovada, a investigação, primeiramente, não seria em torno dele, mas de sua existência ou não.[30]

Uma primeira condição a ser cumprida é que, necessariamente, devem representar situações conhecidas pelos indivíduos cuja temática se busca, o que as faz reconhecíveis por eles, possibilitando, desta forma, que nelas se reconheçam.[31]

Na medida em que representam situações existenciais, as codificações devem ser simples na sua complexidade e oferecer possibilidades plurais de análises na sua descodificação, o que evita o dirigismo massificador da codificação propagandística. As codificações não são slogans, são objetos cognoscíveis, desafios sobre que deve incidir a reflexão crítica dos sujeitos descodificadores.[32]

---

29. *Ibid.*, p. 120.
30. *Ibid.*, p. 122.
31. *Ibid.*, p. 150.
32. *Ibid.*, p. 151.

Desta forma, 'reduzir' um tema é cindi-lo em suas partes para, voltando-se a ele como totalidade, melhor conhecê-lo.

Na 'codificação' se procura re-totalizar o tema cindido, na representação de situações existenciais.

Na 'descodificação', os indivíduos, cindindo a codificação como totalidade, apreendem o tema ou os temas nela implícitos ou a ela referidos. Este processo de 'descodificação' que, na sua dialeticidade, não morre na cisão, que realizam na codificação como totalidade temática, se completa na re-totalização de totalidade cindida, com que não apenas a compreendem mais claramente, mas também vão percebendo as relações com outras situações codificadas, todas elas representações de situações existenciais.

CODIFICAÇÃO:

a) Simples {Canal visual (pictórico, gráfico); Canal táctil; Canal auditivo.

b) Composta {Simultaneidade de canais}.[33]

Porque esta visão da educação parte da convicção de que não pode sequer presentear o seu programa, mas tem de buscá-lo dialogicamente com o povo, é que se inscreve como uma introdução à pedagogia do oprimido, de cuja elaboração deve ele participar.[34]

Desta maneira, começaremos reafirmando que os homens são seres da práxis. São seres do quefazer, diferentes, por isto mesmo, dos animais, seres do puro fazer. Os animais não "admiram" o mundo. Imergem nele. Os homens, pelo contrário, como seres do quefazer 'emergem' dele e, objetivando-o, podem conhecê-la e transformá-lo com seu trabalho.[35]

A tão conhecida afirmação de Lênin: 'Sem teoria revolucionária não pode haver movimento revolucionário' significa precisamente que não há revolução com verbalismos, nem

---

33. *Ibid.*, p. 162 (nota de rodapé).

34. *Ibid.*, p. 166.

35. *Ibid.*, p. 167.

tampouco com ativismo, mas com práxis, portanto, com reflexão e ação incidindo sobre as estruturas a serem transformadas.[36]

A práxis revolucionária somente pode opor-se à práxis das elites dominadoras. E é natural que assim seja, pois são quefazeres antagônicos.[37]

Estamos convencidos de que o diálogo com as massas populares é uma exigência radical de toda revolução autêntica. Ela é revolução por isto. Dos golpes, seria uma ingenuidade esperar que estabelecessem diálogo com as massas oprimidas. Deles, o que se pode esperar é o engodo para legitimar-se ou a força que reprime.[38]

Afirma-se, o que é uma verdade, que esta transformação não pode ser feita pelos que vivem de tal realidade, mas pelos esmagados, com uma lúcida liderança.[39]

Não há realidade histórica – mais outra obviedade – que não seja humana. Não há história sem homens, como não há uma história para os homens, mas uma história de homens que, feita por eles, também os faz, como disse Marx.[40]

Por que não fenecem as elites dominadoras ao não pensarem com as massas? Exatamente porque estas são o seu contrário antagônico, a sua "razão", na afirmação de Hegel, já, citada. Pensar com elas seria a superação de sua contradição. Pensar com elas significaria já, não dominar.[41]

Enquanto, no processo opressor, as elites vivem da 'morte em vida' dos oprimidos e só na relação vertical entre elas e eles se autenticam, no processo revolucionário, só há um caminho para

---

36. *Ibid.*, p. 168.
37. *Ibid.*, p. 169.
38. *Ibid.*, p. 172.
39. *Ibid.*, p. 174.
40. *Ibid.*, p. 175.
41. *Ibid.*, p. 177.

a autenticidade da liderança que emerge: 'morrer' para reviver através dos oprimidos e com eles.

Na verdade, enquanto no primeiro, é lícito dizer que alguém oprime alguém, no segundo, já não se pode afirmar que alguém liberta alguém, ou que alguém se liberta sozinho, mas os homens se libertam em comunhão. Com isto, não queremos diminuir o valor e a importância da liderança revolucionária. Pelo contrário, estamos enfatizando esta importância e este valor. E haverá importância maior que conviver com os oprimidos, com os esfarrapados do mundo, com os "condenados da terra"?[42]

Isto significa deixar-se cair num dos mitos da ideologia opressora, o da absolutização da ignorância, que implica na existência de alguém que a decreta a alguém.[43]

A liderança revolucionária, pelo contrário, científico-humanista, não pode absolutizar a ignorância das massas. Não pode crer neste mito. Não tem sequer o direito de duvidar, por um momento, de que isto é um mito.

Não pode admitir, como liderança, que só ela sabe e que só ela pode saber – o que seria descrer das massas populares. Ainda quando seja legítimo reconhecer-se em um nível de saber revolucionário, em função de sua mesma consciência revolucionária, diferente do nível de conhecimento ingênuo das massas, não pode sobrepor-se a este, com o seu saber.[44]

Às vezes, nem sequer esta palavra é dita. Basta a presença de alguém (não necessariamente pertencente a um grupo revolucionário) que possa ameaçar ao opressor 'hospedado' nas massas, para que elas, assustadas, assumam posturas destrutivas. Contou-nos um aluno nosso, de um país latino-americano, que, em certa comunidade camponesa indígena de seu país, bastou que um sacerdote fanático denunciasse a presença de dois 'comunistas' na comunidade, 'pondo em risco a fé católica', para que, na noite deste mesmo dia, os camponeses, unânimes, queimassem vivos aos dois simples professores primários que exerciam seu trabalho de educadores infantis.

---

42. *Ibid.*, p. 179.
43. *Ibid.*, p. 180.
44. *Ibid.*, p. 181.

Talvez esse sacerdote tivesse visto, na casa daqueles infelizes *maestros rurales*, algum livro em cuja capa houvesse a cara de um homem barbado...

Salientamos, mais uma vez, que não estabelecemos nenhuma dicotomia entre o diálogo e a ação revolucionária, como se houvesse um tempo de diálogo, e outro, diferente, de revolução. Afirmamos, pelo contrário, que o diálogo é a 'essência' da ação revolucionária. Daí que na teoria desta ação, seus atores, intersubjetivamente, incidam sua ação sobre o objetivo, que é a realidade que os mediatiza, tendo, como objetivo, através da transformação daquela, a humanização dos homens. Isto não ocorre na teoria da ação opressora, cuja 'essência' é antidialógica. Nesta, o esquema se simplifica. Os atores têm, como objetos de sua ação, a realidade e os oprimidos, simultaneamente e, como objetivo, a manutenção da opressão, através da manutenção da realidade opressora.[45]

É ele ainda um dos eficientes meios de evitar que o poder revolucionário se institucionalize, estratificando-se em 'burocracia' contra-revolucionária, pois que a contrarrevolução também é dos revolucionários que se tornam reacionários.[46]

O diálogo com as massas não é concessão, nem presente, nem muito menos uma tática a ser usada, como a sloganização o é, para dominar. O diálogo, como encontro dos homens para a 'pronúncia' do mundo, é uma condição fundamental para a sua real humanização."[47]

De uma pedagogia problematizante e não de uma "pedagogia" dos 'depósitos', "bancária". Por isto é que o caminho da revolução é o da abertura às massas populares, não o do fechamento a elas. É o da convivência com elas, não o da desconfiança delas. E, quanto mais a revolução exija a sua teoria, como salienta Lênin, mais sua liderança tem de estar com as massas, para que possa estar contra o poder opressor.[48]

---

45. *Ibid.*, p. 182 (nota de rodapé).
46. *Ibid.*, p. 184.
47. *Ibid.*, p. 184 e 185.
48. *Ibid.*, p. 185.

Como auxiliar desta ação divisória, encontramos nela uma certa conotação messiânica, através da qual os dominadores pretendem aparecer como salvadores dos homens a quem desumanizam.

No fundo, porém, o messianismo contido na sua ação não pode esconder o seu intento. O que eles querem é salvar-se a si mesmos. É salvar sua riqueza, seu poder, seu estilo de vida, com que esmagam aos demais.[49]

Na medida em que a divisão das massas oprimidas é necessária à manutenção do *status quo*, portanto à preservação do poder dos dominadores, urge que os oprimidos não percebam claramente este jogo.

Neste sentido, mais uma vez é imperiosa a conquista para que os oprimidos realmente se convençam de que estão sendo defendidos. Defendidos contra a ação demoníaca de 'marginais desordeiros', 'inimigos de Deus', pois que assim são chamados os homens que viveram e vivem, arriscadamente, a busca valente da libertação dos homens.[50]

Bem razão tem Weffort quando diz: 'Toda política de esquerda se apoia nas massas populares e depende de sua consciência. Se vier a confundi-la, perderá as raízes, pairará no ar à espera da queda inevitável, ainda quando possa ter, como no caso brasileiro, a ilusão de fazer a revolução pelo simples giro à volta do poder', e, esquecendo-se dos seus encontros com as massas para o esforço de organização, perdem-se num 'diálogo' impossível com as elites dominadoras. Daí que também terminem manipuladas por estas elites de que resulta cair, não raramente, num jogo puramente de cúpula, que chamam de realismo.[51]

Os lares e as escolas, primárias, médias e universitárias, que não existem no ar, mas no tempo e no espaço, não podem escapar às influências das condições objetivas estruturais. Funcionam, em grande medida, nas estruturas dominadoras, como agências formadoras de futuras 'invasores'.

---

49. *Ibid.*, p. 196.
50. *Ibid.*, p. 197.
51. *Ibid.*, p. 200.

As relações pais-filhos, nos lares, refletem, de modo geral, as condições objetivo-culturais da totalidade de que participam. E, se estas são condições autoritárias, rígidas, dominadoras, penetram nos lares que incrementam o clima da opressão.[52]

O autoritarismo dos pais e dos mestres se desvela cada vez mais aos jovens como antagonismo à sua liberdade. Cada vez mais, por isto mesmo, a juventude vem se opondo às formas de ação que minimizam sua expressividade e obstaculizam sua afirmado. Esta, que é uma das manifestações positivas que observamos hoje, não existe por acaso. No fundo, é um sintoma daquele clima histórico ao qual fizemos referência no primeiro capítulo deste ensaio, como caracterizador de nossa época, como uma época antropológica. Por isto é que a reação da juventude não pode ser vista a não ser interessadamente, como simples indício das divergências geracionais que em todas as épocas houve e há. Na verdade, há algo mais profundo. Na sua rebelião, o que a juventude denuncia e condena é o modelo injusto da sociedade dominadora. Esta rebelião, contudo, com o caráter que tem, é muito recente. O caráter autoritário perdura.[53]

Introjetando a autoridade paterna através de um tipo rígido de relações, que a escola enfatiza, sua tendência, quando se fazem profissionais, pelo próprio medo da liberdade que neles se instala, é seguir os padrões rígidos em que se deformaram.[54]

Como a entendemos, a 'revolução cultural' é o máximo de esforço de conscientização possível que deve desenvolver o poder revolucionário, com o qual atinja a todos, não importa qual seja a sua tarefa a cumprir.[55]

Queremos referir-nos ao momento de constituição da liderança revolucionária e algumas de suas consequências básicas, de caráter histórico e sociológico, para o processo revolucionário.

---

52. *Ibid.*, p. 208.
53. *Ibid.*, p. 208 (nota de rodapé).
54. *Ibid.*, p. 209.
55. *Ibid.*, p. 214.

Desde logo, de modo geral, esta liderança é encarnada por homens que, desta ou daquela forma, participavam dos estratos sociais dos dominadores.[56]

A liderança de Fidel Castro e de seus companheiros, na época chamados de 'aventureiros irresponsáveis' por muita gente, liderança eminentemente dialógica, se identificou com as massas submetidas a uma brutal violência, a da ditadura de Batista.

Com isto não queremos afirmar que esta adesão se deu tão facilmente. Exigiu o testemunho corajoso, a valentia de amar o povo e por ele sacrificar-se. Exigiu o testemunho da esperança nunca desfeita de recomeçar após cada desastre, animados pela vitória que, forjada por eles com o povo, não seria apenas deles, mas deles e do povo, ou deles enquanto povo.

Fidel polarizou pouco a pouco a adesão das massas que, além da objetiva situação de opressão em que estavam, já haviam, de certa maneira, começado, em função da experiência histórica, a romper sua 'aderência' com o opressor.

O seu 'afastamento' do opressor estava levando-as a 'objetivá-lo', reconhecendo-se, assim, como sua contradição antagônica. Daí que Fidel jamais se haja feito contradição delas. Uma ou outra deserção, uma ou outra traição registradas por Guevara no seu *Relato de la Guerra Revolucionaria*, em que se refere às muitas adesões também, eram de ser esperadas.[57]

O papel da liderança revolucionária, em qualquer circunstância, mais ainda nesta, está em estudar seriamente, enquanto atua, as razões desta ou daquela atitude de desconfiança das massas e buscar os verdadeiros caminhos pelos quais possa chegar à comunhão com elas. Comunhão no sentido de ajudá-las a que se ajudem na visualização da realidade opressora que as faz oprimidas.[58]

A confiança das massas na liderança implica na confiança que esta tenha nelas.

---

56. *Ibid.*, p. 220.
57. *Ibid.*, p. 223.
58. *Ibid.*, p. 225.

Esta confiança nas massas populares oprimidas, porém, não pode ser uma confiança ingênua.

A liderança há de confiar nas potencialidades das massas a quem não pode tratar como objetos de sua ação. Há de confiar em que elas são capazes de se empenhar na busca de sua libertação, mas há de desconfiar, sempre desconfiar, da ambiguidade dos homens oprimidos.

Desconfiar dos homens oprimidos, não é, propriamente, desconfiar deles enquanto homens, mas desconfiar do opressor 'hospedado' neles.

Desta maneira, quando Guevara chama a atenção ao revolucionário para a 'necessidade de desconfiar sempre – desconfiar do camponês que adere, do guia que indica os caminhos, desconfiar até de sua sombra', não está rompendo a condição fundamental da teoria da ação dialógica. Está sendo, apenas, realista.[59]

No relato já citado que faz Guevara da luta em Sierra Maestra, relato em que a humildade é uma nota constante, se comprovam estas possibilidades, não apenas em deserções da luta, mas na traição mesma à causa.

Algumas vezes, no seu relato, ao reconhecer a necessidade da punição ao que desertou para manter a coesão e a disciplina do grupo, reconhece também certas razões explicativas da deserção. Uma delas, diremos nós, talvez a mais importante, é a ambiguidade do ser do desertor.

É impressionante, do ponto de vista que defendemos, um trecho do relato em que Guevara se refere à sua presença, não apenas como guerrilheiro, mas como médico, numa comunidade camponesa de Sierra Maestra. 'Ali (diz ele) começou a fazer-se carne em nós a consciência da necessidade de uma mudança definitiva na vida do povo. A idéia da reforma agrária se fez nítida e a comunhão com o povo deixou de ser teoria para converter-se em parte definitiva de nosso ser. A guerrilha e o campesinato, continua, se iam fundindo numa só massa, sem que ninguém possa dizer em que momento se fez intimamente verídico o proclamado e fomos parte do campesinato. Só sei (diz ainda Guevara), no que a mim respeita, que aquelas consultas aos camponeses da Sierra converteram a

---

59. *Ibid.*, p. 230.

decisão espontânea e algo lírica em uma força de distinto valor e mais serena.

Nunca suspeitaram (conclui com humildade) aqueles sofridos e leais povoadores da Sierra Maestra, o papel que desempenharam como forjadores de nossa ideologia revolucionária.'

Observe-se como Guevara enfatiza a comunhão com o povo como o momento decisivo para a transformação do que era uma 'decisão espontânea e algo lírica, em uma força de distinto valor e mais serena'. E explicita que, a partir daquela comunhão, os camponeses, ainda que não o percebessem, se fizeram 'forjadores' de sua 'ideologia revolucionária'.

Foi assim, no seu diálogo com as massas camponesas, que sua práxis revolucionária tomou um sentido definitivo. Mas, o que não expressou Guevara, talvez por sua humildade, é que foram exatamente esta humildade e a sua capacidade de amar, que possibilitaram a sua 'comunhão' com o povo. E esta comunhão, indubitavelmente dialógica, se fez colaboração.

Veja-se como um líder como Guevara, que não subiu a Sierra com Fidel e seus companheiros à maneira de um jovem frustrado em busca de aventuras, reconhece que a sua 'comunhão com o povo deixou de ser teoria para converter-se em parte definitiva de seu ser' (no texto: nosso ser).

Até no seu estilo inconfundível de narrar os momentos da sua e da experiência dos seus companheiros, de falar de seus encontros com os camponeses 'leais e humildes', numa linguagem às vezes quase evangélica, este homem excepcional revelava uma profunda capacidade de amar e comunicar-se. Daí a força de seu testemunho tão ardente quanto o deste outro amoroso – 'o sacerdote guerrilheiro' – Camilo Torres.

Sem aquela comunhão, que gera a verdadeira colaboração, o povo teria sido objeto do fazer revolucionário dos homens da Sierra.

E, como objeto, a adesão a que ele também se refere, não poderia dar-se. No máximo, haveria 'aderência' e, com esta, não se faz revolução, mas dominação.

O que exige a teoria da ação dialógica é que, qualquer que seja o momento da ação revolucionária, ela não pode prescindir desta comunhão com as massas populares.

A comunhão provoca a colaboração que leva liderança a massas àquela fusão a que se refere o grande líder recentemente desaparecido. Fusão que só existe se a ação revolucionária é realmente humana por isto, simpática, amorosa, comunicante, humilde, para ser libertadora.

A revolução é biófila, é criadora de vida, ainda que, para criá-la, seja obrigada a deter vidas que proíbem a vida.

Não há vida sem morte, como não há morte sem vida, mas há também uma 'morte em vida'. E a 'morte em vida' é exatamente a vida proibida de ser vida.[60]

A união dos oprimidos é um quefazer que se dá, no domínio do humano e não no das coisas. Verifica-se, por isto mesmo, na realidade que só estará sendo autenticamente compreendida quando captada na dialeticidade entre a infra e superestrutura.[61]

O que pretende a ação cultural dialógica, cujas características estamos acabando de analisar, não pode ser o desaparecimento da dialeticidade permanência-mudança (o que seria impossível, pois que tal desaparecimento implicaria no desaparecimento da estrutura social mesma e o desta, no dos homens) mas superar as contradições antagônicas de que resulte a libertação dos homens.[62]

Neste sentido é que toda revolução, se autêntica, tem de ser também revolução cultural.

A investigação dos 'temas geradores' ou da temática significativa do povo, tendo como objetivo fundamental a captação dos seus temas básicos, só a partir de cujo conhecimento é possível a organização do conteúdo programático para qualquer ação com ele, se instaura como ponto de partida do processo da ação, como síntese cultural.

Daí que não seja possível dividir, em dois, os momentos deste processo: o da investigação temática e o da ação como síntese cultural.[63]

A síntese cultural não nega as diferenças entre uma visão e outra, pelo contrário, se funda nelas. O que ela nega é a invasão de uma

---

60. *Ibid.*, p. 231 a 233.
61. *Ibid.*, p. 238 e 239.
62. *Ibid.*, p. 246.
63. *Ibid.*, p. 248.

pela outra. O que ela afirma é o indiscutível aporte que uma dá à outra.[64]

É possível que algumas destas críticas se façam pretendendo retirar de nós o direito de falar sobre matéria – a tratada neste capítulo – em torno de que nos falta uma experiência participante. Parece-nos, contudo, que o fato de não termos tido uma experiência no campo revolucionário, não nos retira a possibilidade de uma reflexão sobre o tema.[65]

[...] um mundo em que seja menos difícil amar.[66]

---

64. *Ibid.*, p. 249.
65. *Ibid.*, p. 252.
66. *Ibid.*, p. 253.

Apêndice da 1ª edição do Desconstruindo Paulo Freire[1]

Leitores,

Longe de querer fomentar censuras ou denuncismos, selecionei algumas fontes que validam o argumento de que as perspectivas intelectuais de Paulo Freire (ou as suas inspirações teóricas) estão presentes nos mais variados ambientes de ensino, respondendo (como muitos devem ter percebido) à contínua alegação de que o pensamento freireano está deslocado de nossos quadros escolares.

Sem deixar passar, volto a repetir que o fato de sua teoria não ser aplicada, sustenta-se na constatação de sua irracionalidade, conforme eu e os outros autores analisamos ao longo de todo este livro.

---

1. Publicado em: SANTOS, Thomas Giulliano Ferreira dos. *Desconstruindo Paulo Freire*. 1. ed. Porto Alegre: História Expressa, 2017.

Exame Nacional do Ensino Médio (ENEM)

Ano: 2013 - 1º dia da prova

Fonte: http://vestibular.brasilescola.uol.com.br/enem/provas-gabaritos-enem.htm

Questão nº 15 - Na produção social que os homens realizam, eles entram em determinadas relações indispensáveis e independentes de sua vontade; tais relações de produção correspondem a um estágio definido de desenvolvimento das suas forças materiais de produção. A totalidade dessas relações constitui a estrutura econômica da sociedade — fundamento real, sobre o qual se erguem as superestruturas política e jurídica, e ao qual correspondem determinadas formas de consciência social.

> **MARX, K.** Prefácio à *Crítica da economia política*. In: **MARX, K.**; ENGELS, F. Textos 3. São Paulo: Edições Sociais, 1977 (adaptado).

Para o autor, a relação entre economia e política estabelecida no sistema capitalista faz com que

(A) o proletariado seja contemplado pelo processo de mais-valia.

(B) o trabalho se constitua como o fundamento real da produção material.

(C) a consolidação das forças produtivas seja compatível com o progresso humano.

(D) a autonomia da sociedade civil seja proporcional ao desenvolvimento econômico.

(E) a burguesia revolucione o processo social de formação da consciência de classe.

Exame Nacional do Ensino Médio (ENEM)

Ano: 2015 - 1º dia da prova

Fonte: http://vestibular.brasilescola.uol.com.br/enem/provas-gabaritos-enem.htm

Questão nº 3 - Apesar de seu disfarce de iniciativa e otimismo, o homem moderno está esmagado por um profundo sentimento de impotência que o faz olhar fixamente e, como que paralisado, para as catástrofes que se avizinham. Por isso, desde já, saliente-se a necessidade de uma permanente atitude crítica, o único modo pelo qual o homem realizará sua vocação natural de integrar-se, superando a atitude do simples ajustamento ou acomodação, apreendendo temas e tarefas de sua época.

FREIRE, P. Educação como prática da liberdade. Rio de Janeiro: Paz e Terra, 2011.

Paulo Freire defende que a superação das dificuldades e a apreensão da realidade atual será obtida pelo (a)

(A) desenvolvimento do pensamento autônomo.

(B) obtenção de qualificação profissional

(C) resgate de valores tradicionais.

(D) realização de desejos pessoais.

(E) aumento da renda familiar.

Exame Nacional do Ensino Médio (ENEM)
Ano: 2016 - 2º dia da prova

Fonte: http://vestibular.brasilescola.uol.com.br/enem/provas-gabaritos-enem.htm

Questão nº 112:

TEXTO I

Nesta época do ano, em que comprar compulsivamente é a principal preocupação de boa parte da população, é imprescindível refletirmos sobre a importância da mídia na propagação de determinados comportamentos que induzem ao consumismo exacerbado. No clássico livro O capital, **Karl Marx** aponta que no capitalismo os bens materiais, ao serem *fetichizados*, passam a assumir qualidades que vão além da mera materialidade. As coisas são personificadas e as pessoas são coisificadas. Em outros termos, um automóvel de luxo, uma mansão em um bairro nobre ou a ostentação de objetos de determinadas marcas famosas são alguns dos fatores que conferem maior valorização e visibilidade social a um indivíduo.

> LADEIRA, F. F. Reflexões sobre o consumismo. Disponível em: http://observatoriodaimprensa.com.br. Acesso em: 18 jan. 2015.

TEXTO II

Todos os dias, em algum nível, o consumo atinge nossa vida, modifica nossas relações, gera e rege sentimentos, engendra fantasias, aciona comportamentos, faz sofrer, faz gozar. Às vezes constrangendo-nos em nossas ações no mundo, humilhando e aprisionando, às vezes ampliando nossa imaginação e nossa capacidade de desejar, consumimos e somos consumidos. Numa época toda codificada como a nossa, o código da alma (o código do ser) virou código do consumidor! Fascínio pelo consumo, fascínio do consumo. Felicidade, luxo, bem-estar, boa forma, lazer, elevação espiritual, saúde, turismo, sexo, família e corpo são hoje reféns da engrenagem do consumo.

> BARCELLOS, G. A alma do consumo. Disponível em: www.diplomatique.org.br. Acesso em: 18 jan. 2015.

Esses textos propõem uma reflexão crítica sobre o consumismo. Ambos partem do ponto de vista de que esse hábito

(A) desperta o desejo de ascensão social.

(B) provoca mudanças nos valores sociais.

(C) advém de necessidades suscitadas pela publicidade.

(D) deriva da inerente busca por felicidade pelo ser humano.

(E) resulta de um apelo do mercado em determinadas datas.

Prova para Professor da Educação Infantil

Cidade: Cascavel/PR

Ano: 2016

Fonte: https://www.aprovaconcursos.com.br/questoes-de-concurso/prova/consulplan-2016-prefeitura-de-cascavel-pr-professor-educacao-infantil

Questão nº 12:

Trecho I

"O conceito de modo de produção se refere a um modelo que explica a maneira de produzir em um determinado contexto histórico. Esse modelo explicativo pretende abarcar uma leitura de todas as relações de trabalho possíveis e de suas características nos diversos contextos espaço-temporais. Assim, os modos de produção não devem ser analisados evolutivamente. Isso quer dizer que a escravidão pode coexistir e até surgir após um período de trabalho servil, porque um modo de produção predominante coexiste e interage com várias outras relações de produção em um mesmo contexto."

(Hobsbawm, 1998, p. 178-179.)

Trecho II

"O conceito de modo de produção foi desenvolvido por **Marx** e *Engels* para designar a maneira pela qual determinada sociedade se organiza visando garantir a produção das suas necessidades materiais, de acordo com o nível de desenvolvimento de suas forças produtivas."

(Disponível em: http://www.pcb.org.br/portal/docs/modosdeproducao.pdf.)

Tendo em vista o conceito **marxista** de modo de produção e os trechos em destaque, podemos considerar corretamente que:

(A) O modelo de modo de produção refere-se especificamente aos aspectos econômicos de uma sociedade, dentro da visão materialista de **Marx**, excluindo os demais setores.

(B) É preciso ter claro que o modo de produção ajuda a compreender a realidade, mas não é a realidade. É uma forma **didática**, utilizada pelos estudiosos para caracterizar e analisar os períodos pós-capitalistas.

(C) *Hobsbawm* entende a noção de mundo do trabalho como a condição na qual os sujeitos estão inseridos ao construírem suas relações de trabalho, o que condiz com o conceito **marxista** de modo de produção.

(D) Não se pode estimar o valor dos modos de produção na evolução das sociedades, pois é preciso entendê-los como processos dissociados de uma participação da sociedade como um todo, ligados apenas às classes produtoras.

(E) É impossível a presença, nas formações sociais reais existentes, de características mescladas de diferentes modos de produção, pois como são de acordo com a dialética **marxista**, é necessário que um seja todo destruído para que o outro surja.

Questão nº 37 – Segundo Gasparin (2009), para o desenvolvimento da dialética **marxista** como método educativo toma-se como marco referencial epistemológico a teoria dialética do conhecimento, tanto para fundamentar a concepção metodológica e o planejamento de ensino-aprendizagem, quanto a ação docente-discente. A ideia é possibilitar aos **alunos** que eles se apropriem do conhecimento e, com isso, se modifiquem e modifiquem a realidade em que estão inseridos, provocando, assim, alterações na infra e na superestrutura. Para isso, Gasparin utiliza as cinco fases do método dialético, a saber:

1. Prática social do conteúdo.
2. Problematização.
3. Instrumentalização.
4. Catarse.
5. Prática social final do conteúdo.

Considerando essas fases, relacione-as adequadamente com as características a seguir.

( ) É o momento em que os **alunos** serão confrontados com o conteúdo. É nesta etapa em que os **alunos**, sujeitos do conhecimento, são apresentados aos conceitos científicos e, com a ajuda do professor, compara-os com seus próprios conhecimentos.

( ) As principais interrogações levantadas na prática social a respeito de determinado conteúdo, em consonância com os objetivos de ensino e que orientam todo o trabalho a ser desenvolvido pelo professor e pelos **alunos**. Essa fase consiste, na verdade, em selecionar e discutir as origens na prática social.

( ) É a realidade, que também é o ponto de partida. Porém, apesar da referência ser a realidade, ela é diferente. Isso porque no início é a visão do todo, naturalizada, caótica. No final, é a visão do todo novamente, mas reconstruído, compreendido pelo todo e pelas partes. Neste momento, o **aluno** tem um novo posicionamento perante a prática social.

( ) É a fase de aproximação do **aluno** ao conteúdo. Os conteúdos não interessam *a priori* e, automaticamente, aos aprendentes. É necessário relacioná-los aos conceitos empíricos trazidos por eles. O professor necessita incentivar o aprendente a olhar para a sua realidade, para a sua prática social e, aos poucos, associá-la ao conteúdo que será proposto.

( ) É nesta etapa que os **alunos** deverão mostrar o quanto se aproximaram da solução destes, mesmo que de forma ainda incompleta, ou com os conceitos já assimilados, mas ainda não totalmente construídos. Esta é a fase em que o educando sistematiza e manifesta que assimilou. Este é o momento de expressão do **aluno**, daquilo que ele aprendeu, de forma oral ou escrita.

Prova para Professor da Educação Infantil

Cidade: Água doce do Maranhão/MA

Ano: 2016

Fonte: https://www.pciconcursos.com.br/provas/download/professor-de-educacao-infantil-prefeitura-agua-doce-do-maranhao-ma-ima-2016

Questão nº 18 - Analise os itens I, II, III e IV sobre a história do pensamento pedagógico.

I. O capital cultural é distribuído desigualmente entre grupos e classes.

II. Aqueles que têm mais capital cultural são mais bem-sucedidos na escola.

III. A educação é o processo de reprodução das diferenças culturais e sociais.

IV A escolarização é a base para uma mobilidade social limitada que dá aparência de realidade à meritocracia.

Os itens acima fazem parte das concepções, pensamentos de:

(A) Althusser

(B) Bourdieu e Passeron

(C) Gramsci

(D) **Freire**

Questão nº 19 - Entrelaçando termos cristãos e **marxistas** e referindo-se a Buber, Hegel e **Marx, Freire** retoma a relação originária entre dialética e diálogo, e define a educação como a experiência basicamente dialética da libertação humana, que poder ser realizada no diálogo crítico entre educador e educando. **Paulo Freire** é representante da tendência pedagógica:

(A) Liberal

(B) Libertária

(C) Libertadora

(D) Histórico-crítica

Questão nº 34 - Sobre a educação **problematizadora**, leia a citação abaixo:

Freire (1982, p. 78), destaca que:

Em verdade, não seria possível à Educação **Problematizadora** que rompe com os sistemas verticais característicos da Educação Bancária, realizar-se com prática da liberdade, sem superar a contradição entre o educador e os educandos. Como também não seria possível fazê-lo fora do diálogo. [...] O educador já não é o que apenas educa, mas o que, enquanto educa, é educado, em dialogo com o educando que, ao ser educado, também educa. (PEDAGOGIA DO OPRIMIDO).

Analise as afirmativas abaixo, sobre as características da Educação **Problematizadora**:

I. A Educação **Problematizadora**, considera o desenvolvimento da consciência crítica e a liberdade como meio de superar a educação bancária.

II. Nessa concepção a relação educador-educando é dialógica, pois ambos atuam conjuntamente como sujeitos do processo de ensino e aprendizagem.

III. Na prática **problematizadora**, os educandos, por meio do diálogo e reflexão, desenvolvem seu poder de captação e de compressão do mundo que lhes aparecem como uma realidade de transformação.

Depois da análise, marque a alternativa correta:

(A) Apenas I e II estão corretas.

(B) Apenas I e III estão corretas.

(C) I, II e III estão corretas.

(D) Nenhuma das alternativas estão corretas.

Prova para Professor da Educação Infantil

Cidade: Francisco Dumont/MG

Ano: 2016

Fonte: https://www.pciconcursos.com.br/provas/download/analista-municipal-i-professor-de-educacao-infantil-prefeitura-francisco-dumont-mg-cotec-unimontes-2016

Questão nº 03 - As ideias abaixo apresentam concepções de **Paulo Freire**, expressas em seu livro Pedagogia da autonomia, em relação ao processo ensino-aprendizagem, EXCETO

(A) Divinizar ou diabolizar a tecnologia ou a ciência é uma forma positiva e menos perigosa de pensar o processo ensino-aprendizagem.

(B) Nas condições de verdadeira aprendizagem, os educandos vão se transformando em reais sujeitos da construção e da reconstrução do saber ensinado, ao lado do educador, igualmente sujeito do processo.

(C) As condições para se aprender criticamente implicam ou exigem a presença de educadores e de educandos criadores, instigadores, inquietos, rigorosamente curiosos, humildes e persistentes.

(D) Ensinar exige compreender que a educação é uma forma de intervenção no mundo.

Prova para Professor da Educação Infantil

Cidade: Rio de Janeiro/RJ

Ano: 2010

Fonte: http://site.cesgranrio.org.br/eventos/concursos/seplag0110/provas/PROVA%2002%20-%20PROFESSOR%20DA%20EDUCA%C3%87%-C3%83O%20INFANTIL%20AO%205o%20ANO%20DO%20ENSINO%20FUNDAMENTAL%20-%20S%C3%89RIES%20INICIAIS.pdf

Questão nº 20 - A Educação de Jovens e Adultos no cenário brasileiro possui grande influência do pensamento de **Paulo Freire**. Sua pedagogia levanta ideias relevantes para a área, dentre as quais, a de que a alfabetização e a educação de adultos devem ocorrer

(A) a partir de conteúdos socialmente valorizados, de modo a promover o acesso dos oprimidos às culturas hegemônicas.

(B) a partir do trabalho com temas e palavras geradoras, extraídas de suas histórias de vida, de modo a promover a consciência crítica em relação ao mundo.

(C) a partir dos métodos herbartianos, de modo que esses sujeitos dominem os códigos linguísticos de forma emancipatória.

(D) de maneira coerente com os universos culturais dos educadores para que possam ser eficientes e conscientizadoras.

(E) a fim de permitir que esses sujeitos estudem de forma autônoma e libertadora, prescindindo da presença do educador.

Questão nº 36:

"A leitura do mundo precede a leitura da palavra."

> **FREIRE, Paulo**. A importância do ato de ler. São Paulo: Ed. Cortez, 1992.

Essa ideia é central no conceito que **Paulo Freire** desenvolveu de

(A) Letramento.

(B) Psicogênese da língua escrita.

(C) Aquisição da linguagem.

(D) Alfabetização.

(E) Oralidade.

Prova para Professor II

Cidade: Rio de Janeiro/RJ

Ano: 2011

Fonte: http://www.gabarite.com.br/provas-de-concursos/23986-professor-ii-prefeitura-de-rio-de-janeiro-rj-rio-de-janeiro-rj-2011

Questão discursiva de nº 2:

Paulo Freire, em uma visita a uma escola da rede de São Paulo, próximo a dois professores, onde se divulgavam fotografias do bairro, ouve o seguinte comentário: *há dez anos ensino nesta escola. Jamais conheci nada de sua redondeza além das ruas que lhe dão acesso. Agora, ao ver esta exposição de fotografias que nos revelam um pouco de seu contexto, me convenço de quão precária deve ter sido a minha tarefa formadora todos os anos. Como ensinar, como formar sem estar aberto ao contorno geográfico, social dos educandos?* Para o educador brasileiro, a compreensão sobre o conceito de *cultura* é fundamental para a prática docente, pois ele auxilia a perceber que é na relação dos indivíduos com o ambiente que se cria o sentido e o significado da vida.

A partir desse posicionamento, analise a centralidade do processo dialógico na relação pedagógica, produzindo um texto dissertativo, com no mínimo 10 e no máximo 15 linhas.

Questão discursiva de nº 3:

"As diversas leituras do mundo que vão sendo feitas são produções de sentido. Os sentidos não nascem do nada. Eles são criados, se fundam socialmente e são construídos em confrontos de relações sócio-historicamente determinadas, fundadas e permeadas por jogos de poder. Cada criança e adolescente com que convivemos traz para a sala de aula seus sentidos, sua singularidade, com todas as diferenças sociais, culturais, étnicas, de gênero. (Multieducação)

Nestas leituras do mundo, lembremo-nos de algumas palavras de **Paulo Freire** (1996):

"Porque não discutir com os **alunos** a realidade concreta a que se deve associar a disciplina cujo conteúdo se ensina, a realidade agressiva em que a violência é a constante e a convivência das pessoas é, às vezes, muito maior com a morte do que com a vida? Porque não estabelecer uma necessária 'intimidade' entre os saberes curriculares fundamentais aos **alunos** e a experiência social que eles têm como indivíduos?"

Redija um texto dissertativo com no mínimo 10 e no máximo 15 linhas, sobre o tratamento didático que deve ser dado aos conteúdos do ensino, à cultura digital, às questões de letramento no cotidiano escolar e ao planejamento curricular.

Prova de vestibular da Universidade Federal do Ceará

Ano: 2010

Fonte: http://www.provasdevestibular.com.br/ufc/#2010

Questão nº 28:

"A maneira como os indivíduos manifestam sua vida reflete exatamente o que são. O que eles são coincide, pois, com sua produção, isto é, tanto com *o que* eles produzem quanto com a maneira *como* produzem. O que os indivíduos são depende, portanto, das condições materiais da sua produção."

MARX, Karl e ENGELS, Friedrich. *A ideologia alemã*. São Paulo: Martins Fontes, 1989, p. 13.

Com base nessa citação do livro *A ideologia alemã*, que trata da teoria **marxista** para a interpretação da sociedade, é correto afirmar que:

(A) o capitalismo teve origem no modo de produção socialista, a partir de uma revolução burguesa.

(B) o capitalismo teve origem em ideias religiosas, a partir do Renascimento, e no crescimento da burguesia.

(C) a produção de ideias na vida social, no decorrer da história, está separada da produção da vida material.

(D) a perspectiva de análise **marxista** examina a sociedade levando em consideração as relações sociais estabelecias no modo de produção.

(E) o pensamento **marxista** surgiu no início da revolução francesa, com a defesa da igualdade e da fraternidade entre todos os seres humanos.

Universidade Federal do Rio de Janeiro (UFRJ)
Curso de Pedagogia:

1 - Projeto pedagógico do curso (PPC)

Fonte: http://www.educacao.ufrj.br/portal/modal.php?url=graduacao/anexos_pedagogia/PPC%20atualizado%202014%202015.pdf

Pág. 23 - Metodologia:

O trabalho de ensino e de aprendizagem priorizará a articulação entre sujeitos, instituições, saberes e fazeres em uma perspectiva de diálogo, investigação e problematização, considerando a linguagem, as culturas, a diversidade e a **inclusão**.

Pág. 24 - Sistema de avaliação:

Processo ensino-aprendizagem

A avaliação do processo ensino-aprendizagem no âmbito do Curso de Pedagogia da FE/UFRJ será contínua e processual, baseada na concepção dialética e na função dialógica, cuja ênfase reside no favorecimento da análise do percurso de aprendizagem pelo próprio **aluno** acompanhada de intervenções dos professores. Para atender esta concepção, serão propostas atividades no decurso de cada disciplina do curso. O envolvimento e a participação dos **alunos** nas atividades propostas para as aulas e a realização de atividades acadêmicas para avaliação serão considerados, assim como pontualidade e frequência (mínimo de 75%). No que se refere às atividades acadêmicas para a avaliação, caberá ao professor apresentar a sua proposta aos **alunos**, submetendo-as à análise e crítica como estratégia formativa do pedagogo/docente.

No que se refere ao compromisso individual do **aluno**, será estimulada a auto avaliação ao longo e ao final do curso, que incluirá critérios, tais como compromisso, participação, cumprimento das atividades e busca de aprofundamento. No que se refere ao trabalho grupal (professor / **alunos**), serão realizadas análises informais ao longo do curso e uma avaliação formal da disciplina, individual, ao final do período letivo.

2 - Currículo do curso

Fonte: https://siga.ufrj.br/sira/repositorio-curriculo/disciplinas/80294F4B--92A4-F79C-1346-0D69A8D1B854.html

Disciplina: EDW007 - **Marxismo** e Educação

Ementa: A dialética **marxista**. Trabalho e Educação. Educação unilateral e politécnica. Ideologia. Alienação, estranhamento e educação. **Marxismo**, história e pós-modernismo. Educação, emancipação e movimentos sociais. A influência do pensamento **marxiano** nas teorias educacionais e pedagógicas.

Universidade do Estado de São Paulo (USP)

Curso de Pedagogia:

1 - Projeto pedagógico do curso (PPC)

Fonte: http://www4.fe.usp.br/wp-content/uploads/graduacao/ppppedagogiaversao.pdf

> Pág. 52 - 10. Representação discente:
>
> Os **alunos** têm assegurado sua representação nos seguintes colegiados: Congregação, Conselho Técnico Administrativo, Comissão de Graduação, Conselhos de Departamentos, Comissão de Cultura e Extensão Universitária. Além disso, os **alunos** contam com estrutura própria de organização, que são o Centro Acadêmico Professor **Paulo Freire** - CAPPF e a Atlética da Pedagogia.

2 - Currículo do curso

Fonte: https://uspdigital.usp.br/jupiterweb/obterDisciplina?sgldis=EDA0669&nomdis=

> Disciplina: EDA0669 - **Paulo Freire** Teoria, c/Método e Práxis
>
> Créditos Aula: 4
>
> Carga Horária Total: 60 h
>
> Tipo: Semestral
>
> **Objetivos:**
>
> Essa disciplina objetiva mostrar a atualidade e originalidade da Teoria de **Paulo Freire** frente às perspectivas atuais da educação, sua teoria do conhecimento e, às questões da aprendizagem, enfocando quatro de suas intuições mais originais: a ênfase nas condi-

ções gnosiológicas do ato educativo; a defesa da educação como ato dialógico; a noção de ciência aberta às necessidades populares e o planejamento comunitário e participativo.

Essa disciplina objetiva ainda mostrar a atualidade, da sua teoria epistemológica que parte das necessidades reais e não de categorias abstratas, baseado em quatro passos consecutivos: ler o mundo, que necessita do cultivo da curiosidade; compartilhar o mundo lido, que necessita do diálogo; a educação como ato de produção e reconstrução do saber; a educação como prática da liberdade.

Finalmente, esse curso se propõe trabalhar as conseqüências que a aplicação de suas idéias pedagógicas podem ter e estão tendo na Prática, não apenas em termos de gestão da política educacional e escolas, mas em projetos e práticas que apontem para o surgimento de um novo professor, um novo **aluno**, um novo sistema educativo, um novo currículo, uma nova pedagogia da educação cidadã.

Programa Resumido:

Estudo e pesquisa da teoria, práxis e método de **Paulo Freire**, apoiados em suas principais obras e na análise crítica do corpo de idéias, princípios e valores, feitas por estudiosos do seu pensamento, e por contemporâneos de seus trabalho nas diferentes interpretações de sua obra e nos desdobramentos de seu legado de luta e de esperança, mostrando a dimensão universal e a atualidade de sua obra.

Bibliografia:

Principais obras de **Paulo Freire**

1. Educação como prática da liberdade. Rio, Paz e Terra, 1967.

2. Pedagogia do oprimido. Rio de Janeiro, Paz e Terra, 1974.

3. Cartas à GuinéBissau. São Paulo, Paz e Terra, 1978.

4. Educação e mudança. Rio de Janeiro, Paz e Terra, 1981.

5. A importância do ato de ler. São Paulo, Cortez, 1982.

6. A educação na cidade. São Paulo, Cortez, 1991.

7. Pedagogia da esperança. São Paulo, Paz e Terra, 1992.

8. Professora sim, tia não. São Paulo, Olho d'Água, 1993.

9. À sombra desta mangueira. São Paulo, Olho d'Água, 1995.

10. Pedagogia da autonomia. São Paulo, Paz e Terra, 1997.

11. Pedagogia da indignação: cartas pedagógicas e outros escritos. São Paulo, UNESP, 2000

12. Pedagogia dos sonhos possíveis. São Paulo, UNESP, 2001.

Algumas obras sobre **Paulo Freire**:

BARRETO, Vera. **Paulo Freire** para educadores. São Paulo, Arte & Ciência, 1998.

BEISIEGEL, Celso de Rui. Política e educação popular. São Paulo, Ática, 1982.

BRANDÃO, Carlos Rodrigues (editor). O que é método **Paulo Freire**. São Paulo, Brasiliense, 1981.

FREIRE, Ana Maria Araújo. A pedagogia da libertação em **Paulo Freire**. São Paulo, UNESP, 2000.

FREIRE, Ana Maria Araújo. **Paulo Freire**: uma história de vida. Indaiatuba: Villas das Letras, 2006

GADOTTI, Moacir. Convite à leitura de **Paulo Freire**. São Paulo, Scipione, 1989.

Um legado de esperança. São Paulo, Cortez, 2001.

REVISTA Educação: História da Pedagogia: "**Paulo Freire**", v.4, dez 2010.

SAUL, Ana Maria (org.). **Paulo Freire** e a formação de educadores: múltiplos olhares. São Paulo, Articulação Universidade/Escola, 2000.

SCOCUGLIA, Afonso Celso. A história das idéias de **Paulo Freire** e a atual crise de paradigmas. João Pessoa, Editora Universitária, 1999.

TORRES, Rosa Maria. Educação Popular: um encontro com **Paulo Freire**. São Paulo, Loyola, 1987. https://uspdigital.usp.br/jupiterweb/obterDisciplina?sgldis=EDA0669&verdis=2&print=true

---

Universidade Estadual de Campinas (UNICAMP)

Curso de Pedagogia:

1- Currículo do curso

Fonte: https://www.fe.unicamp.br/pf-fe/pf/subportais/graduacao/abr-2017/projeto_pedagogico_pedagogia_-_catalogo_2017.pdf

> **Disciplina**: EP152 **Didática** – Teoria Pedagógica
>
> **Disciplina**: EP348 Educação Especial e **Inclusão**

Universidade Federal do Rio Grande do Sul (UFRGS)

Curso de Pedagogia:

1 - Projeto pedagógico do curso (PPC)

Fonte: http://www.ufrgs.br/faced/comissoes/comgrad/Projeto%20Pedag%-C3%B3gico%20Certificado.pdf

> **Pág. 4 - PERFIL DO EGRESSO:**
>
> O Curso de Graduação em Pedagogia, Licenciatura visa a formação de pedagogos/as que sejam capazes de:
>
> - investigar e acompanhar o processo de aprendizagem das crianças, jovens e adultos, a partir de uma atuação pedagógica desafiadora e **problematizadora**;

- elaborar propostas pedagógicas coerentes com os princípios das teorias educacionais contemporâneas;

Universidade Federal de Santa Catarina (UFSC)

Curso de Pedagogia:

1 - Currículo do curso

Fonte: http://cagr.sistemas.ufsc.br/relatorios/curriculoCurso?curso=308

Disciplina: Pedagogia Libertaria:

Ementa: Princípios filosóficos. Pressupostos teórico - metodológicos. História e experiências de ações pedagógicas libertárias.

Universidade Federal de São Carlos (UFSCAR)

Curso de Pedagogia:

1 - Currículo do curso

Fonte: http://www.prograd.ufscar.br/cursos/cursos-oferecidos-1/pedagogia/pedagogia-educacao-a-distancia-projeto-pedagogico.pdf

Disciplina: Filosofia da Educação (60 horas)

Ementa:

Significado e função da Filosofia da Educação; Filosofia da Educação: da antiguidade ao renascimento; Filosofia da Educação: do renascimento à modernidade; Filosofia da Educação: da modernidade aos dias atuais.

Conhecer e analisar as principais argumentações e o contexto histórico cultural da atuação dos seguintes pensadores: Sócrates/Platão, Galileu Galilei, Jean Jacques Rousseau, **Paulo Freire** e Theodor W. Adorno.

Disciplina: Matrizes teóricas do pensamento pedagógico II (60 horas)

Ementa:

A Pedagogia como ciência da educação e a **Didática** como disciplina curricular que focaliza os processos de ensinar e aprender em diferentes contextos, e em particular, na sala de aula, enquanto espaço de cruzamento de culturas. A sala de aula como espaço de interações e aprendizagens – professor-**aluno** e **aluno-aluno** – tomando como referências as abordagens **construtivista**, histórico cultural e dialógica. Planejamento, execução e avaliação dos processos de ensino e aprendizagem.

Bibliografia Complementar:

CANDAU, Vera Maria. A **didática** em questão. 6. ed. Petropolis: Vozes, 1987.

FREIRE, P. Pedagogia da esperança: um reencontro com a Pedagogia do Oprimido.

São Paulo: Paz e Terra, 1992.

LUCKESI, C. C. Avaliação da aprendizagem escolar: estudos e proposições. São

Paulo: Cortez, 1995.

VILLAS BOAS, B. M. F. Virando a escola do avesso por meio da avaliação. Campinas,

SP: Papirus, 2008.

VYGOTSKY, L. S. A formação social da mente. São Paulo: Martins Fontes, 1998.

Disciplina: Práticas de Ensino IV (60 horas)

Ementa: Estudo do papel das teorias dialógicas no âmbito educacional e científico, e sua relação com a docência a partir da intersubjetividade e da reflexão. Levando-nos a pensar nos avanços frente aos modelos estabelecidos até o momento na área da educação, nos desafios apontados e nas possibilidades de mudança por meio da aprendizagem dialógica.

Objetivo (s) da Disciplina:

Entender a relação entre as teorias de Habermas e de **Freire** e o papel de cada uma na compreensão a respeito da constituição do sujeito no mundo e com os outros;

Contextualizar a escola no momento atual, destacando suas mudanças e desafios, bem como caracterizar as principais contribuições das teorias dialógicas e suas implicações para a transformação da sociedade;

Bibliografia Básica:

BRAGA, Fabiana M.; GABASSA, Vanessa; MELLO, Roseli R. de. Aprendizagem dialógica: ações e reflexões de uma prática educativa de êxito para todos(as). EDUFSCar. Coleção UAB-UFSCar. 2010.

FREIRE, Paulo. Pedagogia da Autonomia. 23ª ed. São Paulo: Paz e Terra, 2002.

MELLO, Roseli R. de.; BRAGA, Fabiana M.; GABASSA, Vanessa. Comunidades de Aprendizagem: outra escola é possível. EDUFSCar. 2012.

Bibliografia Complementar:

FLECHA, Ramón. Compartiendo Palabras: el aprendizaje de las personas adultas a través del diálogo. Barcelona: Editorial Paidós, 1997.

FREIRE, Paulo. **À sombra desta mangueira**. São Paulo: Olho d'Água, 2001.

FREIRE, Paulo. Pedagogia da Esperança: Um Encontro com a Pedagogia do Oprimido. 13. ed. Rio de Janeiro: Paz e Terra, 2006b.

GABASSA, Vanessa. Contribuições para a transformação das práticas escolares: racionalidade comunicativa em Habermas e dialogicidade em Freire. São Carlos, 2006. 182 p.

GIROTTO, Vanessa Cristina. Tertúlia Literária Dialógica entre crianças e adolescentes: conversando sobre âmbitos da vida. São Carlos, 2007. 165 p.

Disciplina: Organização da prática docente da Educação de Jovens e Adultos (60 horas)

Bibliografia Básica:

FREIRE, P. Pedagogia do Oprimido. Paz e Terra, 2005.

LEAL, Telma Ferraz; ALBUQUERQUE, Eliana Borges; MORAIS, Arthur Gomes. Alfabetizar letrando na EJA: fundamentos teóricos e propostas **didáticas**. Belo Horizonte: Editora Autêntica, 2010.

PICONEZ, Stela C. Bertholo. Educação escolar de jovens e adultos. Campinas, SP: Papirus, 2002.

Bibliografia Complementar:

CANDAU, Vera Maria. A **didática** em questão. 6. ed. Petropolis: Vozes, 1987.

FREIRE, P. Pedagogia da esperança: um reencontro com a Pedagogia do Oprimido. São Paulo: Paz e Terra, 1992.

LUCKESI, C. C. Avaliação da aprendizagem escolar: estudos e proposições. São Paulo: Cortez, 1995.

VILLAS BOAS, B. M. F. Virando a escola do avesso por meio da avaliação. Campinas, SP: Papirus, 2008.

VYGOTSKY, L. S. A formação social da mente. São Paulo: Martins Fontes, 1998.

Disciplina: Escola e a inclusão social na perspectiva da Educação Especial (60 horas)

Objetivo (s) da Disciplina:

- Conhecer, debater e analisar conhecimentos e práticas relativas à escolarização de crianças e jovens com necessidades educacionais especiais na perspectiva da inclusão escolar.

- Compreender, debater e se sensibilizar com a história da exclusão das diferenças na escola.

- Conhecer os fundamentos legais da Educação Especial no Brasil na perspectiva da inclusão escolar.

- Adquirir habilidades e conhecimentos sobre estratégias pedagógicas que favorecem a participação e aprendizagem de crianças e jovens com necessidades educacionais especiais em classes comuns.

Disciplina: A cultura no espaço da diversidade, sustentabilidade e inclusão (60 horas)

Ementa:

Esta disciplina aborda a compreensão e a construção de conceitos de cultura, diversidade, inclusão, e sustentabilidade, tendo em vista uma formação docente pautada em princípios de uma educação comprometida com a construção de uma sociedade plural

Objetivo (s) da Disciplina:

Compreender os conceitos de cultura nas suas relações com a diversidade, inclusão e sustentabilidade. Reconhecer a escola como um espaço social com cultura própria e a necessidade de construir modelos socioeducativos voltados para uma Educação Sustentável. Entender os direitos humanos na relação com a diversidade sócio-cultural e com a sustentabilidade. Identificar mecanismos de exclusão e posicionar-se criticamente frente às políticas de **inclusão** reconhecendo seus desafios. Criar e discutir modelos de escola sustentável.

Universidade Federal de Pernambuco (UFPE)

Curso de Pedagogia:

1 - Currículo do curso

Fonte: https://www.ufpe.br/proacad/images/cursos_ufpe/pedagogia_perfil_1322.pdf

Disciplina: INT0056 – Pedagogia **Paulo Freire**

Ementa:

Aborda, numa perspectiva histórica, os contextos de influência que contribuíram para a formulação da pedagogia **freiriana**, o alcance de suas ideias no Brasil e no mundo, bem como a atualidade do seu pensamento. Discute os funcionamentos da pedagogia **Paulo Freire**, sua influência para a educação em espaços escolares e dos movimentos sociais.

Disciplina: SF449 – Pensamento de **Paulo Freire**

Ementa:

A disciplina pretende resgatar para reflexão dos estudiosos a vida e obra do pensador pernambucano, o principio metodológico do diálogo constitui um dos traços essenciais da disciplina levando juntos educandos e educadores a ressignificar as categorias fundantes da pedagogia, ajudando-os por leituras, seminários e debates a confrontar e reinventar as suas práticas educativas.

Disciplina: SF439 - Filosofia da Educação II

Ementa:

O programa analisa as principais tendências atuais da filosofia da educação no Brasil (**Marxismo**, existencialismo, empirismo pedagógico), refletindo a conexão entre teoria e prática na educação como no problema filosófico e discutindo a relação entre filosofia, ciência e pedagogia.

Disciplina: SF456 - Educação e diversidade cultural

Ementa:

Analisar a escola como um espaço sociocultural em que as diferentes presenças se encontram e a capacidade de compreender e se posicionar diante de um mundo em constante transformação política, econômica e sociocultural. Refletir sobre a relação eu/outro indagando as possibilidades de **inclusão** de todo tipo de diferença dentro do espaço escolar.

Universidade Federal da Bahia (UFBA)

Curso de Pedagogia:

1- Projeto pedagógico do curso (PPC)

Fonte: http://www.faced.ufba.br/sites/faced.ufba.br/files/curriculo_do_curso_de_licenciatura_em_peda

gogia.pdf

Pág. 60 - JUSTIFICATIVA

Por conseguinte, os dados sobre as inscrições de professores das diferentes redes de ensino através da Plataforma **Freire** revelam um contingente significativo de demanda para Pedagogia que, pelas Diretrizes Nacionais Curriculares para este curso, volta-se prioritariamente para a formação de professores da Educação Infantil e Anos Iniciais do Ensino Fundamental.

Universidade Federal Fluminense (UFF)

Curso de Pedagogia:

1- Currículo do curso

Fonte: https://inscricao.id.uff.br/consultaMatrizCurricular.uff

Disciplinas optativas:

- Raça, currículo e práxis pedagógica (carga horária - 60 horas)

- **Paulo Freire**: Pensamento e obra (carga horária - 60 horas)

Universidade Federal do Rio Grande do Norte (UFRN)

Curso de Pedagogia:

1- Currículo do curso

Fonte: https://sigaa.ufrn.br/sigaa/public/curso/curriculo.jsf

Disciplina: Pedagogia e educação

Conteúdos

- Conceitos de educação: definições clássicas e atuais - um contraponto entre o livro VII da República e a educação numa visão sistêmica da vida de Frijof Capra;

- Educação como objeto de estudo da pedagogia - o que é paradigma e como surge uma ciência -a pedagogia como ciência da educação e as ciências de fundamento - Maria Amélia Santoro Franco;

- Educação formal e não-formal – Libâneo;

- História da pedagogia no Brasil e no Mundo – Franco Cambi e Iria Brezinski;

- Os saberes da formação do pedagogo e do Professor – **Paulo Freire** em Pedagogia da autonomia;

- Os pensadores da Educação e da Pedagogia com destaque para Jaeger, Comenius, Rosseau, John Dewey, Kilpatrick, Morin, Anísio Teixeira e **Paulo Freire**;

- Tendências atuais da pedagogia;

- A pedagogia no embate entre a modernidade e a pós-modernidade;

- O papel do pedagogo no mundo contemporâneo;

- Formação inicial e continuada do pedagogo.

Universidade Estadual de Maringá (UEM)
Curso de Pedagogia:

1 - Currículo do curso
Fonte: http://sites.uem.br/pen/deg/apoio-aos-colegiados-aco/documentos/cursos-1/cursos/pedagogia-matutino-noturno

Pág. 1 - O PERFIL DO EGRESSO

O presente currículo de formação, compreendido como conjunto de atividades, disciplinas e posturas, graças às quais o **aluno** pode incorporar, desenvolver e se apropriar de conteúdos formativos, induz à concepção de um profissional com uma tríplice relação do seu trabalho (domínio de saberes, transformação de saberes e atuação ética). O pedagogo é um profissional que domina determinados saberes que, em situação, transforma e dá novas configurações a estes saberes e, ao mesmo tempo, assegura a dimensão ética dos saberes que dão suporte à sua *práxis* no cotidiano do seu trabalho.

Assim entendido o pedagogo será um profissional que conheça e seja capaz de analisar a realidade em que se insere e que faça as necessárias vinculações entre as questões educativas e as questões sociais mais amplas buscando a efetividade das ações pedagógicas.

Pág. 2 - Práticas Pedagógicas de Formação: são momentos em que a formação dos **alunos** se pauta nas práticas existentes socialmente e vincula-se ao Ciclo de Formação. As práticas são constituídas de três momentos que se intercomplementam: análise da realidade profissional; problematização da realidade profissional (gestão/docência);

Universidade Federal do Espírito do Santo (UFES)

Curso de Pedagogia:

1 - Projeto pedagógico do curso (PPC)

Fonte: http://pedagogia.saomateus.ufes.br/sites/pedagogia.saomateus.ufes.br/files/field/anexo/ppc_pedagogia_-_versao_e-mec.pdf

Disciplina: Alfabetização

Ementa:

Linguagem, definições e conceitos. Linguagem enquanto produto e produtor de cultura. Linguagem oral, escrita, visual, sonora, expressiva. Leitura do mundo. Linguagem e conhecimento. Estudo dos fundamentos conceituais e orientações metodológicas para a alfabetização de crianças, jovens e adultos. Processos de aprendizagem da leitura e da escrita: diferentes concepções. A atuação do professor como facilitador do processo de aquisição da leitura e da escrita do **aluno.**

Bibliografia de referência:

FREIRE, Paulo. A importância do ato de ler: em três artigos que se completam. São Paulo: Cortez, 1996.

SOARES, M. Letramento: um tema em três gêneros. Belo Horizonte: Autêntica, 2002.

TEBEROSKY, Ana; COLOMER, Teresa. Aprender a ler e a escrever: uma proposta **construtivista**. Porto Alegre: Artmed, 2003.

Bibliografia Complementar:

FERREIRO, E. & TEBEROSKY, A. Psicogênese da língua escrita. Porto Alegre: Artes Médicas, 1985.

FERREIRO, E.. Reflexões sobre alfabetização. São Paulo: Cortez,1994.

VYGOTSKI, L. S, LURIA, A. R. & LEONTIEV, A. N. Linguagem, desenvolvimento e aprendizagem. São Paulo: Ícone/Edusp, 1988.

CARVALHO, M. Alfabetizar e letrar: um diálogo entre a teoria e a prática. Petrópolis, RJ: Vozes, 2005.

MICOTTI, M. C. O. (Org.). Alfabetização: o trabalho em sala de aula. Rio Claro: Instituto de Biociências – UNESP, 2000.

Disciplina: Educação de Jovens e Adultos

Ementa:

A política da Educação Escolar de Jovens e Adultos e as políticas de educação no Brasil. Questões do analfabetismo no Brasil. Propostas de educação de adultos. A prática dialética de consideração dos saberes dos **alunos** e os saberes técnicos-científicos, em sala de aula. Educação de Jovens e adultos e a cidadania, ética e convívio social.

Bibliografia de referência:

FREIRE, P. Pedagogia do oprimido. Rio de Janeiro: Paz e Terra, 1984.

GADOTTI, M. A educação dialética. São Paulo: Cortez, 1983.

HADDAD, S. Estado e Educação de Adultos (1964/1985). Tese de Doutorado. Faculdade de Educação da Universidade de São Paulo, 1991.

Bibliografia Complementar:

BEISIEGEL, C. de R. Considerações sobre a política da União para a educação de jovens e adultos analfabetos. Revista Brasileira de Educação. São Paulo, 1997, n.4, p.26-34.

HABERMAS, J. Teoria da Ação Comunicativa. Madri: Taurus, 1987.

PAIVA, V. Educação Popular e Educação de Adultos. São Paulo: Loyola, 1973.

FREIRE, P. Educação como prática de liberdade. Rio de Janeiro: Paz e Terra, 1983.

Disciplina: Projeto Integrado de Ensino, Pesquisa e Extensão I

Ementa:

Caracterização da pesquisa educacional. A pesquisa em educação formal e não formal, focalizando a interface entre sociedade, cultura e educação, inclusive as comunidades quilombolas, ribeirinhos, pescadores, assentados, indígenas. A prática da investigação científica em projetos de extensão e projetos de pesquisa direcionados para o campo educacional.

DEMO, Pedro. Pesquisa: princípio científico e educativo. São Paulo: Cortez: Autores Associados, 1990.

FAZENDA, Ivani (Org.). Metodologia da pesquisa educacional. 7. ed. São Paulo: Cortez, 2001.

FREIRE, P. Extensão ou Comunicação? 10 ed. Rio de Janeiro: Paz e Terra, 1992.

Bibliografia Complementar:

FALCÃO, E.F. Vivência em comunidade. Outra forma de ensino. João Pessoa: Ed.Universitária/UFPB, 2006.

FREIRE, P. Ação cultural para a liberdade. 9 ed. Rio de Janeiro: Paz e Terra, 2001.

BOTOMÉ, S. P. Pesquisa alienada e ensino alienante: o equívoco da extensão universitária. Petrópolis: Vozes, 1996.

COSTA, F.X.P.da, OLIVEIRA, I.C. de e MELO NETO, J.F.de (Orgs.) Incubação de empreendimento solidário popular: fragmentos teóricos. João Pessoa: Ed.Universitária/UFPB, 2006.

GOHN, Maria da Glória. Educação não-formal e cultura política: impactos sobre o associativismo do terceiro setor. São Paulo, Cortez, 1999.

Disciplina: Projeto Integrado de Ensino, Pesquisa e Extensão VI

Ementa:

A pesquisa na Educação de Jovens e Adultos. Observação, intervenção e análise crítico reflexiva sobre o processo de ensino e aprendizagem do jovem e do adulto. A investigação no espaço educativo focalizando propostas e projetos educacionais no campo da EJA.

Bibliografia de referência:

BARCELOS, V. Formação de Professores para Educação de jovens e Adultos. São Paulo: Vozes, 2006.

FREIRE, P. Educação como Prática de Liberdade. Rio de Janeiro: Paz e terra, 2006.

GADOTTI, M& ROMÃO, J. E. (orgs) Educação de Jovens e Adultos: Teoria, Prática e Proposta. São Paulo: Cortez, 2005.

Bibliografia Complementar

BARRETO, V. Paulo Freire para Educadores. São Paulo: Arte & Ciência, 2003.

PADILHA, P. R. Planejamento Dialógico: Como Construir o Projeto Político Pedagógico da Escola. São Paulo: Cortez, 2001.

SCHWARTZ, S. Alfabetização de jovens e adultos: teoria e prática. Petrópolis: vozes, 2010.

SOARES, L.; GIOVANETTI, M. A. e GOMES, N. L. Diálogos na Educação de Jovens e Adultos. Belo Horizonte: Autêntica, 2007.

Universidade Federal de Mato Grosso (UFMT)

Curso de Pedagogia:

1 - Currículo do curso

Fonte: http://200.129.241.131/portalacademico/professor/plano-ensino/visualizar/codigoDisciplina/

10630706/periodo/20161/turma/A1

Disciplina: Fundamentos e metodologia do ensino da linguagem II - 75 HORAS

Concepções de Linguagem e Alfabetização. Alfabetização e Letramento: conceituação. História da Escrita. Aquisição da Língua Escrita: Métodos do Ensino da Leitura e da Escrita; Psicogênese da Língua Escrita; Alfabetização de Jovens e Adultos - o método

Paulo Freire. Gêneros Textuais na alfabetização. Análise do Livro Didático na Alfabetização. Textos literários na Alfabetização. Materiais Didáticos para Alfabetização. Metodologia de Ensino da oralidade, leitura, escrita e análise lingüística na fase de alfabetização. Avaliação.

Universidade Federal de Alagoas (UFAL)

Curso de Pedagogia:

1- Currículo do curso

Fonte: http://www.ufal.edu.br/unidadeacademica/cedu/graduacao/pedagogia

Disciplina: Educação do Campo

Ementa:

Estudo da dinâmica histórica da educação do campo brasileiro segundo as novas proposições político-educacionais e legais para o desenvolvimento sustentável do território do campo, por novos desenhos curriculares

Bibliografia:

CALDART, Roseli Salete. *Pedagogia do Movimento Sem Terra: escola é mais do que*

escola. Petrópolis: Vozes, 2000.

FREIRE, Paulo. *Pedagogia do Oprimido*. 17ª edição. Rio de Janeiro, Paz e Terra: 1987.

FRIGOTTO, Gaudêncio. *Trabalho, conhecimento, consciência e a educação do trabalhador: impasses teóricos e práticos*. In GOMEZ, Carlos Minayo. (et al). Trabalho e conhecimento: dilemas na educação do trabalhador. 4 edição. São Paulo, Cortez: 2002.

TERRIEN, J. & DAMASCENO M. N.(coords). *Educação e escola no campo*. Campinas:

Papirus, 1003 (Coleção Magistério, formação e trabalho pedagógico).

VEIGA, José Eli.da. *Cidades imaginárias: o Brasil é menos urbano do que se calcula*. 2ª ed. Campinas, SP: Autores Associados, 2003

Disciplina: Educação e Diversidade Étnico-Racial

Ementa:

Estudo da formação sociocultural da sociedade brasileira e, particularmente, da sociedade alagoana, perpassando a instituição escolar enquanto espaço de relações étnico-raciais em permanente socialização e a reconceitualização do currículo escolar, introduzindo culturas e histórias que estiveram à margem do processo escolar.

Bibliografia:

BRANDÃO, Carlos Rodrigues. A Educação como Cultura. Campinas, SP: Mercado de Letras, 2002.

BOSI, Alfredo. Dialética da Colonização. 2ª edição. São Paulo: Companhia das Letras, 1992.

BRANDÃO, Carlos Rodrigues. *A educação como Cultura*. Campinas,SP: Mercado de letras: 2002

CANDAU, Vera Maria (org.) *Magistério construção cotidiana*. Petrópolis,RJ: Editora

Vozes, 1997

CHAUÍ, Marilena de Souza. *Cultura e Democracia: o discurso competente e outras*

palavras. 6ª edição. São Paulo: Cortez, 1993

FREIRE, Paulo. Pedagogia do Oprimido. 1ª edição. Rio de Janeiro: Paz e Terra, 1983

ORTIZ, Renato. *Cultura Brasileira e identidade nacional*. São Paulo: Brasiliense, 1994.

QUEIROZ, Renato da Silva (orgs.). *Raça e diversidade* São Paulo: Estação Ciência: Edusp, 1996.

SANTOMÉ, Jurjo Torres. *Globalização e Interdisciplinaridade. O currículo integrado*. 1ª edição. Porto Alegre, Artes Médicas, 1998

Disciplina: Educação de Jovens e Adultos I

Ementa:

A evolução histórica da educação de jovens e adultos no contexto social, econômico, político e cultural brasileiro: Políticas e Programas de atendimento escolar aos jovens e adultos. Estudo das concepções teóricometodológicas e das normas legais vigentes da Escolarização de Jovens e Adultos, a caracterização dos sujeitos do processo e o papel do educador frente à prática pedagógica, segundo a evolução histórica das políticas e programas de EJA.

Bibliografia:

BARBOSA, Inês; PAIVA, Jane. *Educação de Jovens e Adultos*. Rio de Janeiro: DP&A, 2004.

FREIRE, Paulo. *Pedagogia do Oprimido*. Rio de Janeiro: Paz e Terra.

FREIRE, Paulo. *Educação como Prática de Liberdade*. Rio de Janeiro: Paz e Terra.

FREIRE, Paulo. *Pedagogia da Autonomia. Saberes necessários a prática educativa*. Rio de Janeiro: Paz e Terra.

MOURA, Tania Maria de Melo. *A Prática Pedagógica dos Alfabetizadores de Jovens e*

Adultos: Contribuições de **Freire**, *Ferreiro e Vygotsky*. Maceió: EDUFAL/INEP, 1999.

MOURA, Tania Maria de Melo. (org.). *A Formação de professores (as) para a Educação* de Jovens e Adultos em questão. Maceió: EDUFAL, 2005.

PAIVA, Vanilda Pereira. *Educação Popular e Educação de Adultos*. São Paulo: Loyola.

Universidade Federal de São João Del-Rei (UFSJ)

Curso de Pedagogia:

1 - Currículo do curso

Fonte: https://www.ufsj.edu.br/portal2-repositorio/File/coped/Material%20Home%20Page%20COPED/Definiacao_Curricular_2010.DOC

Disciplina: Educação de Jovens e Adultos - 72 horas

Ementa:

Desenvolvimento e aprendizagem; esquema mental cognitivo; escolarização; competência textual; leitura e seu significado; avaliação; a função da escola; EJA e **Paulo Freire**; planejamento; temas de trabalhos e projetos. As concepções do atendimento (ensino e aprendizagem) dos jovens e adultos. Trajetória histórica da educação de jovens e adultos. Caracterização do perfil dos jovens e adultos que buscam a escolaridade. As políticas para a EJA. O currículo de EJA: a proposta de ensino e aprendizagem e a avaliação.

Disciplina: Didática - 72 horas

Ementa:

- A **didática** como prática fundamentada na ação do educador.

- Concepções pedagógicas no contexto educacional brasileiro.

- Planejamento de ensino: elementos estruturantes.

Bibiliografia:

ALVES, Rubem. *Conversas com quem gosta de ensinar.* Cortez: São Paulo, 1983.

CANDAU, Vera Maria (org.). *A **didática** em questão.* 23. ed. Petrópolis: Vozes, 2004. 128 p. CDB.

CANDAU, Vera Maria. *Linguagens, espaços e tempos no ensinar e aprender.* 2°ed. Rio de Janeiro: DP&A, 2001. 188 p. CDB.

FREIRE, Paulo. *Educação e mudança.* Rio de Janeiro: Paz e Terra, 1979.

_____. *Professora sim, tia não:* cartas a quem ousa ensinar. São Paulo: Olho D'Água, 1993.

_____. *Pedagogia da autonomia:* saberes necessários à prática educativa. São Paulo: Paz e Terra, 1997

LIBÂNEO, José Carlos. *Pedagogia e pedagogos, para quê?* 7º ed. São Paulo: Cortez, 2004. 208 p.

LIBÂNEO, José Carlos. *Adeus professor, adeus professora?*: novas exigências educacionais e profissão docente. 7.ed. São Paulo: Cortez, 2003. 104 p. (Coleção Questões da nossa época; 67).

MARTINS, Pura Lúcia. **Didática** *teórica* - **Didática** *prática*: para além do confronto. São Paulo: Loyola,1989.

MIZUKAMI, Maria das Graças N. *Ensino* : as abordagens do processo. São Paulo: E P U, 1986.

PERRENOUD, Phillipe. *Avaliação:* da excelência à regulação das aprendizagens - entre duas lógicas. Tradução de Patrícia Chittoni Ramos. Porto Alegre: Artmed, 1999.

_____. *Dez novas competências para ensinar.* Porto Alegre: Artmed, 2000.

SAVIANI, Dermeval. *Da nova LDB ao novo plano nacional de educação:* por uma outra política educacional. Campinas: Autores Associados, 1998. 169 p.

SAVIANI, Nereide. *Saber escolar, currículo e **didática**:* problemas da unidade conteúdo/ método no processo pedagógico. 2 ed. Campinas: Ed. Autores Associados, 1998. 172 p. (Educação contemporânea).

VASCONCELLOS. C. S. *Planejamento*. São Paulo: Libertad, 1995,

VEIGA, Ilma P. A. (Org.) *Repensando a* **Didática**. Campinas: Papirus, 1989.

_____. (Org.) *Técnicas de ensino:* por que não? 2. Ed. Campinas: Papirus, 1993.

Sites: lite.fae.unicamp.br/papet/am013/index.htm

Universidade Federal do Piauí (UFPI)

Curso de Pedagogia:

1 - Projeto pedagógico do curso (PPC)

Fonte: http://leg.ufpi.br/subsiteFiles/cc/arquivos/files/pedagogia_cmpp.pdf

Disciplina: Metodologias e Contextos da Ação Pedagógica

Ementa:

Aspectos teórico-metodológicos da ação/atuação do pedagogo em espaços escolares e não escolares. Natureza do trabalho pedagógico escolar e não-escolar. Planejamento estratégico para o contexto escolar e não escolar. O Projeto Político-pedagógico e os contextos escolar e não-escolar. Ética profissional.

Bibliografia Básica:

FREIRE, Paulo. Pedagogia da autonomia: saberes necessários às práticas educativas. 15. ed. São Paulo: Paz e Terra, 2000.

GUIMARÃES, A A., ET AL. O coordenador pedagógico e o espaço de mudança. SÃOPaulo: LOYOLA, 2003.

LIMA, L. C. A escola como organização educativa. São Paulo: Cortez, 2001.

NASCIMENTO, M.G. A formação continuada dos professores: modelos, dimensões e problemática. In CANDAU, V. M.(org.) Magistério construção cotidiana. Petrópolis: Vozes, 1998.

NÓVOA, A, (Coord.). As organizações escolares em análise. Lisboa: Publicações Dom Quixote ltda, 1992.

Bibliografia Complementar:

GANDIN. D. A prática do planejamento participativo. Petrópolis: Vozes, 1995.

LUCKESI, Cipriano C. Prática docente e avaliação. Rio de Janeiro: BT, 1990, Série estudos e pesquisas, 44.

MORAIS, Regis de. (Org.) Sala de aula: que espaço é esse? Campinas: Papirus, 1986.

MORAIS, Regis de. O que é ensinar. São Paulo: EPU, 1986.

NÓVOA, A. Os professores e a sua formação. Lisboa: Dom Quixote, 1997.

CUNHA, Maria Isabel. O bom professor e sua prática. Campinas: Papirus, 1989.

VEIGA, Ilma Passos A. Projeto Político-Pedagógico da Escola: uma construção possível. São Paulo: Papirus, 1998.

Disciplina: Políticas Públicas e Educação (OPTATIVA)

Ementa:

Definições e concepções acerca das políticas públicas. As políticas sociais no atual estágio do capitalismo. A política educacional no contexto das políticas sociais.

Bibliografia Básica

SHIROMA, Eneida; MORAES, Maria Célia; EVANGELISTA, Olinda. **Política Educacional**. 2ª ed. RJ: DP&A, 2002.

DAVIES, Nicholas. **Fundef e o orçamento da educação**: desvendando a caixa preta. Campinas-SP: Autores Associados, 1999.

SAVIANI, Dermeval. **Da Nova LDB ao novo Plano Nacional de Educação**: por uma outra política educacional. 3.ed. Campinas-SP: Autores Associados, 2000.

Bibliografia Complementar

FREIRE, Paulo. Educação e política. Ed Cortez, 1999.

TOMMASI, L.; WARDE, M. J.; HADDAD, S. (Orgs) **O Banco Mundial e as políticas educacionais**. 3.ed. São Paulo : Cortez, 2000.

Universidade Católica de Brasília (UCB)

Curso de Pedagogia:

1- Projeto pedagógico do curso (PPC)

Fonte: https://www.ucb.br/Cursos/7Pedagogia/Downloads/

Pág. 3 - Apresentação do curso

O curso de pedagogia, considerando a realidade do país, da educação e de seus estudantes assume o compromisso ético de se fazer uma oportunidade de compreensão do passado (do país, da educação e da vida dos estudantes), para inserção no presente na perspectiva emancipatória e para acolhida do futuro não como um dado inexorável, mas como uma possibilidade esperançosa que se reafirma a partir do engajamento no presente (**Freire**, 1992).

Pág. 33 - Avaliação de aprendizagem

A avaliação é compreendida no curso de pedagogia não como momento de "acerto de contas" entre professores e estudantes, mas especialmente, como instrumento de orientação da intervenção pedagógica. Através da avaliação podemos compreender não somente o que os estudantes já sabem, mas principalmente, como sabem, e que novas possibilidades de intervenção dialógica e **problematizadora** (**Freire**, 1978) se abrem para os professores, no sentido de que os estudantes saibam mais. A avaliação não é o centro do processo educativo, como se percebe em várias experiências escolares, mas sim a aprendizagem do estudante. Tomamos a avaliação como um instrumento importante que qualifica o processo de aprendizagem.

Pág. 36 - 4. ATORES E FUNÇÕES

4.1. CORPO DISCENTE (ENTRADA, FORMAÇÃO E SAÍDA)

Tratar do protagonismo discente implica abandonar a perspectiva tradicional da educação na qual o estudante é visto como um sujeito passivo, mero receptor de informações. Como diria **Paulo Freire** (1978), implica abandonar o modelo de "educação bancária" cuja tônica reside fundamentalmente em matar nos educandos a curiosidade, o espírito investigador, a criatividade. A perspectiva do estudante como protagonista o coloca como sujeito que toma para si os rumos de seu aprendizado nos diversos espaços de aprendizagem, seja em ações nas salas de aula, nas atividades de monitoria, em grupos de trabalho e estudo, em parcerias com professores nas pesquisas, no auxilio aos colegas nas atividades acadêmicas, no cuidado com os espaços, no uso responsável dos recursos disponíveis e no exercício da liderança.

Universidade Federal do Rio de Janeiro (UNIRIO)

Curso de Pedagogia:

1 - Projeto pedagógico do curso (PPC)

Fonte: http://www2.unirio.br/unirio/cchs/educacao/graduacao/pedagogia--presencial/PROJETOPEDAGGICOPEDAGOGIA_2008.1.pdf

Disciplina: Pensamento e linguagem

Ementa:

Pensamento e palavra. Discussão da fala egocêntrica em Piaget e em Vygotsky. Hipótese sobre as origens culturais da aquisição do conhecimento humano de Tomasello. Abordagem pragmática de Wittgenstein e os conceitos de jogos de linguagem, forma de vida e contextualismo. Aproximações entre Wittgenstein e **Paulo Freire**.

Disciplina: Pensamento educacional brasileiro na atualidade

Ementa:

Tendências do pensamento educacional brasileiro a partir da década de 1960 até os dias atuais: **Paulo Freire**, Rubem Alves, Durmeval Trigueiro, Dermeval Saviani, Maurício Tratenberg e outros.

Universidade Federal de Alfenas (UNIFAL)

Curso de Pedagogia:

1- Projeto pedagógico do curso (PPC)

Fonte: http://www.unifal-mg.edu.br/graduacao/system/files/imce/PPC%20com%20altera

%C3%A7%C3%B5es%20e%20resolu%C3%A7%C3%B5es%20-%20mai%202016.pdf

Disciplina: Educação de Jovens e Adultos: Fundamentos e Metodologias I

História da Educação de Jovens e Adultos (EJA) no Brasil; pensamento **Freireano**; dimensão pedagógica e política da alfabetização de adultos; metodologia da alfabetização de adultos; sujeitos da EJA; política educacional nacional para a EJA.

Universidade Federal da Grande Dourados (UFGD)

Curso de Pedagogia:

1 - Projeto pedagógico do curso (PPC)

Fonte: http://files.ufgd.edu.br/arquivos/arquivos/78/COGRAD/PPC%20PEDAGOGIA%202017.pdf

Disciplina: Didática

Bibliografia Básica:

CASTRO, A. D.; CARVALHO, A M.P. Ensinar a ensinar: **didática** para a escola fundamental. São Paulo: Pioneira, 2001.

LIBÂNEO, JOSÉ CARLOS. **Didática.** São Paulo: Cortez, 2007.

LUCKESI, CIPRIANO C. Avaliação da aprendizagem escolar. São Paulo: Cortez, 2008.

ZABALA, Antoni. A prática educativa: como ensinar. Porto Alegre, RS: Artmed, 2007.

Bibliografia Complementar:

ARANDA, Maria Alice de Miranda. Projeto Pedagógico e Plano de Desenvolvimento da Escola: buscando a distinção, 2001.78 f. Trabalho de Conclusão de Curso (Especialização) - Campus de Dourados, Universidade Federal de Mato Grosso do Sul, Dourados, 2001.

CALDEIRA, Anna Maria Salgueiro. Elaboração de um projeto de ensino.Revista Presença Pedagógica. V. 8, n. 44 marc/abr 2002.

FREIRE, Paulo. Pedagogia da Autonomia: saberes necessários à prática docente.43ª. ed. Editora: Paz e Terra, 2011.

FREITAS, Dirce Nei Teixeira de. A avaliação da educação básica no Brasil: dimensão normativa, pedagógica e educativa. Campinas, SP: Autores Associados, 2007.

GRAMSCI, Antonio. Os intelectuais e a organização da cultura. Rio de Janeiro, RJ: Civilização Brasileira, 1991.

Disciplina: Filosofia da educação

Bibliografia Básica:

ARANHA, Maria Lúciade Arruda e MARTINS, Maria Helena Pires. **Filosofando**. Introdução à Filosofia. São Paulo: Moderna, 2003.

CHAUÍ, Marilena de Souza. **Convite à Filosofia**. São Paulo: Ática, 1995.

GHIRALDELLI, J. C. e GOERGEN, Pedro (Orgs.). **Ética e Educação** (reflexões filosóficas). Campinas : Autores Associados, 2005.

OLIVEIRA, Admardo Serafim et alii. **Introdução ao pensamento filosófico**. São Paulo: Edições Loyola, 2000.

Bibliografia Complementar:

ALVES, G. GONZALEZ, J.L.C. BATISTA, R.L. Trabalho e educação - contradições do capitalismo global, Ed. Práxis, Maringá-PR, 2006.

APPLE, M.W. Política cultural e educação, Ed. Cortez, São Paulo, 2001.

FREIRE, Paulo. Pedagogia do oprimido. São Paulo: Paz e Terra, 1982.

_____. Educação como prática da liberdade. São Paulo: Paz e Terra, 1996.

LOMBARDI, Claudinei e SAVIANI, Dermeval (Orgs.). **Marxismo** e educação. Campinas - SP: Autores Associados, 2005.

Disciplina: Estágio supervisionado em outros espaços educacionais

Bibliografia Básica:

ARROYO, Miguel G. Imagens quebradas: trajetórias e tempo de **alunos** e mestres. 8.ed. Petrópolis, RJ: Vozes, 2014. 405p.

FREIRE, Paulo. Pedagogia da autonomia: saberes necessários à prática educativa. 6. ed. São Paulo: Paz e Terra, 1996.

GOHN, Maria da Gloria. Educação não-formal e cultura política: impactos sobre o associativismo do terceiro setor. 5. ed. São Paulo, SP: Cortez, 2011. 128p

Bibliografia Complementar:

CAMINI, Lúcia (Coord.) Educação pública de qualidade social: conquistas e desafios. Petrópolis: Vozes, 2001.

CARBONNEL, Jaume. A aventura de inovar. Porto Alegre: Artmed Editora, 2002.

FREITAS, Dirce N. T. A avaliação da educação básica no Brasil: dimensão normativa, pedagógica e educativa. Campinas: Autores Associados 2007.

Disciplina: Políticas e gestão da alfabetização

Bibliografia Básica:

DOURADO, Luiz Fernandes. Políticas e Gestão da Educação no Brasil: limites e perspectivas. Revista Educação e Sociedade. Campinas, vol.28, n.100- Especial p.921-946, out. 2007. Disponível em http://www.cedes.unicamp.br. Acesso em maio de 2011.

FREITAS, Dirce Nei Teixeira de. Avaliação da educação básica no Brasil: dimensão normativa, pedagógica e educativa. Campinas, SP: Autores Associados, 2007.

SOARES, M. B.. Letramento e alfabetização: as muitas facetas. Revista Brasileira de Educação [online], n.25, p. 5-17, 2004.

Bibliografia Complementar:

FERREIRO, Emília. Com todas as letras. São Paulo: Cortez,1993.

<u>FREIRE, Paulo</u>. A importância do ato de ler. São Paulo: Cortez,1988. 84

_____.Educação como prática da liberdade.Rio de Janeiro: Paz e Terra, 1985.

KRAMER, Sonia e JOBIM, Solange (orgs.) Histórias de professores: leitura, escrita e pesquisa em Educação. São Paulo: Cortez, 1996.

MORTATTI, Maria do Rosário Longo. Alfabetização no Brasil: conjecturas sobre as relações entre políticas públicas e seus sujeitos privados. ISSN 1413-2478.*Rev. Bras. Educ.* [online]. 2010, vol.15, n.44, pp. 329-341.

MELO, Orlinda Carrijo. Alfabetização e Trabalhadores: o contraponto do discurso oficial. Campinas: Editora da UNICAMP, 1998.

SCAFF, E. A. S.; LIMA, P. G.; ARANDA, M. A. de M. (Orgs.). Política e Gestão da Educação Básica: desafios à alfabetização. 1ª. Ed.- São Paulo: Expressão e Arte Editora, 2013. p.157-167

Universidade Federal do Pampa (UNIPAMPA)

Curso de Pedagogia:

1- Projeto pedagógico do curso (PPC)

Fonte: http://dspace.unipampa.edu.br:8080/xmlui/bitstream/handle/123456789/125/PPC_Pedagogia_

Jaguar%C3%A3o.pdf?sequence=1&isAllowed=y

Pág. 10 - Núcleos de Estudos

Os três núcleos de estudo - EB, ADE e EI - são complementares e interdependentes no sentido de que buscam articular em suas estratégias de ensino e de aprendizagem a teoria e a prática rumo à construção da práxis numa conotação **freireana**. Sendo assim, as disciplinas que compõem os referidos núcleos estão permeadas pela idéia de indissociabilidade entre teoria e prática como pressuposto indispensável para a formação do educador. O desafio é romper as fronteiras historicamente construídas que dicotomizaram pressupostos teóricos e vivências práticas apreendendo diferentes concepções que vislumbrem uma nova forma de relação teoriaprática onde ambas se façam e refaçam dialeticamente.

Entende-se que a admissão da relação teoria-prática é que pode dar o caráter dinâmico da transformação tanto da teoria quanto da prática. Pensar teoria e prática como independentes, uma da outra, significa consolidar uma perspectiva de ensino e aprendizagem estática, inerte e imóvel. Ao conceber-se teoria e prática em inter-relação não se incorre no equívoco de tornar a teoria mero verbalismo e a prática ativismo.

Nessa perspectiva, este curso tem o compromisso de pautar a ação educativa pela pesquisa, pela indagação e pela busca, como elementos inerentemente vinculados à ação pedagógica. Assim, o desafio é que o processo educativo possa contribuir para (re)significar a relação teoria e prática assumindo a formação docente em sua dimensão investigativa.

É importante ressaltar ainda que a dimensão da prática, aqui proposta, não se restringe a intervenções pedagógicas exclusivamente no espaço escolar, mas que a partir da compreensão de educação como prática social se estende para todo e qualquer processo educativo intencional. Considera-se como prática, o ensino, a pesquisa, a extensão, bem como, a produção de análise crítica de diferentes referenciais, de diferentes experiências educacionais que envolvam as organizações, as pessoas em seu contexto histórico e sócio-cultural e as metodologias didático-pedagógicas.

Este livro foi impresso pela Gráfica Guadalupe.
O miolo foi feito com papel *Chambril Avena* 80g,
e a capa com cartão triplex 250g.